Leasingverträge in der Insolvenz

Schriften zum Verfahrensrecht

Herausgegeben von
Peter Gottwald und Ulrich Haas

Band 7

PETER LANG
Frankfurt am Main · Berlin · Bern · Bruxelles · New York · Oxford · Wien

Alexander M. Krämer

Leasingverträge in der Insolvenz

PETER LANG
Europäischer Verlag der Wissenschaften

Bibliografische Information Der Deutschen Bibliothek
Die Deutsche Bibliothek verzeichnet diese Publikation in der Deutschen Nationalbibliografie; detaillierte bibliografische Daten sind im Internet über <http://dnb.ddb.de> abrufbar.

Zugl.: Hamburg, Univ., Diss., 2004

D 18
ISSN 1619-344X
ISBN 3-631-54116-3

www.peterlang.de

Vorwort

Die Arbeit wurde im Sommersemester 2004 von dem Fachbereich Rechtswissenschaften der Universität Hamburg als Dissertation angenommen. Spätere Rechtsprechung und Literatur sind bis einschließlich Dezember 2004 berücksichtigt.

Meinem Doktorvater *Herrn Prof. Dr. Claus Ott* danke ich herzlich für die stete Förderung und Betreuung der Arbeit. Mein Dank gilt auch *Herrn Prof. Dr. Heribert Hirte* für die zügige Erstellung des Zweitgutachtens, sowie den Herausgebern der „Schriften zum Verfahrensrecht" für die freundliche Aufnahme in diese Schriftenreihe.

Frankfurt, im April 2005 *Alexander M. Krämer*

Meinen Eltern

Inhaltsverzeichnis

§ 1 EINLEITUNG

I. GEGENSTAND DER UNTERSUCHUNG

Gegenstand der nachfolgenden Untersuchung ist die insolvenzrechtliche Behandlung von Leasingverträgen, soweit diese im Zeitpunkt der Eröffnung des Insolvenzverfahrens weder vom Leasinggeber noch vom Leasingnehmer vollständig erfüllt sind. Die Regelungen in der Insolvenzordnung für solche schwebenden Leasingverträge sind durch verschiedene Differenzierungen geprägt. So ist nicht nur nach der Insolvenz des Leasinggebers und der Insolvenz des Leasingnehmers zu unterscheiden, sondern auch danach, ob es sich um einen Leasingvertrag über einen beweglichen oder unbeweglichen Gegenstand handelt. Für jede Fallkonstellation ergeben sich abweichende insolvenzrechtliche Konsequenzen, die im einzelnen überprüft werden sollen. Bei der Untersuchung der Regelungen der Insolvenzordnung für Leasingverträge sind insbesondere die leasingtypischen Interessen der verschiedenen Vertragsparteien zu berücksichtigen. So sind neben dem Leasingnehmer und dem Leasinggeber häufig noch ein refinanzierendes Kreditinstitut sowie der Hersteller des Leasinggutes in die Vertragskonstellation eingebunden.

Anlass der Untersuchung ist die Einführung der neuen Insolvenzordnung (InsO) nebst Einführungsgesetz (EGInsO) nach 16 Jahre währenden Beratungen am 18.Oktober 1994 und deren vollständiges Inkrafttreten zum 01.01.1999[1]. Nach Verabschiedung der Insolvenzordnung nutzten Rechtswissenschaft und Praxis die verhältnismäßig lange Zeit bis zu dem Inkrafttreten der Insolvenzordnung, sich mit dem neuen Regelungswerk auseinanderzusetzen. Die Regelungen über die Behandlung von Leasingverträgen waren hierbei ein intensiv diskutierter Bereich[2]. Die am 18.10.1994 verabschiedete Fassung der Insolvenzordnung enthielt insbesondere für die Insolvenz des Leasinggebers einschneidende Änderungen gegenüber der Regelung der Konkursordnung. So kam in der Leasingbranche einige Unruhe auf, als publik wurde, dass auf Basis der bisherigen Rechtsprechung des BGH[3] die Refinanzierung von Leasingverträgen in der Insolvenz des Leasinggebers nach der neuen Regelung der Insolvenzordnung nicht mehr insolvenzfest zu gestalten war. Diese Unsicherheit hatte bereits vor Inkrafttreten der Insolvenzordnung Auswirkungen auf Leasingverträge mit einer über den 01.01.1999 hinausgehenden Laufzeit. In diesem

---

[1] BGBl. 1994 I, S. 2866 (InsO) und S. 2911 (EGInsO).

[2] vgl. die Kritik bei Zahn, DB 1995, S. 1597 ff. und S. 1649 ff.; ders. DB 1996, S. 1393 ff.; Obermüller/Livonius, DB 1995 S. 27 ff.; Tintelnot, ZIP 1995, S. 616 ff..

[3] vgl. insbesondere BGHZ 103, 250; 106, 236; 116, 256, zuletzt BGHZ 135, 25.

Zusammenhang versuchten einige Autoren[4] durch analoge Anwendung der vollkommen neuen Regelung des § 107 InsO über Eigentumsvorbehaltskaufverträge auch Lösungen für die Behandlung der Leasingverträge zu entwickeln.

Der Gesetzgeber reagierte auf diese Kritik mit einer Änderung der Insolvenzordnung noch vor ihrem vollständigen Inkrafttreten[5]: Auf Beschlussempfehlung des Rechtsausschusses[6] verabschiedete der Deutsche Bundestag am 23.05.1996 den „Entwurf eines Gesetzes zur Änderung des AGB- Gesetzes und der Insolvenzordnung“[7]. Am 14.06.1996 passierte dieses Änderungsgesetz den Bundesrat[8] und trat am 25.07.1996 in Kraft[9]. Durch dieses Gesetz wurde der bisherige § 108 Abs. 1 InsO um einen Satz 2 ergänzt.

Die Tatsache, dass ein nach 16jähriger Entwicklungszeit verabschiedetes Gesetz noch vor seinem Inkrafttreten wieder ergänzt wird, um anscheinend nicht beabsichtigte Rechtsfolgen der neuen Regelung rückgängig zu machen, gibt Anlass zu einer näheren Untersuchung der insoweit einschlägigen Regelungen. So ist insbesondere die nachträgliche Ergänzung des § 108 Abs. 1 Satz 2 InsO nicht zuletzt deswegen bemerkenswert, weil sie einen Teilbereich der Behandlung von schwebenden Rechtsgeschäften im Insolvenzverfahren betrifft. Als schwebende Verträge werden gegenseitige Verträge bezeichnet, die im Zeitpunkt der Eröffnung des Insolvenzverfahrens von keiner Seite vollständig erfüllt worden sind[10]. Nach der Konkursordnung hatte der Konkursverwalter bei derartigen Verträgen ein Wahlrecht hinsichtlich der weiteren Durchführung der Verträge. Der Inhalt und die Wirkungen des Wahlrechts des Konkursverwalters bei schwebenden Verträgen waren jedoch bereits unter der Konkursordnung Gegenstand einer kontroversen Diskussion in der Literatur[11], die durch eine schwankende Rechtsprechung[12] begleitet wurde. Auch für die Beurteilung der Vorschriften für die Leasingverträge ist eine Aufarbeitung und Bewertung des Meinungsstreites zum Wahlrecht des Konkursverwalters notwendig. Die Regelung des § 103 InsO stellt die auf schwebende Verträge anzuwendende Grundnorm dar,

---

[4] vgl. insbesondere Marotzke, JZ 1995, S. 803 ff..

[5] Nach Art. 110 Abs. 1 EGInsO trat der Hauptteil der InsO am 01.01.1999 in Kraft, gemäß Art. 110 Abs. 2 EGInsO wurden Teilregelungen bereits am Tag nach der Verkündung wirksam.

[6] BT- Drucks. 13/ 4699.

[7] Plenarprotokoll Nr. 107, S. 9439.

[8] Sitzung vom 14.06.1996, BR- Drucks. 401/ 96.

[9] BGBl. 1996 I, S. 1013.

[10] vgl. statt vieler Jaeger/ Henckel, KO 9. Aufl., § 17 Rn. 3.

[11] vgl. exemplarisch die Entwicklung des Meinungsbildes in der Jaeger'schen Kommentar- Reihe: Jaeger, KO 6./ 7.Aufl., Jaeger/ Lent, KO 8.Aufl. und schließlich Jaeger/ Henckel, KO 9. Aufl. jeweils unter § 17.

[12] zunächst BGHZ 89, 189; sodann die durch BGHZ 103, 250 eingeleitete Wende, schließlich bestätigt durch BGHZ 106, 236; 116, 156 sowie BGHZ 135, 25; unter der Insolvenzordnung dann erneut die Modifikation durch BGHZ 150,353; bestätigt durch BGHZ 155, 87 (97).

die in einem Regel-Ausnahme-Verhältnis zu den Vorschriften der §§ 104 ff. InsO steht. Sollte nicht eine der spezielleren Vorschriften der §§ 104 ff. InsO auf die Leasingverträge anwendbar sein, so würde die allgemeine Regelung des § 103 InsO einschlägig sein. Für diesen Fall muss aber feststehen, welche Voraussetzungen und Rechtsfolgen die Ausübung des Wahlrechts nach § 103 InsO durch den Insolvenzverwalter für den betroffenen Leasingvertrag hat.

Ausgangspunkt der durch eine Vielzahl divergierender Ansichten geprägten Diskussion um das Wahlrecht des Konkurs-/ Insolvenzverwalters ist stets das Verständnis der Wirkung der Eröffnung des Konkurs- bzw. nunmehr Insolvenzverfahrens auf die sogenannten schwebenden Rechtsgeschäfte. Die folgende Arbeit untersucht die verschiedenen Lösungsansätze hinsichtlich der Wirkung der Verfahrenseröffnung im Lichte der Insolvenzordnung. Basierend auf den Erkenntnissen über die Wirkung der Verfahrenseröffnung wird dann zu dem Wahlrecht der Insolvenzverwalters bei schwebenden Verträgen Stellung genommen. Hierbei soll auch überprüft werden, ob der Gesetzgeber die Chance der Neuregelung genutzt hat und die Wirkungen der Verfahrenseröffnung auf schwebende Verträge durch die Einführung der Insolvenzordnung verbindlich festgelegt worden sind. Im Anschluss daran sollen dann die spezielleren Vorschriften der §§ 104 ff. InsO untersucht werden, die je nach Fallkonstellation auf den Leasingvertrag anzuwenden sind. Dabei ist auch eine Auseinandersetzung mit der Regelung des § 107 InsO als eventuell (analog) anzuwendende Norm notwendig. So sah nicht nur der Erste Bericht der Kommission für Insolvenzrecht[13] im Bereich der Leasingverträge noch eine Parallelregelung zu den Kaufverträgen unter Eigentumsvorbehalt vor, die mit der vergleichbaren Interessenlage der beiden Vertragsarten begründet wurde[14]. Auch versuchte insbesondere *Marotzke*[15] eine analoge Anwendung der Regelung des § 107 InsO auf bestimmte Leasingverträge zu begründen und sprach von einer gesetzgeberisch veranlassten „*Gleichschaltung*" von Leasing und Kauf unter Eigentumsvorbehalt.

Bei der Untersuchung der §§ 103 ff. InsO ist ferner zu beachten, dass die Regelungen der §§ 107, 108 InsO in einer Wechselbeziehung zu der allgemeinen Regelung des § 103 InsO stehen. Einerseits bedarf es einer Beurteilung, auf welchem Verständnis die allgemeine Regelung des § 103 InsO aufbaut, um überprüfen zu können, ob die spezielleren Regelungen der §§ 107, 108 InsO damit im Einklang stehen oder nach diesem Verständnis auszulegen sind. Zum anderen ist eine Beurteilung der allgemeinen Regelung unvollständig, wenn nicht auch der Einfluss der spezielleren Regelungen auf die Auslegung des § 103 InsO berücksichtigt wird.

---

[13] BMJ (Hrsg.), Erster Bericht der Kommission für Insolvenzrecht, Köln 1985
[14] vgl. Leitsatz 2.4.1.8 sowie Leitsatz 3.3.11 des Ersten Berichts der Kommission.
[15] Marotzke, JZ 1995, S. 803 ff..

1 Insolvenzrechtliche Behandlung der Leasingverträge

Die praktische Relevanz der Frage nach der insolvenzrechtlichen Behandlung von Leasingverträgen lässt sich an der zunehmenden gesamtwirtschaftlichen Bedeutung des Leasinggeschäftes ermessen. So stieg in den letzten Jahren nicht nur der Umfang der Leasinggeschäfte insgesamt[16]. Zunehmend wurden die unterschiedlichsten Wirtschaftsgüter von den Unternehmen nicht mehr käuflich erworben, sondern im Wege eines Leasinggeschäftes nutzbar gemacht.

Unabhängig von der vorab zu beantwortenden Frage nach der zivilrechtlichen Einordnung von Leasingverträgen ist der Ausgangspunkt der Untersuchung der insolvenzrechtlichen Regelung das Finanzierungsleasing. Das sogenannte Operating-Leasing[17] bedarf keiner gesonderten Darstellung. Denn bei dieser Leasingart handelt es sich um einen Mietvertrag. Der Bezeichnung „Operating-Leasing" kommt keine rechtliche Bedeutung zu[18]. Der Operating-Leasingvertrag weist zwar Modifikationen im Vergleich zu dem klassischen Mietvertrag auf[19]. Diese reichen aber nicht aus, um einen neuen, sich vom Mietvertrag zu unterscheidenden Vertragstypus anzunehmen.

Innerhalb der Untersuchung der insolvenzrechtlichen Regelung des Finanzierungsleasingvertrages empfiehlt sich eine Abhandlung je nach Leasinggegenstand (ob unbeweglich oder beweglich) sowie die Unterscheidung nach der vertraglichen Stellung des Insolvenzschuldners, also einmal die Insolvenz des Leasingnehmers und zum anderen die Insolvenz des Leasinggebers. Dies entspricht nicht nur der gesetzlichen Systematik. Auf diese Weise können auch die einzelnen Differenzierungen besser herausgearbeitet und spezifische Lösungswege aufgezeigt werden.

Bei Betrachtung der Entwicklung der insolvenzrechtlichen Regelung, beginnend mit dem Ersten Bericht der Kommission für Insolvenzrecht 1985[20] bis hin zu der noch vor Inkrafttreten der Insolvenzordnung eingefügten Änderung[21] durch § 108 Abs. 1 S. 2 InsO, wird ersichtlich, dass zunächst umfangreiche Neuregelungen für die Leasingverträge beabsichtigt waren. Diese wurden aber nur begrenzt umgesetzt. So war in den Leitsätzen 2.4.1.8 und 3.3.11 des Ersten Berichtes der Kommission für Insolvenzrecht[22] noch eine besondere Regelung für Leasingverträge vorgeschlagen worden. Die am 18.10.1994 verabschiedete Fassung der Insolvenzordnung enthielt

---

[16] vgl. zu den Zahlen des IfO- Instituts ausführlich unter § 2 I.

[17] zu den möglichen Unterscheidungen der Leasingarten, vgl. sogleich unter § 2 III., 2.

[18] herrschende Meinung, vgl. Ott, in: Bruchner/Ott/Wagner, VerbrKrG, § 1 Rn. 26.

[19] vgl. dazu näher unter § 2 III., 2.1.

[20] BMJ (Hrsg.), Erster Bericht der Kommission für Insolvenzrecht, Köln 1985.

[21] BGBl. 1996, S. 1013, Gesetz zur Änderung des AGB-Gesetzes und der Insolvenzordnung.

[22] BMJ (Hrsg.), Erster Bericht der Kommission für Insolvenzrecht, Köln 1985.

demgegenüber keine Regelung, in der der Leasingvertrag gesondert erwähnt wurde. Um so eher darf es als durchaus unüblich bezeichnet werden, dass der Gesetzgeber nach Verabschiedung eines Gesetzes, aber noch vor dessen Inkrafttreten eine Novellierung durchführt, mit der eine bereits verabschiedete Version teilweise revidiert wird.

So sollten Leasingverträge über bewegliche Gegenstände zunächst uneingeschränkt dem Wahlrecht des Insolvenzverwalters gemäß §§ 103, 108 Abs. 1 InsO a.F.[23] unterstellt werden. Damit sollten nach Ansicht des Gesetzgebers folgende Vorteile für die Masse erzielt werden[24]: In der Insolvenz des Leasingnehmers war dem anderen Vertragsteil – im Gegensatz zu § 19 Satz 1, 2 KO – die Möglichkeit der Kündigung genommen, so dass eine sachgerechte Insolvenzabwicklung (insbesondere eine zeitweilige Fortführung des Unternehmens) nicht durch eine kurzfristige Kündigung des Leasinggebers torpediert werden konnte; gleichzeitig behielt der Insolvenzverwalter die Möglichkeit, sich durch Erfüllungsablehnung von ungünstigen Verträgen schnell zu lösen. In der Insolvenz des Leasinggebers hingegen sah die Konkursordnung kein Recht zur vorzeitigen Beendigung des Vertragverhältnisses vor, so dass beispielsweise die Veräußerung eines Massegegenstandes durch den Insolvenzverwalter aufgrund der Belastung mit einem Leasingvertrag erschwert war. Dieser als nachteilig angesehene Umstand[25] sollte beseitigt werden.

In dem Bemühen, diese Ziele zu realisieren, entschied sich der Gesetzgeber für eine Unterscheidung in der Behandlung der Leasingverträge, und zwar je nachdem, ob es sich um einen beweglichen oder um einen unbeweglichen Leasinggegenstand handelt. Dabei wurden aber anscheinend die Auswirkung auf die Wirksamkeit der Vorauszessionen nicht ausreichend beachtet. Ohne den neu eingeführten § 108 Abs. 1 Satz 2 InsO wäre nämlich die Refinanzierung von Leasingverträgen im Wege der Forfaitierung nicht mehr insolvenzfest gewesen, sofern die bisherige Rechtsprechung des BGH zu § 17 KO auf die Regelung des § 103 InsO übertragen worden wäre. Nach der Rechtsprechung des BGH zu § 17 KO[26] entfällt mit der Eröffnung des Konkursverfahrens der ursprüngliche Erfüllungsanspruch. An Stelle des ursprüngli-

---

[23] Die Bezeichnung „§ 108 InsO a.F." kennzeichnet die ursprünglich verabschiedete Fassung des § 108 InsO, vgl. BGBl. 1994 I, S. 2866 (InsO) und S. 2911 (EGInsO).

[24] vgl. die Begründung zu § 108 InsO, abgedruckt bei Krämer, aaO, S. 237 ff..

[25] vgl. die Begründung zu § 108 InsO, abgedruckt bei Krämer, aaO, S. 237 ff..

[26] BGHZ 103, 250, 252/254; 106, 236, 241ff; 116, 156, 158 ff; BGH WM 1993, 1057; BGH ZIP 1989, 1413, 1415; BGH ZIP 1995, 926, 927f.; zuletzt BGHZ 135, 25 ff.; zustimmend: Kuhn/Uhlenbruck, KO § 17 Rn. 1, 19, 36; Henckel JZ 1987, 360; ders. ZZP 99, 416, 425, 429f; Heilmann KTS 1985, 639, 640ff; Jaeger/Henckel, KO 9. Aufl., § 17 Rn. 115, 149, 162, 210, 212; anders noch Jaeger/ Lent, KO 8. Aufl., § 30 Rn. 42; ablehnend auch Bork, Festschrift Zeuner, S. 297, 302ff; Gerhardt, Festschrift Merz, S. 117ff; Marotzke, EWiR 1992, S. 71f; ders. JZ 1990, S. 331, 332ff; Jauernig, S. 322ff; Häsemeyer, JR 1992, S. 423f.; Tintelnot, ZIP 1995, S. 616, 618f; gegen all diese vgl. Kreft, ZIP 1997, S. 865 ff.; ders., in: MünchKomm-InsO, § 103 Rn. 1, 8 ff., 11 ff., 39 ff..

chen Schuldverhältnisses tritt, sofern der Konkursverwalter nicht die Erfüllung wählt, der einseitige Anspruch des Vertragspartners auf Schadenersatz wegen Nichterfüllung, der nach § 26 KO nur als einfache Konkursforderung geltend gemacht werden kann. Wählt der Verwalter die Erfüllung des Vertrages, so lebt nach der Rechtsprechung des BGH zur Konkursordnung der Erfüllungsanspruch neu mit altem Inhalt wieder auf. Die Wirksamkeit der Vorausverfügung über die Leasingraten an die forfaitierende Bank scheitert dann aber an § 15 KO, da der Anspruch auf die Leasingraten erst durch die Erfüllungswahl des Konkursverwalters („*neu mit altem Inhalt*“[27]) nach Verfahrenseröffnung begründet worden sein soll. Auch die seit kurzem vom Bundesgerichtshof vertretene Modifikation der Erlöschenstheorie hält an der Auffassung fest, dass die Ansprüche bei Erfüllungswahl als „originäre“ Verbindlichkeiten bzw. Forderungen entstehen[28].

Da in der Insolvenzordnung mit § 91 InsO eine dem § 15 KO entsprechende Regelung enthalten ist und die Erfüllungsansprüche aus den Leasingverträgen über bewegliche Sachen nicht mehr nach § 103 InsO weiter bestehen sollten, sondern entsprechend der Rechtsprechung des BGH mit Verfahrenseröffnung erlöschen sollten, wäre eine insolvenzfeste Gestaltung der Refinanzierung nicht mehr möglich gewesen. Für Leasingverträge mit einer bereits vereinbarten oder beabsichtigten Laufzeit über den 01.01.1999 hinaus bedeutete dies eine erhebliche Veränderung der Geschäftsgrundlage.

Angesichts der wirtschaftlichen Bedeutung von Leasinggeschäften[29] sorgte diese entscheidende Einschränkung des Handlungsspielraums der mittelständischen Leasinggesellschaften für erhebliche Unruhe in der Praxis[30]. Nachdem der Gesetzgeber auf diese Konsequenz aufmerksam gemacht worden war, hat er versucht, durch Einführung des § 108 Abs. 1 Satz 2 InsO insoweit Abhilfe zu schaffen. Diese Neuregelung könnte aber zum einen dazu führen, Einzelfallgerechtigkeit zu schaffen, zum anderen ist sie nicht frei von Widersprüchen und Folgeproblemen, die beispielsweise durch die Gleichstellung der Leasingverträge mit Immobiliarmietverträgen auftreten.

Neben der für die Praxis bedeutsamen Frage nach der Insolvenzfestigkeit von Zweitfinanzierungen, liegt – auch nach der Novellierung des § 108 InsO – ein Problemfeld

---

[27] Der BGH formuliert in der Entscheidung BGHZ 116, 156 (159) wie folgt: „Sie [die Erfüllungswahl] begründet den Anspruch aus dem Schuldverhältnis – mit dem bisherigen Inhalt – neu.“

[28] Modifikation der Erlöschenstheorie durch den IX. Zivilsenat mit Urteil v. 25. April 2002, IX. ZR 313/99, in: BGHZ 150, 353 (359 f.); bestätigt in BGHZ 155, 87 (96).

[29] Statistische Nachweise bei Kayser, BB 1999, Beilage 6, S. 5; vgl. näher zu der wirtschaftlichen Entwicklung des Leasinggeschäftes unter § 2 I.

[30] vgl. z.B. die Kritik bei Zahn, DB 1995, S. 1597 ff.; ders. ZIP 1995, S. 1649 ff.; Tintelnot, ZIP 1995, S. 616; Obermüller/ Livonius, DB 1995, S. 27 ff..

in der Behandlung von Nebenleistungspflichten in der Insolvenz des Leasinggebers, wenn diese Nebenleistungen mit Mitteln der Masse erbracht werden. Diesbezüglich ist fraglich, ob die Gegenleistung des Vertragspartners des Insolvenzschuldners dann in voller Höhe an den Zessionar weiterzuleiten ist. Die Rechtsprechung hat hier bereits vor Inkrafttreten der Insolvenzordnung versucht, durch die Entwicklung des sogenannten Gegenleistungsgrundsatzes derartige Masseschmälerungen zu verhindern[31]. Zudem bedarf es der Klärung, ob und in welchem Umfang die Regelung des § 105 InsO auch auf Leasingverträge über bewegliche Gegenstände Anwendung finden kann. Hierbei ist insbesondere das Reformziel der Stärkung und Anreicherung der Insolvenzmasse zu berücksichtigen.

Des weiteren steht die Vorschrift des § 110 InsO im Widerspruch zu der eingefügten Ergänzung des § 108 Abs. 1 S. 2 InsO. Durch § 110 InsO sind Vorauszessionen nur zeitlich begrenzt nach Verfahrenseröffnung möglich, sofern es sich um Leasingverträge über unbewegliche Gegenstände handelt.

Diese zeitliche Begrenzung führt zum einen unmittelbar bei Leasingverträgen über Flugzeuge und Schiffe zu Problemen bei der Refinanzierung. Nach § 49 InsO in Verbindung mit §§ 864 Abs. 1, 870a ZPO, §§ 47, 90 LuftfzG sind die insolvenzrechtlichen Vorschriften für unbewegliche Gegenstände auch auf Flugzeuge und Schiffe anzuwenden. Somit wäre aber eine Refinanzierung im Wege der Forfaitierung für diese Leasingverträge für die Insolvenz des Leasinggebers nicht insolvenzfest zu gestalten. Dies ist eine Schwierigkeit, die bei Leasingverträgen über bewegliche Sachen in der Insolvenz des Leasinggebers gerade ausgeschlossen werden sollte.

Zum anderen ist aber auch für Leasingverträge über bewegliche Gegenstände die Anwendbarkeit von § 110 InsO nicht per se ausgeschlossen. Nach § 108 Abs. 1 S. 2 InsO werden Leasingverträge über bewegliche Sachen, deren Finanzierung durch Dritte erfolgt ist, den Leasingverträgen über unbewegliche Gegenstände nach § 108 Abs. 1 S. 1 InsO gleichgestellt. Damit wären aber streng systematisch auch die folgenden Vorschriften für Leasingverträge über unbewegliche Gegenstände anwendbar, mithin auch § 110 InsO. Die damit verbundenen Rechtsfolgen stünden jedoch der Intention der Novellierung des § 108 Abs. 1 InsO diametral entgegen. Aufgrund dieser vorhandenen Unstimmigkeiten ergibt sich die Frage, ob der gesetzgeberische Wille im Bereich der Leasingverträge nicht insgesamt auf andere Weise in vertretbarer Form umgesetzt werden kann, so dass die Zielsetzung des Reformwerkes besser erreicht werden könnte. Hierbei soll nicht nur die analoge An-

[31] BGHZ 129, 336 = ZIP 1995, S. 926 ff; BGHZ 135, 25 = BGH ZIP 1997, S. 688 ff.; vgl. auch BGH ZIP 2001, S. 1469 ff..

wendbarkeit von anderen insolvenzrechtlichen Vorschriften innerhalb der einzelnen Fallkonstellationen angedacht werden, sondern darüber hinaus der Versuch unternommen werden, mittels einer Änderung der gesetzlichen Konstruktion eine in sich stimmige Lösung für die Behandlung von Leasingverträgen insgesamt zu entwickeln.

2 Die allgemeinen Wirkungen der Verfahrenseröffnung und das Wahlrecht des Insolvenzverwalters nach § 103 InsO

Eine Beurteilung der insolvenzrechtlichen Regelungen der Leasingverträge ist nur möglich, wenn zuvor die im Verhältnis zu den §§ 107, 108 InsO allgemeine Regelung über die Behandlung von schwebenden Verträgen in Form des sogenannten Wahlrechts des Insolvenzverwalters gemäß § 103 InsO hinreichend bestimmt worden ist. Darüber hinaus sind dem Wortlaut nach nicht sämtliche Fallkonstellationen des Leasinggeschäftes von den spezielleren Regelungen der §§ 104 ff. InsO erfasst und die Regelung des § 103 InsO könnte somit auch direkt auf Leasingverträge anwendbar sein. Für diesen Fall ist eine genaue Bestimmung der Voraussetzungen und Rechtsfolgen dieser Regelung notwendig. Eine solche Bestimmung erfordert zunächst einer Aufarbeitung der bereits während der Geltungsdauer der Konkursordnung kontrovers geführten Diskussion um die Auswirkungen der Verfahrenseröffnung auf schwebende Verträge. Der Gesetzgeber hat in dieser Frage möglicherweise mit der Einführung der Insolvenzordnung eine streitentscheidende Festlegung getroffen. Eine solche Streitbeilegung wäre aus Sicht der insolvenzrechtlichen Praxis begrüßenswert, weil es insbesondere für den Insolvenzverwalter bereits ab Eröffnung des Insolvenzverfahrens von erheblicher Bedeutung ist, entscheiden zu können, welche schwebenden Rechtsgeschäfte des Insolvenzschuldners[32] vollständig durchgeführt werden sollen und welche Konsequenzen sich bei einer Nichterfüllung für die Insolvenzmasse ergeben. Der Insolvenzverwalter hat nach § 103 InsO ebenso wie bereits nach § 17 KO und § 9 GesO bei schwebenden Rechtsgeschäften ein Wahlrecht, ob er diese Verträge aus der Masse erfüllen will oder nicht. Der Insolvenzverwalter ist im Rahmen seines pflichtgemäßen Ermessens dazu angehalten, masseschädliche Rechtsbeziehungen sobald als möglich zu beenden und massegünstige Verträge fortzusetzen[33].

---

[32] Während in den alten Regelungen noch die Termini „Gemeinschuldner" und „Gesamtvollstreckungsschuldner" verwendet wurden, spricht die Insolvenzordnung nur noch von dem „Schuldner" der Verfahrens. Um etwaige Unklarheiten dieser neuen Terminologie in Drei-Personen-Verhältnissen (der Schuldner vom Schuldner des Schuldners) zu vermeiden, wird im Folgenden - sofern erforderlich - der Begriff „Insolvenzschuldner" verwendet.

[33] Einhellige Meinung, vgl. bereits Jaeger/ Lent, § 17 Anm. 31, unter Berufung auf RGZ 142, 299: „Für die Ausübung der Wahl gibt einzig und allein das Interesse der Konkursmasse, nicht der Vorteil dritter Personen, wie z.B. der Absonderungsberechtigten, den Ausschlag".

Die Entscheidung über die Durchführung eines schwebenden Rechtsgeschäftes oder dessen Nichterfüllung ist von großer Bedeutung, insbesondere im Hinblick auf die Möglichkeit einer Fortführung des Unternehmens zwecks einer (teilweisen) Sanierung, etwa durch Übertragung einzelner Unternehmensteile auf eine Fortführungsgesellschaft. Daher ist es für den Insolvenzverwalter maßgeblich, zu wissen, welche Befugnisse ihm die Insolvenzordnung diesbezüglich erteilt. Ebenso ist es für die Gläubiger des Insolvenzschuldners von Interesse, welche Einflussmöglichkeiten für sie auf die noch nicht vollständig erfüllten Rechtsgeschäfte bestehen.

Insbesondere die Novellierung des § 108 Abs. 1 InsO noch vor Inkrafttreten der Insolvenzordnung zeigt, dass die Einordnung der Regelung zu den Leasingverträgen notwendigerweise mit der Auffassung über die allgemeine Wirkungen der Verfahrenseröffnung auf schwebende Verträge verknüpft ist. Die Notwendigkeit der nachträglichen Änderung einer Ausnahmeregelung zu dem § 103 InsO gibt Anlass zu der Untersuchung, auf welchem Verständnis die Regelung über das (eingeschränkte) Wahlrecht des Insolvenzverwalters basiert. Daher überprüft die vorliegende Arbeit unter Aufarbeitung des Streitstandes zu der Regelung in der Konkursordnung, ob und welche Rückschlüsse sich aus den einschlägigen Regelungen der Insolvenzordnung für das Verständnis über die Wirkungen der Verfahrenseröffnung auf schwebende Verträge ergeben und welchen Inhalt dementsprechend das Wahlrecht des Insolvenzverwalters nach § 103 InsO hat. Der vielschichtige Meinungsstreit[34] bezüglich der Regelungen der Konkursordnung über den Umfang des Wahlrechts des Konkursverwalters und den Folgen einer Erfüllungswahl durch den Verwalter ging auf unterschiedliche Bewertungen der Wirkung der Eröffnung eines Konkursverfahrens auf die schwebenden Rechtsgeschäfte zurück. Erst wenn feststeht, ob und welche Auswirkung die Eröffnung des Verfahrens auf die schwebenden Rechtsgeschäfte hat, kann beurteilt werden, zwischen welchen Optionen der Insolvenzverwalter wählen kann und welche Konsequenzen seine getroffene Entscheidung für das jeweilige Rechtsverhältnis hat. Der Gesetzgeber hat die Möglichkeit, mit der Einführung der Insolvenzordnung eine (eventuell) streitentscheidende Regelung zu treffen, zumindest auf den ersten Blick nicht genutzt. So sah er sich nicht nur zu der angesprochenen Novellierung des § 108 InsO[35] gezwungen. Zudem lautet die Begründung zu § 103 InsO[36] verhältnismäßig knapp, die Regelung der Konkursordnung werde „inhaltlich unverändert" übernommen[37]. Anhand dieser Formulierung wäre zu vermuten, dass auch der gesamte Streitstand zu den Regelungen der Konkursord-

---

[34] vgl. Nachweise bei Jaeger/ Henckel, KO 9. Aufl., § 17 Rn. 17 ff..

[35] Die Einfügung des § 108 Abs. 1 Satz 2 InsO erfolgte durch das Gesetz zur Änderung des AGB-Gesetzes und der Insolvenzordnung (BGBl. 1996, I, S. 1013).

[36] Alle im Folgenden nicht anders gekennzeichneten Paragraphen sind solche der Insolvenzordnung.

[37] abgedruckt bei Krämer, Das neue Insolvenzrecht, 1995, S. 228.

nung mit übernommen wurde. Mittels einer Auslegung der neuen Regelungen der §§ 103 ff. InsO muss also überprüft werden, ob die Streitfrage über die Wirkungen der Verfahrenseröffnung und die Behandlung des Wahlrechts des Insolvenzverwalters tatsächlich unbeantwortet geblieben ist oder ob der Gesetzgeber trotz der knappen Begründung zu § 103 InsO eine der bislang vertretenen Ansichten bei der Regelung der §§ 103 ff. InsO zugrunde gelegt hat.

3 Die Regelung des § 107 InsO und ihre Anwendbarkeit auf Leasingverträge

Eine umfassende Beurteilung der insolvenzrechtlichen Behandlung der Leasinggeschäfte bedarf auch der Überprüfung des Zusammenhanges mit der Regelung des § 107 InsO. Zwar erscheint die Regelung des § 107 InsO zunächst allein für Kaufverträge mit Vereinbarung eines Eigentumsvorbehaltes einschlägig. Bei einer genaueren Überprüfung der Tatbestands- und Rechtsfolgenseite des § 107 InsO, insbesondere des § 107 Abs. 1 InsO, zeigt sich aber, dass zumindest dem Wortlaut nach auch eine Anwendbarkeit der Regelung auf bestimmte Arten von Leasingverträgen vertretbar erscheint. So wurde vorrangig von *Marotzke*[38] angedacht, ob nicht dem Leasingnehmer bei einem Leasingvertrag mit Vollamortisation und vereinbarter Kaufoption die gleichen Rechte zustehen sollen wie dem Käufer einer Sache unter Eigentumsvorbehalt.

Ob eine solche „*Gleichschaltung*“[39] von Leasing und Eigentumsvorbehaltskauf von dem Regelungsgehalt des § 107 InsO tatsächlich umfaßt ist, erscheint jedenfalls fraglich. Während sich in der Begründung zu § 107 InsO[40] keine Anzeichen für eine derartige Gleichbehandlung von Leasing und Eigentumsvorbehaltskaufverträgen finden, wies die Kommission für Insolvenzrecht in ihrem Ersten Bericht[41] noch auf die Ähnlichkeiten der mit Abschluss eines der beiden Rechtsgeschäfte verfolgten wirtschaftlichen Ziele hin. Somit ist eine eingehende Untersuchung des § 107 InsO geboten. In diesem Zusammenhang soll auch überprüft werden, ob die lange geforderte[42] Änderung der Behandlung von Eigentumsvorbehalten mit den Zielen der Reform im Einklang steht. Sollte dies nicht der Fall sein, so wäre zu begründen, ob die Regelung dennoch wegen anderweitiger, vorrangiger Interessen vertretbar ist.

---

[38] Marotzke, JZ 1995, S. 803 ff..

[39] vgl. Marotzke, JZ 1995, S. 803 (806).

[40] vgl. die Begründung zu § 107 InsO, abgedruckt bei Krämer, aaO, S. 235 ff..

[41] vgl. BMJ (Hrsg.), Erster Bericht der Kommission für Insolvenzrecht, Köln 1985, dort Begründung zu Leitsatz 2.4.1.8.

[42] Überblick über den Meinungsstand bei Jaeger/ Henckel, KO, 9. Aufl., § 17 Rn. 52 ff..

Bei einer genaueren Betrachtung erweist sich auch der Wortlaut des § 107 Abs. 2 InsO als teilweise unpräzise und damit auslegungsbedürftig. Hier bedarf es zunächst einer Bestimmung der tatbestandlichen Voraussetzungen dieser Regelung. Sodann ist zu überprüfen, ob auf der Rechtsfolgenseite nicht die verlängerte Frist des § 107 Abs. 2 InsO für die Erklärung des Insolvenzverwalters über seine Entscheidung hinsichtlich der weiteren Erfüllung des Rechtsgeschäftes als eine allgemeine Frist angesehen werden kann, die auch im Regelbereich des § 103 InsO Anwendung finden sollte.

Letztlich ist das Verhältnis von § 107 InsO zu der allgemeinen Regelung des § 103 InsO dahingehend zu untersuchen, ob sich die Vorschrift in das allgemeine Verständnis von der Behandlung von schwebenden Rechtsgeschäften einfügt und mit diesem zu vereinbaren ist.

II. DIE NEUE INSOLVENZORDNUNG

Bevor die leasingspezifischen Regelungen der Insolvenzordnung untersucht werden können, ist es zunächst erforderlich, in kurzer Form die Entstehungsgeschichte des Reformwerkes und die mit Einführung der Insolvenzordnung verfolgten Ziele zu skizzieren. Nur mit dieser entsprechenden Kenntnis lässt sich anschließend eine notwendig werdende Auslegung der einzelnen Regelungen vornehmen.

1 Geschichte der Insolvenzrechtsreform

Mit der Einführung der Insolvenzordnung trat eine bundeseinheitliche Regelung an die Stelle der Konkursordnung (KO), Vergleichsordnung (VglO) und der in den neuen Bundesländern geltenden Gesamtvollstreckungsordnung (GesO). Somit löst die Insolvenzordnung nicht nur die Konkursordnung ab. Es kann für die Auslegung der Vorschriften der Insolvenzordnung daher neben der Konkursordnung auch auf den Hintergrund einzelner Regelungen der Vergleichsordnung oder der Gesamtvollstreckungsordnung zurückgegriffen werden.

Die Konkursordnung war am 01.10.1879 zusammen mit dem Gerichtsverfassungsgesetz, der Zivilprozessordnung und der Strafprozessordnung als eines der sogenannten Reichsjustizgesetze in Kraft getreten[43]. Auch wenn bereits im Jahre 1893 einige Abgeordnete Reformvorschläge bezüglich der Konkursordnung äußerten[44], wurde die Konkursordnung lange Zeit als eine *„Perle der Reichsgesetzgebung"* gepriesen[45]. Allerdings zeigt sich die Qualität eines Gesetzes erst bei entsprechender Belastung. Für die Konkursordnung kam es zu einer solchen Bewährungsprobe in Zeiten wirtschaftlicher Krisen. Während der Ölkrise im Jahre 1973/ 74 wurde die Konkursordnung erstmalig auf eine ernsthafte Probe gestellt. In dieser Zeit fiel das spätere Schlagwort vom *„Konkurs des Konkurses"*[46]. Auch Beiträge in der Festschrift zum einhundertjährigen Bestehen der Konkursordnung im Jahre 1977 äußerten zum Teil deutliche Kritik[47]. Das Schlagwort vom *„Konkurs des Konkurses"* sollte die bescheidene Quotenaussicht der ungesicherten Gläubiger beschreiben, die durch die fortschreitende Ersetzung des Eigenkapitals der Unternehmen durch Fremdkapital bei gleichzeitiger Bestellung publizitätsloser Sicherungsrechte bedingt war, insbesondere des Eigentumsvorbehalts und der Sicherungsübereignung[48]. So wurden in den letzten Jahren über 75 % der beantragten Verfahren nicht durchgeführt, weil die Konkursanträge mangels einer die Verfahrenskosten deckenden Masse abgewiesen werden mussten. Weitere 10 % der eröffneten Verfahren wurden vorzeitig eingestellt. Die durchschnittliche Konkursquote bei den durchgeführten Verfahren betrug 3 bis 5 %. Die Anzahl an bestätigten Vergleichen näherte sich mit 1 % der Insolvenzverfahren der statistischen Bedeutungslosigkeit[49].

Bereits am Beginn dieser Entwicklung sah sich der damalige Bundesminister der Justiz, Dr. Hans- Jochen Vogel dazu veranlasst, im Jahre 1978 eine unabhängige und ehrenamtlich tätige Kommission für Insolvenzrecht[50] einzuberufen. Die Kommission legte 1985 einen Ersten Bericht[51] und 1986 einen Zweiten Bericht[52] vor. Die in den Berichten angeregten Änderungen wurden in der Wissenschaft und Praxis eingehend diskutiert. Als Ergebnis dieser Diskussionen stellte der Bundesminister der Justiz im

---

[43] Konkursordnung vom 10.02.1877 (RGBl. S. 351) in der Fassung der Bekanntmachung vom 20.05.1898 (RGBl. S. 612), zuletzt geändert durch das Rechtspflege- Vereinfachungsgesetz vom 17.12.1990 (BGBl. 1990 I, S. 2847).

[44] vgl. den Verweis bei Uhlenbruck, Das neue Insolvenzrecht, S. 17, auf die Reformvorschläge der Abgeordneten Rintelen, Bachem, Gröber, Spahn und Hitze.

[45] Uhlenbruck, in: „Einhundert Jahre Konkursordnung 1877- 1977", S. 3 mwN.

[46] Kilger KTS 1975, S. 142 ff..

[47] vgl. Erkel, in: „Einhundert Jahre Konkursordnung 1877 - 1977", S. 295.

[48] vgl. eingehend Serick, in „Einhundert Jahre Konkursordnung 1877 - 1977", S. 271 ff. unter dem Titel: „Die Profilierung der Mobiliarsicherheiten von heute im Konkursrecht von gestern".

[49] vgl. zu diesem Zahlen: Bork, Einführung in das neue Insolvenzrecht, Rn. 8; sowie Uhlenbruck, Das neue Insolvenzrecht, S. 223 f..

[50] Eine namentliche Auflistung der Mitglieder der Kommission für Insolvenzrecht findet sich bei Schmidt- Räntsch, aaO, S. 50 f..

[51] BMJ (Hrsg.), Erster Bericht der Kommission für Insolvenzrecht, Köln 1985.

[52] BMJ (Hrsg.), Zweiter Bericht der Kommission für Insolvenzrecht, Köln 1986.

August 1988 den Diskussionsentwurf (EInsO) eines Gesetzes zur Reform des Insolvenzrechts vor, der den Landesjustizverwaltungen sowie den interessierten Verbänden mit der Bitte um Stellungnahme zugeleitet wurde[53]. Im Juli 1989 folgten Ergänzungen[54] zu dem Diskussionsentwurf, die ebenfalls den Verbänden und sonstigen mit dem Insolvenzrecht verbundenen Institutionen mit der Bitte um Stellungnahme übermittelt wurden. Noch im Jahre 1989 legte das Bundesministerium der Justiz einen Referentenentwurf[55] eines Gesetzes zur Reform des Insolvenzrechts vor. Die tatsächlichen politischen Veränderungen durch die Deutsche Wiedervereinigung verzögerten den weiteren Werdegang des Reformgesetzes. Erst am 15.04.1992 leitete das Bundesministerium der Justiz mit dem Regierungsentwurf einer Insolvenzordnung (RegEInsO)[56] das förmliche Gesetzgebungsverfahren ein.

Vor allem von Seiten der Insolvenzverwalter wurde heftige Kritik[57] an diesem Regierungsentwurf geübt, die bis zu einem Alternativentwurf des Gravenbrucher Kreises[58] und dessen Appell an alle Bundestagsabgeordneten[59] führte. In den Beratungen des Rechtsausschusses wurde der Regierungsentwurf noch einmal überarbeitet und zudem verkürzt (der Regierungsentwurf von 1989[60] umfaßte trotz der Zielsetzung der Schaffung eines vereinfachten Regelungswerkes immerhin 399 Paragraphen). In der bereinigten Form wurde der Regierungsentwurf am 21.04.1994 verabschiedet[61]. Somit ist für eine im weiteren Verlauf der Untersuchung vorzunehmende Auslegung von Normen der Insolvenzordnung zu beachten, dass die „Motive" für die Gesetzesfassung der Begründung des Regierungsentwurfes und für dessen Änderungen dem Bericht des Rechtsausschusses zu entnehmen sind[62].

Der Bundesrat beschloss am 20.05.1994 den Vermittlungsausschuß anzurufen[63]. Auf Vorschlag des Vermittlungsausschusses stimmten der Bundestag am 17.06.1994 und

---

[53] BMJ (Hrsg.), Gesetz zur Reform des Insolvenzrechts: Diskussionsentwurf, Köln 1988.

[54] BMJ (Hrsg.), Gesetz zur Reform des Insolvenzrechts: Diskussionsentwurf II (Ergänzungen) Köln 1989.

[55] BMJ (Hrsg.), Referentenentwurf, Gesetz zur Reform des Insolvenzrechts, Köln 1989; Referentenentwurf Einführungsgesetz zum Gesetz zur Reform des Insolvenzrechts, Köln 1990.

[56] Entwurf einer Insolvenzordnung, abgedruckt in BT- Drucks. 12/ 2443 vom 15.04.1992; verabschiedet vom Bundeskabinett am 21.11.1991.

[57] vgl. Stellungnahme des Gravenbrucher Kreises in ZIP 1992, 657 mit Erwiderung des BMJ in ZIP 1992, 659 und Gegenäußerung des Gravenbrucher Kreises in ZIP 1992, 660; ferner in ZIP 1993, S. 883 ff. Anhörung zum Regierungsentwurf einer Insolvenzordnung.

[58] in ZIP 1993, 625 ff..

[59] in ZIP 1994, 585 ff..

[60] Entwurf einer Insolvenzordnung, abgedruckt in BT- Drucks. 12/ 2443 vom 15.04.1992; verabschiedet vom Bundeskabinett am 21.11.1991.

[61] BR- Drucks. 336/ 94 (InsO) und BR- Drucks. 337/ 94 (EGInsO).

[62] so auch Bork, Einführung in das neue Insolvenzrecht, Rn. 10.

[63] BR- Drucks. 336/ 94 (Beschluß für InsO) und BR- Drucks. 337/ 94 (Beschluß für EGInsO).

der Bundesrat am 08.07.1994[64] zu, die Insolvenzordnung erst am 01.01.1999 und nicht wie zunächst vorgesehen am 01.01.1997 in Kraft treten zu lassen. Das Gesetz wurde am 05.10.1994 ausgefertigt und am 18.01.1994 im Bundesgesetzblatt[65] veröffentlicht.

Da sich jedoch bei dem verabschiedeten Gesetz erneute Mängel, insbesondere die angesprochenen Probleme für die Refinanzierung von Leasingverträgen[66], zeigten, die bereits vor Inkrafttreten der Insolvenzordnung Auswirkungen in Praxis hatten, beschloss der Rechtsausschuss des Bundestages am 22.05.1996 eine Ergänzung der Insolvenzordnung[67]. Dieser Empfehlung folgend verabschiedete der Bundestag am 23.05.1996 den „Entwurf eines Gesetzes zur Änderung des AGB- Gesetzes und der Insolvenzordnung", am 14.06.1996 passierte das Gesetz den Bundesrat[68] und wurde am 24.07.1996 veröffentlicht[69]. Zuletzt wurde die Insolvenzordnung durch Gesetz vom 26.10.2001[70] geändert[71].

2 Wesentliche Zielsetzungen bei der Insolvenzrechtsreform

Neben der für Verbraucher interessanten Neuregelung einer Restschuldbefreiung als Ausweg aus dem Schuldturm, stand insbesondere die Aufwertung der Sanierungsmöglichkeiten im Vordergrund der Reform. Die (übertragende) Sanierung wurde als ein gleichrangiges Instrument der Abwicklung anerkannt[72]. Dabei konnte jedoch nicht die Herbeiführung der Sanierung eines Unternehmens an sich ein eigenständiges Reformziel sein. Es sollte nicht Aufgabe der Reform sein, notleidende Unternehmen[73] durch Eingriffe in die Rechte der Beteiligten vor der Zerschlagung zu retten. Der Erfolg der Reform wird dementsprechend nicht daran zu messen sein, ob die absolute Zahl der erfolgreichen (Teil-)Sanierungen im Vergleich zu der Konkursordnung an-

---

[64] BR- Drucks. 644/ 94.

[65] BGBl. 1994 I S. 2866 (InsO); BGBl. 1994 I S. 2911 (EGInsO).

[66] vgl. dazu Zahn DB 1995, 1597ff. sowie 1649 ff.; Eckert ZIP 1996, 897 (908 f.).

[67] BT- Drucks. 13/ 4699; s. auch ZIP aktuell 1996 Heft 21, Nr. 144.

[68] BR- Drucks. 401/ 96.

[69] BGBl. 1996, I, S. 1013.

[70] BGBl. 2001, I, S. 2710; wegen möglicher zukünftiger Änderungen der Insolvenzordnung insgesamt vgl. insbesondere den Abschlussbericht der Bund-Länder-Arbeitsgruppe „Insolvenzrecht" vom Juni 2002, erhältlich unter www.bmj.bund.de.

[71] Diese zwischenzeitlichen Änderungen nach der Ergänzung des § 108 Abs. 1 InsO um den Satz 2 haben keine Bedeutung auf den in dieser Arbeit untersuchten Bereich oder geben anderweitige Erkenntnisse.

[72] vgl. Uhlenbruck, Das neue Insolvenzrecht, S. 232.

[73] Nach Angaben des Statistischen Bundesamtes stieg die Zahl der Unternehmensinsolvenzen seit 1999 (insgesamt 26.476) bis 2001 (insgesamt 32.278) deutlich an, vgl. unter www.destatis.de.

steigt, sondern daran, ob marktwirtschaftlich sinnvolle Sanierungen ermöglicht und sinnwidrige Sanierungen verhindert werden[74].

Ein weiteres zentrales Ziel der Reformbestrebungen war die Befreiung der Insolvenzverfahren von dem Schwachpunkt der Massearmut. Die soeben[75] angeführten Zahlen belegen, dass oftmals die Massearmut so groß war, dass nicht einmal die Verfahrenskosten aufgebracht werden konnten[76]. In diesem Zusammenhang wird die – im Vergleich zu der Konkursordnung neu eingeführte - Regelung des § 105 InsO bedeutsam. Sollte die Regelung des § 105 InsO auf Leasingverträge in der Insolvenz des Leasingnehmers bei einem Leasingvertrag über eine bewegliche Sache anwendbar sein, so könnte sich daraus eine echte Verbesserung der Position der Masse ergeben. Der Insolvenzverwalter könnte dann nämlich bei Erfüllungswahl den Leasingvertrag fortsetzen, ohne dass er die bis zur Verfahrenseröffnung aufgelaufenen Leasingraten aus der Masse zahlen müsste.

Auch im allgemeinen Bereich der schwebenden Rechtsgeschäfte sind die Änderungen der §§ 103 ff. InsO gegenüber den Regelungen in §§ 17 ff. KO hervorzuheben. In Abkehr von § 21 Abs. 1 KO, welcher bei Übergabe des Vertragsgegenstandes vor Eröffnung des Insolvenzverfahrens eine Wirksamkeit des Vertrages auch gegenüber der Konkursmasse vorschrieb, unterstellt die Insolvenzordnung nunmehr einen Teil dieser Verträge – auch einen Teil der Leasingverträge – dem Wahlrecht des Insolvenzverwalters gemäß den §§ 103, 108 InsO. Damit sollte dem Verwalter die Verwertung und Veräußerung der verleasten Sache erleichtert werden[77].

Allerdings erwies sich die Regelung, wie bereits angesprochen[78], aufgrund mangelnder Insolvenzfestigkeit[79] der Refinanzierung von Leasingverträgen als ergänzungsbedürftig. Die Ergänzung wurde durch § 108 Abs. 1 Satz 2 InsO vorgenommen. Dadurch soll der Leasingbranche die Möglichkeit der insolvenzfesten Gestaltung der Refinanzierung im Wege der Forfaitierung erhalten bleiben. Diese Rücksichtnahme des Gesetzgebers auf das Bedürfnis der Insolvenzfestigkeit der Refinanzierung könnte zum einen bei anderen Regelungen für den Leasingbereich bei der Frage nach der Zulässigkeit der begrenzten Wirksamkeit von Vorauszessionen

---

[74] vgl. Ausführungen bei Uhlenbruck, Das neue Insolvenzrecht, S. 231 ff..

[75] vgl. unter § 1 II., 1.

[76] vgl. Balz, „Aufgaben und Struktur des künftigen einheitlichen Insolvenzverfahrens“, in: ZIP 1988, S. 273 (281), über die Tatsache, daß man im Ausland auch Juristen kaum verständlich machen könne, wie es zu einem Versagen des Konkursrechts vor der massearmen Insolvenz als typisches deutsches Übel kommen könne.

[77] BT- Drucks. 12/ 2443, S. 147 zu § 122.

[78] vgl. unter § 1 I., 1.

[79] unter Zugrundelegung der Rechtsprechung des BGH zu § 17 KO, vgl. insbesondere BGHZ 106, 236; 116, 156.

bedeutsam werden (vgl. § 110 InsO). Zum anderen könnten sich aus der Wirksamkeit etwaiger Vorauszessionen nachteilige Folgen für die Masse ergeben. Damit könnte wiederum die ursprüngliche Zielsetzung des Reformwerkes nach einer Stärkung der Position der Masse und die Verhinderung der zunehmenden Massearmut gefährdet werden.

Dieses Ziel des Reformgebers nach einer Stärkung der Masse wird nicht zuletzt auch bei der Frage der Abrechnung von Nebenleistungen relevant, die mit Mitteln der Masse nach Verfahrenseröffnung erbracht werden und gleichzeitig eine wirksame Vorauszession über die Leasingraten vorliegt, mit der Folge, dass die Leasingrate grundsätzlich an den Zessionar weiterzuleiten ist.

§ 2 RECHTLICHE EINORDNUNG DES LEASINGVERTRAGES

Da die Regelungen der Insolvenzordnung ihrem Wortlaut nach den Leasingvertrag nicht berücksichtigen, bedarf es der Bestimmung der auf Leasingverträge anwendbaren Vorschriften. Hierzu ist vorab eine zivilrechtliche Einordnung des Leasingvertrages erforderlich. Anhand dieses Ergebnisses lassen sich dann die anwendbaren Regelungen der Insolvenzordnung erschließen. Für die zivilrechtliche Einordnung des Leasingvertrages wiederum ist es hilfreich, vorab einen Überblick über die Entwicklung des Leasinggeschäftes zu geben und die wirtschaftlichen Anreize des Leasinggeschäftes aufzuzeigen.

I. ENTWICKLUNG DES LEASINGGESCHÄFTES

Die Untersuchungen zur Herkunft des Leasingvertrages bezeichnen das Jahr 1877 als die Geburtsstunde des Leasingvertrages: Die US- amerikanische Bell- Telephone-Gesellschaft entschied sich dazu, neben dem bisherigen Verkauf ihrer Telefonanlagen, die Geräte auch zu vermieten. Die dafür abgeschlossenen Vertragsverhältnisse bezeichnete man als „Leasing". Weitere Großbetriebe folgten diesem Beispiel[80]. Der Durchbruch des Leasinggeschäftes setzte aber erst nach dem Zweiten Weltkrieg ein, als die ersten reinen Leasinggesellschaften gegründet wurden[81]. Diese Leasinggesellschaften hatten als eigentlichen Unternehmensgegenstand das Leasinggeschäft. Sie nahmen den Herstellern die Vermietung und Finanzierung der Wirtschaftsgüter und die damit verbundenen Risiken ab[82]. In Europa wurden in Frankreich und England 1960 die ersten Leasinggesellschaften gegründet[83]. In der Bundesrepublik entstand im Jahre 1962 mit der Deutschen Leasing GmbH die erste Leasinggesellschaft[84]. Die Forscher im Münchner Ifo- Institut stuften diese gerade gegründeten Leasingunternehmen sogleich als „wachstumsverdächtig" ein[85]. Aufgrund ihrer Ergebnisse einer ersten Recherchen[86] stellten die IfO- Analytiker die Prognose,

---

[80] Lwowski, Erwerbsersatz durch Nutzungsverträge, S. 2; Havermann, Leasing, S. 13; R. Koch, Immobilienleasing, S. 15.

[81] R. Koch, aaO, S. 16, der in der „United States Leasing Corp." in San Francisco im Jahre 1952 die Gründung der ersten Leasinggesellschaft im heutigen Sinne sieht.

[82] Splitter, Leasing für die Praxis, S. 1.

[83] R. Koch, Immobilienleasing, S. 18 mwN.

[84] Fuchs, Gewährleistungsregeln bei Leasingverträgen, S. 5.

[85] Städtler, AcP 190 (1990), S. 204.

[86] befragt wurden damals Teilnehmer des IfO- Investitionstests aus Industrie und Baugewerbe nach dem Einsatz des Leasing in ihren Betrieben, vgl. IfO- Schnelldienst 46/1962 (S. 2), 48/1963 (S. 11).

„daß diese Art der Anlagenfinanzierung den Bedürfnissen vieler Unternehmen entgegen kommt, und daß daher mit einem nicht unbeträchtlichen Aufschwung dieses in der Bundesrepublik noch sehr jungen Geschäftszweiges gerechnet werden kann"[87].

Die Popularität des Leasinggeschäftes hat sich stetig gesteigert. Statistiken aus dem Jahre 1973 errechnen ein Investitionsvolumen von DM 9 bis 10 Milliarden durch Leasinggesellschaften. Im Jahr 1995 konnten Leasinggesellschaften im Auftrag ihrer Kunden erstmals die Investitionssumme von DM 58 Milliarden überschreiten[88]. In den Jahren 1996 bis 1998 verbuchte die Leasingbranche in der Bundesrepublik Deutschland Zuwächse von 13,9%, 3,1% sowie von 6,6%. Im Jahre 1998 erreichte Leasing ein Investitionsvolumen von rund DM 74 Milliarden. Die Steigerung im Jahre 1998 von 6,6% erschien aus Sicht der Leasingbranche umso erfreulicher, als die gesamtwirtschaftlichen Investitionen (ohne Wohnungsbau) eine Zunahme von 4,1% verbuchten[89]. Während auf das Immobilien- Leasing ein Zuwachs von 1% entfällt und somit in diesem Bereich das Ergebnis aus 1997 erreicht wurde, befand sich das Mobilien- Leasing weiter auf Erfolgskurs[90].

Dominanz im Mobilien-Leasing-Sektor haben die Leasingverträge über Straßenfahrzeuge, jedoch konnten die sogenannten *Big Tickets* wie Luft-, Wasser- und Schienenfahrzeuge an Bedeutung gewinnen[91]. Hochpreisige Personenfahrzeuge lassen sich hingegen oft nur noch in Verbindung mit attraktiven Finanzierungs- und Dienstleistungsangeboten absetzen[92].

In den neuen Bundesländern konnte der erreichte Stand des Westens auch im Jahre 1998 nicht aufgeholt werden. Nach Ansicht von *Kayser*[93] waren dafür die dort ge-

---

[87] Ifo- Schnelldienst 48/ 1963, S. 11 „Miete statt Investitionen".

[88] Städtler, FLF 1/ 96 8 (8, 13); Eckstein, BB 1996, Beilage Nr. 8, S. 4.

[89] Kayser, BB 1999, Beilage 6 S. 5 mit weiteren statistischen Nachweisen.

[90] Kayser, aaO, mit dem Hinweis auf Seite 6, daß das Immobilien- Leasing 1997 einen Rückgang von 27,3% zu verkraften hatte.

[91] Der Anstieg des Leasinggeschäfts in diesem Bereich in den Jahren 1996 bis 1999 konnte im Jahre 2000 nicht mehr gehalten werden, sondern erlitt deutliche Einbußen, vgl. dazu den Bericht „Erfolgreich im Wandel" von Arno Städtler, Mitarbeiter des Ifo- Instituts für Wirtschaftsforschung München, in der Verlagsbeilage „Leasing" der F.A.Z. vom 14.05.2001. Demgegenüber berichtet Kirsten Steiner („Über den Wolken") in der gleichen Verlagsbeilage der F.A.Z. über die Prognose von Airbus, daß bis zum Jahr 2019 rund 16.000 neue Flugzeuge benötigt würden, was mehr als einer Verdoppelung des jetzigen Bestandes entspräche. Die Leasinggesellschaften würden hier interessante Finanzierungsmodelle anbieten. Der Erfolg spiegele sich darin wieder, daß heute einige Leasinggesellschaften Eigentümer von deutlich mehr Flugzeugen seien, als jede einzelne der großen Fluggesellschaften.

[92] Kayser, aaO, S. 6 (7), einschließlich Luft-, Wasser und Schienen- sowie Straßenfahrzeuge (diese mit 51,2%) betrug der Anteil aller Fahrzeuge an Leasing- Investitionen 1998 stolze 60,3%. Der rückläufige Anteil an Büromaschinen stabilisierte sich im Jahre 1996 bei 10,4%.

[93] Kayser, aaO, S. 8.

währten Sonder- Abschreibungsmöglichkeiten (Sonder- AfA)[94], aber auch Beeinträchtigungen des Leasing bei der Investitionszulage ursächlich. Im Vergleich der Mitgliedsverbände der Leaseeurope[95] rangierte Deutschland mit einen Anteil von 24,03% an der Spitze, gefolgt von Großbritannien mit 17,33%, bei einem im Jahr 2001 bilanzierten Leasing- Volumen von 192,654 Milliarden Euro.

II. WIRTSCHAFTLICHE ANREIZE DES LEASINGGESCHÄFTES

Die wirtschaftlichen Anreize des Leasinggeschäftes, die sich in dem Erfolg dieser Vertragsgestaltung widerspiegeln, sind unschwer zu erkennen[96]. Um nicht einen großen Anteil des Eigenkapitals an das Anlagevermögen zu binden, erschien es aus wirtschaftlicher Betrachtungsweise effizienter, sich die Nutzungsmöglichkeit an den Gegenständen des bisherigen Anlagevermögens zu sichern. Die Nutzungsmöglichkeit war wichtiger als das zivilrechtliche Eigentum an den Gegenständen[97]. Bei einem Leasingvertrag erhält das Unternehmen als Leasingnehmer eben diese Nutzungsmöglichkeit, während das Eigentum beim Leasinggeber verbleibt.

Insbesondere aus bilanziellen Gesichtspunkten bietet das Leasinggeschäft als „schwebendes Geschäft" den Vorteil, dass es nicht bilanziert wird[98]. Damit kann das Eigenkapital in größerem Umfang zur Finanzierung des Umlaufvermögens eingesetzt werden[99]. Leasingverträge sind insbesondere in Branchen mit schnell veraltender Technik reizvoll, um stets die notwendigen Anpassungen vornehmen zu können, ohne noch an die veralteten Anlagegegenstände gebunden zu sein. Die Flexibilität des Unternehmens wird somit gesteigert.

---

94 Die geänderten AfA-Tabellen können die Attraktivität des Leasinggeschäftes weiter steigern. Die Branchentabellen mit den entsprechenden Abschreibungsfristen werden zwar voraussichtlich erst 2002 veröffentlicht. Aber die schon jetzt vorliegende Neufassung der Abschreibungstabelle für allgemein verwendbare Wirtschaftsgüter sieht eine Verlängerung der bisherigen Abschreibungsdauern um etwa 20 Prozent vor. Vgl. Ute Gröning, „Gift für die Investitionen", Verlagsbeilage zur F.A.Z. vom 14.05.2001.

95 Europäischer Dachverband der nationalen Leasingverbände mit Sitz in Brüssel. Nach eigenen Angaben gehören dem Verband insgesamt 27 Landesverbände an, mit insgesamt 1118 Mitgliedsunternehmen,vgl. unter www.leaseurope.org.

96 vgl. dazu bereits Falk, DB 1963, 351f., Klaas NJW 1968, 1502 ff.; Krause NJW 1973, 691 ff; Coester- Waltjen, Jura 1980, 123 ff.; in jüngerer Vergangenheit Bender, BB 1999, Beilage 6 S. 18 f.

97 Weber/ Marx, Leasingverträge, S. 11; Krause, NJW 1983, 691; Gzuk, AcP 190 (1990), S. 208 (211).

98 Bordewin, Leasing im Steuerrecht, S. 87.

99 Falk, DB 1963, 351; Fuchs, aaO, S. 4 betont, daß gerade in der Nachkriegszeit sich das ideale Umfeld für die Durchsetzung des Leasinggeschäftes geboten habe: Bei stark expandierender Wirtschaft konnten etliche Unternehmen wegen knapper Kapitaldecke die notwendigen Investitionen zur Steigerung des Produktionsvolumens und der Anpassung an den technischen Fortschritt nur über Leasingverträge finanzieren.

Im Allgemeinen wird überdies noch der sogenannte pay-as-you-earn- Effekt als Vorteil des Leasing angeführt. Die Leasingraten können gegebenenfalls in voller Höhe aus Erträgen bezahlt werden, die das Leasinggut erbringt[100]. Nicht nur für neu gegründete Unternehmen stellt dies eine durchaus erstrebenswerte Situation dar. Ferner erfüllt Leasing aus Sicht des Leasingnehmers die „goldene Finanzierungsregel", nach der eine Investition über die gesamte Einsatzdauer durchfinanziert sein soll. Danach entfällt in der Regel die Notwendigkeit einer Vor-, Zwischen- oder auch Nachfinanzierung[101].

Nicht zu vernachlässigen ist auch der Vorteil für den Leasingnehmer, dass der Leasinggeber durch die Bezifferung der Leasingrate, eine Art buchhalterische Dienstleistung erbringt, da sich in der Leasingrate die monatliche Belastung für den Leasingnehmer widerspiegelt[102].

Schließlich ergeben sich unter Berücksichtigung der Leasing-Erlasse des Bundesfinanzministeriums[103] teilweise bedeutende steuerliche Vorteile. Wenn der Leasinggegenstand, im wirtschaftlichen Eigentum des Leasinggebers stehend, in der Steuerbilanz des Leasingnehmers nicht aktiviert werden muss[104], dann fällt für den Leasingnehmer – wenn auch unter Verzicht auf die Abschreibungsmöglichkeiten – weniger Anlagevermögen- Gewerbesteuer an[105]. Aus Sicht des Leasingnehmers lassen sich dafür die Leasingraten als gewinnmindernde Aufwendungen geltend machen. Um der Steuergestaltung Grenzen zu setzen, hat das Bundesministerium für Finanzen in den Jahren 1971, 1972 und 1975[106] im Anschluss an das BFH- Urteil vom 26.10.1970[107] in den Leasingerlassen die Rahmenbedingungen für die steuerrechtliche Bilanzierung des Leasinggeschäftes festgelegt.

---

[100] Bender, BB 1999, Beilage 6, S. 18.

[101] Bender, aaO.

[102] Figge, AcP Bd. 190 (1990), S. 219.

[103] BdF- Erlasse vom 19.04.1971 (BStBl. I S. 264); vom 21.03.1972 (BStBl. I S. 188); vom 22.12.1975 (StEK EStG § 6 Abs. 1 Ziff. 1 Nr. 45).

[104] Leasinggegenstand ist nach § 6 Abs. 1 Ziff. 1 EStG vom Leasinggeber in die Bilanz in Höhe der Anschaffungs- oder Herstellungskosten einzustellen.

[105] Solange es die Vermögenssteuer noch gab, reduzierte sich auch diese. Nach Abschaffung der Vermögenssteuer und der Gewerbekapitalsteuer sind Leasingfinanzierungen unter Berücksichtigung der Gewerbeertragssteuer allerdings kaum mehr vorteilhafter, als eine Kreditfinanzierung. Der potentielle Gewerbesteuervorteil des Leasing liegt lediglich in der Vermeidbarkeit der Hinzurechnungsbelastung der Steuer auf 50% der Dauerschuldzinsen, vgl. hierzu Bender, BB 1999, Beilage 6, S. 18.

[106] Leasingerlaß des BdF vom 19.04.1971 (Vollamortisationserlaß), BStBl. 1971 Teil I S. 264, Leasingerlaß des BdF vom 21.03.1972, (BStBl. 1972 Teil I, S. 188) und Leasingerlaß des BdF vom 22.12.1975 (Teilamortisationserlaß), BB 1976, S. 72f.

[107] BFH BStBl. 1970 II, S. 264.

Der BdF- Erlaß vom 19.04.1971 regelt die Zuordnung beweglicher Leasinggüter im Rahmen sogenannter full-pay-out- Verträge[108]. Grundsätzlich wird nach diesem BdF- Erlaß vom 19.04.1971 der Leasingvertrag steuerlich als Mietvertrag anerkannt, wenn die Grundmietzeit nicht weniger als 40 % und nicht mehr als 90 % der betriebsgewöhnlichen Nutzungsdauer des Leasinggutes beträgt[109]. Bei Leasingverträgen mit Kauf- oder Verlängerungsoption sind weitere Voraussetzungen zu erfüllen[110].

Ähnliche Regelungen enthält der BdF- Erlaß vom 21.03.1972 für das Immobilienleasing. Grund und Boden sowie Gebäude sind getrennt zu beurteilen. Der Grund und Boden kann dem Leasingnehmer nur zugerechnet werden, falls es sich um einen Vertrag mit Kaufoption handelt und auch nur dann, wenn ihm auch das Gebäude zugerechnet wird.

Auch bei den non-full-pay-out- Verträgen[111] wird das Leasinggut grundsätzlich dem Leasinggeber zugerechnet, wenn die Grundmietzeit 40 bis 90% der betriebsgewöhnlichen Nutzungsdauer beträgt. Daneben wird jedoch noch berücksichtigt, inwieweit der Leasingnehmer an dem Erlös aus der Veräußerung des Leasinggutes nach Ablauf der Grundmietzeit beteiligt ist. Da die Grundmietzeit in der Regel kürzer ausgestaltet ist als die betriebsgewöhnliche Nutzungsdauer, ist allgemein ein steuerlicher Vorteil des Leasinggeschäftes gegenüber einem Erwerb (ggf. unter Kreditaufnahme) darin zu sehen, dass die Kosten des Wirtschaftsgutes zeitnäher geltend gemacht werden können und so ein Steueraufschub erreicht wird. Von dieser Zielvorstellung her sind diejenigen Leasingverträge, bei denen das Leasinggut dem Leasingnehmer zugerechnet wird, als mißglückt zu bezeichnen.

Um das Leasing weiterhin insbesondere steuerlich interessant zu gestalten, gehen die Leasinggesellschaften verstärkt dazu über, zusätzliche Dienstleistungen anzubieten, bis hin zu einem „Full- Service- Leasingvertrag“[112]. Solche Dienstleistungen

---

[108] Zuletzt bestätigt durch BFH- Urteil vom 09.12.1999, DB 2000, S. 753. Von full- pay- out- Verträgen spricht man, wenn während der Grundmietzeit die Anschaffungskosten des Leasinggutes sowie die Aufwendungen und der Gewinn des Leasinggebers durch die vom Leasingnehmer aufzubringenden Raten voll abgedeckt werden.

[109] Die Anerkennung als Mietvertrag ist insbesondere für den Leasingnehmer von Interesse, damit das Leasinggut beim Leasinggeber in der Bilanz als Anlagevermögen ausgewiesen wird, während der Leasingnehmer die Leasingraten in voller Höhe als Betriebsausgaben absetzen kann.

[110] Der für den Fall der Ausübung des Optionsrechts vorgesehene Kaufpreis darf nicht niedriger sein als der unter Anwendung der linearen AfA ermittelte Buchwert oder der niedrigere Teilwert; bzw. die Anschlußmiete muß so bemessen sein, dass sie den Wertverzehr deckt, der sich auf der Basis des unter Berücksichtigung linearer AfA ermittelten Buchwerts oder der niedrigeren Teilwerts und der Restnutzungsdauer ergibt. Als Ausnahme wird das Leasinggut beim Spezialleasing (d.h. wenn das Leasinggut allein auf die Bedürfnisse des Leasingnehmers zugeschnitten ist und von keinem anderen genutzt werden kann) nach § 39 Abs. 2 Nr. 1 AO stets dem Leasingnehmer zugerechnet.

[111] Bei non-full-pay-out- Verträgen decken die Leasingraten während der Grundmietzeit nur zum Teil die Anschaffungskosten sowie die Aufwendungen und den Gewinn des Leasinggebers.

[112] Bender, BB 1999, Beilage 6, S. 18 (19).

können u.a. im Fuhrparkmanagement, in Verhandlungsführung mit dem Hersteller, der Übernahme von Wartungsarbeiten und Störungsbeseitigungen am Investitionsobjekt, der Installation der Hardware oder Software, einem Versicherungsservice bis hin zum kompletten Outsourcing eines Unternehmensbereiches, der nicht zum Kerngeschäft des Unternehmens gehört, reichen.[113]

III. AUF DEN LEASINGVERTRAG ANWENDBARE VORSCHRIFTEN

1 Definition des Leasingvertrages

Der aus dem anglo- amerikanischen Sprachraum stammende Begriff „Leasing" ist von dem Verb „to lease" abgeleitet, welches in die deutsche Sprache mit „verpachten, vermieten, in Pacht nehmen, pachten, mieten" übersetzt wird[114]. Trotz der weiten Verbreitung dieser Vertragsgestaltung ist es bislang nicht gelungen, eine deutsche Übersetzung mit anderen Vokabeln zu entwickeln. Im allgemeinen Sprachgebrauch wird das „leasen" als neudeutsches Wort verwendet.
In die deutsche Rechtsordnung wurde der Terminus „Leasing" erstmals in § 3 Abs. 2 Nr. 1 VerbrKrG übernommen, in Form von „Finanzierungsleasing"[115]. Unter diesen Terminus sollen

> „alle Leasingverträge, bei denen der Leasingnehmer für die Amortisation der vom Leasinggeber für die Anschaffung der Leasingsache gemachten Aufwendungen und Kosten einzustehen hat"[116],

fallen. Damit ist insbesondere das Amortisationsprinzip als typusprägendes Merkmal des Finanzierungsleasing gesetzlich festgeschrieben worden.

Nach allgemeiner juristischer Definition liegt ein Leasingvertrag vor, wenn der Leasinggeber ein Sache oder eine Sachgesamtheit dem Leasingnehmer gegen ein in Raten gezahltes Entgelt zum Gebrauch überläßt, wobei die Gefahr oder Haftung für Instandhaltung, Sachmängel, Untergang und Beschädigung der Sache allein den Leasingnehmer trifft; der Leasinggeber überträgt dafür in der Regel seine Ansprüche hieraus gegen Dritte (insbesondere gegen den Lieferanten) dem Leasingnehmer[117].

---

[113] weitere Beispiele bei Bender, aaO, insbesondere im Zusammenhang mit Kfz-Leasing.
[114] Langenscheidt, Wörterbuch Englisch- Deutsch, Stichwort „lease".
[115] Larenz, Schuldrecht II/ 2, § 66 I 2.
[116] BT- Drucks. 11/ 82.
[117] Palandt/Heinrichs, 54.Auflage, Einf. vor § 535, Rn. 27.

Aufgrund des großen Erfolges des Leasinggeschäftes, der auf die genannten wirtschaftlichen Anreize zurückzuführen ist, sind in der Praxis verschiedene Diversifizierungen von Leasinggeschäften entwickelt worden, die sich unter anderem an den unterschiedlichen Bedürfnissen der Leasingnehmer orientieren. Ausdruck der Kreativität der Leasinggesellschaften ist beispielsweise das „Synthetic Lease", welches sich laut *Arend*[118] in den USA zunehmender Beliebtheit erfreut. Hinter dem Terminus „Synthetic Lease" verberge sich ein Darlehen, das wie ein Lease aussehe und sowohl steuerrechtliche als auch handelsbilanzielle Vorteile habe[119]. Der wesentliche Unterschied zwischen dem Synthetic Lease und dem herkömmlichen Lease läge dann auch in der abweichenden steuer- und handelsbilanziellen Zurechnung des Leasingobjektes bei den Beteiligten.

Im Folgenden sollen zunächst die am häufigsten auftretenden Arten von Leasingverträgen dargestellt werden. Im Anschluss daran soll dann die exakte zivilrechtliche Einordnung für den herkömmlichen Finanzierungsleasingvertrag insgesamt vorgenommen werden.

2 Arten von Leasinggeschäften

Zunächst bietet sich die von *Dietz*[120] herausgearbeitete Differenzierung zwischen Privatleasing und gewerblichem Leasing an. Das Privatleasing taucht insbesondere im Bereich des Pkw- Leasing auf und wird hauptsächlich durch die Vorschriften des VerbrKrG bestimmt[121]. Beim gewerblichen Leasing[122] spielen im Unterschied zum Privatleasing die steuerrechtlichen Erwägungen eine entscheidende Rolle.

Ferner lässt sich das Herstellerleasing von dem eigentlichen Finanzierungsleasing abzugrenzen. Zunächst unterschied die Literatur zwischen „direktem" und „indirektem" Leasing[123]. Unter *direktem* Leasing war eine Direktvermietung des Leasinggutes durch den jeweiligen Hersteller/ Händler des Leasinggutes zu verstehen[124]. Dies wird

---

[118] Christopher Arend, „Ein Darlehen im Leasingkleid", Verlagsbeilage zur F.A.Z. vom 14.05.2001 (Arend ist Partner der Sozietät Linklaters Oppenhoff & Rädler, Frankfurt).

[119] Hauptanwendungsbereich des „Synthetic Lease" sei die Finanzierung großer Gebäude und Produktionsanlagen, ab etwa 100 Millionen Dollar Investitionsvolumen.

[120] Dietz AcP 190 (1990), S. 235 (239 ff.).

[121] vgl. dazu v. Westphalen, Leasingvertrag, Rn. 1670 ff.. Durch das Schuldrechtsmodernisierungsgesetz sind bis auf die Integration der Regelungen der Verbraucherkreditgesetzes in das Bürgerliche Gesetzbuch keine inhaltlichen Änderungen eingetreten oder beabsichtigt gewesen.

[122] Dietz, AcP 190 (1990) S. 235 (242f.) zeichnet die Grundstrukturen sowohl anhand des Bereiches der Massengüter, als auch anhand der Leasingverträge über einzelne hochwertige Investitionsgüter auf.

[123] Flume DB 1972, S. 1 (2).

[124] OLG Frankfurt, WM 1982, 723; LG Frankfurt BB 1985, 757.

nunmehr als "*Herstellerleasing*" oder „*Händlerleasing*" bezeichnet[125]. Diese Form des Leasing soll in der weiteren Behandlung des Themas nicht im Vordergrund stehen[126]. *Indirektes* Leasing ist durch die Zwischenschaltung eines Dritten (der Leasinggesellschaft) zwischen den Hersteller und den späteren Leasingnehmer gekennzeichnet[127]. Unter diese Leasingart sind auch Leasingaktivitäten unterzuordnen, die unmittelbar vom Hersteller/ Lieferanten des Leasinggutes ausgehen und zwar ungeachtet der Tatsache, ob zwischen dem Hersteller/ Lieferanten des Leasinggutes einerseits und dem Leasinggeber andererseits eine kapitalmäßige oder konzernmäßige Verflechtung besteht[128]. Unbeachtlich ist dabei, dass in diesem Fällen die Leasingaktivität der Absatzförderung dient[129].

Eine Aufteilung der verschiedenen Leasingarten kann sich ebenso an der Voll- oder Teilamortisation orientieren[130], sowie an den verschiedenen Leasingbranchen, die mittlerweile entstanden sind[131]. Im Allgemeinen lassen sich jedoch das *Operating-Leasing*[132] und das *Finanzierungsleasing* voneinander abgrenzen[133]. Innerhalb dieser Leasingarten ist es sinnvoll, nach den Leasinggegenständen, ob Mobilie oder Immobilie zu differenzieren. Auch die Regelungen der Insolvenzordnung weichen voneinander ab, je nachdem ob es sich um eine Mobilie oder eine Immobilie als Leasinggegenstand handelt.

Im Mittelpunkt der weiteren Abhandlung steht das Finanzierungsleasing. Es handelt sich dabei um die am weitesten verbreitete Form des Leasingvertrages[134]. Aus insolvenzrechtlicher Sicht ist insbesondere das Drei- Personen- Verhältnis interessant,

---

[125] Ulmer/ Schmidt, DB 1982, 2258 ff; 2615 ff.; Flume aaO; LG Berlin BB 1982, 1880.; ausführlich zum Herstellerleasing: v. Westphalen, Leasingvertrag, Rn. 167 ff..

[126] vgl. ferner Paschke BB 1987, S: 1193 zu der Variante des „Null- Leasing", die insbesondere im Kfz gebräuchlich geworden ist. Sie liegt vor, wenn dem Leasingnehmer die Sache für einen bestimmten Zeitraum gegen periodisch fällig werdende Raten ohne Zinsen zum Gebrauch überlassen und nach Ablauf des Vertrages von ihm für einen bei Vertragsschluß festgesetzten Preis bindend zum Erwerb des Eigentums angeboten wird.

[127] Flume, DB 1972, S. 1 (2).

[128] Berger, Typus und Rechtsnatur des Herstellerleasing, S. 33 ff..

[129] Canaris, Bankvertragsrecht, Rn. 1725.

[130] So nimmt Figge, in AcP 190 (1990), S. 219, (220 f.) folgende Unterteilung des Finanzierungsleasing vor: 1. Gruppe: Vollamortisationsverträge (ohne Option, mit Verlängerungsoption oder mit Kaufoption); 2. Gruppe: Kündbarer Vertrag (ohne/ mit Erlösanrechnung); 3. Gruppe: Teilamortisationsverträge (mit Andienungsrecht, mit Andienungsrecht und Mehrerlösbeteiligung, mit Restwertgarantie).

[131] So unterscheiden Engel/ Völckers, Leasing in der Insolvenz, S. 3 Rn. 8 ff. die Leasinggeschäfte der Kraftfahrzeug- Branche, der Immobilien- Branche, der Computer- Branche und das Kommunal-Leasing voneinander, wobei diese Arten sämtlichst Formen des Finanzierungsleasings darstellen.

[132] Zur Einordnung des Operating-Leasing als Mietvertrag im Sinne der §§ 535 ff. BGB, vgl. statt vieler MüKo-Voelskow, Vor § 535 Rn. 43.

[133] vgl. einen rechtsvergleichenden Überblick bei Kronke, AcP 190 (1990), S. 383, 387 ff..

[134] Gzuk, AcP 190 (1990), S. 208 (209), Kayser, BB 1999 Beilage 6, S. 5;
Bender, BB 1999, Beilage 6, S. 18.

welches durch die Einschaltung eines Dritten, meist eines Kreditinstitutes, entsteht, welcher die Refinanzierung der Anschaffung des Leasinggutes durch die Leasinggesellschaft übernimmt. So ist beim Finanzierungsleasing insbesondere das insolvenzrechtliche Schicksal der Vorauszessionen über die Leasingraten zugunsten des refinanzierenden Dritten zu hinterfragen.

Das Finanzierungsleasing unterscheidet sich von dem Operating-Leasing durch die abweichenden Zielsetzungen der Vertragsabschlüsse im Hinblick auf die Amortisation. In diesem Zusammenhang sind auch die Lösungsmöglichkeiten verschieden gestaltet.

2.1 Operating- Leasing

Beim Operating- Leasing[135] wird dem Leasingnehmer ein Wirtschaftsgut für eine unbestimmte Dauer zur Verfügung gestellt. Dabei ist die Vertragslaufzeit in der Regel kurz- oder mittelfristig angelegt. Der Leasingnehmer hat die Möglichkeit, jederzeit zu kündigen und dem Leasinggeber das Investitionsobjekt nach Ablauf einer bei Vertragsabschluß vereinbarten (kurzen) Frist ohne weitere Verpflichtung zurückzugeben.

In rechtlicher Hinsicht bestehen keine Unterschiede zu einem Mietvertrag im Sinne des Bürgerlichen Gesetzbuches[136]. Die Bezeichnung als „Operating-Leasing“ ist ohne rechtliche Bedeutung. Im Unterschied zum Finanzierungsleasing sind beim Operating-Leasingvertrag weder die Vertragsdauer noch die vom Leasingnehmer zu erbringenden Leasingraten so festgelegt, dass dadurch bereits eine volle Amortisation erreicht wird. Auch wird der Leasingnehmer nicht zu einer Sonderleistung bei Vertragsbeginn[137] oder zu einer Abschlußzahlung bei Ablauf des Vertrages[138] verpflichtet, mit der die während der Laufzeit des Vertrages noch nicht amortisierten Kosten des Leasinggebers ausgeglichen werden[139].

Der Leasinggeber erreicht beim Operating-Leasing eine Vollamortisation nur, wenn es ihm gelingt, Anschlußleasingnehmer zu finden und durch den Abschluss eines weiteren Leasingvertrages die gesamten Anschaffungs- sowie sonstigen Kosten der Investition hereinzuholen oder aber das Leasinggut durch Veräußerung zu verwer-

---

[135] vgl. Kügel, in: Büschgen, Praxishandbuch Leasing, § 5 Rn. 64 ff..

[136] vgl. Ott, in: Bruchner/Ott/Wagner, VerbrKrG, § 1 Rn. 126.

[137] Insbesondere beim Immobilienleasing kann diese Sonderzahlung einen bedeutenden Finanzierungsbeitrag darstellen.

[138] Beim Kfz-Leasing wird entsprechend meist ein Restwert einkalkuliert.

[139] vgl. Ott, in: Bruchner/Ott/Wagner, VerbrKrG, § 1 Rn. 126.

ten[140]. Der Leasinggeber trägt also das Risiko der Investition. Der Leasinggeber ist Investor, der Leasingnehmer nutzt lediglich die Investition eines Dritten[141].

Operating-Leasing eignet sich vor allem für solche Gegenstände, bei denen es für den Leasingnehmer ungewiß ist, wie lange er sie braucht und ob er sie erwerben will. Das Operating-Leasing genießt allerdings weder die Bonifikation des Vollamortisations- noch die des Teilamortisationserlasses des Bundesfinanzministers.

2.2 Finanzierungsleasing

Im Unterschied zum Operating-Leasing verwendet das Gesetz den Begriff „Finanzierungsleasing", nämlich bisher in § 3 Abs. 2 Nr. 1 VerbrKrG und nunmehr in § 499 Abs. 2, § 500 BGB[142]. Nach dem Verbraucherkreditgesetz war unter Finanzierungsleasing ein Leasingvertrag mit einem Verbraucher zu verstehen, bei denen der Leasingnehmer für die Amortisation der vom Leasinggeber für die Anschaffung der Leasingsache gemachten Aufwendungen und Kosten einstehen muss[143]. Insoweit hat das Schuldrechtsmodernisierungsgesetz (SchuModG) keine inhaltlichen Veränderungen bewirkt[144].

Der Finanzierungsleasingvertrag setzt in der Regel eine längere Fest(Grund)leasingzeit voraus, oft verbunden mit Verlängerungs- oder Kaufoption[145], in der der Leasingnehmer durch die Zahlung der Leasingraten den Kaufpreis zuzüglich aller Kosten, Zinsen, Kreditrisiko und Gewinn des Leasinggebers vergütet. In der Praxis hat sich die Vorgehensweise herausgebildet, dass der (künftige) Leasingnehmer den zu leasenden Gegenstand selbst beim Lieferanten auswählt und der Leasinggeber dieses Leasinggut sodann durch Kauf anschafft. Hinsichtlich der betriebswirtschaftlichen und steuerlichen Vorteile wird auf die obigen Ausführungen verwiesen[146].

Eine weitere spezielle Art der Begründung eines Finanzierungsleasingvertrages hat sich mit der Vorgehensweise des „Sale- and Lease- Back" herausgebildet. Der späte-

---

[140] vgl. Ott, in: Bruchner/Ott/Wagner, VerbrKrG, § 1 Rn. 127; Eckert, in: MünchKomm-InsO, § 108 Rn. 29.; so auch BGHZ 71, S. 196 (202) = NJW 1978, S. 1432 ff.; BGHZ 111, S. 84 (95) = NJW 1990, S. 1785.

[141] Tacke, Leasing, S. 2.

[142] Die Regelung des § 3 Abs. 2 Nr. 1 VerbrKrG ist zum 01.01.2002 im Rahmen der Schuldrechtsreform durch das SchuModG (BGBl. I 3138) in die Regelungen des § 491 Abs. 3, § 500 BGB integriert worden. Zu der veränderten Verweisungstechnik, vgl. AnwKomm-BGB/*Reiff*, § 500 Rn. 3.

[143] BT- Drucks. 11/ 8274 S. 21; Schmid- Burgk/ Schölemann BB 91, S. 566.

[144] vgl. AnwKomm-BGB/ Reiff, § 500 Rn. 3.

[145] vgl. bezüglich der Gestaltungsmöglichkeiten bei Ende der vertraglich festgelegten Grundlaufzeit die Übersicht bei Figge, AcP 190 (1990), S. 219 (221).

[146] vgl. dazu oben unter § 2 II.

re Leasingnehmer ist vor Abschluss des Leasingvertrages in der Regel der Eigentümer des späteren Leasinggutes, der das Eigentum am späteren Leasinggut an den Leasinggeber durch Kaufvertrag vollständig überträgt, um den Gegenstand anschließend von ihm zurückzuleasen. Das Motiv für diese Vorgehensweise ist ähnlich wie bei der erstmaligen Nutzbarmachung eines Wirtschaftsgutes die Erhöhung der Liquidität auf Seiten des Leasingnehmers, ohne dass eine Darlehen aufgenommen werden müßte. Das bereits in den betrieblichen Ablauf integrierte Anlagegut bleibt ohne Unterbrechung für das Unternehmen nutzbar. Wegen der weiteren Vorzüge und insbesondere der Steuervorteile sei auf die Eingangsausführungen verwiesen[147].

3 Leasingtypische Vertragsbeziehungen

In der allgemein angenommen und in der Praxis verbreiteten[148] Grundgestaltung des Finanzierungsleasingvertrages, die auch den weiteren Ausführungen zugrunde gelegt ist und vor dem Hintergrund ihrer insolvenzrechtlichen Behandlung besonderes Interesse verdient, schließen der Leasinggeber und der Leasingnehmer einen Finanzierungsleasingvertrag über ein Leasinggut, welches der Leasinggeber finanziert, mithin eine Investitionsentscheidung des Leasingnehmers als unabhängiger Dritter.

Den leasingtypischen Besonderheiten – Abwälzung der Sach- und Preisgefahr auf den Leasingnehmer, Freizeichnung des Leasinggebers von der mietrechtlichen Gewährleistungshaftung gegen Abtretung der ihm als Käufer zustehenden Gewährleistungsansprüche gegenüber dem Lieferanten an den Leasingnehmer und Anspruch des Leasinggebers auf Vollamortisation seiner Gesamtaufwendungen – liegt im Wesentlichen die aus den Funktionen der Finanzierung und Nutzung, und damit aus den Grundinteressen der Leasingvertragsparteien resultierende, vom Mietrecht abweichende Risikoverteilung des Leasingvertrages zugrunde. Diese leasingtypischen Vertragsregelungen sind nach gefestigter höchstrichterlicher Rechtsprechung angemessen und zulässig[149].

Von ausschlaggebender Bedeutung für den Abschluss eines Leasingvertrages ist stets die Möglichkeit der Refinanzierung des Leasinggeschäftes. Denn Leasing ist eine Anschaffungsfinanzierung. Aufgrund der Beschaffung des Kaufpreises für das

---

[147] vgl. dazu ebenfalls oben unter § 2 II.

[148] vgl. dazu auch Emmerich, JuS 1990, S. 1; Coester- Waltjen Jura 1980, S. 123; Zahn DB 1995, S. 1597; Kalt BB 1996, Beilage 8, S. 10.

[149] vgl. hierzu u.a.: BGH, Urt. v. 15.10.1986, VIII ZR 319/85, NJW 1987, 377; Urt. v. 17.12.1986, VIII 279/85, BB 1987, 926f.; BGH Urt. v. 08.03.1995, VIII ZR 313/93, NJW 1995, 1541ff. (1545); Urt. v. 06.03.1996, VIII ZR 98/95, NJW 1996, 1888; Kügel, in: Büschgen (Hrsg.), Praxishandbuch Leasing, § 5 Rn. 21; Engel, in: Miete, Kauf, Leasing, Rn. 86 ff., 96.

Leasinggut im Rahmen der Investition des Leasingnehmers benötigt der Leasinggeber laufend Finanzmittel. Das Eigenkapital reicht hierzu in der Regel nicht aus oder aber eine Eigenfinanzierung ist aus steuerrechtlicher Sicht gar nicht erstrebenswert. Aus diesem Grunde ist auch die Beschaffung der Finanzmittel aus fremder Hand und nicht die Eigenkapitalfinanzierung gebräuchlich. Die Refinanzierung ist daher eine Finanzierung der Anschaffungskosten der Leasinggüter. Hinsichtlich der Anschaffungskosten des Leasinggebers zu Vertragsbeginn ist zwar zu berücksichtigen, dass die Erlöse aus den Leasingverträgen an diesen zurückfließen. Dies geschieht jedoch auf Raten verteilt über die Vertragslaufzeit. Die hierdurch entstehende Kapitallücke schließt die Refinanzierung[150].

4 Refinanzierungsformen

Die übliche Refinanzierung läßt sich in verschiedene Arten[151] unterteilen:

4.1 Kreditgewährung

Die Kreditgewährung ist die traditionelle Variante der Refinanzierungsform. In diesem Bereich werden gewöhnlich Blockfinanzierungen vorgenommen; Einzelfinanzierungen finden sich vornehmlich in dem Bereich großvolumiger Leasinggüter. Als Sicherheit bei dieser Refinanzierungsform dient die Abtretung des Anspruchs des Leasinggebers auf die Leasingrate und die Sicherungsübereignung des Leasinggutes an den Refinanzierer.

4.2 Forfaitierung

Die überwiegende Form der Refinanzierung ist die Forfaitierung. Der Leasinggeber finanziert seinerseits die Anschaffung des Leasinggegenstandes dadurch, dass er die Forderungen gegen den Leasingnehmer auf Zahlung der Leasingraten einer refinanzierenden Bank verkauft und dieser zusätzlich sicherungshalber das Eigentum an den dem Leasingvertrag zugrunde liegenden Objekten überträgt. Die Bank kauft die

---

[150] Berninghaus, in: Büschgen (Hrsg.), Praxishandbuch Leasing, § 30 Rn. 1; Gabele/ Dannenberg/ Kroll, Immobilien- Leasing, S. 91.

[151] Zu der vermehrt auftretenden Finanzierungsform durch sogenannte Asset- backed- Securities vgl. eingehend Engel, Leasing in der anwaltlichen Praxis, S. 156 ff.; Gehring, Asset backed securities im amerikanischen und im deutschen Recht; Bartelt, Asset backed securities: ein Produkt für deutsche Banken.

Forderungen im sogenannten Forfaitierungsvertrag regreßlos[152] an, d.h. sie trägt das Bonitätsrisiko, der Leasinggeber haftet nur für den rechtlichen Bestand der Forderung (sogenanntes Veritätsrisiko)[153]. Als Kaufpreis erhält der Leasinggeber den Barwert der abgetretenen Forderungen[154]. Die mit der Refinanzierung verbundenen Finanzierungskosten stellen in der Regel bei dem Leasinggeber einen erheblichen Kostenblock dar[155] und werden daher in die von dem Leasingnehmer zu entrichtenden Leasingraten eingerechnet[156]. Gegenstand des Forderungsverkaufs zwischen Leasinggeber und Kreditinstitut sind Rechte, insbesondere Forderungen und Gestaltungsrechte, welche entsprechend dem jeweiligen Vertrag in unterschiedlichem Umfang übertragen werden. Ankaufsfähige Forderungen sind zuvorderst die künftigen Ansprüche auf Leasingraten. Von einer sogenannten Restwertforfaitierung spricht man, wenn der künftige Anspruch des Leasinggebers auf den Verwertungserlös Gegenstand des Vertrages ist. Die abgetretenen Ansprüche auf die zukünftigen Leasingraten sind betagte und nicht befristete Forderungen[157]. Für die Grundlaufzeit des Leasingvertrages sind die Dauer, Fälligkeit und Höhe der Leasingraten bestimmt, so dass die Forderungen in jeder Weise durch den Leasingvertrag festgelegt sind[158]. Nach der bisherigen Rechtsprechung sind sie daher insolvenzfest und fallen nicht in die Insolvenzmasse des Leasinggebers, sondern stehen auch im Fall der Insolvenz des Leasinggebers der refinanzierenden Bank zu.

Bei der steuer- und bilanzrechtlichen Betrachtung der Forfaitierung ist insbesondere die Stellungnahme des Hauptfachausschusses des Instituts der Wirtschaftsprüfer[159] zu beachten. In dieser Stellungnahme sind Grundsätze für den Fall enthalten, dass das Leasinggut dem Vermögen des Leasinggebers zuzurechnen ist und daher in

---

[152] Der regreßlose Ankauf erfolgt aus gewerbesteuerlichen Gründen. Bei der steuer- und bilanzrechtlichen Betrachtung ist insbesondere die Stellungnahme des Hauptfachausschusses des Instituts der Wirtschaftsprüfer HFA 1/ 1989 zur Bilanzierung beim Leasinggeber, WpG 1989, 625 f. zu beachten. In dieser sind Grundsätze für den Fall enthalten, daß das Leasinggut dem Vermögen des Leasinggebers zuzurechnen ist und daher in dessen Bilanz auszuweisen ist; für die Forfaitierung sind die Erlöse aus dem Verkauf zukünftig fälliger Leasingraten an Dritte daher insoweit passiv abzugrenzen, als diese Erträge zukünftiger Perioden sind und diesen Verpflichtungen zur Nutzungsüberlassung gegenüberstehen. (vgl. weitere Nachweise bei Engel/ Völckers, Leasing in der Insolvenz, S. 6 Rn. 20 Fn. 16)

[153] Zur Refinanzierung im Wege der Forfaitierung vgl. v. Westphalen, Leasingvertrag, Rn. 950 ff..

[154] Engel/ Völckers, Leasing in der Insolvenz, S. 5 Rn. 17.

[155] Engel/ Völckers, Leasing in der Insolvenz, S. 4 f., Rn. 16.

[156] Tacke, Leasing, S. 95ff., 217; Gabele/ Kroll, Leasingverträge, S. 76 ff..

[157] BGHZ 109, 368 (372 f.) mwN.

[158] Uhlenbruck/ Sinz, WM 1989, S. 1113 (1118); Ulmen/ Irmen WuB VI B § 21 KO 1.89, S. 522, 523; Vortmann WM 1988, S. 1117. (Als Ausfluß der Vertragsfreiheit können die Vertragsparteien zwar einen Mietvertrag auch so ausgestalten, daß die Mietzinsforderungen erst nach Maßgabe der zeitlichen Entwicklung des Dauerschuldverhältnisses entstehen. Haben die Vertragsparteien eine derartige Vereinbarung getroffen, ist der Mietzinsanspruch aber nur befristet, vgl. dazu BGB- Alternativkommentar/ Ott, § 163 Rn. 2.).

[159] HFA 1/1989 Zur Bilanzierung beim Leasinggeber, WpG 1989, 625 f..

dessen Bilanz auszuweisen ist; für die Forfaitierung sind die Erlöse aus dem Verkauf zukünftig fälliger Leasingzahlungen an Dritte daher insoweit passiv abzugrenzen, als dies Erträge zukünftiger Perioden sind und diesen Verpflichtungen zur Nutzungsüberlassung gegenüberstehen[160].

4.3 Doppelstockmodell

Das Doppelstockmodell ist eine besondere Gestaltungsform in dem Bereich der Massengeschäfte. Leasingverträge von jeweils geringem Volumen werden zusammengefasst und en bloc refinanziert[161]. Eine Besitzgesellschaft des Leasinggebers erwirbt zwar Eigentum am Leasingobjekt, sie überläßt das Leasingobjekt jedoch intern im Rahmen eines Leasingvertrages der eigentlichen Leasinggesellschaft, die es ihrerseits an den Leasingnehmer verleast. Das interne Verhältnis zwischen Besitz- und Leasinggesellschaft hat auf den Leasingnehmer keinerlei Auswirkungen und wird für den Leasingnehmer meist gar nicht erkennbar. Beide Gesellschaften, Besitzgesellschaft und aktive Leasinggesellschaft, gehören anteilmäßig dem Leasinggeber, sind konzernmäßig verbunden und werden gerade zu Zwecken der leichteren Refinanzierung eingeschaltet. Sie sind unter dem Aspekt des § 108 InsO deswegen als rechtliche Einheit zu betrachten. Wirtschaftlich gehören sie ohnehin zusammen, so dass die Insolvenz des einen regelmäßig auch die Insolvenz des anderen zur Folge haben dürfte[162].

5 Rechtsnatur des Finanzierungleasingvertrages

Die zivilrechtliche Wertung des Leasingvertrages ist entscheidend für die insolvenzrechtliche Betrachtung des Leasinggeschäftes. Es existiert ein umfangreicher Meinungsstreit[163] über die Einordnung des Leasingvertrages unter einen der im Bür-

---

[160] vgl. insgesamt zur Forfaitierung: BGHZ 111, 84; 109, 368; BGH NJW 1990, 1113; BGH NJW 1990, 1785; BGH DB 1996, 2311; BFH BB 1996, 2190; BFH BStBl. II 1983, 156; zu den Erlassen der Finanzverwaltung: Tacke, Leasing, S. 81f., 97ff.; Bordewin, Leasing im Steuerrecht, S. 119; Wolf/Eckert, Handbuch des gewerblichen Miet-, Pacht- und Leasingrechts, Rn.1819, 2072; Büschgen/ Schott, § 26 Rn. 1ff.; Büschgen/ Schulz, § 22 Rn. 49, Büschgen/ Reuter, § 25 Rn. 24f., 19ff., § 27 Rn. 9; Büschgen/ Findeisen, § 19 Rn. 50ff., 54,57f., § 18 Rn. 57; Büschgen/ Berninghaus § 30, Rn. 11, 16, 19, 30ff, 47f., Büschgen/ Ullrich § 34 RN. 7 ff.; Büschgen-Kroll/Staub § 37 Rn. 16; Maus, Leasing im Handels- und Steuerrecht, Rn. 452ff., 611, 661, 671, 680ff., 762; Gabele/Dannenberg/Kroll, Immobilien- Leasing, S. 83 ff..

[161] vgl. hierzu: Tacke, Leasing, S. 128; Gelhausen/Gelhausen, Die Bilanzierung von Leasingverträgen, Rn. 132; Büschgen/ Berninghaus, § 31 Rn. 1 ff..

[162] Seifert, NZM 1998, S. 217 (219).

[163] Ausführliche Nachweise finden sich u.a. bei Berger, Typus und Rechtsnatur des Herstellerleasing, 1988, S. 131 ff.; Gitter, Gebrauchsüberlassungsverträge, S. VIII bis XXXII; Papapostolou, Die Risi-

gerlichen Gesetzbuch vorgegebenen Vertragstypen. Eine abschließende zivilrechtliche Einstufung muss sich nach der für das Finanzierungsleasinggeschäft typischen Personenbeteiligung richten, da nur so die verschiedenen Interessenlagen differenziert werden können.

Alle Auffassung hinsichtlich der Rechtsnatur des Leasingvertrages ordnen den Leasingvertrag, unabhängig von der konkreten Ausgestaltung, als einen schuldrechtlichen Vertrag ein, der sich, an der Nahtstelle zwischen Miete und Kauf stehend, nur schwerlich in die vom Gesetzgeber vorgegebenen Vertragstypen einfügen läßt. So sollen nach der Rechtsprechung des BGH beispielsweise die Vorschriften über den Mietvertrag „in erster Linie" Anwendung auf Finanzierungsleasingverträge finden[164], während andere Autoren eine Einordnung als Kaufvertrag bevorzugen[165]. Dennoch ist eine rechtliche Qualifizierung zwingend geboten, da sich daraus die anzuwendenden Normen erschließen[166]. Bereits für die Konkursordnung waren die unterschiedlichen Einordnungen mit der jeweiligen Konsequenz verbunden, dass entweder § 21 Abs. 1 KO oder aber § 17 Abs. 1 KO Anwendung finden sollte[167].

Es würde allerdings der Zielsetzung dieser Arbeit nicht entsprechen, sämtliche Differenzierungen ausführlich darzustellen, die in der Literatur hinsichtlich der Einordnung des Leasingvertrages vertreten werden. Daher werden die hauptsächlich vertretenen Meinungen vorrangig behandelt. Das gesamte Meinungsspektrum reicht von der Einordnung in gesetzlich geregelte Vertragstypen bis hin zur Einordnung als Vertrag sui generis.

---

koverteilung beim Finanzierungsleasingvertrag über bewegliche Sachen, 1987, S. 44 ff.; Prinz, Finanzierungsleasing, 1988, S. 40 ff..

164 BGH BB 1981, 2093, 2094; BGHZ 95, 39, 49; BGH NJW 1990, 1113, 1114

165 Emmerich, in: Staudinger/ Emmerich, vor § 535, 536 Rn. 47 h; Ebenroth, JuS 1978, S. 588 (592 f.); ders. DB 1978 S. 2109, 2110; früher Fikentscher, Schuldrecht, 6. Auflage, S. 426 und Plathe BB 1970, S. 601, 604 ff..

166 Basedow RIW 1988, S. 1 ist der Ansicht, „nur noch eingefleischte Dogmatiker werden wie in den letzten zwei Jahrzehnten fortfahren und weiterhin gedankliche Konstrukte über die Rechtsnatur des Leasing entwickeln, um diesen Vertragstyp in das System der Schuldverträge einzubinden. Nachdem er seinen Standort ungeachtet der vielfach berechtigten Kritik gefunden hat, tut die Wissenschaft gut daran, sich neuen Fragen zuzuwenden."

167 Nicht zu vernachlässigen war die Bedeutung der Einordnung für die Geltung der Allgemeinen Geschäftsbedingungen: Gemäß § 8 AGBG fand eine Inhaltskontrolle anhand der §§ 9 bis 11 AGBG nur statt, wenn normative Regelungen geändert oder ergänzt wurden, die an sich für den vorliegenden Vertragstyp ihrem Anwendungsbereich nach einschlägig waren. Dabei war die zivilrechtliche Einordnung wegen der Leitbildfunktion (bzgl. des Finanzierungsleasing BGHZ 81, 298, 82, 121; BGH NJW 1986, 179 mit Hinweis auf die Gegenstimmen) des dispositiven Rechts für die Inhaltskontrolle von AGB nach § 9 Abs. 2Nr. 1 AGBG von wesentlicher Bedeutung dafür, an welchen Dispositivnormen eines gesetzlich geregelten Vertragstypus die Bestimmungen des Leasingvertrages möglicherweise zu messen waren; vgl. dazu E.- G. Koch, Finanzierungsleasing, S. 90.

5.1 Kaufrechtliche Qualifikation

Nach einer Auffassung[168] ist der Leasingvertrag als finanzierter Kauf[169] anzusehen. Innerhalb dieser Auffassung wird einerseits vertreten, es handele sich um einen Sachkauf[170], andererseits sind Autoren der Meinung, es handele sich um einen Rechtskauf[171]. Ein Rechtskauf läge in der Form vor, dass die zeitlich begrenzte Gebrauchsberechtigung des Leasingnehmers das gekaufte Recht sei[172]. Begründet wird diese Ansicht insgesamt vorrangig mit wirtschaftlichen Erwägungen sowie mit dem Argument, dass der Leasinggeber in den zentralen Bereichen der Tragung der Sach- und Preisgefahr sowie in Bezug auf die Eigenhaftung eine Vertragsgestaltung wählt, die kaufrechtlich ausgeprägt ist.

Jedoch ist es entscheidend – gleichgültig, ob im einzelnen eine Qualifikation als Sachkauf[173], Rechtskauf[174] oder auch Ratenkauf[175] vorgenommen wird –, dass der Leasinggeber, nicht aber der Leasingnehmer rechtlicher und wirtschaftlicher Eigentümer[176] des Leasinggutes für die Dauer der festen Leasingzeit bleibt. Dies ist auch Voraussetzung für die Gestaltung eines erlasskonformen Leasingvertrages innerhalb des Vollamortisations[177]- bzw. Teilamortisationserlasses[178]. Ein Eigentumserwerbstatbestand in der Person des Leasingnehmers scheidet also von vornherein aus. Notwendigerweise ist der Leasinggeber als rechtlicher und wirtschaftlicher Eigentümer berechtigt, bei Vollamortisationsverträgen den Restbuchwert/ Verkehrswert zu realisieren; bei Teilamortisationsverträgen ist der Leasinggeber in der Lage, die Chance der Wertsteigerung – nach Ablauf der Grundmietzeit – zu nutzen[179].

---

[168] Emmerich, in: Staudinger/ Emmerich, vor § 535, 536 Rn. 47 h; Ebenroth, JuS 1978, S. 588, 592f; ders. DB 1978 S. 2109, 2110; früher Fikentscher, Schuldrecht, 6. Auflage, S. 426 und Plathe BB 1970, S. 601, 604 ff..

[169] insbesondere Ebenroth, JuS 1978, S. 588, 593; ders. DB 1978, 2109, 2110.

[170] Emmerich, aaO, Rn. 47 h, 49; Klaas NJW 1968, S. 1502, 1507.

[171] Fikentscher, aaO; Plathe, aaO.

[172] Diese Differenzierung dürfte nach der Einführung des § 453 BGB im Rahmen der Schuldrechtsreform an Erheblichkeit verloren haben, da nunmehr auf den Rechtskauf die Vorschriften über den Sachkauf entsprechende Anwendung finden.

[173] Dazu Sannwald, Finanzierungs- Leasingvertrag, S. 85 f. m.w.N.

[174] Fikentscher, a.a.O.; Plathe, BB 1970, S. 601, 604 ff; kritisch dazu: Sannwald, a.a.O., S. 87; sowie E.- G. Koch, Finanzierungsleasing, S. 45 f..

[175] Dazu Bordewin, Leasing im Steuerrecht, S. 29 ff..

[176] In der Praxis sind die Vorgaben des Leasingerlasses von 1971 entscheidend, nach denen sich die Bilanzierungspflicht bei Leasingnehmer oder Leasinggeber richtet. steuerrechtlich vorzugswürdig ist in den meisten Fällen aus Sicht des Leasingnehmers nur die Bilanzierung des Leasinggutes bei dem Leasinggeber, da nur dann der Leasingnehmer die Leasingraten als sofort abzugsfähige Betriebsausgaben gewinnmindernd und damit steuerlich vorteilhaft ansetzen kann.

[177] BdF- Erlass vom 19.04.1971 (BStBl. I S. 264).

[178] BdF- Erlass vom 22.12.1975 (BB 1976, 72); vgl. zuletzt für Teilamortisations- Leasingverträge über unbewegliche Wirtschaftsgüter das BdF- Schreiben vom 23.12.1991, DB 1992, 112).

[179] v. Westphalen, Der Leasingvertrag, Rn. 42.

Zudem ist es nicht die Eigenschaft des Kaufvertrages, dem Verkäufer von Vertrags wegen eine Garantie dafür zu geben, dass er seinen Aufwand für die Beschaffung der Kaufsache – den Einstandspreis – über den vom Käufer gezahlten Kaufpreis wieder hereinbekommt; der Verkäufer muss mit dem Käufer verhandeln und ist dem Risiko ausgesetzt, dass er nur zu einem niedrigeren Preis einen Käufer findet. Dieses Risiko nimmt ihm der Leasingvertrag mit seinem Amortisationsanspruch.

Die Einordnung als Kaufvertrag läßt sich auch nicht mit der Ausgestaltung der Leasingraten vereinbaren. Aus Sicht des Leasingnehmers ist die Zahlung der Leasingraten nicht gleichzusetzen mit dem kaufrechtlichen Eigentumserwerb eines Gegenstandes. Der Leasingnehmer zahlt nicht *pro rei*, sondern *pro rata usus*. Die Einordnung des Finanzierungsleasingvertrages als kaufrechtlichen Vertrag ist mit diesen Argumenten abzulehnen.

5.2 Mietvertragliche Qualifikation

Gestützt auf die Übersetzung aus dem Englischen sowie die anfängliche, zwischen den Vertragsparteien übliche Bezeichnung der Verträge als Miete, wird die Auffassung vertreten, der Leasingvertrag sei als reiner Mietvertrag zu qualifizieren[180]. Diese Berufung auf die Terminologie kann freilich nicht überzeugen, da für die typologische Qualifikation eines Vertrages anerkanntermaßen nicht dessen Nomenklatur, sondern sein wahrer Gehalt ausschlaggebend ist[181]. Dennoch stufen Autoren in der älteren Literatur den Leasingvertrag als reinen Mietvertrag im Sinne der §§ 535 ff. BGB ein[182]. Begründet wird diese Qualifikation damit, dass die Parteien eine entgeltliche Gebrauchsüberlassung des Leasinggutes anstreben. Das Entgelt bezieht sich freilich hierbei nicht auf den Erwerb der Sachsubstanz, sondern lediglich auf die Gebrauchsüberlassung[183]. Dieser Ansatz scheitert jedoch daran, dass es der üblichen Vertragsgestaltung entspricht, dass der Leasinggeber dem Leasingnehmer die kauf- oder werkvertraglichen Gewährleistungsansprüche abtritt, die ihm, dem Leasinggeber, gegenüber dem Hersteller/ Lieferanten zustehen, während sich der Leasinggeber von seiner mietvertraglichen Eigenhaftung gemäß §§ 537, 538 BGB

---

[180] Benner, Leasing beweglicher Anlagegüter, S. 64; gegen das Argument der Wortübersetzung wendet Plathe BB 1970, S. 601 (603) zutreffend ein, daß dieses bereits wegen der grundsätzlichen Unterschiede des deutschen und des amerikanischen Rechtskreises, nicht tragend sein kann.

[181] Larenz/ Canaris, § 66 II 1 b.; das bedeutet allerdings auch nicht, daß die Parteibezeichnung für die rechtliche Einordnung des Vertrages gänzlich unbeachtlich ist. Sie stellt aber nicht mehr als ein widerlegbares Indiz dar, so zutreffend Ebenroth, JuS 1978, 588 (591).

[182] Reinicke/ Tiedtke BB 1982, 1142 (1146); diesl., Kaufrecht, S. 478. (Larenz/ Canaris, SchuldR II/2 § 66 1 a Fn. 6 ordnet Reinicke/ Tiedtke der Ansicht zu, daß der Leasingvertrag als atypischer Mietvertrag zu qualifizieren sei.); Meilicke BB 1964, S. 691; Sehner, JuS 1970, 382, Niehus DB 1967, 1641 (1645); Flume DB 1972, S. 1 (5); E.- G. Koch, Finanzierungsleasing, S. 99 ff..

[183] insbesondere Flume DB 1972, 52 ff..

freizeichnet. Genauso wenig ist nach diesem Ansatz zu erklären, dass der Leasinggeber die Sach- und Preisgefahr auf den Leasingnehmer nach kaufrechtlichem Vorbild gemäß § 446 BGB überwälzt. Letztlich ist die Qualifikation als reiner Mietvertrag nicht in der Lage, die auf Vollamortisation abzielende Garantiepflicht des Leasingnehmers[184] zu erklären, weil diese darauf beruht, dass der Leasingnehmer kraft steuerrechtlicher Vorgaben des Teilamortisationserlasses das Risiko der Wertminderung des Leasinggutes übernimmt, während allein der Leasinggeber die Chance der Wertsteigerung ausnutzen kann.

Die Qualifikation des Finanzierungsleasingvertrages als reiner Mietvertrag ist daher nicht überzeugend.

5.3 Darlehensspezifische Qualifikation

Anknüpfend an die Finanzierungsfunktion des Leasinggebers wird der Leasingvertrag teilweise als Kreditvertrag eingestuft[185]. Jedoch ist es sowohl beim Gelddarlehen als auch beim Sachdarlehen unausweichlich, dass der Leasingnehmer, nicht aber der Leasinggeber wirtschaftlicher Eigentümer des Leasinggutes im Sinne von § 39 Abs. 1 Ziff. 2 AO (1977) wird. Hat nämlich der Leasinggeber aufgrund der Finanzierungsfunktion dem Leasingnehmer lediglich einen Kredit gewährt, dann ist nicht einzusehen, warum der Leasinggeber rechtlicher und wirtschaftlicher Eigentümer sein soll. Dann hätte der Leasingnehmer das Leasinggut mit Hilfe des Geldkredits entsprechend seinen jeweiligen Bedürfnissen selbst anschaffen können. Zur Konsequenz hat dies, dass der bürgerlich- rechtliche Herausgabeanspruch aus § 985 BGB – wirtschaftlich betrachtet – für den Leasinggeber keinen Wert mehr besitzt. Insoweit wird die darlehensspezifische Qualifikation der Interessenverteilung nicht gerecht und ist abzulehnen.

5.4 Gemischt- typischer Vertrag

Die von *Canaris*[186] vorgeschlagene Einordnung des Leasingvertrages als gemischttypischer Vertrag mit kommissions-, darlehens-, verwaltungs-, treuhand- und gegebenenfalls optionsrechtlichen Elementen[187] hat sich nicht durchsetzen können. So vertritt *Canaris* der Ansicht, der Leasinggeber führe bei der Anschaffung des Leasinggutes ein Geschäft des Leasingnehmers und handele in dessen Interesse.

---

[184] Ausführlich bei v. Westphalen, Leasingvertrag, Rn. 100.

[185] insbesonder Borggräfe, Die Zwangsvollstreckung in das bewegliche Leasinggut, S. 50 ff..

[186] Canaris, Bankvertragsrecht, Rn. 1719 ff.; ders. NJW 1982, S. 305 ff.; ders. AcP 190 (1990), S. 410 (446); ders. ZIP 1993, S. 401 (404) mwN.

[187] Canaris, Bankvertragsrecht, Rn. 1719; zustimmend Ulmer/Schmidt, DB 1983, S. 2558.

Abweichend von den §§ 669, 670 BGB verlange der Leasinggeber diese Aufwendungen aber nicht sofort oder gar vorschußweise vom Leasingnehmer ersetzt, sondern kreditiere dem Leasingnehmer diese Aufwendungen gegen Entgelt[188].

Diese Auffassung läßt sich nicht mit dem Ausgangspunkt vereinbaren, dass die zivilrechtliche Gestaltung den steuerrechtlichen Prämissen in der Form entsprechen muss, wie sie im Vollamortisations- und Teilamortisationerlaß niedergelegt sind. Diese Ansicht führt dazu, dass das wirtschaftliche Eigentum am Leasinggut nicht dem Leasinggeber, sondern dem Leasingnehmer zuzurechnen ist[189]. Unter der Berücksichtigung der steuerrechtlichen Ausgangslage ist es verfehlt, die Kategorie des Handelns für fremde Rechnung zur Qualifikation des Finanzierungsleasingvertrages heranzuziehen, weil die darin liegende Fremdnützigkeit des Handelns des Leasinggebers – wirtschaftliche Betrachtungsweise vorausgesetzt – bedingt, dass der bürgerlich- rechtliche Herausgabeanspruch des Leasinggebers gegenüber dem Leasingnehmer wirtschaftlich bedeutungslos wird. Es ist widersprüchlich, zum einen den Abschluss eines Finanzierungsleasingvertrages als Handeln für fremde Rechnung, nämlich für Rechnung des Leasingnehmers zu begreifen, demgegenüber aber – und dies ist steuerrechtlich unabdingbar – den diesem Handeln entgegengesetzten bürgerlich- rechtlichen Herausgabeanspruch als wirtschaftlich bedeutsam einzustufen. Demzufolge kommt es auch bei erlasskonformen Teilamortisationsverträgen entscheidend darauf an, ob dem Leasinggeber das wirtschaftliche Eigentum des Leasinggutes in der Form zugerechnet wird, dass Chancen und Risiken bei dem Leasinggeber verbleiben[190]. Folglich ist es unzutreffend, wenn *Canaris* behauptet, die „Grundmietzeit" sei die „wirtschaftlich wichtigste Phase des Leasing"[191], während derer der „Leasinggeber das Eigentum für die Rechnung des Leasingnehmers" halte. Genauso abzulehnen ist die These von *Canaris*, „für die Zeit nach Ablauf des Leasingvertrages" liege „zumindest ein Teil der Investitionsfunktion (des Leasinggutes) beim Leasinggeber"[192]. Denn gerade beim Teilamortisationsmodell sichert der Lea-

---

[188] Als Konsequenz dieses Ansatzes rechtfertigt Canaris die Tatsache, daß der Leasingnehmer die Sach- und Preisgefahr trage damit, daß das Fehlschlagen der Aufwendungen beim Geschäftsbesorgungsvertrag grundsätzlich zu Lasten des Geschäftsherrn gehe. Nach § 670 BGB würden alle Aufwendungen ersetzt, die der Geschäftsbesorger ex ante für erforderlich halten durfte, d.h. ohne Rücksicht darauf, ob auch tatsächlich der vom Geschäftsherrn gewünschte geschäftliche Erfolg eingetreten sei. Daß der Leasingnehmer keine Gewährleistungsansprüche gegen den Leasinggeber habe, folge daraus, daß jemand, der wie der Leasinggeber den Auftrag hat, für einen anderen einen Gegenstand zu erwerben, dem Auftraggeber nicht für die Mängelfreiheit des Gegenstandes verantwortlich sei.

[189] v. Westphalen, Der Leasingvertrag, 2. Aufl., Rn. 65.; ebenso Reinicke/ Tiedtke, BB 1982, S. 1142 (1145).

[190] Dazu auch Müller/ Stoppok, in; Hagenmüller/ Stoppok, Leasing- Handbuch, S. 37 f.; zum Problem des wirtschaftlichen Eigentums vgl. insbesondere auch Stoll, Leasing 2. Aufl., S. 55 ff. mwN.

[191] Canaris, Bankvertragsrecht, Rn. 1719.

[192] Canaris, ebenda.

singnehmer regelmäßig den „Restwert“ des Leasinggutes, indem er dem Leasinggeber eine Vollamortisation verspricht, wobei – modellunabhängig – der vom Leasinggeber erzielte Veräußerungserlös auf die Höhe der vom Leasingnehmer geschuldeten Garantie des „Restwertes“ angerechnet wird, was die „Investitionsfunktion“ des Leasinggebers zur Farce werden läßt[193]. Da der Leasinggeber nach Auffassung von *Canaris* das Leasinggut für fremde Rechnung, nämlich für die des Leasingnehmers erwirbt, ist nicht erkennbar, wie der Leasinggeber gleichwohl berechtigt sein soll, das Leasinggut aufgrund der gebotenen wirtschaftlichen Betrachtungsweise in seiner Bilanz als Anlagevermögen zu aktivieren. Darüber hinaus entspricht es durchaus den „Realitäten“[194], dass die vom Leasingnehmer zu zahlenden Leasingraten laufzeitabhängig sind und für den „zeitweiligen Gebrauch“ des Leasinggutes bezahlt werden. Auch wenn die Auffassung von *Canaris* gute Argumente bei der Behandlung der Risikoverteilung bezüglich der Schlechtleistung oder der Insolvenz des Lieferanten liefert, kann der Ansicht insgesamt nicht gefolgt werden. Die Zuordnung des wirtschaftlichen Eigentums am Leasinggut auf Seiten des Leasinggebers ist Wesensmerkmal des Finanzierungsleasingvertrages. Diese Zuordnung entfällt bei der Einordnung des Finanzierungsleasingvertrages als Handeln für fremde Rechnung.

5.5 Vertrag sui generis

Lieb[195] hat die Auffassung entwickelt, der Finanzierungsleasingvertrag sei – entgegen den Ergebnissen der BGH- Judikatur[196] – ein Vertrag sui generis: Während des Leistungsversprechens des Vermieters gemäß § 536 BGB auch die Verpflichtung umfaßt, dem Mieter die vermietete Sache in einem zu dem vertragsgemäßen Gebrauch geeigneten Zustand zu überlassen und sie während der Dauer der gesamten Mietzeit in diesem Zustand zu erhalten[197], verspreche der Leasinggeber gerade nicht, dass das Leasinggut die Eignung aufweise, die für die Zwecke des Leasingnehmers erforderlich sei[198]. Im Unterschied zu dem Vermieter habe also der Leasinggeber keine Hauptpflicht, das Leasinggut im Zustand der Gebrauchstauglichkeit gemäß § 536 BGB zu erhalten[199]. Notwendige Reparaturen etc. bis hin zu dem Risiko des Abhandenkommens des Leasinggutes fallen nämlich in die Sphäre des Leasingneh-

---

[193] So bereits v. Westphalen, ZIP 1983, S. 1021 ff..
[194] Canaris, aaO, Rn. 1720, Fn. 86.
[195] Lieb DB 1988, 946 ff.; ders. DB 1988, S. 2495 ff..
[196] Die Entwicklung der Rechtsprechung wird sogleich im Anschluß dargestellt.
[197] Lieb, DB 1988, 946 (947).
[198] Lieb, DB 1988, 946 (948).
[199] Lieb, aaO.

mers[200]. Rechtliche Konsequenzen zieht *Lieb* aus dieser Einordnung vor allem im Bereich der Inhaltskontrolle der Allgemeinen Geschäftsbedingungen nach dem AGBG[201].

Gegen die Auffassung von *Lieb* hat sich *Meincke*[202] wie folgt geäußert:

> „Wird daher der Leasingvertrag im wesentlichen auf die Finanzierungsfunktion beschränkt und damit in die Nähe des Darlehens gerückt, so liegt die Gefahr auf der Hand, daß auch der Leasingnehmer seine Ratenzahlungspflicht in einen Zinsteil und einen Tilgungsteil aufspalten muß, den Tilgungsanteil der Leasingraten als Schuldposten zu bilanzieren hat und als Konsequenz dieser Verselbständigung des Schuldpostens die steuernachteilige Hinzurechnung von Dauerschulden und Dauerschuldzinsen hinnehmen muß."

Auch *Lwowski*[203] kommt zu dem Fazit, dass der Finanzierungsleasingvertrag als kaufähnliches Geschäft, das auf Begründung eines Dauernutzungsrechts mit Nießbrauchs -, Miet-, und Pachtelementen gerichtet sei, „im Ergebnis" aber letztlich „als ein Vertragsverhältnis eigener Art" anzusehen ist.

Nach *Bernstein*[204] sollte der Finanzierungsleasingvertrag nicht als „Irregularität" eines Mietvertrages begriffen werden, sondern als „naturale" eines eigenständigen neuen Vertragstyp.

Da die Einordnung des Leasingvertrages als ein Vertrag sui generis mit guten Argumenten vertreten werden kann, ist eine abschließende Beurteilung einer sich anschließenden gesonderten Stellungnahme[205] vorbehalten, in der eine ausführliche Auseinandersetzung mit den Argumenten erfolgt.

5.6 Qualifikation als atypischer Mietvertrag

Der überwiegende Teil der Literatur ordnet den Finanzierungsleasingvertrag im Einklang mit der gefestigten Rechtsprechung des BGH als einen atypischen Mietvertrag in das System des Besonderen Schuldrechts des Bürgerlichen Gesetzbuches ein.

Für die Rechtsprechung allerdings stellt sich das Einordnungsproblem beim Leasingvertrag, wie in anderen Fällen des Auftauchens neuartiger Schuldverhältnisse wie beispielsweise das Factoring, niemals allgemein, sondern stets unter dem Gesichtspunkt einer konkreten Fallgestaltung. Auch der Bundesgerichtshof entscheidet grundsätzlich nicht mehr, als der Einzelfall erfordert. In den mittlerweile über 100 entschiedenen Fällen des Bundesgerichtshofes zum Finanzierungsleasing war es für

---

[200] Lieb, aaO.
[201] Lieb, DB 1988, 2495 ff..
[202] Meincke, AcP 190 (1990), S. 358 (359, 374 f).
[203] Lwowski, Erwerbsersatz durch Nutzungsverträge, S. 98.
[204] Bernstein, DB 1985, 1877; ders. DB 1985, 1236.
[205] vgl. sogleich unter § 2 III., 5.8.

den jeweils entscheidenden Senat nicht erforderlich, eine generelle Einordnung des Leasingvertrages unter einen Vertragstyp des besonderen Schuldrechts vorzunehmen. Die mittlerweile als gefestigt zu bezeichnende Rechtsprechung des BGH[206] stellt immer wieder darauf ab, dass auf Finanzierungsleasingverträge „in erster Linie" Mietrecht heranzuziehen sei.

Als Ausgangspunkt der BGH- Rechtsprechung wird die Entscheidung vom 08.10.1975[207] herangezogen. Der BGH bestätigte für diesen Fall „das für derartige Leasingverträge typische Dreiecksverhältnis zwischen Hersteller, Vermieter und dem zumeist vom Hersteller angeworbenen *Mieter*". Dogmatisch ordnete der BGH in dieser Entscheidung diesen Vertrag unter Berücksichtigung der Allgemeinen Mietbedingungen dahin ein, dass für die „Rechtsbeziehungen der Parteien *in erster Linie* die §§ 535 ff. BGB" einschlägig seien.

Diesen Gedanken verfolgte der BGH in darauf folgenden Entscheidungen weiter[208]. Bedeutsam ist insbesondere das Urteil des BGH vom 16.09.1981[209]: Unter Bezugnahme auf die für Finanzierungleasingverträge typische Freizeichnung des Leasinggebers von seiner mietvertraglichen Haftung gemäß §§ 535, 537, 538 BGB konstatierte der Senat[210]:

> „Diese Regelung der Gewährleistungspflicht nach kaufrechtlichem Vorbild – so, als sei der Leasingnehmer selbst der Käufer der Leasingsache – gibt dem Finanzierungsleasing sein typisches, insoweit vom Leitbild des Mietvertrages abweichendes Gepräge".

Soweit bislang dem Finanzierungsinteresse ein hoher Stellenwert zugesprochen wurde, soll nunmehr die als „Hauptpflicht" eingeordnete Pflicht zur Gebrauchsüberlassung eines funktionstüchtigen Leasinggutes in den Vordergrund treten. Dazu führte das Gericht aus[211]:

> „Es entspricht zwar den Besonderheiten des Finanzierungs- Leasingvertrages, daß er sich nicht in der Finanzierung erschöpft, sondern eine der Miete zumindest vergleichbare, zeitlich begrenzte Gebrauchsüberlassung zum Inhalt hat, und daß sich demgemäß der Leasinggeber nicht ersatzlos von der ihn treffenden Hauptpflicht, dem Leasingnehmer die Leasingsache in einem für den Vertragszweck geeigneten Zustand zur Verfügung zu stellen, formularmäßig freizeichnen kann."

[206] Auch der Bundesfinanzhof entwickelt in seiner Entscheidung vom 26.01.1970 (BFH BB 1970, 291 und 233 ff.) nur allgemeine Grundsätze der Beurteilung von Leasingverträgen; Eine abschließende Stellungnahme zu der Frage der Rechtsnatur erfolgte nicht, da diese nicht entscheidungserheblich war.

[207] BGH WM 1975, 1203.

[208] vgl. BGH WM 1977, S. 390, S. 447 und S. 473.

[209] BGH WM 1981, 1219.

[210] BGH WM 1981, 1219 (1220).

[211] BGH WM 1981, 1219 (1220).

In einem weiteren Urteil vom 19.02.1986[212] äußerte sich der BGH erneut, dass die „Überlassung der Leasingsache in gebrauchsfähigem Zustand" als eine „Hauptpflicht des Leasinggebers" zu werten sei[213].

In einem Urteil vom 28.03.1990[214] verdeutlicht der BGH seinen Standpunkt dahingehend, als er vertritt, dass „die bestimmenden Kriterien des Mietvertrages", „die Gebrauchsüberlassung einer Sache gegen Zahlung eines regelmäßig nach Zeitabschnitten bemessenen Mietzinses" auch als „wesentliche Merkmale" bei einem Leasingvertrages gegeben seien.

Hinzu käme[215],

> „daß der Leasinggeber zum Zwecke der Befriedigung eines Investitionsbedarfes des Leasingnehmers das zum Gebrauch zu überlassende Leasinggut beschafft und vorfinanziert, wobei sich der Leasingnehmer von dieser Art der Investition häufig auch steuerliche Vorteile verspricht."

In einer Entscheidung vom 11.01.1995 bestätigt der BGH seine bisherige Auffassung, dass Leasingverträge *„rechtlich in erster Linie der im BGB geregelten Miete zuzuordnen sind"*[216]. Der Leasingnehmer sei vertraglich zur Vollamortisation gegenüber dem Leasinggeber verpflichtet, weil es zum Wesen jeglicher Finanzierung gehöre, dass die eingesetzten Mittel an den Kreditgeber zurückfließen – eine Feststellung, die auch für das Finanzierungsleasing gelte.[217]

In zahlreichen Abhandlungen haben Autoren die Einordnung des Leasingvertrages als atypischen Mietvertrag zu begründen versucht.

So handele es sich nach *E.-G. Koch*[218] bei dem Grundvertrag des Finanzierungsleasing um einen Mietvertrag, der jedoch in manchen Regelungen stark vom Bild der Miete abweiche und daher atypisch ausgestaltet sei.

Nach Auffassung von *Sannwald*[219] erschöpfen sich die Leistungsmerkmale nicht in der Übereinstimmung mit einigen wesentlichen Typusmerkmalen der Miete. Sie stellen vielmehr einen Bezug von der Gebrauchsüberlassung zur Finanzierungsfunktion dergestalt dar, als sich die, über die sonst bei der reinen Miete übliche Vorfinanzierung hinausgehende, Finanzierungsleistung des Leasinggebers auch vertraglich niederschlage und zwar seinem Willen entsprechend vor allem in der Risikovertei-

---

[212] BGH WM 1986, 591 (592).

[213] vgl. insoweit übereinstimmend BGH WM 1985, 1447 (1448) ; ZIP 1987, 1187 (1189).

[214] BGH NJW 1990, 1785 ff..

[215] BGH NJW 1990, 1785 (1788).

[216] BGH NJW 1995, 1019 (1021), wobei es vor allem um die Beurteilung des Angemessenheitsprüfung von Allgemeinen Geschäftsbedingungen ging.

[217] BGH NJW 1995, 1019 (1021).

[218] E.- G. Koch, Finanzierungsleasing, S. 103.

[219] Sannwald, Finanzierungsleasingvertrag, S. 89.

lung. Allerdings sei in dieser Vertragsgestaltung nicht lediglich ein Typenkombinationsvertrag von Miete und Darlehen oder anderen zu sehen. Die Miete bleibe vielmehr der für das gesamte Vertragsverhältnis maßgebende Grundtypus, da die Finanzierung gerade erst in der Gebrauchsüberlassung ihre Bedeutung erlange. Die gesetzliche Vorstellung von der Miete werde aber im Leasingvertrag dahingehend modifiziert, dass einerseits gewisse Typusmerkmale mit Rücksicht auf die Gebrauchsüberlassung von ihm beibehalten würden, während andererseits andere Typusmerkmale mit Rücksicht auf die besondere Bedeutung der Finanzierungsseite des Leasinggeschäftes geändert würden. Nach dem Einfluss der einzelnen Merkmale auf den Typus Miete und dem Gewicht der Abweichungen beim Leasing sei es daher angebracht, den Leasingvertrag als einen atypischen Mietvertrag zu charakterisieren.

5.7 Finanzierungsleasing nach der Schuldrechtsreform

Auch nach Inkrafttreten des Gesetzes zur Modernisierung des Schuldrechts vom 26.11.2001 (SchuModG)[220] enthält das Gesetz keine Definition des Finanzierungsleasingvertrages[221]. § 500 BGB bestimmt nur, welche Vorschriften auf den Finanzierungsleasingvertrag anwendbar sind. Im Wesentlichen sind keine Unterschiede zu der Rechtslage nach dem Verbraucherkreditgesetz festzustellen[222], die im Hinblick auf die rechtliche Qualifizierung des Finanzierungsleasing Aufschlüsse geben könnten. Für die Festlegung der Rechtsnatur des Finanzierungsleasingvertrages ist die Bestimmung des § 500 BGB ebenso wenig wie § 499 Abs. 2 BGB von Bedeutung, weil beide Vorschriften keine Definition des Finanzierungsleasingvertrages enthalten.

Die systematische Einordnung der §§ 499 Abs. 2, 500 BGB in dem Abschnitt über die Finanzierungsverträge führt auch zu keinen entscheidenden Erkenntnissen, weil die Normen selbst keinen eigenen Regelungsgehalt aufweisen, sondern nur Verweisungsvorschriften darstellen. Die systematische Stellung wäre aber nur dann von Bedeutung, wenn eine der Normen mit einem eigenen Regelungsgehalt einem bestimmten Abschnitt von Vertragsarten zugeordnet wäre. Dies trifft weder auf § 499 Abs. 2 BGB noch auf § 500 BGB zu.

Ebenso wäre es voreilig, bereits aus der Tatsache, dass nunmehr ein eigene Verweisungsnorm eingeführt wurde, zu schließen, dass der Leasingvertrag nunmehr als Vertrag sui generis anerkannt worden wäre. Der Umstand, dass gerade keine Definition des Finanzierungsleasingvertrages aufgenommen wurde, spricht genauso für die These, dass der Gesetzgeber an der bestehenden Rechtslage nichts ändern wollte. Es ließe sich sogar argumentieren, der Gesetzgeber sei davon ausgegangen, der Leasingvertrag ließe sich einer

---

[220] SchuModG vom 26.11.2001, BGBl. 2001 (I) S. 3138.

[221] vgl. v. Westphalen, „Die Auswirkungen der Schuldrechtsreform auf die „Abtretungskonstruktion" beim Leasing", ZIP 2001, S. 2258 ff..

[222] So auch AnwKomm-BGB/ *Reiff*, § 499 Rn. 8; ders., aaO, § 500 Rn. 3 a.E. zu den Änderungen der Rechtslage, insbesondere zur Frage der Rücktrittsberechtigung.

existierenden Vertragsart zuordnen und bedürfe deshalb nicht einer gesonderten Definition. Damit bleiben die zur Rechtslage vor der Schuldrechtsreform aufgeworfenen Fragen über die Einordnung des Leasingvertrages unbeantwortet. Daher bedarf es für eine abschließende Bestimmung der Rechtsnatur des Finanzierungsleasingvertrages einer detaillierten Auseinandersetzung mit dessen wesentlichen Merkmalen.

5.8 Stellungnahme

Angesichts der Vielfalt der Meinungen und Argumente erscheint es erwähnenswert, wie der Gesetzgeber mit der Konstellation des Leasing umgegangen ist. In Anbetracht der mittlerweile fast 40jährigen Geschichte des Leasing in Deutschland und der enormen gesamtwirtschaftlichen Bedeutung des Leasing ist es erstaunlich, dass es der Gesetzgeber bislang unterlassen hat, eine Einordnung des Leasing in das Bürgerliche Gesetzbuch vorzunehmen. Diese Untätigkeit könnte allerdings genauso gut von den Anhängern der Rechtsprechung dahingehend herangezogen werden, dass es keiner gesonderten Regelung bedarf, weil der Leasingvertrag (in erster Linie) dem Mietrecht zuzuordnen ist.

Andererseits hat der Gesetzgeber mit der gesetzlichen Normierung einzelner Vertragsarten im Besonderen Schuldrechtsteil des BGB auch keine Vertragsmodelle neu erfunden, sondern vielmehr die in der Praxis häufig vorkommenden Vertragswerke ihrer Bedeutung gemäß in das Gesetz aufgenommen und allgemeine Normierungen festgeschrieben. Die Tatsache, dass es an einer gesonderten gesetzlichen Regelung des Leasing mangelt, kann für sich genommen noch keine Aussage darüber treffen, ob der Gesetzgeber diese Konstruktion einer normierten Vertragsart unterstellt hat oder nicht.

Hinsichtlich der Einordnung des Leasingvertrages in das Gesamtgefüge des Teils des Besonderen Schuldrechts des Bürgerlichen Gesetzbuches bedarf es vielmehr zunächst der Festlegung der Abgrenzungskriterien, die für eine solche Einordnung maßgeblich sind. Als Abgrenzungskriterium läßt sich die Denkform des Typus[223] heranziehen. Der Typus eines Rechtsverhältnisses bringt ein Sinnganzes, d.h. die Zusammenfassung mehrerer charakteristischer Merkmale dieses Verhältnisses zum Ausdruck. Zugleich vermittelt er die Vorstellung von der Existenz eines Wesenskerns, der allen dem Typ zugehörigen Erscheinungen trotz ihrer Verschiedenheit in den Einzelzügen gemeinsam innewohnt[224].

Die Abgrenzung nach dem Typus entscheidet hinsichtlich des Leasing, ob der Finanzierungsleasingvertrag als ein atypischer Mietvertrag einerseits oder aber

---

[223] Larenz, Methodenlehre, S. 461 ff..

[224] Westermann, Vertragsfreiheit, S. 95 ff. (98).

andererseits als ein Vertrag sui generis einzustufen ist. Die anderen Ansätze sind hinreichend widerlegt worden, so dass ihnen nicht vertiefend nachgegangen werden muss[225]. Nur wenn der Typus des Finanzierungsleasingvertrages dem Wesenskern des Typus „Miete" entspricht, ist er als diesem zugehörig anzusehen. Andernfalls bleibt mangels wesensgleichem Typus nur die Einstufung als Vertrag eigener Art.

So ist zunächst der Typus „Miete" herauszuarbeiten. Die den Typus bestimmenden Wesensmerkmale ergeben sich aus dem Gesamtgehalt der gesetzlichen Regelungen eines Vertrages, unter Berücksichtigung der die Hauptleistungspflichten charakterisierenden Einleitungsbestimmungen eines Normenkomplexes wie auch der aus der jeweils nachfolgenden Regelung ersichtlichen Züge[226].

Unstreitig können die Gebrauchsverschaffung und die Gebrauchsbelassung neben der Entgeltlichkeit zu den typusprägenden Wesensmerkmalen der Miete zugerechnet werden. Fraglich ist aber, inwieweit auch die Gefahrtragungs- und Gewährleistungsregelungen sowie die Bestimmung der Instandhaltung und Instandsetzung des Mietobjektes zu den typusprägenden Merkmalen gehören.

Nach Auffassung von *E.-G. Koch*[227] handelt es sich bei der in der Leistung des Vermieters enthaltenen Pflicht, die Sache in gebrauchsfähigem Zustand zu erhalten, nicht um einen wesensnotwendigen Bestandteil des Mietvertrages. Wer nämlich innerhalb eines Nutzungsverhältnisses die Instandhaltung zu übernehmen habe, sei nur von untergeordneter Bedeutung und ohne Einfluss auf dessen Rechtsnatur. Daher stelle allein die dem Vermieter verbleibende Leistungspflicht zur Gebrauchsverschaffung und Gebrauchsbelassung einen Wesenszug des Mietvertrags dar. Dem ist insoweit zuzustimmen, als die Vermieterpflicht nach §§ 548, 536 BGB abdingbar ist und in der Praxis häufig auf den Mieter abgewälzt wird[228]. Dies könnte für den Leasingvertrag Folgendes bedeuten: Werden einzelne Pflichten im Rahmen des Leasingvertrages vom Leasinggeber auf den Leasingnehmer übertragen, so läßt sich der Leasingvertrag dem Typus „Miete" zuordnen.

Bei genauer Betrachtung verhält sich die Konstellation bei der typischen Ausgestaltung des Finanzierungsleasingvertrages aber anders: Der Leasingnehmer trägt das Risiko des zufälligen Unterganges, des Verlustes, der Beschädigung und des sonstigen vorzeitigen Unbrauchbarwerdens des Leasinggutes. Der Leasinggeber übernimmt darüber hinaus nach den üblichen Geschäftsbedingungen selbst keine Gewähr für die Mängelfreiheit und Nutzbarkeit des Leasinggutes. Dies bedeutet, dass

---

[225] vgl. oben unter § 2 III., 5.1 bis 5.7.
[226] Westermann, aaO, S. 106 f.; Leenen, Typus und Rechtsfindung, S. 171 (179).
[227] E.- G. Koch, aaO, S. 101; so auch Larenz, SchuldR II, § 48 II a.
[228] vgl. statt vieler: MüKo- Voelskow, § 548 Rn. 7.

der Leasingnehmer im Ergebnis insoweit keinerlei Erfüllungsansprüche gegen den Leasinggeber hat, sondern hinsichtlich etwaiger Mängel bei Übergabe auf die ihm abgetretenen Gewährleistungsansprüche gegen den Hersteller verwiesen ist[229]. Damit ist das Spektrum an Risiken des Leasingnehmers umfangreicher als bei einem Mieter.

Es ist folglich nicht abschließend festzustellen, ob die Pflicht des Vermieters aus §§ 535, 536 BGB tatsächlich zu den typusprägenden Merkmalen der Miete zu zählen ist. Wäre dies der Fall, so würde eine Einordnung des Leasingvertrags unter den Typus „Miete" ausscheiden.

Wie bereits erwähnt, wird der typusbildende Charakter diesbezüglich verneint[230]. Danach werde der Mietvertrag vielmehr als Gebrauchsüberlassungsvertrag durch die entgeltliche Überlassung und Belassung einer Sache zum vorübergehenden Gebrauch charakterisiert. Allein die entgeltliche Gebrauchsbeschaffung und Gebrauchsbelassung stellen das den Typus „Miete" bestimmende Wesensmerkmal dar[231]. Die Entscheidung, ob ein Typus vorliegt, wird aber dadurch erschwert, dass die in der Beschreibung des Typus angegebenen Merkmale nicht sämtlich vorliegen brauchen; sie können insbesondere in unterschiedlichem Maße gegeben sein[232]. Hilfsweise kann aber zusätzlich auf die Ideenbezogenheit des Typus abgestellt werden. Die Einzelnormen, die den Typus bilden, werden von einer übergeordneten Leitidee zusammengehalten. Diese gibt die Dogmatik des Typus, d.h. sie ist die hauptsächliche Wertentscheidung des Gesetzgebers für eine bestimmte auftretende Interessenkonstellation[233].

Die dispositiven Normen des Mietrechts lassen sich dahingehend bewerten, dass sie ein Mieterschutzrecht darstellen. Die dispositiven Normen sind mehrheitlich zum Schutz des Mieters eingeführt worden, um dem unvermeidbaren Ungleichgewicht zwischen der Position des Vermieters und der des Mieters entgegenzuwirken und um einen Missbrauch der in der Regel stärkeren Position des Vermieters zu verhindern. Der gelegentliche Ausschluss dieser dispositiven Regelungen würde aber die hauptsächliche Wertentscheidung des Gesetzgebers im Bereich des Mietrechts, mithin die Leitidee, nicht zwingend ausschließen. Kommt es aber, wie dargestellt, in der Position des Leasingnehmers zu einer Ansammlung sämtlicher Risiken und entsprechend

---

[229] vgl. Wolf/ Eckert/ Ball, Rn. 1893; Westphalen, Leasingvertrag, Rn. 372.

[230] So E.- G. Koch, aaO.; auch Prinz, aaO, S. 74 kommt zu dem Ergebnis, „daß es nicht zu den typusprägenden Wesensmerkmalen des Mietvertrages gehört, daß der Vermieter dem Mieter die Sache in einem zum vertragsgemäßen Gebrauch geeigneten Zustand überläßt und sie während der Mietzeit in diesem Zustand erhält."

[231] Prinz, aaO, S. 76 mwN.

[232] Larenz, Methodenlehre, S. 221.

[233] Westermann, aaO, S. 107 mwN; Larenz, Methodenlehre, S. 468, nennt dies das „Gesamtbild".

zu einem Risikoausschluss auf Seiten des Leasinggebers, so bedeutet dies nicht mehr eine hinnehmbare, geringfügige Abweichung von der Leitidee des Mieterschutzes, sondern eine mit dieser Leitidee unvereinbare Veränderung der Vertragsgestaltung. Damit ist die Leitidee des Mietrecht nicht mehr auf den Leasingvertrag übertragbar.

Folglich kann auch keine Unterordnung unter den Typus „Miete" mehr vorgenommen werden. Der Leasingvertrag ist in Abweichung von den mietrechtlichen Bestimmungen als Vertrag sui generis einzustufen. Dieses Ergebnis spiegelt auch den Willen der Parteien eines Leasingvertrages wieder: die Parteien entscheiden sich gerade nicht für den Abschluss eines Mietvertrages, sondern für einen Leasingvertrages. Hierbei spielen insbesondere die dargestellten Vorteile des Leasingvertrages für die Entscheidungsfindung der Parteien die entscheidende Rolle. Dabei werden die Möglichkeiten der Risikoverteilung auf Seiten der Leasinggeber bewusst in Anspruch genommen[234].

Die Lösung von der Einordnung des Leasingvertrages als Vertrag sui generis führt allerdings zu einer Konsequenz, die nicht unberechtigt kritisiert wird: Bei dieser Einordnung ergeben sich aus dem Gesetz keinerlei Anhaltspunkte dafür, welche Normen auf den Leasingvertrag anzuwenden sind[235]. Dieses rechtliche Vakuum des Leasingvertrages ist dementsprechend durch die Anwendung der jeweils den miet-, kauf- oder darlehensrechtlichen Elementen entsprechenden Normen auszufüllen. Auch wenn dabei auf viele mietrechtliche Normen zurückzugreifen ist, so schwächt dies nicht die grundsätzlich eigenständige Einordnung. Denn es wird gerade auf die Anwendung der elementaren mietrechtlichen Vorschriften verzichtet. Damit wird nicht mehr „in erster Linie" Mietrecht angewandt, sondern *auch* Mietrecht, aber eben nicht dessen wichtigste Normen.

Abschließend sei noch auf eine vielleicht vermeintliche Annährung zu der Rechtsprechung des BGH zu der Einordnung des Finanzierungsleasingvertrages als ein Vertrag sui generis hingewiesen. Der BGH spricht in seinem Urteil vom 31.03.1982[236] von einem „Leitbild des Leasingvertrags", nachdem er bereits zuvor in dem Urteil vom 16.09.1981[237] konstatierte, dass die Regelung der Gewährleistungspflicht nach kaufrechtlichem Vorbild dem Finanzierungsleasingvertrag „sein typisches, insoweit vom

---

[234] vgl. übereinstimmend Papapostolou, Die Risikoverteilung beim Finanzierungsleasing über bewegliche Sachen, S. 59.

[235] vgl. v. Westphalen, Leasingvertrag, Rn. 151 ff., der insbesondere auf die fehlende Möglichkeit der Inhaltskontrolle des § 9 Abs. 2 Nr. 1 AGBG hinweist und darin einen Hauptschwachpunkt der Einstufung als Vertrag sui generis sieht.

[236] BGH WM 1982, 666 (667).

[237] BGH WM 1981, 1219.

Leitbild des Mietvertrages abweichendes Gepräge"[238] gebe. Wenn es aber ein Leitbild des Leasingvertrages gibt, welches von dem Leitbild des Mietvertrages abweicht, so kann es nicht mehr zu einer Einordnung des Leasingvertrages in das Mietrecht kommen.

Der Kritik bezüglich des rechtlichen Vakuums bei der Einordnung als Vertrages sui generis kann zudem entgegengehalten werden, dass es der Rechtssicherheit nicht zuträglicher ist, wenn zwar feststeht, dass „in erster Linie" Mietrecht anzuwenden ist, aber sobald zentrale Vorschriften des Mietrechts zur Anwendung kommen müssten, davon abgewichen wird. Hier ist konsequenterweise zunächst eine Zuordnung als eigenständiger Vertragstyp vorzunehmen und sodann auf die Summe der einzeln zur Anwendung kommenden Normen hinzuweisen. Die lange Entwicklungszeit des Leasingvertrages und die überragende wirtschaftliche Bedeutung haben zudem mittlerweile dazu geführt, dass der Leasingvertrag als ein verkehrstypischer Vertrag[239] anzusehen ist, für den feststehende Grundsätze anerkannt sind.

6 Insolvenzrechtliche Behandlung von Leasingverträgen

Als Ergebnis der Untersuchung der zivilrechtlichen Einordnung des Leasingvertrages steht also nunmehr fest, dass die Einstufung des Leasingvertrag als Vertrag sui generis vorzugswürdig ist, wobei zahlreiche mietrechtliche Vorschriften entsprechend anwendbar sind. Tragende mietrechtliche Vorschriften sind aber eben nicht einschlägig. Damit bedarf es auch im Hinblick auf die insolvenzrechtliche Behandlung von Leasingverträgen der gesonderten Begründung der Anwendbarkeit der einzelnen Normen.

6.1 Überblick über die Regelung der Konkursordnung

Für die weitere Untersuchung der Behandlung von Leasingverträgen nach der Insolvenzordnung ist es förderlich, einen Überblick über die anzuwendenden Regelungen der Konkursordnung zu geben, da die Insolvenzordnung insoweit als Fortführung der bisher geltenden Konkursordnung – wenn auch mit entscheidenden Neuregelungen – zu sehen ist[240]. Aus Gründen der Übersichtlichkeit ist bei der Darstellung der Regelungen der Konkursordnung die Unterscheidung zwischen der Insolvenz der Leasinggebers und der Insolvenz des Leasingnehmers zweckmäßig.

---

[238] BGH WM 1981, 1219 (1220).

[239] So bereits Weick NJW 1978, S. 11 ff..

[240] Aus der Vergleichsordnung oder der Gesamtvollstreckungsordnung lassen sich insoweit keine weiteren Erkenntnisse gewinnen.

6.1.1 Konkurs des Leasinggebers

Im Konkurs des Leasinggebers waren sich weite Teile der Literatur und der BGH[241] darin einig, dass die Anwendung des § 21 Abs. 1 KO der Interessenlage der Vertragsparteien entsprechen würde. Nach § 21 Abs. 1 KO ist der Leasingvertrag auch der Konkursmasse gegenüber wirksam, wenn die Sache vor Verfahrenseröffnung übergeben wurde. Die Wirksamkeit des zwischen dem Leasinggeber und dem Leasingnehmer geschlossenen Leasingvertrages blieb demnach als gesetzlich angeordnete Ausnahme von den grundsätzlichen Wirkungen der Verfahrenseröffnung, von der Konkurseröffnung unberührt. Der Leasingvertrag bleibt ohne Kündigungsmöglichkeit auf Seiten des Verwalters bestehen. Diese Feststellung ist insbesondere im Hinblick auf die Refinanzierungsmöglichkeit eines Leasinggeschäftes für den Leasinggeber im Wege der Forfaitierung von Bedeutung. Sofern nämlich die Leasingverträge über die Verfahrenseröffnung hinaus bestehen, sind die Vorausabtretungen über die künftigen Leasingraten an den Financier zunächst weiterhin wirksam.

Vorausverfügungen waren nach § 21 Abs. 2 KO lediglich bei Grundstücken und Räumen unwirksam. Nach allgemeiner Meinung war die Vorschrift streng in den Grenzen des Wortlautes anzuwenden, so dass sie keinen Einfluss auf Leasingverträge über Mobilien hatte[242]. Auch eine Unwirksamkeit der Vorausabtretung nach § 15 KO war nicht gegeben. Diese lag nur in den Fällen vor, in denen ein Rechtserwerb nach Eröffnung des Konkursverfahrens erfolgte[243]. Eine Abtretung war demnach dann rechtswirksam, wenn der gesamte Erwerbstatbestand vor Konkurseröffnung vollendet war[244]. Eine spätere Fälligkeit der Forderungen stand dem nicht entgegen[245]. Die Wirksamkeit einer Vorauszession hing somit davon ab, ob es sich um eine befristete

---

[241] BGHZ 68, 118 (123); 81, 198 (310); BGHZ 96, 103 (105 f.); BGHZ 109, 368 (370).

[242] Kuhn/ Uhlenbruck, § 21 Rn. 11, § 19 Rn. 40; Ullrich/ Irmen WuB VI B. § 21 KO 1.89, S: 522; Kilger/ K. Schmidt, § 21, 4; Vortmann, WM 1988, S. 1117 (1118); Uhlenbruck/ Sinz, WM 1989, S. 1113; Baumgarte, aaO, S. 91.

[243] a.A. bei Mietverträgen: Jaeger/ Henckel, KO 9. Aufl., § 21 Rn. 34: eine Rechtshandlung des Gemeinschuldners vor Konkurseröffnung, nämlich die Abtretung, die nicht von § 7 erfasst werde, nach Konkurseröffnung, nämlich im Zeitpunkt der Fälligkeit, die Masse verkürze, indem die Gegenleistung für die aus der Masse erbrachte Leistung dieser bei Wirksamkeit der Abtretung entzogen werden würde; Henckel, FS Baur 1981, S. 443 (451).

[244] BGH NJW 1975, 122.

[245] So ausdrücklich in: BGHZ 106, 236 (241) mit Hinweis auf BGHZ 32, 367, 369. Auch in anderen Fällen, wenn es im Rahmen der Haftung um Dauerschuldverhältnisse geht, knüpfen Rechtsprechung und Lehre an den Zeitpunkt der Entstehung und nicht denjenigen der Fälligkeit an, vgl. Beispiele bei Uhlenbruck/ Sinz WM 1989, S. 1113 (1118).

um eine befristete oder um eine betagte, d.h. entstandene aber noch nicht fällige Forderung handelte[246].

Für Leasingverträge hat der BGH mit Urteil vom 14.12.1989[247] bezüglich dieser Frage klarstellend und auch nach Auffassung des Verfassers insoweit zutreffend entschieden. Der Senat setzte sich in diesem Urteil mit der Frage der Unwirksamkeit der Forderungen nach § 15 KO und dem Problem auseinander, ob es sich bei künftig zu entrichtenden, nach Zeitabschnitten bemessenen Raten um betagte oder befristete Forderungen handelt. Der Senat kam zu dem eindeutig formulierten Ergebnis:

> „Leasingraten der Grundmietzeit sind regelmäßig betagte Forderungen".

Begründet wurde dies damit, dass die Leasingraten in jeder Hinsicht durch den Leasingvertrag rechtlich festgelegt seien: Dauer der Mietzeit, Fälligkeit und Höhe der Leasingraten seien ein fester Bestandteil des Finanzierungsleasings, bei dem Kündigungsmöglichkeiten vor Ablauf der Grundmietzeit in der Regel ausgeschlossen seien[248]. Folglich war nach Auffassung des BGH der gesamte Erwerbstatbestand vor Verfahrenseröffnung vollendet. Eine Unwirksamkeit aus § 15 KO war nicht herzuleiten. Diese Schlußfolgerungen des BGH sind zutreffend und werden insoweit in der vorliegenden Arbeit von dem Verfasser geteilt.

6.1.2 Konkurs des Leasingnehmers

In der Insolvenz des Leasingnehmers war nach überwiegender Auffassung die Regelung des § 19 KO anzuwenden[249], sofern dem Gemeinschuldner das Leasinggut noch vor Eröffnung des Verfahrens überlassen worden war. Der § 19 KO wolle sicherstellen, dass derjenige, der dem Gemeinschuldner eine Sache vor Konkurseröffnung zum Gebrauch überlassen hatte, die volle vertragliche Gegenleistung erhalte, bis der Vertrag für die Zukunft durch Kündigung beendet werde[250].

Demnach hatte der Leasingvertrag über die Verfahrenseröffnung hinaus Bestand[251]. Mithin oblag es dem Konkursverwalter, den Vertrag zu kündigen, falls er nicht weiter aus Mitteln der Masse erfüllen wollte[252]. Allerdings hatte genauso der Leasinggeber nach § 19 S. 1 KO die Möglichkeit zur Kündigung. Für den Fall, dass der Konkurs-

---

[246] BGHZ 109, 368 (372 f.) mwN.; Medicus, SchuldR, AT, Rn. 845; vgl. auch BGB- Alternativkommentar/ Ott, § 163 Rn. 2.

[247] BGHZ 109, 368 (372).

[248] BGHZ 109, 368 (372).

[249] Zu der Auseinandersetzung über die Anwendbarkeit von § 17 KO oder § 19 KO bei Leasingverträgen mit Kaufoption vgl. die Nachweise bei Jaeger/ Henckel, KO 9. Aufl. § 19 Rn. 17 ff..

[250] Jaeger/ Henckel, KO 9. Aufl., § 19 Rn. 17 a.E..

[251] vgl. Kuhn/ Uhlenbruck, § 19 Rn. 18; Eckert, ZIP 1983, S. 770.

[252] vgl., Gottwald/ Huber, Insolvenzrechtshdb., § 38 Rn. 21; § 92 Rn. 2 mwN.

verwalter kündigte, war der Leasinggeber seinerseits wegen der Nachteile, die er durch die vorzeitige Vertragsauflösung erlitten hatte, nach § 19 S. 3 KO grundsätzlich auf eine einfache Konkursforderung verwiesen[253]. Kündigte der Leasinggeber, so konnte er nur dann einen Schadensersatzanspruch geltend machen, wenn dies vertraglich vereinbart war[254]. Hinsichtlich der Kündigungsfristen bestimmte § 19 S. 2 KO, dass eine vertraglich vereinbarte kürzere Kündigungsfrist der gesetzlichen Frist vorgehe[255].

War das Leasinggut allerdings vor Verfahrenseröffnung dem Gemeinschuldner noch nicht überlassen, so konnte der Leasinggeber von dem Vertrag zurücktreten, § 20 Abs. 1 KO. Auf Anfrage des Verwalters musste der Leasinggeber ohne schuldhaftes Zögern erklären, ob er von dem Vertrag zurücktreten wolle, § 20 Abs. 2 KO. Sollte der Leasinggeber dem nicht nachkommen, so erlangte der Konkursverwalter die Rechte aus § 17 KO.

6.1.3 Entwicklung der leasingspezifischen Regelungen der Insolvenzordnung

Wie einleitend dargelegt[256], bildete die Einsetzung einer Kommission für Insolvenzrecht den Ausgangspunkt der Entwicklung der Insolvenzordnung. Die Ausführungen der Kommission in ihrem Ersten Bericht aus dem Jahre 1985[257] und in ihrem Zweiten Bericht aus dem Jahre 1986[258] lassen sich jedoch nur bedingt für die Auslegung der Regelungen der Insolvenzordnung heranziehen, weil in den Berichten lediglich Leitsätze formuliert wurden. Die ersten konkreten Regelungsversuche finden sich in dem Diskussionsentwurf von 1988 (EInsO)[259], welchem bereits 1989 der Referentenentwurf zur Insolvenzordnung (RefEInsO) folgte[260]. Der Regierungsentwurf einer

---

[253] Kuhn/ Uhlenbruck, § 19 Rn. 18; Gottwald/ Huber, Insolvenzrechtshdb., § 92 Rn. 3; Jaeger/ Henckel, KO 9. Aufl., § 19 Rn. 18 will bei einem Leasingvertrag mit Kaufoption für den Leasingnehmer differenzieren. Dem Leasinggeber werde analog § 17 Abs. 2 KO die Möglichkeit gegeben, den Verwalter aufzufordern, ob er von dem Optionsrecht Gebrauch machen wolle. Verneine der Konkursverwalter dies, sei der § 19 KO für den Leasinggeber uneingeschränkt anwendbar. Jaeger/ Henckel, aaO, § 19 Rn. 6 hält ein Kündigungsrecht des Leasinggebers nach dem Grundsatz von Treu und Glauben für ausgeschlossen, wenn der Konkursverwalter des Leasingnehmers auf die Leasingsache angewiesen ist und sich vertragstreu verhält, d.h. die nach Verfahrenseröffnung anfallenden Leasingraten ohne Verzug begleicht.

[254] Flume, DB 1972, S. 59; Seifert, DB 1983, Beilage 1, S. 11.

[255] Zudem bejahte BGH NJW 1986, 255 die Zulässigkeit eines außerordentlichen Kündigungsrechts für den Insolvenzfall; vgl. auch Seifert, DB 1983, Beilage 1 S. 11.

[256] vgl. zur Entwicklungsgeschichte der Insolvenzordnung oben unter § 1 II., 1.

[257] BMJ (Hrsg.), Erster Bericht der Kommission für Insolvenzrecht, 1985.

[258] BMJ (Hrsg.), Zweiter Bericht der Kommission für Insolvenzrecht, 1986.

[259] BMJ (Hrsg.), Gesetz zur Reform des Insolvenzrechts, Diskussionsentwurf, 1988 sowie die Ergänzungen vom Juli 1989, BMJ (Hrsg.), Gesetz zur Reform des Insolvenzrechts: Diskussionsentwurf II (Ergänzungen) Köln 1989.

[260] BMJ (Hrsg.), Gesetz zur Reform des Insolvenzrechts, Referentenentwurf, 1989.

Insolvenzordnung (RegEInsO)[261] wurde schließlich in bereinigter Form am 21.04.1994 verabschiedet[262]. Die letzte Änderung insbesondere hinsichtlich der Leasingverträge erfolgte durch das Gesetz zur Änderung des AGB- Gesetzes und der Insolvenzordnung, welches am 14.06.1996 den Bundesrat passierte[263] und am 24.07.1996 veröffentlicht wurde[264].

Der Erste Bericht der Kommission[265] schlägt in Leitsatz 3.3.11 eine eigenständige Regelung für Leasingverträge vor, in der sogar bestimmte Modelle eines Leasingvertrags berücksichtigt werden. So sollte nach Leitsatz 3.3.11, Absatz 2 bei der Vereinbarung über ein Anschlussleasing nach Abschluss der Grundmietzeit (meist Vollamortisation) der Verwalter zur vorzeitigen Ablösung berechtigt sein. Nach Leitsatz 3.3.11 Absatz 3 wurde auf die Konstellation der Vereinbarung einer Kaufoption eingegangen und eine dem Eigentumsvorbehalt entsprechende Regelung vorgeschlagen, nach der der Verwalter zu einer vorzeitigen Ausübung dieser Option berechtigt sein sollte.

Für Leasingverträge über bewegliche Sachen sollte nach Leitsatz 2.4.1.8 des Ersten Berichts der Kommission[266] der Leasinggeber in der Insolvenz des Leasingnehmers ein Kündigungsrecht vor Ablauf der Grundlaufzeit nur nach §§ 553, 554 Abs. 1 BGB haben. Die Kommission wollte für diese Fallkonstellation eine Sonderregelung treffen. Zur Begründung führte sie aus[267]:

> „(...) ähnliche wirtschaftliche Ziele erreicht werden wie mit einem Kaufvertrag, bei dem der Schuldner als Käufer die Ware unter Eigentumsvorbehalt erhält. Ebenso wie es einem Vorbehaltsverkäufer verwehrt sein soll, die Ware nach der Eröffnung des Insolvenzverfahrens vom Insolvenzverwalter herauszuverlangen, soll auch der Leasing- Geber nicht die Möglichkeit haben, die Sache durch vorzeitige Kündigung des Leasing- Vertrages wieder an sich zu bringen".

Im Vordergrund stand also der Gedanke des Zusammenhalts der Massegegenstände. Dieser Zusammenhalt korrespondierte wiederum mit dem Ziel der Förderung der Unternehmenssanierung[268], da der Betrieb zunächst mit den notwendigen Anlagegegenständen, namentlich Produktionsmaschinen, erhalten werden muss, um fortgesetzt zu werden.

---

[261] Entwurf einer Insolvenzordnung, abgedruckt in BR- Drucks. 12/ 2443 vom 15.04.1992; verabschiedet vom Bundeskabinett am 21.11.1991.

[262] BR- Drucks. 336/ 94 (InsO) und BR- Drucks. 337/ 94 (EGInsO).

[263] BR-Drucks. 401/ 96.

[264] BGBl. 1996 I, S. 1013.

[265] BMJ (Hrsg.), Erster Bericht der Kommission für Insolvenzrecht, 1985.

[266] BMJ (Hrsg.), Erster Bericht der Kommission für Insolvenzrecht, 1985.

[267] Begr. zu Leitsatz 2.4.1.8, in: BMJ (Hrsg.), Erster Bericht der Kommission für Insolvenzrecht, Köln 1985, S. 224 f..

[268] Die Unternehmenssanierung ist nunmehr als gleichrangiges Instrument der Abwicklung anerkannt, vgl. insoweit oben § 1 II.

In diesem Sinn nimmt die Begründung zu dem Leitsatzes 3.3.11 Bezug auf die ähnlichen wirtschaftlichen Ziele des Leasingvertrages einerseits und dem Kauf unter Eigentumsvorbehalt andererseits. Dabei betont die Kommission die Notwendigkeit des vorläufigen Zusammenhaltes der Unternehmensgegenstände[269].

Beachtlich ist allerdings, dass in den Leitsätzen bereits zwischen Leasingverträgen über bewegliche und unbewegliche Sachen differenziert wird. Indessen erschließt sich der Hintergrund dieser Differenzierung weder aus der Begründung noch aus dem Zusammenhang mit den übrigen Leitsätzen. In der Begründung zu Leitsatz 3.3.11 Absatz 3 wird schlicht konstatiert, diese Regelung sei auch bei Leasingverträgen über unbewegliche Sachen sinnvoll. Denn es gehe um das Recht des Verwalters, die Sache für die Masse zu erwerben. Es findet sich aber keine Erläuterung darüber, warum der Verwalter nicht auch unbewegliche Sachen zunächst bei der Masse behalten soll.

Im weiteren Verlauf der Gesetzesentwicklung werden die Leitsätze über die Leasingverträge aus dem Ersten Bericht der Kommission für Insolvenzrecht aber nicht nachweislich berücksichtigt. Weder in dem anschließenden Diskussionsentwurf[270] noch im späteren Referentenentwurf[271] finden sich ähnlich spezielle Regelungen für das Leasinggeschäft. Dementsprechend sind auch in der Insolvenzordnung keine Normen zu finden, die die Behandlung von Leasingverträgen ausdrücklich erwähnen.

6.2 Anwendbare Vorschriften in der Insolvenzordnung

Im Gegensatz zu den anfänglichen, anders lautenden Vorschlägen der Kommission für Insolvenzrecht[272] sind keine gesonderten Vorschriften für Leasingverträge in die Insolvenzordnung aufgenommen worden. Da die zivilrechtliche Einordnung von Leasingverträgen[273] ergeben hat, dass Leasingverträge nach vorzugswürdiger Ansicht als schuldrechtliche Verträge eigener Art einzustufen sind, folgt daraus zunächst, dass die allgemeinen Regelungen der Insolvenzordnung für schuldrechtliche Verträge einschlägig sind.

Die Leistungspflichten des Leasingvertrages stehen ferner in synallagmatischem Verhältnis zueinander. Demnach wären Leasingverträge als gegenseitige schuld-

---

[269] Begr. zu Leitsatz 3.3.11, in BMJ (Hrsg.), Erster Bericht der Kommission für Insolvenzrecht, S. 325.

[270] BMJ (Hrsg.), Gesetz zur Reform des Insolvenzrechts, Diskussionsentwurf, 1988 sowie die Ergänzungen vom Juli 1989, BMJ (Hrsg.), Gesetz zur Reform des Insolvenzrechts: Diskussionsentwurf II (Ergänzungen) Köln 1989.

[271] BMJ (Hrsg.), Gesetz zur Reform des Insolvenzrechts, Referentenentwurf, 1989.

[272] BMJ (Hrsg.), Erster und Zweiter Bericht der Kommission für Insolvenzrecht, Köln, 1985/ 1986. vgl. Leitsätze 2.4.1.8 und 3.3.11 des Ersten Berichtes (1985).

[273] vgl. oben unter § 2 III., 5.

rechtliche Verträge, sofern sie im Zeitpunkt der Verfahrenseröffnung nicht oder noch nicht vollständig erfüllt sind, dem Wahlrecht des Insolvenzverwalters nach § 103 InsO unterworfen. Etwas anderes würde sich nur ergeben, wenn in den §§ 104 ff. InsO eine speziellere Norm einschlägig wäre[274].

Als speziellere Norm geriet der § 108 InsO im Zusammenhang mit Leasingverträgen, wie bereits erwähnt[275], direkt nach der Veröffentlichung der Insolvenzordnung[276] in das Blickfeld der Kritik. Ausgehend von der Auffassung, dass die schwebenden Verträge qua Verfahrenseröffnung erlöschen und erst nach Erfüllungswahl des Insolvenzverwalters neu mit altem Inhalt begründet werden[277], wurden die Konsequenzen der Regelung § 108 InsO für das Leasinggeschäft diskutiert. Die Regelung des § 108 InsO a.F., d.h. vor der Ergänzung um Satz 2[278], schränkte jedoch die Anwendbarkeit des § 103 InsO auf Leasingverträge nur sehr begrenzt ein. Dies führte gerade in der Insolvenz des Leasinggebers bei einem Leasingvertrag über bewegliche Gegenstände zu den genannten Problemen hinsichtlich der Wirksamkeit der Vorausverfügungen über die Verfahrenseröffnung hinaus, wenn der Insolvenzverwalter nach Verfahrenseröffnung die Erfüllung des Leasingvertrages wählte. Die von den Kritikern geäußerte Vermutung, dass dem Gesetzgeber diese Konsequenzen bei der Verabschiedung des § 108 InsO a.F. nicht vollumfänglich bewusst gewesen sind, wird durch die Begründung zum RegEInsO verstärkt. So lautet die Begründung[279] zu § 108 InsO a.F., dass abweichend vom geltenden Recht Miet- und Pachtverhältnisse über bewegliche Sachen und Rechte von der Regelung über das Fortbestehen von Dauerschuldverhältnissen ausgenommen würden. Sie unterlägen damit dem Wahlrecht des Verwalters. Wenn dieser nicht die Erfüllung wählen würde, würden sie mit der Eröffnung des Insolvenzverfahrens enden. Damit werde eine klare Rechtslage geschaffen.

Die Beweggründe der Novellierung des § 108 InsO bestätigen die Ansicht, dass auch nach Auffassung des Gesetzgebers neben Miet- und Pachtverhältnissen ebenso

---

[274] Die Vertreter der Ansicht, der Leasingvertrag sei ein Vertrag, auf den in erster Linie Mietrecht anwendbar sei, werden insoweit direkt für die Anwendbarkeit des § 108 InsO als speziellere Regelung zu § 103 InsO plädieren.

[275] vgl. oben unter § 1 I.

[276] Veröffentlicht am 18.10.1994 im BGBl. I, 1994, S. 2866 (InsO) und S. 2911 (EGInsO).

[277] So die Rechtsprechung zu § 17 KO, vgl. BGHZ 106, 236 (241); 116, 156 (158), zustimmend: Kuhn/Uhlenbruck, KO, § 17 Rn. 1, 19, 36; Henckel, JZ 1987, S. 360; ders. ZZP 99, S. 416 (425/429f.); ders., in; Jaeger/Henckel, KO 9. Aufl. § 17 Rn. 115, 149, 162, 210, 212; anders noch die Vorauflage, vgl. Jaeger/Lent, KO, 8. Aufl., § 30 Rn. 42; zu den ablehnenden Stimmen vgl. insbesondere Bork, Festschrift Zeuner, S. 297, 302 ff. m.w.N. sowie die Gegenäußerung von Kreft, ZIP 1995, S. 865 ff..

[278] § 108 Abs. 1 Satz 2 InsO, eingefügt durch das Gesetz vom 19.07.1996 zur Änderung des AGB-Gesetzes und der Insolvenzordnung, BGBl. 1996, 1013.

[279] Begründung zu § 108 InsO a.F., abgedruckt bei Krämer, aaO, S. 237.

Leasingverträge teilweise von der Regelung des § 108 InsO erfasst waren. Allerdings zeigt die Novellierung auch, dass entgegen der Begründung des § 108 InsO a.F.[280] keine klare und gleichzeitig befriedigende Rechtslage mit der ursprünglichen Regelung geschaffen worden.

Mit Einführung des § 108 Abs. 1 Satz 2 InsO steht aber nunmehr fest, dass die Regelungen bezüglich der Behandlung von Miet- und Pachtverträgen innerhalb der Insolvenzordnung auch weitestgehend für Leasingverträge gelten. So nimmt der Gesetzgeber in der Begründung zu der Einführung des ergänzenden Satzes 2 ausdrücklich Bezug auf die Probleme bei Leasingverträgen[281]. Damit sind aber konsequenterweise auch jene Differenzierung, die das Gesetz nach der Art des Miet- und Pachtobjekts vornimmt, auf Leasingverträge zu übertragen.

Neben der weiteren Frage nach der Anwendbarkeit des § 107 InsO, die gesondert untersucht werden soll, dürften ferner die im Vergleich zur Konkursordnung massefreundlicher gestalteten Lösungsmöglichkeiten in der Insolvenzordnung[282] auch auf die qua gesetzlicher Anordnung gemäß § 108 InsO fortdauernden Leasingverträge anwendbar sein.

Schließlich ist aber festzuhalten, dass die Regelung des § 108 Abs. 1 InsO nicht sämtliche Fallkonstellationen eines Leasingvertrages erfasst, so dass es für die Leasingverträge, die nicht die tatbestandlichen Voraussetzungen des § 108 Abs. 1 InsO erfüllen, dabei bleibt, dass insoweit die Regelung des § 103 InsO anwendbar ist und eventuell auch die übrigen Regelungen der §§ 104 ff. InsO herangezogen werden können.

Zur Verdeutlichung sei ein Überblick über die für die jeweilige Fallkonstellation einschlägige Regelung der Insolvenzordnung gegeben: Leasingverträge über *unbewegliche* Gegenstände werden von § 108 Abs. 1 Satz 1 InsO erfasst. Je nachdem, ob der Insolvenzschuldner Leasinggeber oder Leasingnehmer gewesen ist, sind die Vorschriften der § 109 f. InsO anwendbar. Bei Flugzeug- und Schiffsleasingverträgen könnten sich Schwierigkeiten durch die Anwendbarkeit der Regelung des § 110 InsO insofern ergeben, als hier Vorauszessionen nur zeitlich begrenzt wirksam sind.

Leasingverträge über *bewegliche* Gegenstände fallen unter die Regelung des § 108 Abs. 1 Satz 2 InsO, wenn der Insolvenzschuldner der Leasinggeber ist *und* der Leasinggegenstand einem Refinanzierer zur Sicherheit übertragen worden ist. Auch

---

[280] Begründung zu § 108 InsO a.F., abgedruckt bei Krämer, aaO, S. 237.

[281] vgl. die Begründung zu § 108 Abs. 1 Satz 2, BT- Drucks. 13/ 4699, S. 2.

[282] So ersetzt § 109 InsO den § 19 KO durch ein einseitiges Kündigungsrecht des Insolvenzverwalters; vgl. unten § 5 I., 1.

hier stellt sich unter anderem die Frage nach der Anwendbarkeit des § 110 InsO. Zusätzlich ist zu klären, welche Anforderungen an die Finanzierung zu stellen sind und ob insbesondere Zweitfinanzierungen zulässig sind.

Alle übrigen Fallkonstellationen, also die Insolvenz des Leasinggebers bei einem Leasingvertrag über einen beweglichen Gegenstand ohne Refinanzierung sowie die Insolvenz des Leasingnehmers bei einem Leasingvertrag über einen beweglichen Gegenstand, lassen sich hingegen nicht unter die spezielle Regelung des § 108 InsO subsumieren. Für diese Fälle gelten die allgemeinen Regelungen der §§ 103, 104 ff. InsO. Für diese Verträge kommt also insbesondere die Anwendbarkeit des § 105 InsO in Betracht.

Mithin ist also auch die Regelung des § 103 InsO für einen nicht zu vernachlässigenden Teil der Leasingverträge direkt anwendbar. Daher bedarf es der Untersuchung, welche allgemeinen Wirkungen die Verfahrenseröffnung auf diese Leasingverträge hat. Diese Ergebnisse sind aber genauso für die Leasingverträge von Bedeutung, die unter die Regelung des § 108 InsO fallen. Denn die einzelnen insolvenzrechtlichen Konsequenzen für die Behandlung der jeweiligen Fallkonstellationen eines Leasinggeschäftes können nur dann abschließend beurteilt werden, wenn feststeht, ob und welche Veränderungen bei den schwebenden Verträgen durch die Verfahrenseröffnung eingetreten sind und welchen Umfang und Inhalt das Verwalterwahlrecht nach § 103 InsO dementsprechend hat. Daher soll vor einer detaillierten Untersuchung der Anwendbarkeit des § 107 InsO und der Besonderheiten der jeweiligen Fallkonstellation des § 108 InsO nunmehr der bereits unter der Konkursordnung kontrovers geführte Meinungsstreit zu dem Inhalt des Verwalterwahlrechts aufgearbeitet werden und sodann untersucht werden, welche Konstruktion der jetzigen Regelung der §§ 103 ff. InsO zu Grunde liegt.

§ 3 ALLGEMEINE WIRKUNGEN DER VERFAHRENSERÖFFNUNG UND DAS WAHLRECHT DES INSOLVENZVERWALTERS NACH § 103 INSO

Das Wahlrecht des Insolvenzverwalters bei schwebenden Verträgen nach § 103 InsO kann nur beurteilt werden, wenn feststeht, welche Wirkung die Eröffnung des Insolvenzverfahrens auf noch nicht vollständig erfüllte Verträge hat. Erst nach Beantwortung der Frage, ob diese Rechtsverhältnisse durch die Verfahrenseröffnung umgestaltet werden[283] oder aber unverändert fortbestehen[284], ist eine Bewertung der Qualität der Verwalterentscheidung möglich. Je nach Beurteilung der Wirkung der Verfahrenseröffnung kommt der Ausübung des (vermeintlichen) Wahlrechts nur deklaratorische Bedeutung zu oder aber die Erklärung des Verwalters über die Erfüllungswahl wirkt tatsächlich konstitutiv. Sobald diese Frage geklärt ist, können die im Rahmen des § 108 InsO für Leasingverträge vorgesehenen Ausnahmeregelungen auf der Basis der zu § 103 InsO gewonnenen Erkenntnisse beurteilt werden.

Die Regelung des § 103 InsO kann wiederum nur vor dem Hintergrund der Regelung der Konkursordnung untersucht werden. Die Insolvenzordnung sollte nach Auffassung des Gesetzgebers[285] die Regelung der Konkursordnung „inhaltlich unverändert" übernehmen. Ob sich dies tatsächlich in der jetzigen Fassung der Insolvenzordnung widerspiegelt und was der Gesetzgeber unter der Formulierung „inhaltlich unverändert" verstand, bedarf der Überprüfung. Bereits die Regelung der Konkursordnung wurde in Rechtsprechung und Literatur nachhaltig diskutiert. Somit ist zunächst ein Überblick und eine Auseinandersetzung mit dem Streitstand zu der Regelung der Konkursordnung notwendig.

I. REGELUNG NACH DER KONKURSORDNUNG

1 „Herkömmliche" Auffassung

Die frühere Auffassung in der Literatur und auch lange Zeit die Rechtsprechung[286] gingen im Anschluss an Jaeger[287] davon aus, dass Ansprüche aus einem gegenseitigen noch nicht vollständig erfüllten Vertrag durch die Konkurseröffnung zunächst

[283] vgl. BGHZ 103, 250; 106, 236; 116, 156; 135, 25.
[284] Jaeger, KO 6./ 7. Auflage, 1931, § 17 Anm. 39 ff.
[285] vgl. Begr. zu § 122 RegE, abgedruckt bei Krämer, aaO., S. 228.
[286] RGZ 11, S. 49 (51); 135, S. 167 (170); zuletzt BGHZ 48, S. 203 ff.; BGHZ 68, 379 ff..
[287] So Jaeger zuletzt in KO, 6./7. Auflage, 1931, § 17 Anm. 39 ff..

nicht berührt würden[288]. Bis zur Ausübung des Wahlrechts durch den Verwalter befanden sich die gegenseitigen, von keiner Seite vollständig erfüllten Verträge in einem Zustand der „Schwebe“[289].

Folglich kam der Erfüllungsablehnung eine gestaltende Wirkung zu[290]. Lehnt der Konkursverwalter aufgrund des § 17 KO die Erfüllung ausdrücklich oder stillschweigend ab, so erlöschen die wechselseitigen Erfüllungsansprüche für die Zukunft. An ihre Stelle tritt, wenn der Vertragsgegner infolge der Ablehnung Schaden leidet, eine einseitige Konkursforderung des Gegners (§§ 26, 14, 193 KO) auf Schadensersatz wegen Nichterfüllung des Schuldvertrags[291]. Die Nichterfüllung trete mittelbar, nicht unmittelbar, „infolge der Eröffnung des Konkursverfahrens“ ein[292]. Nach dieser Ansicht sollte es

> „keineswegs so (sein), als ob sich bereits durch die Konkurseröffnung selbst das Schuldverhältnis umwandelte, der Verwalter aber durch rechtzeitiges Erfüllungsbegehren den Wandel wieder rückgängig machen könnte. Diese Annahme ist mit der Fassung des § 17 KO unvereinbar.“[293]

Entscheidet sich der Verwalter hingegen für die Erfüllungswahl, so

> „nötigt er die andere Partei, nun auch ihrerseits die Gegenleistung so, wie sie nach Inhalt des Vertrages geschuldet ist, zur Konkursmasse zu bewirken“[294].

Andererseits werde die Verbindlichkeit des Gemeinschuldners aus dem vor Verfahrenseröffnung geschlossenen Vertrag, sofern die Voraussetzungen des § 17 KO vorliegen, mit dem Erfüllungsbegehren des Verwalters zur Masseschuld im Sinne des § 59 Nr. 2 KO. Diese sei als solche grundsätzlich in Natur, und damit vor allen Konkursforderungen (§ 57 KO) und selbst vor den Massekosten (§ 60 KO) zu decken[295].

---

[288] Jaeger/ Lent KO 8.Aufl., § 17 Anm. 30: „Die Wahlbefugnis des Verwalters ist ein Gestaltungsrecht, ... die Ablehnungsbefugnis nicht minder als die Kündigungsbefugnisse der §§ 19, 22“; Baur, FS Weber, S. 41, 48: „Da das Schuldverhältnis durch die Konkurseröffnung nicht umgestaltet wird..“; Baur/ Stürner, Zwangsvollstreckungs-, Konkurs- und Vergleichsrecht, Bd. 2, Rn. 9.3; Häsemeyer, Insolvenzrecht, 1. Auflage, S. 403f.; Ringstmeier S. 73 (78).

[289] Jaeger, KO 6./ 7. Aufl., § 17 Rn. 43.

[290] BGHZ 48, 203, 205; 68, 379f; ZIP 1982, 189; Jaeger/Lent, KO, 8. Auflage, 1958ff, § 17 Anm. 30, 40ff, 48; Böhle/ Stamschräder; KO, 12. Auflage, 1976, § 17 Anm. 4; Baur, in: Festschrift für Friedrich Weber, 1975, S. 43 f., 50.

[291] So bereits Jaeger, KO 6./ 7. Aufl. § 17 Anm. 43 mit Bezugnahme auf die übereinstimmenden Motive II S. 67, 86, 87, 93, 245 sowie Entscheidungen des RG.

[292] So Jaeger, aaO, unter Hinweis auf § 26 Satz 1 KO.

[293] Jaeger, aaO.

[294] Jaeger, KO 6./ 7. Aufl. § 17 Anm. 33.

[295] Jaeger, KO 6./ 7. Aufl. § 17 Anm. 33.

2 Kritik in der Literatur

Unter Geltung der Konkursordnung befand sich eine gegenteilige Literaturauffassung[296] auf dem Vormarsch, nach der die Erfüllungsablehnung keine gestaltende Wirkung mehr besaß, sondern nur deklaratorisch verstanden wurde. Der Konkursverwalter hatte nach dieser Ansicht gemäß § 17 KO nur die (Wahl-) Möglichkeit, die Erfüllung zu verlangen oder es bei den allgemeinen konkursrechtlichen Folgen der Eröffnung zu belassen[297].

Innerhalb dieser Gegenmeinung wurde aber noch differenziert, welches die allgemeinen konkursrechtlichen Wirkungen seien. Zum einen wurde vertreten, die Konkurseröffnung bewirke lediglich, dass der Vertragspartner des Gemeinschuldners darauf beschränkt werde, seinen Erfüllungsanspruch aus dem gegenseitigen nicht vollständig erfüllten Vertrag nur als Konkursforderung (§ 3 KO), und zwar als Geldforderung (§ 69 KO), geltend zu machen. Dem könne der Konkursverwalter wiederum die Einrede aus § 320 BGB entgegenhalten, welche konkursfest sei und den Vertragspartner bei erbrachter Gegenleistung auf die Quote beschränke[298]. Das Besondere an § 17 KO bestehe darin, dass die Erklärung des Konkursverwalters, die Erfüllung des Vertrages zu verlangen, eine Konkursforderung, als die vorher der Leistungsanspruch des Vertragspartners gemäß § 3 KO bestanden habe, in eine Masseforderung nach § 59 Nr. 2 KO umwandele und auf diesem Wege die Abwicklung des Vertrages auch nach Konkurseröffnung noch ermöglicht werde. Ohne § 17 KO würde in aller Regel die Abwicklung des Vertrages am Leistungsverweige-

---

[296] Jaeger/ Henckel, KO 9. Aufl., § 17 Rn. 115; vgl. ferner Musielak AcP 179 (1979) 189, (212); Marotzke, Das Anwartschaftsrecht S. 76 ; ders. JZ 1977, 52 (553); ders. Gegenseitige Verträge S. 73 ff.; Henckel ZZP 99 (1986), S. 419 (429f.); ders. JZ 1986, S. 691, (696); sowie Tintelnot ZIP 1989, 144 (153); Mohrbutter/ Pape, 7. Aufl. Rn. III 75; Hess, KO, § 17 Rn. 57f.; Heilmann KTS 1985, 639 (640).

[297] Jaeger/ Henckel, KO 9. Aufl., § 17 Rn. 115. Der Umschwung in der Literaturmeinung wird besonders anschaulich bei dem Vergleich der Kommentierung von Jaeger, beginnend mit der 6./ 7. Aufl., in der Jaeger selbst kommentierte über die von Lent fortgesetzte Bearbeitung in der 8. Auflage und dann die abweichende Meinung seit der Bearbeitung durch Henckel in der 9. Auflage des Kommentars.

[298] Huber BB 1964, S. 731 (734); Marotzke JZ 1977, 552 (553); ders., Das Anwartschaftsrecht, S. 80 ff.; ders. Gegenseitige Verträge S. 73 ff.; Musielak AcP 179 (1979), S. 189 ff.; Heilmann/ Smid § 11 Rn. 4 bis 6; siehe auch Jauernig, Zwangsvollstreckungs- und Konkursrecht, 19. Aufl. S. 202f., der zwei „Umwandlungen" unterscheidet: die erste partielle Umwandlung durch Verfahrenseröffnung mit dem Entfallen des ursprünglichen Erfüllungsanspruches und einer zweiten Umwandlung, die je nach Entscheidung des Verwalters unterschiedlich sich darstellt. Wähle der Verwalter Erfüllung, so wandele sich die Konkursforderung des Vertragspartners (§ 3 KO) in eine Masseschuld nach § 59 Nr. 2 KO um. Entscheide sich der Verwalter für die Nichterfüllung, so habe das auf den Bestand des Vertrages keinen Einfluss. Er werde jetzt aber zum zweiten Mal umgewandelt, diesmal insgesamt in der Weise, daß an die Stelle des gegenseitigen Schuldverhältnisses der einseitige Anspruch des Vertragspartners auf Schadensersatz trete, der dann als Konkursforderung nach § 26 Satz 2 KO geltend zu machen sei. Es ist allerdings unklar, wo der inhaltliche Unterschied dieser Differenzierung nach zwei Umwandlungsschritten im Vergleich zu der Rechtsprechung des BGH liegen soll. Jauernig beruft sich sogar auf die neuere Rechtsprechung des BGH.

rungsrecht, das dem Vertragspartner des Gemeinschuldners nach § 320 BGB zustehe, scheitern[299]. Nach der gegenteiligen „*Erlöschenstheorie*“[300] läßt bereits die Konkurseröffnung die gegenseitigen Erfüllungsansprüche untergehen. Die Konkurseröffnung bewirke, dass der Vertragspartner nicht mehr die Erfüllung des gegenseitigen Vertrages aus der Masse verlangen könne. Dieses Recht stehe nur dem Verwalter zu. Analog § 69 KO wandle sich der Anspruch des Vertragspartner im Moment der Verfahrenseröffnung in eine Konkursforderung (§ 3 KO) in Höhe der Differenz zwischen Leistung und Gegenleistung, bei der es sich um den in § 26 Satz 2 KO angesprochenen Schadensersatzanspruch wegen Nichterfüllung handele[301]. Die Wahl der Nichterfüllung sei daher nur noch deklaratorischer Natur.

3 Entwicklung der Rechtsprechung zur Konkursordnung

Der Wandel in der Meinung der Literatur ist nicht ohne Auswirkungen auf die höchstrichterliche Rechtsprechung geblieben. Während die sogenannte herkömmliche Auffassung zunächst in Anlehnung an die Rechtsprechung des Reichsgerichts[302] auch lange Zeit vom Bundesgerichtshof vertreten wurde[303], hatte sich gegen Ende der Geltungsdauer der Konkursordnung die Erlöschenstheorie auch in der Rechtsprechung des BGH[304] durchgesetzt. Die Wende in der Rechtsprechung war jedoch von missverständlichen Urteilen gekennzeichnet, so dass es einer eingehender Darstellung der entscheidenden Urteile des BGH bedarf. Übereinstimmend mit der sogenannten herkömmlichen Auffassung formulierte der BGH noch in seinem Urteil vom 13.07.1967[305],

> „es ist auch eine typische und häufig vorkommende Konkursfolge, daß der Konkursverwalter die Erfüllung eines beiderseitigen Vertrages ablehnt *und damit* den Gläubiger auf einen Schadensersatzanspruch wegen Nichterfüllung verweist.“

Aus der Formulierung „*und damit*“ wird deutlich, dass der BGH davon ausgeht, dass es erst die Erfüllungsablehnung sei, die einen Schadensersatzanspruch zur Folge habe. Des weiteren nennt der BGH in diesem Urteil das Wahlrecht des § 17 KO ein

---

[299] Musielak, AcP 179 (1979), S. 189 (212) mit Hinweis auf Marotzke, JZ 1977, S. 553.

[300] Jaeger/ Henckel, KO 9. Aufl., § 17 Rn. 162, 212; ders. JZ 1986, 691 (696); ders. ZZP 99 (1986) 419 (429); Heilmann KTS 1985, S. 639 (642); Gottwald/ Huber, Insolvenzrechtshdb., § 35 Rn. 34; Tintelnot ZIP 1989, 144, (153); Uhlenbruck/ Sinz WM 1989, 1113 (1115); Mohrbutter/ Pape, § 17 Rn. III 74; ders. EWiR 1989, S. 283 (284) § 17 KO 1/ 89.

[301] Jaeger/ Henckel, § 17 Rn. 162.

[302] RGZ 135, S. 167 (170).

[303] BGHZ 48, 203ff.; BGHZ 68, 379 ff..

[304] vgl. die eindeutigen Entscheidungen BGHZ 103, 250, 252/254; 106, 236, 241ff. sowie BGHZ 116, 156, 158 ff.; zuletzt BGHZ 135, 25 ff..

[305] BGHZ 48, S. 203 (205).

„Gestaltungsrecht", durch welches der Konkursverwalter dem Vertragspartner des Gemeinschuldners den Erfüllungsanspruch nehme[306]. Es ist also nicht die Verfahrenseröffnung, sondern erst die Erklärung des Verwalters, die auf das vom Gemeinschuldner begründete Vertragsverhältnis einwirkt.

Im gleichen Sinn formulierte der VII. Zivilsenat des BGH in dem Urteil vom 05.05.1977[307]:

> „Danach [nach der Rechtsprechung des Bundesgerichtshofes] wird durch die Weigerung des Konkursverwalters gemäß § 17 KO, einen zweiseitigen, von keiner Partei vollständig erfüllten Vertrag zu erfüllen, dieser Vertrag zwar nicht aufgehoben. Das Rechtsverhältnis wird aber umgestaltet: An die Stelle des gegenseitigen Schuldverhältnisses tritt der einseitige Anspruch des Vertragsgegners des Gemeinschuldners auf Schadenersatz wegen Nichterfüllung".

In diesem Zusammenhang zitiert der BGH u.a. Jaeger/Lent, KO 8. Aufl. Rn. 41f., der, wie dargelegt[308], Anhänger der sogenannten herkömmlichen Auffassung war. Auch ohne Berücksichtigung dieser Zitierung von Lent kann aus der Darlegung des BGH in diesem Urteil kein anderer Schluss gezogen werden, als der, dass erst die Erfüllungsablehnung und nicht bereits die Eröffnung die Erfüllungsansprüche umwandele. Denn wenn der Erfüllungsablehnung noch gestaltende Wirkung zukommen soll, so bedeutet dies im Umkehrschluss, dass zuvor das Rechtsverhältnis zumindest in dieser Art und Weise noch nicht verändert wurde. Die Erfüllungsansprüche müssen bei der Formulierung in diesem Urteil von der Verfahrenseröffnung unberührt geblieben sein. Etwaige Zwischenstufen sind nicht denkbar[309].

3.1 BGH, Urteil v. 14.12.1983, VIII ZR 352/ 82

Erstmalig in der Entscheidung der VIII. Zivilsenats vom 14.12.1983 läßt sich ein Abrücken von der bisherigen Rechtsprechung des Reichsgerichts und der anderen Senate erkennen. In diesem sogenannten Panzerbrücken-Fall[310] formulierte der BGH wie folgt:

> „*Mit der Eröffnung des Konkurses* werden allen persönlichen Gläubiger des Gemeinschuldners, die einen zu dieser Zeit begründeten Vermögensanspruch gegen ihn haben, Konkursgläubiger (§ 3 KO). Ihre Ansprüche werden folglich Konkursforderungen, die grundsätzlich nur noch konkursmäßig verfolgt werden und befriedigt werden können (§§ 12, 61, 138 ff. KO), wobei für Ansprüche, die – wie hier – eine Sachleistung zum Gegenstand haben, § 69 KO gilt.

---

[306] BGHZ 48, S. 203 (205).

[307] BGH Urteil v. 05.05.1977 – VII ZR 85/ 76, in BGHZ 68, S. 379 (380) mwN.

[308] vgl. die Ausführungen oben unter § 3 I., 1.

[309] So im Ergebnis auch Bork, Festschrift Zeuner, S. 299.

[310] BGHZ 89, 189 ff. (194). Der Entscheidung lag der Sachverhalt zugrunde, dass die Beklagte mit Forderungen aus vorkonkurslichen Überzahlungen an die Gemeinschuldnerin aufrechnete gegen Forderungen des Konkursverwalters aus der Erstellung und Lieferung von Panzerbrücken.

> Entsprechend dem Grundsatz, daß die Begründung von Masseschulden im Sinne von § 59 Abs. 1 Nr. 2 KO ein Handeln oder Unterlassen des Konkursverwalters voraussetzen (vgl. BGHZ 79, 124, 127f. unter 2a), wovon bis zur Konkurseröffnung keine Rede sein kann, wird auch die Forderung gegen den Gemeinschuldner aus einem noch nicht erfüllten gegenseitigen Vertrag nach § 3 Abs. 1 KO mit der Eröffnung des Konkurses eine Konkursforderung (Musielak, Die Erfüllungsablehnung des Konkursverwalters, AcP 179, 189, 198; Jaeger/Henckel, KO 9. Aufl. § 17 Rdn. 7, 9, 115; Mentzel/Kuhn/Uhlenbruck, KO 9. Aufl. § 17 Rdn. 19; a.A. Jaeger/Lent, aaO, § 30 Rdn. 42). Aus § 17 KO läßt sich Gegenteiliges nicht herleiten. Daß der Konkursverwalter Erfüllung des Vertrages verlangen kann und danach den noch nicht erfüllten Anspruch des Vertragspartners des Gemeinschuldners als Masseschuld (§ 59 Abs. 1 Nr. 2 KO) befriedigen muß, ändert nichts daran, daß dieser Anspruch nach der klaren Regelung des § 3 Abs. 1 KO zunächst einmal eine Konkursforderung ist. § 17 KO erhält lediglich dem Vertragspartner des Gemeinschuldners die bei gegenseitigen Verträgen typische Position, seine vertragsmäßige Leistung nur erbringen zu müssen, wenn ihm auch die noch ausstehende Gegenleistung ungeschmälert und nicht nur in Höhe einer Konkursquote zufließt. Ein Recht, selbst leisten zu dürfen und dafür die volle Gegenleistung zu beanspruchen, gewährt ihm § 17 KO nicht. Würde er von sich aus freiwillig erfüllen, so könnte er seinen Gegenanspruch lediglich als Konkursforderung geltend machen. Lehnt andererseits der Konkursverwalter die Erfüllung ab, so wird der gegenseitige, von keiner Partei vollständig erfüllte Vertrag nicht aufgehoben, das Rechtsverhältnis erfährt aber eine Umgestaltung in der Weise, daß an die Stelle des gegenseitigen Schuldverhältnisses der einseitige Anspruch des Vertragsgegners des Gemeinschuldners auf Schadensersatz wegen Nichterfüllung tritt (BGHZ 68, 379, 380 m.w.N.), den er nach § 26 KO nur als Konkursgläubiger geltend machen kann. Das alles ändert nichts daran, daß schon der zur Zeit der Konkurseröffnung bestehende vertragliche Anspruch des Gläubigers mit der Eröffnung Konkursforderung wird (§ 3 Abs. 1 KO)."

Diese Entscheidung des VIII. Senats ist insoweit bemerkenswert, als dass nunmehr Jaeger/ *Henckel* als übereinstimmende Meinung zitiert wird, während Jaeger/ *Lent* als andere Auffassung eingestuft wird. Bislang hatte sich der BGH in seinen Entscheidungen immer in Übereinstimmung mit der Auffassung von Jaeger/ Lent verstanden[311]. Bei Jaeger/ Lent, § 17 Rn. 42 a.E. heißt es[312]:

> „In diesem Sinne „verwandelt sich" der Erfüllungsanspruch des Gegners (z.B. der Anspruch auf Lieferung einer Ware gegen Zahlung des Kaufpreises) *infolge der Ablehnung* kraft Gesetzes in einen Anspruch auf Schadensersatz wegen Nichterfüllung".

Obwohl die Entscheidungsgründe zunächst keine Abweichung von dieser Auffassung erkennen lassen, wird dennoch dieses Auffassung von Lent als „andere Auffassung" zitiert. Darüberhinaus zitiert der Senat die Auffassung von Henckel als übereinstimmende Meinung. Nach Jaeger/Henckel ist es aber bereits die Konkurseröffnung, die sich auf die gegenseitigen Erfüllungsansprüche auswirkt[313].

Diese veränderte Zitierweise kann als ein erstes Anzeichen für einen Meinungswechsel gewertet werden, wenn auch die Formulierung der Entscheidungsgründe selbst diesen Meinungswechsel nicht eindeutig erkennen lassen. Denn gegen Ende der zitierten Passage heißt es, *„durch die Erfüllungsablehnung"* erfahre das Rechtsverhältnis eine Umgestaltung derart, dass

---

[311] vgl. die oben dargestellten Urteile, BGHZ 48, 203 (205) sowie BGHZ 68, 379 (380).

[312] Unter Hinweis auf: RG Bd. 11, 51; Bd. 22, 111; Bd. 56, 239; Bd. 58, 11; Bd. 64, 207; LZ 1908 Sp. 385; LZ 1920 Sp. 50f. Nr. 19, OLG Königsberg LZ 1914 Sp. 98.

[313] vgl. Jaeger/ Henckel, KO 9. Aufl., § 17 Rn. 7, 9, 115, 162, 212.

„an die Stelle des gegenseitigen Schuldverhältnisses der einseitige Anspruch des Vertragsgegners des Gemeinschuldners auf Schadensersatz wegen Nichterfüllung tritt (BGHZ 68, 379, 380 m.w.N.)".

Hier beruft sich der Senat wieder auf eine zurückliegende Entscheidung, in der die Auffassung vertreten wurde, dass die Erfüllungsansprüche durch die Verfahrenseröffnung nicht beeinflusst werden sollten.

Weiter heißt es aber in der Entscheidung vom 14.12.1987 am Ende der zitierten Passage dann[314]:

„Das alles ändert nichts daran, daß schon der zur Zeit der Konkurseröffnung bestehende vertragliche Anspruch des Gläubigers mit der Eröffnung Konkursforderung wird (§ 3 Abs. 1 KO)."

Der VIII. Zivilsenat will also die Differenzierung wie folgt vornehmen: In einem ersten Schritt werden die Ansprüche des Vertragspartners des Gemeinschuldners im Zeitpunkt der Verfahrenseröffnung zu Konkursforderungen im Sinne von § 3 KO. Der zweite Umwandlungs- Schritt erfolgt durch die Erfüllungsablehnung. Dann wird der Erfüllungsanspruch, der nur noch gemäß § 3 KO geltend gemacht werden kann, zu einer Schadensersatzforderung wegen Nichterfüllung.

Mit dieser Differenzierung beschreitet der BGH einen dritten Weg, der zwar (noch) nicht der Erlöschenstheorie entspricht, aber eine klare Entscheidung dafür ist, dass die Verfahrenseröffnung auf die Ansprüche aus einem gegenseitigen, von keiner Partei vollständig erfüllten Vertrag einwirkt.

3.2 BGH, Urteil v. 21.12.1983, VIII ZR 256/82

Bereits eine Woche später entschied ebenfalls der VIII. Senat in gleicher Richtung[315]:

„Die Forderung gegen den Gemeinschuldner aus einem noch nicht erfüllten gegenseitigen Vertrag (§ 17 KO) wird nach § 3 I KO mit der Eröffnung des Konkurses eine Konkursforderung gegen den Gemeinschuldner."

Angesichts der geringen Zeit von einer Woche zwischen dieser Entscheidung und der soeben besprochenen Entscheidung vom 14.12.1983[316] lassen sich keine weiteren Argumente gewinnen. Einige Passagen aus Urteil vom 14.12.1983 und dem Urteil vom 21.12.1983 stimmen wörtlich überein. Die beiden Urteile sind daher im Zusammenhang zu betrachten und als ein gemeinsamer Zeitpunkt für eine Änderung in der Rechtsprechung des BGH zu sehen. Jedenfalls lassen sich aus der zeitlich späteren

---

[314] vgl. BGHZ 89, 189 (194).

[315] BGH, KTS 1984, 288 ff..

[316] BGHZ 89, 189 (194).

Entscheidung vom 21.12.1983 keine Erkenntnisse für eine abweichende Interpretation des Urteils vom 14.12.1983[317] ableiten.

3.3 BGH, Urteil v. 16.01.1986, VII ZR 138/85

Ein weiteres Urteil zu den Wirkungen der Konkurseröffnung stellt die Entscheidung des VII. Zivilsenats vom 16.01.1986 dar, in dem sich diesbezüglich folgende Ausführungen finden[318]:

> „Auch geht es [das Berufungsgericht] zutreffend davon aus, daß durch diese Erklärung [Ablehnung nach § 17 KO] das Rechtsverhältnis umgestaltet wird und an die Stelle des gegenseitigen Schuldverhältnisses der einseitige Anspruchs des Vertragspartners des Gemeinschuldners auf Schadensersatz wegen Nichterfüllung tritt (Senatsurteil BGHZ 68, 379, 380 m. Nachw.; vgl. a. BGHZ 89, 189, 195; BGH NJW 1982, 768, 769; BGH Urt. v. 21.Dez.1983 VIII ZR 256/82 = WM 1984, 265, 266; Jaeger/ Henckel, KO 9. Aufl. § 17 Rn. 170 ff.)".

Die Zitierung der Entscheidungen BGHZ 68, 379, 380 sowie der BGHZ 89, 189 ist insoweit konsequent, als auch in diesen Urteilen die Auffassung vertreten wird, dass die Umwandlung in einen einseitigen Schadensersatzanspruch erst durch die Erfüllungsablehnung erfolge. Fraglich ist allerdings, warum als übereinstimmende Meinung Jaeger/ Henckel zitiert wird. An der zitierten Stelle bei Jaeger/ Henckel heißt es[319]:

> „Nach der hier vertretenen Auffassung verwandelt also die Erfüllungsablehnung des Konkursverwalters das Vertragsverhältnis nicht [*lies*: nicht erst] in einen einseitigen Schadensersatzanspruch und bringt die beiderseitigen Erfüllungsansprüche nicht zum Erlöschen. Vielmehr bewirkt schon die Konkurseröffnung, daß der Vertragspartner des Gemeinschuldners nicht mehr die Erfüllung des gegenseitigen Vertrages aus der Masse verlangen kann. Dieses Recht, Erfüllung zu verlangen, steht nur dem Konkursverwalter zu, und nur wenn dieser davon Gebrauch macht, kann auch der Vertragspartner seinerseits die Erfüllung fordern. Verlangt der Konkursverwalter nicht Erfüllung, so kann der Vertragspartner gegenüber der Masse nur seinen Schadensersatzanspruch wegen Nichterfüllung als Konkursgläubiger geltend machen (§ 26). Der Masse gegenüber hat er von der Konkurseröffnung an nur diesen Anspruch (a.A. Musielak AcP 179, 189 ff.)".

Die Umwandlung des Erfüllungsanspruchs des Vertragspartners des Schuldners in einen einseitigen Schadensersatzanspruch wegen Nichterfüllung soll aber nach der Entscheidung des VII. Zivilsenats vom 16.01.1986 nicht bereits mit der Verfahrenseröffnung erfolgen. Damit ist die Zitierung von Jaeger/ Henckel nicht zutreffend.

Die Auffassung, dass die Ablehnungserklärung eine Umwandlung bedeute, wird durch folgende Formulierung in der Entscheidung bekräftigt[320]:

---

[317] BGHZ 89, 189.

[318] BGHZ 96, 392 (394) = NJW 1986, 1176.

[319] Jaeger/ Henckel, KO 9. Aufl. § 17 Rn. 162.

[320] BGHZ 96, 392 (395).

> „Weigert sich der Konkursverwalter, den vom Gemeinschuldner abgeschlossenen, auf beiden Seiten teilweise erfüllten Vertrag vollständig zu erfüllen, steht dem Vertragspartner kein Erfüllungsanspruch mehr zu. Durch die Umgestaltung des ursprünglichen Schuldverhältnisses verwandelt sich dieser Anspruch vielmehr – wie unter 1. ausgeführt – in einen einheitlichen Anspruch auf Schadensersatz wegen Nichterfüllung."

Bemerkenswert ist auch folgende weitere Formulierung in diesem Urteil[321]:

> „Der Schadensersatzanspruch wegen Nichterfüllung, der gem. § 17 KO an die Stelle des vertraglichen Erfüllungs- oder Gewährleistungsanspruchs tritt und gegenüber dem ursprünglichen Erfüllungs- oder Gewährleistungsanspruch ein neuer und selbständiger Anspruch ist, ...".

Unter Berücksichtigung der Entscheidung des BGH vom 14.12.1983[322] wäre es nicht mehr der vertragliche Erfüllungsanspruch, an dessen Stelle der Schadensersatzanspruch tritt, sondern nunmehr die Konkursforderung. Die Formulierung „an Stelle des vertraglichen Erfüllungsanspruchs" muss so verstanden werden, dass der Senat eine Beeinflussung der Erfüllungsansprüche durch die Verfahrenseröffnung gänzlich verneint. Auch die im Urteil vom 14.12.1983 dargestellte Reduzierung des Erfüllungsanspruchs auf eine Konkursforderung ist mit dieser Formulierung nicht mehr zu vereinen.

Zusammenfassend läßt sich festhalten, dass die Ausführungen in diesem Urteil die bereits in der Panzerbrücken- Entscheidung[323] aufgetretenen Unklarheiten nicht beseitigen, sondern vielmehr diese übernehmen und zum Teil sogar die Interpretation einer Rückkehr zu der älteren Rechtsprechung zulassen. Die Entscheidung bekräftigt zumindest nicht die durch das Panzerbrücken-Urteil begründete Annahme einer Abkehr der Rechtsprechung des BGH von der sogenannten herkömmlichen Auffassung.

3.4 BGH, Urteil v. 30.01.1986, IX ZR 79/85

Die Entscheidung des IX. Zivilsenats vom 30.01.1986[324] verdient bereits deshalb Aufmerksamkeit, weil der IX. Zivilsenat seit dem 01.01.1983 allein für die Fragen des Konkursrechts zuständig ist[325]. In diesem Urteil hatte sich der IX. Zivilsenat zugleich erstmalig mit der Wirkung der Konkurseröffnung auseinanderzusetzen, auch wenn es in der Entscheidung vorrangig um die Abgrenzung der Stellung des Sequesters und der des Konkursverwalters sowie die Frage der masseschuldbegründenden Hand-

---

321 BGHZ 96, 392 (396).
322 BGHZ 89, 189.
323 BGHZ 89, 189.
324 BGHZ 97, 87 = NJW 1986, 1496.
325 vgl. BGHZ 95, 256 (269).

lungen eines Sequesters ging[326]. Hinsichtlich der Wirkung der Verfahrenseröffnung ist die Aussage beachtlich,

> „.., daß das Wahlrecht nach § 17 Abs. 1 KO in seinen Rechtsfolgen an die Eröffnung des Konkursverfahrens selbst anknüpft".

Damit kann nichts anderes gemeint sein, als dass die Konkurseröffnung bereits auf die Erfüllungsansprüche einwirkt. Wie diese Form der Einwirkung aussieht, bleibt allerdings unklar. Auch in den weiteren Ausführungen wird diese Frage nicht beantwortet. So führt der IX. Zivilsenat aus[327]:

> „Lehnt er [der Konkursverwalter] die Erfüllung ab, so sind jedenfalls die Forderungen des Stromlieferanten für Lieferungen vor Konkurseröffnung Konkursforderungen gemäß § 3 KO (BGHZ 81, 90, 91). Da sich der Kläger [= Konkursverwalter] für eine Vertragsablehnung entschieden hat, hätte die Beklagte [= Vertragspartnerin des Gemeinschuldners] ihre Ansprüche auf Bezahlung der rückständigen Stromrechnungen nur als einfache Konkursforderungen verfolgen können."

Auch wenn sich der Senat nicht eindeutig festlegt, welche Einwirkung durch die Verfahrenseröffnung und welche Form der Einwirkung durch die Erfüllungsablehnung erfolgt, so setzt der IX. Zivilsenat in diesem Urteil die Linie der Entscheidung vom 14.12.1983[328] fort und wendet sich gegen die Entscheidung des VII. Senats vom 16.01.1986[329].

3.5 BGH, Urteil v. 09.07.1986, VIII ZR 232/85

Deutlicher nimmt der VIII. Senat in der Entscheidung vom 09.07.1986 mit folgender Formulierung Stellung[330]:

> „... und andererseits § 17 KO dem Konkursverwalter nach ständiger Rechtsprechung des Bundesgerichtshofes das Recht verleiht, durch Wahl der Nichterfüllung des Vertrages umgestaltend auf diesen einzuwirken (BGHZ 68, 379, 380 mwN; vgl. auch BGH Urteil vom 30.01.1986 – IX ZR 79/ 85 = WM 1986, 433, 434 unter II 2; überwiegend anders das neuere Schrifttum, vgl. z.B. Henckel aaO [=Jaeger/Henckel, KO 9. Aufl.] § 17 Rn. 115, 149f. und die dortigen Nachweise....)".

Besondere Beachtung verdient die geänderte Zitierweise des VIII. Senats. Sorgte in der Panzerbrücken- Entscheidung[331] noch der Hinweis auf die Meinung von Henckel, der sich für eine Umwandlung der gegenseitigen Erfüllungsansprüche in einen einseitigen Schadensersatzanspruch des Vertragsgegners gegen den Gemeinschuldner

---

[326] In der Entscheidung ging es um die Beurteilung der Zulässigkeit der vom Konkursverwalter erklärten Anfechtung für eine Zahlung des Sequesters, obwohl der anfechtende Konkursverwalter selbst als Sequester eingesetzt war.

[327] BGHZ 97, 87.

[328] BGHZ 89, 189 (Panzerbrücken- Entscheidung).

[329] BGHZ 96, 392.

[330] BGHZ 98, 160 (169) = NJW 1986, 2948; vgl. hierzu auch Henckel, JZ 1987, S. 359.

[331] BGHZ 89, 189 ff., vgl. oben unter § 3 I., 3.1.

bereits mit der Eröffnung des Konkursverfahrens aussprach, für Interpretationsspielraum hinsichtlich der Ansicht des BGH, so heißt es jetzt eindeutig und unzweifelhaft:

> *„Überwiegend anders das neuere Schrifttum, vgl. z. B. Henckel*".

Wenn einerseits die Konkurseröffnung auf die Erfüllungsansprüche einwirken soll und andererseits diese Einwirkung aber nicht wie von Henckel[332] vertreten, in einer Umwandlung zu einem einseitigen Schadensersatzanspruch wegen Nichterfüllung liegt, so bedeutet dies im Umkehrschluss folgendes Verständnis des BGH: Mit der Eröffnung des Konkursverfahrens wird der Erfüllungsanspruch des Vertragspartners zur Konkursforderung nach § 3 KO. Mit der Erfüllungsablehnung durch den Konkursverwalter erfolgt eine weitere Umwandlung dieses als Konkursforderung geltend zu machenden Erfüllungsanspruchs in eine Schadensersatzforderung wegen Nichterfüllung nach § 26 Satz 2 KO.

Zu kritisieren ist allerdings der Mangel einer eingehenden Begründung für diese Festlegung. Der VIII. Senat beschränkt sich auf den Hinweis, es handele sich um die *„ständige Rechtsprechung des BGH*"[333]. Dass dem nicht so ist, ist anhand der vorhergehenden, widersprüchlichen Entscheidungen deutlich geworden.

Anhand der weiteren Entscheidungen ist zu überprüfen, ob der BGH diese Differenzierung im Vergleich zu der Erlöschenstheorie aufrecht erhalten hat.

3.6 BGH, Urteil v. 11.02.1988, IX ZR 36/ 87

Der IX. Zivilsenat befasste sich in einer weiteren Entscheidung vom 11.02.1988 erneut mit der Frage der Wirkung der Verfahrenseröffnung[334]. Der Senat führte zum einen aus[335]:

> „Die Rechtsfolge der dem Konkursverwalter nach § 17 KO möglichen *Gestaltungserklärung* kann nicht von der Zustimmung des anderen Vertragsteils abhängen."

Unabhängig von der eigentlichen Aussage dieser Passage, ist es auffällig, dass der Senat von einer *Gestaltungserklärung* spricht. Damit liegt er auf der Linie, das erst die Erfüllungsablehnung zu einer Umwandlung des Erfüllungsanspruchs des Vertragspartners des Gemeinschuldners in einen Schadensersatzanspruch führt.

Gegen Ende der Entscheidung äußert sich der Senat hingegen wie folgt[336]:

---

[332] Jaeger/ Henckel, KO, 9. Aufl., § 17 Rn. 115, 149 ff..
[333] BGHZ 98, 160 (169).
[334] BGHZ 103, 250 ff..
[335] BGHZ 103, 250 (253).
[336] BGHZ 103, 250 (254).

> „Danach hat er [der Konkursverwalter] die Erfüllung des zwischen der Gemeinschuldnerin und der Beklagten vor Konkurseröffnung geschlossenen und beiderseits noch nicht voll erfüllten Vertrages abgelehnt;... Deshalb sind die gegenseitigen Erfüllungsansprüche aus diesem Schuldverhältnis erloschen geblieben und nicht wieder aufgelebt (vgl. Senatsurteil vom 29.01.1987, IX ZR 205/ 85 = NJW 1987, 1702, 1703 m.w.Nachw.[337])".

Die hier formulierte Auffassung entspricht nunmehr der von *Henckel* [338] vertretenen und als Erlöschenstheorie bezeichneten Auffassung. Die Formulierung *„sind erloschen geblieben"* bei der Annahme einer Erfüllungsablehnung bedeutet zwingend, dass die Ansprüche zu einem Zeitpunkt vor Ablehnungserklärung erloschen sind. Als ein solcher Zeitpunkt bleibt aber nur noch die Verfahrenseröffnung. Damit geht der Senat über die im Panzerbrücken- Urteil[339] festgelegte Wirkung hinaus. Zwar war es bereits nach der Panzerbrücken- Entscheidung der Zeitpunkt der Verfahrenseröffnung, der auf das Vertragsverhältnis einwirkte. Ein Erlöschen der Erfüllungsansprüche sollte aber, entgegen der Annahme des Senats in der neueren Entscheidung, nicht bereits zu diesem Zeitpunkt erfolgen[340].

Verwirrend ist hingegen wieder die Berufung des Senat in diesem Urteil vom 11.02.1987 auf die eigene Entscheidung vom 29.01.1987[341]. In der Entscheidung vom 29.01.1987 legte der IX. Zivilsenat die Wirkungen einer Erfüllungsablehnung noch wie folgt fest:

> „Nach der feststehenden Rechtsprechung des BGH wandelt sich in diesem Fall [Erfüllungsablehnung] das Vertragsverhältnis in der Weise um, daß an die Stelle des gegenseitigen Schuldverhältnisses der einseitige Anspruch des Vertragsgegners auf Schadensersatz wegen Nichterfüllung tritt. Ebenso ist der Erfüllungsanspruch des Konkursverwalters erloschen. Dies ist auch die Rechtsprechung des erkennenden Senats."

Diese Auffassung im Urteil vom 29.01.1987 widerspricht jedoch diametral der Äußerung „erloschen geblieben" in der neueren Entscheidung vom 11.02.1988. Auch war es am 29.01.1987 nicht mehr die gefestigte Rechtsprechung, dass nur die Ablehnungserklärung auf das Vertragsverhältnis einwirke. Von dieser Rechtsprechung war der BGH bereits durch das Panzerbrücken-Urteil[342], wie dargestellt, abgewichen.

Von der Literatur konnte diese Verweisung auf das genannte Urteil ebenfalls nicht vollständig nachvollzogen werden. So vertrat *Gerhardt* im Jahre 1992 noch die Ansicht, es entspreche der Rechtsprechung, von einer Umwandlung in zwei Schritten auszugehen. Die Entscheidung BGHZ 103, 250 sei damit einfach nicht recht zu ver-

---

[337] vgl. zu diesem Urteil sogleich die folgenden Ausführungen.

[338] Jaeger/ Henckel, KO, 9. Aufl., § 17 Rn. 115, 149 ff..

[339] BGHZ 89, 189.

[340] vgl. hierzu die Ausführungen unter § 3 I., 3.1 a.E..

[341] BGH NJW 1987, 1702, 1703.

[342] BGHZ 89, 189.

einbaren[343]. Unter dem Einfluss weiterer Entscheidungen des BGH revidierte *Gerhardt* seine Ansicht 1994 dahingehend, dass die Entscheidung BGHZ 103, 250 „anknüpfend an die Entscheidungen aus dem Dezember 1983[344] gewählt sei."[345]. *Ringstmeier*[346] meint, dass diese neuere Auffassung nicht von der bisherigen Rechtsprechung getragen sei. Der BGH habe weder in dieser Entscheidung noch in den durch Zitat herangezogenen Urteilen eine Begründung für seine Auffassung abgegeben.

In der Tat drängt sich die Vermutung auf, dass sich der BGH nicht über die Interpretationsfolgen seiner Ausführungen bewusst gewesen ist. Sonst hätte er eine Begründung für diese Änderung in der Auffassung des Senats gegeben. Das Urteil vermittelt aber den Eindruck, als nähme der BGH an, sich mit der formulierten Entscheidung auf der Linie der bisherigen Entscheidungen zu befinden.

3.7 BGH, Urteil v. 20.12.1988, IX ZR 50/88

Am 20.12.1988, also noch in dem gleichen Jahr, wie die zuvor untersuchte Entscheidung BGHZ 103, 250 entschied der IX. Zivilsenat erneut über die Wirkungen der Konkurseröffnung[347]. Dieses Mal allerdings nahm der Senat eindeutig und klarstellend Stellung.

Der der Entscheidung zugrunde liegende Sachverhalt, betraf die Abwicklung eines Möbelgeschäftes. Der Konkursverwalter erfüllte bereits begonnene Aufträge und behielt die Gegenleistung bei der Masse. Daraufhin klagte das Kreditinstitut der Gemeinschuldnerin, eine Sparkasse, als Zessionarin auf Auskehrung der Gewinne aus den vollendeten Geschäften. Dabei ging es auch um die Frage, ob der Zessionarin die Gegenleistungen des Vertragspartners für die Leistungen der Masse zustehen.

Hinsichtlich der Wirkung der Verfahrenseröffnung legte sich der Senat eindeutig fest:

> „Ist ein vor Konkurseröffnung geschlossener Vertrag weder vom Gemeinschuldner noch von seinem Vertragspartner erfüllt, fällt der ursprüngliche Erfüllungsanspruch mit der Konkurseröffnung weg (Senatsurteil vom 11.02.1988, BGHZ 103, 249). Der Vertragspartner des Gemeinschuldners kann die von diesem zugesagte Lieferung nicht mehr verlangen; der Konkursverwalter kann die Gegenleistung, den Kaufpreis oder die Vergütung, nicht fordern, wenn er nicht nach § 17 Abs. 1 KO den Vertrag erfüllt oder wenn er die Erfüllung, weil er sie nicht verlangt, nämlich untätig bleibt, nach § 17 Abs. 2 KO als abgelehnt gilt. *Durch die Konkurser-*

---

[343] Gerhardt, Festschrift Merz, S. 120.

[344] Panzerbrücken- Urteil vom 14.12.1983 (BGHZ 89, 189) und Entscheidung vom 21.12.1983 (BGH KTS 1984, 288), vgl. obige Ausführungen zu diesen Urteilen.

[345] Gerhardt, Neuere Rechtsprechung zum Insolvenzrecht, S. 25.

[346] Ringstmeier, aaO, S. 65, 69.

[347] BGHZ 106, 236 ff. = NJW 1989, 1282 ff..

öffnung ist das Rechtsverhältnis zwischen dem Gemeinschuldner und seinem Vertragspartner umgestaltet; anstelle des gegenseitigen Schuldverhältnisses tritt, sofern[348] der Konkursverwalter nicht die Erfüllung wählt, der einseitige Anspruch des Vertragsgegners des Gemeinschuldners auf Schadensersatz wegen Nichterfüllung, der nach § 26 KO nur als Konkursforderung (§ 3 KO) geltend gemacht werden kann (BGHZ 68, 379 (380); 89, 189 (195); 96, 392 (394)).“[349] [...] „Allein die Willenserklärung des Konkursverwalters, nämlich die positive Erklärung nach § 17 KO, vor Konkurseröffnung geschlossene gegenseitige Verträge erfüllen zu wollen oder, was dem gleichsteht, Erfüllung zu verlangen, läßt den Anspruch des Vertragspartners des Gemeinschuldners gegen den Konkursverwalter auf Leistung aus der Masse (§ 59 I Nr. 2 KO) und den erloschenen Anspruch gegen den Vertragspartner auf die Gegenleistung wieder entstehen.“[350]

Diese Formulierung hat die notwendige Klarheit in der Festlegung der Wirkung der Verfahrenseröffnung. Nach dieser Auffassung erlöschen die beiderseitigen Ansprüche der Vertragspartner im Zeitpunkt der Verfahrenseröffnung. Die zitierten Passagen sind insoweit eindeutig, auch wenn sie wiederum die nicht eindeutigen vorangegangenen Urteile zitieren.

Neben der eben zitierten Passage nimmt der entscheidende Senat in dem Urteil vom 20.12.1988[351] Abstand von einer Entscheidung des Reichsgerichts vom 15. 02.1884[352], in der das Reichsgericht davon ausging, dass die Verfahrenseröffnung keinen Einfluss auf die Erfüllungsansprüche habe und dass bei Erfüllungswahl der Verwalter nur diejenige Leistung fordern dürfe, die auch der Gemeinschuldner hätte fordern können, also die Vorausabtretung wirksam bleibe[353]. In der Entscheidung vom 20.12.1988 beruft sich der Senat zudem auf eine weitere Entscheidung des Reichsgerichts vom 16.02.1884[354], die offensichtlich in Unkenntnis der gegenteiligen Entscheidung vom Vortage[355] ergangen sei, und nach der bei einem beiderseits noch nicht oder noch nicht vollständig erfüllten zweiseitigen Vertrag der Konkurs [*lies*: Verfahrenseröffnung] des einen Vertragspartners das Recht des anderen Teils auf Erfüllung aufhebe und diesen Anspruch in einen Konkursanspruch auf Ersatz des Interesses verwandele[356].

---

348 Die Formulierung „sofern ... nicht“ ist nach Auffassung des Verfassers Beleg dafür, daß der Konkursverwalter kein wirkliches Wahlrecht mit zwei konstitutiv wirkenden Wahlmöglichkeiten besitzt. Sofern er nicht Erfüllung wählt, bleibt es bei der vorherrschenden Situation. Diese Situation ist die durch die Konkurseröffnung hervorgerufenen und soll dem Vertragsgegner eben nur einen Schadensersatzanspruch geben. „Sofern nicht“ ist in Abgrenzung zu „entweder oder“ zu sehen. Würde erst durch die Nichterfüllungswahl der Schadensersatzanspruch des Vertragsgegners des Gemeinschuldners entstehen, so hätte der Senat die Verküpfung mit „entweder oder“ wählen können.

349 BGHZ 106, 236, 241/ 242 (sub lit a).

350 BGHZ 106, 236, 242/ 243 (sub lit b).

351 BGHZ 106, 236, 241.

352 RGZ 11, 49.

353 BGHZ 106, 236, 241: „...vor allem aus konkursrechtlichen Erwägungen sieht sich der Senat veranlasst, den seit RGZ 11, 49 vorherrschenden Ansichten nicht zu folgen.“

354 RGZ 11, 136.

355 RGZ 11, 49.

356 BGHZ 106, 236 (244: „Das hat schon das Reichsgericht erkannt (RGZ 11, 136)“).

Das Urteil des IX. Zivilsenats vom 20.12.1988 ist als entscheidende Änderung der Rechtsprechung des BGH zu den Wirkungen einer Eröffnung des Konkursverfahrens anzusehen. Dieses Urteil ist auch insoweit zu beachten, als es von dem alleinig zuständigen Spezialsenat erlassen wurde, so dass gemäß § 133 Abs. 2 GVG ohne dessen Zustimmung nicht mehr von dieser Entscheidung abgewichen werden kann.

3.8 BGH, Urteil v. 21.11.1991, IX ZR 290/90

Der IX. Zivilsenat hielt an seiner eindeutigen Festlegung aus seinem Urteil vom 20.12.1988[357] in einer weiteren Entscheidung vom 21.11.1991 fest[358]:

> „Durch die Konkurseröffnung wird das Rechtsverhältnis zwischen dem Gemeinschuldner und seinem Vertragspartner umgestaltet. An die Stelle des gegenseitigen Vertrages tritt der einseitige Anspruch des anderen Teils auf Schadensersatz wegen Nichterfüllung (§ 26 KO), der lediglich eine Konkursforderung nach § 3 KO darstellt (BGHZ 68, 379, 380; 89, 189, 195; 96, 392, 394). Der Erfüllungsanspruch ist erloschen (BGHZ 106, 236, 242; Senatsurteil v. 29.Jan 1987 – IX ZR 205/ 85, ZIP 1987, 304, 305). Allein die Willenserklärung des Konkursverwalters, den Vertrag zu erfüllen ..., läßt den untergegangenen Anspruch gegen den Vertragspartner wieder entstehen (BGHZ 106, 236, 242f.) Diese Erklärung hat daher nicht nur rechtsgestaltende Wirkung (Jaeger/Henckel, KO 9.Aufl. § 17 Rn. 114; Kuhn/Uhlenbruck § 17 Rn. 19; Baur, Festschrift für Friedrich Weber S. 41, 43), sie begründet den Anspruch aus dem Schuldverhältnis – mit dem bisherigen Inhalt – neu. Damit bleibt kein Raum für die Annahme einer aufschiebenden Bedingung; denn diese setzt ein ununterbrochen bestehendes Rechtsverhältnis, dessen Rechtswirkungen lediglich hinausgeschoben werden sollen, voraus. Die anspruchsbegründende Wirkung der Erklärung nach § 17 KO hat demnach zur Folge, daß der Anspruch des Konkursverwalters gegen den Vertragsgegner erst nach Eröffnung des Verfahrens entstanden ist. ...“

Mit diesem Urteil bestätigt der IX. Zivilsenat die Auffassung, die er in der Entscheidung vom 20.12.1988[359] vertreten hat: Bereits die Konkurseröffnung wirkt gestaltend auf das Vertragsverhältnis ein. Die gegenseitigen Erfüllungsansprüche erlöschen mit Eröffnung des Konkursverfahrens und an deren Stelle tritt der einseitige Anspruch des Vertragspartners auf Schadensersatz wegen Nichterfüllung, der als Konkursforderung geltend gemacht werden kann. Mit dieser Entscheidung hat sich der BGH also für die Erlöschenstheorie ausgesprochen.

3.9 BGH, Urteil v. 04.05.1995, IX ZR 256/93

In dieser Entscheidung[360] hatte sich der Senat erstmalig[361] mit dem Sachverhalt zu befassen, dass der Gemeinschuldner bereits Teilleistungen vor der Verfahrenseröffnung gegenüber dem Vertragspartner geleistet hatte. Bislang verhielt es sich in den

---

[357] BGHZ 106, 236 ff..

[358] BGHZ 116, 156 ff. (158).

[359] BGHZ 106, 236 ff.

[360] BGHZ 129, 336 = NJW 1995, 1966.

[361] vgl. die eigene Einschätzung des BGH bei BGHZ 129, 336 (339).

dargestellten Urteilen so, dass vor Konkurseröffnung der Gemeinschuldner noch keine Leistungen erbracht hatte[362]. Dieser Entscheidung lag der Sachverhalt zugrunde, dass die spätere Gemeinschuldnerin auftragsgemäß Arbeiten vor Verfahrenseröffnung ausgeführt hatte, in Kenntnis der Vertragspartnerin von dem laufenden Eröffnungsverfahren. Die Arbeiten wurden über die Verfahrenseröffnung hinaus fortgeführt, bis zur Kündigung der Vertragspartnerin. Gegen die klagweise geltend gemachte Forderung auf Werklohn für die bis zur Kündigung ausgeführten Arbeiten rechnete die Vertragspartnerin auf.

Der BGH erklärte diese Aufrechnung für zulässig. In der Begründung seiner Entscheidung[363] war der BGH bemüht, an den Formulierungen der vorangegangenen Urteile vom 20.12.1988[364] und 21.11.1991[365] festzuhalten. So stimmen einige Passagen wörtlich mit den vorherigen Urteilen überein. Auch nimmt der BGH explizit Bezug auf jene Urteile, die eine Wende in der Rechtsprechung einschließlich der klarstellenden Festlegung darstellen[366]. Wie der Senat selbst darlegt, hatte diese neue Rechtsprechung jeweils nur Fälle zum Gegenstand, in denen der Gemeinschuldner vor der Eröffnung des Konkursverfahrens nicht geleistet hatte; vielmehr hatte der Konkursverwalter die Vergütung solcher Leistungen zur Masse ziehen wollen, die ausschließlich nach der Konkurseröffnung erbracht worden waren. Da jedoch die Ausführungen in den vorangegangenen Entscheidungen laut Senat im Schrifttum so verstanden wurden, dass sie auch Teilleistungen vor Konkurseröffnung erfaßten[367], bedurfte die Rechtsprechung des BGH nach Ansicht des Senates einer einschränkenden Klarstellung, die wie folgt ausfiel:

Führe man den die Masse schützenden Zweck des § 17 KO konsequent auf den dieser Rechtsprechung zugrunde liegenden Gedanken zurück, dass der Masse für die von ihr erbrachten Leistungen auch die Gegenleistung zustehen soll, könne dies in dem Fall, dass zur Zeit der Eröffnung des Konkursverfahrens ein gegenseitiger Vertrag vom Gemeinschuldner bereits teilweise erfüllt ist, nur für den Teil der (teilbaren)

---

362 vgl. hierzu auch Uhlenbruck EWiR § 55 KO 1/ 95, 691 zum Urteil vom 04.05.1995.

363 BGHZ 129, 336 (337 ff.).

364 BGHZ 106, 236 ff.

365 BGHZ 116, 156 ff.

366 vgl. BGHZ 129, 336, 338: „Nach der jüngeren Rechtsprechung des BGH wird ein gegenseitige Vertrag, der zur Zeit der Eröffnung des Konkursverfahrens noch nicht erfüllt ist, durch die Verfahrenseröffnung umgestaltet. Der Erfüllungsanspruch erlischt. An seine Stelle tritt der einseitige Anspruch des anderen Teils auf Schadensersatz wegen Nichterfüllung (§ 26 KO), der lediglich eine Konkursforderung nach § 3 KO darstellt. Allein die Willenserklärung des Konkursverwalters, den Vertrag zu erfüllen oder Erfüllung zu verlangen, läßt den untergegangenen Anspruch gegen den Vertragspartner wieder entstehen, indem sie ihn mit dem bisherigen Inhalt neu begründet (BGHZ 103, 250, 252; 106, 236, 242f.; 116, 156, 158)."

367 BGHZ 129, 336, 339 mit Bezugnahme auf Gerhardt, Festschrift Merz, S. 117, 125f; Paulus EWiR 1993, 697f.; Pape EWiR 1989, 283, 284.

Gegenleistung gelten, der auf die noch ausstehende und mit Mitteln der Masse zu leistende Vertragserfüllung entfalle. Nur insoweit habe die Masse Aufwendungen zu erbringen und nur insoweit würde der Sinn des § 17 KO in sein Gegenteil verkehrt, wenn der Anspruch auf die Gegenleistung infolge einer bereits vor Verfahrenseröffnung vereinbarten Abtretung dem Zessionar zufiele oder dem Vertragsgegner gestattet wäre, mit einer vorkonkurslichen Gegenforderung aufzurechnen. Soweit der Gemeinschuldner jedoch einen gegenseitigen Vertrag bereits vor Konkurseröffnung erfüllt habe, greife dieser Rechtsgedanke nicht ein[368]. Insoweit habe die Masse keine Leistungen mehr zu erbringen, so dass es nicht geboten und nicht gerechtfertigt erscheine, die Masse vor einer Abtretung des Teils der Gegenleistung, die auf die vom Gemeinschuldner erbrachten Leistungen entfällt, oder vor einer Aufrechnung gegen diesen Teil der Gegenleistung zu schützen. Vielmehr sei es angezeigt, die mit der Eröffnung des Konkursverfahrens und dem Erfüllungsverlangen des Konkursverwalters verbundenen Rechtsfolgen auf den Teil der Gegenleistung zu beschränken, der auf die bei Verfahrenseröffnung noch ausstehende Erfüllungsleistung der Masse entfalle. Bei teilweise erbrachten Leistungen des Gemeinschuldners werde mithin die auf diesen Teil entfallende Gegenleistung weder durch die Eröffnung des Konkursverfahrens noch durch das Erfüllungsverlangen des Konkursverwalters berührt (vgl. Jaeger/Henckel, KO 9. Aufl. § 17 Rn. 71ff., 80). Der Anspruch auf die der erbrachten Teilleistung entsprechende Gegenleistung bleibe bestehen[369].

Aus dieser Begründung wird allerdings ersichtlich, dass die Entscheidung für das unmittelbare Verständnis von der Wirkung der Konkurseröffnung nicht besonders wichtig ist. Entscheidend und diskussionswürdig ist vielmehr der in diesem Urteil aufgestellte Gegenleistungsgrundsatz, der sich auf den Bereich der Teilbarkeit von Leistungen auswirkt und im Bereich des § 105 InsO Eingang gefunden hat[370].

Das Urteil verdient jedoch auch insoweit eine eingehendere Darstellung, als es in dem Leitsatz am Ende heißt *„(Einschränkung von BGHZ 116, 156)"*. Da bis zu diesem Urteil die neuere Linie der Rechtsprechung, soweit sie der Erlöschenstheorie entspricht, noch nicht als gefestigte Rechtsprechung bezeichnet werden kann, könnte dieser Zusatz Anlass für die Annahme sein, dass der BGH doch wieder zu der zwischenzeitlichen Auffassung von den zwei Umwandlungsschritten[371] zurückkehren will. Dies ist allerdings nicht der Fall.

---

[368] Vereinbarkeit mit Wortlaut des § 17 KO und des § 103 InsO nicht gegeben, da beide Paragraphen das Wahlrecht auf den *nicht oder nicht vollständig* erfüllten Vertrag anwenden wollen.

[369] Die weitere Begründung beruft sich auf den Sinn des Wahlrechts des Verwalters, vgl. BGHZ 129, 336 (340 f.).

[370] vgl. zu dieser Frage ausführlich die Darstellung unter § 5 II., 1.3.2 und § 5 II., 2.

[371] vgl. insbesondere die Schlußfolgerungen zur Panzerbrücken- Entscheidung, BGHZ 89, 189, oben unter § 3 I., 3.1.

Der genannte Zusatz mag zwar in den Urteilen des BGH selten zu finden sein. Häufiger werden Annexe wie „im Anschluß an"[372], „Fortführung von"[373], „Fortsetzung von"[374] oder „Abweichung von"[375] gebraucht. Allerdings nutzt nicht nur der IX. Zivilsenat diesen Zusatz in anderen Urteilen[376], sondern auch andere Senate bedienen sich dieser Kennzeichnung[377]. Zudem darf diesem Zusatz auch nicht zu große Bedeutung beigemessen werden. Der IX. Zivilsenat hat in anderen Fällen, in denen er eine Änderung der bisherigen Rechtsprechung vornehmen wollte, dies auch deutlich gekennzeichnet[378]. Die im vorliegenden Urteil gewählte Kennzeichnung „Einschränkung von" ist zwar nicht besonders eindeutig, sie läßt aber keinesfalls auf eine Änderung der Rechtsprechung schließen. Dem stehen die eindeutigen Anleihen im Wortlaut bei den vorhergehenden Urteilen entgegen, die entsprechend zitiert werden[379]. Das Urteil stellt insofern eine Fortsetzung der bisherigen Rechtsprechung dar, wenn auch eben in eingeschränkter Form[380].

Das Urteil ist von größerer Bedeutung für den Grundsatz der Teilbarkeit von Leistungen[381] und seine Berücksichtigung im Insolvenzverfahrens durch die neu eingeführte Regelung des § 105 InsO. Der von der Rechtsprechung in diesem Urteil vorgenommen Vorgriff auf Regelungen der im Zeitpunkt der Entscheidung noch nicht vollständig in Kraft getretenen Insolvenzordnung bleibt ohne Auswirkungen auf das bis dahin entwickelte Verständnis der Rechtsprechung von den allgemeinen Wirkungen der Konkurseröffnung. Das Urteil wird im Rahmen der Diskussion über die

---

[372] BGHZ 87, 239.

[373] BGHZ 127, 168.

[374] BGHZ 127, 168.

[375] vgl. z.B. BGH NJW 1996, 2859; NJW 1997, 2327 (jeweils der IX. ZR); auch BGH NJW 1998, 66; BGH NJW 1998, 71 (jeweils der VIII. ZR).

[376] vgl. z.B. BGHZ 127, 146: „Einschränkung zu BGHZ 121, 98".

[377] vgl. z.B. BGH NJW 1980, 1623 (VI. Senat); BGHZ 120, 133 (VII. Senat); BGHZ 130, 231 (V. Senat); BGHZ 134, 137 (NotZ).

[378] vgl. z.B.: BGH NJW 1984, S. 1188 (Aufgabe der bisherigen Rechtsprechung).

[379] Zitiert werden insbesondere: BGHZ 103, 250, 252; 106, 236, 242f.; 116, 156, 158.

[380] vgl. die Kritik von Uhlenbruck, in: EWiR § 55 KO 1/ 95, 691 (692) hinsichtlich des formalen Abstellens des BGH auf den Zeitpunkt der Eröffnung. Das Urteil eröffne dem Gemeinschuldner die Möglichkeit, im Rahmen des Eröffnungsverfahrens Leistungen an einen Vertragspartner zu erbringen und diesem damit eine Aufrechnungssituation zu verschaffen. Ob diese Vorzugsstellung mit dem bereits in der Krise und im Eröffnungsverfahrens eingreifenden Grundsatz der par condicio creditorum vereinbar ist, müsse bezweifelt werden. M.E. dürfte dieser Gefahr, sofern sie denn existiert, durch das übliche allgemeine Veräußerungs- und Verfügungsverbot während der Sequestration abgeholfen werden können.

[381] Der BGH hat sich zuletzt in einem Urteil des IX. Zivilsenats vom 05.07.2001 mit der Frage der Teilbarkeit im Zusammenhang mit einem mietvertraglichen Räumungsanspruch auseinandergesetzt, vgl. BGH ZIP 2001, S. 1469 (1471). Dabei urteilte der Senat (in Abweichung zu einem früheren Urteil des XII. Senats, der aber auf Anfrage an seiner damaligen Auffassung nicht festgehalten hat), dass die Anspruchsfolgen des Räumungsanspruchs teilbar seien. Dabei verweisen die Entscheidungsgründe ausdrücklich auf die §§ 108 Abs. 2, 105 InsO, vgl. BGH ZIP 2001, S. 1469 (1471).

Anwendbarkeit des § 105 InsO auf Leasingverträge von Bedeutung werden, so dass an dieser Stelle auf die späteren Ausführungen[382] diesbezüglich verwiesen wird.

3.10 BGH, Urteil v. 27.02.1997, IX ZR 5/96

In dem sogenannten Sachsenmilch-Urteil vom 27.02.1997[383] bestätigte der Konkursrechts-Senat die eingeleitet Wende in der Rechtsprechung. In der Entscheidung, in der es vorrangig um die Frage der Behandlung von teilbaren Leistungen geht, formuliert der Senat nochmals ausdrücklich[384]:

> „1. Nach der neuen Rechtsprechung des Bundesgerichtshofes zu § 17 Abs. 1 KO hat die Eröffnung des Konkursverfahrens zur Folge, dass die Erfüllungsansprüche aus beiderseits noch nicht erfüllten gegenseitigen Verträgen erlöschen. Wählt der Konkursverwalter die Erfüllung, werden die Ansprüche mit dem bisherigen Inhalt neu begründet (BGHZ 106, 236, 241ff.; 116, 156, 158)."

Mit dieser Formulierung und der Verweisung bestätigt der für Insolvenzrecht zuständige IX. Zivilsenat, dass er nunmehr an der Erlöschenstheorie festhalten will. Die Einwirkungen der Verfahrenseröffnung auf die gegenseitigen Verträge wie sie nach Ansicht des BGH erfolgen, kann damit als gefestigte Rechtsprechung bezeichnet werden. Dies gilt umso mehr als nach § 132 Abs. 2 GVG ein anderer Senat von dieser Rechtsprechung des für Insolvenzangelegenheiten zuständigen IX. Zivilsenats nicht abweichen darf, ohne dass der Große Senat zu entscheiden hätte.

An späterer Stelle in diesem Urteil bezeichnet der Senat, unter Bezugnahme auf seine Entscheidung vom 04. Mai 1995[385], die dort vertretene Auffassung als eine

> „Neuorientierung der höchstrichterlichen Rechtsprechung".

Diese Formulierung bestätigt die oben genannten Einschätzung, dass der BGH seine Rechtsprechung im Sinne der Erlöschenstheorie geändert hat, angefangen mit den Urteilen in BGHZ 103, S. 250 (252); 106, S. 236 (242f.) und sodann fortgesetzt und bestätigt in BGHZ 116, S. 156 (158) sowie BGHZ 129, S. 336ff.[386]

---

[382] vgl. die Darstellung unter § 5 III., 2.3.

[383] BGHZ 135, S. 25 ff. = BGH ZIP 1997, 688; vgl. die eingehende Auseinandersetzung mit diesem Urteil im Rahmen der Besprechung des § 105 InsO, unter § 5 II., 2.3.1.

[384] BGHZ 135, S. 25 (26) = BGH ZIP 1997, S. 688.

[385] BGHZ 129, S. 336 ff. = NJW 1995, S: 1966; vgl. dazu soeben unter § 3 I., 3.9.

[386] Der derzeitige Vorsitzende Richter des IX. Zivilsenats, Gerhard Kreft, nimmt in seiner Kommentierung im Münchener Kommentar zur Insolvenzordnung zu der Entwicklung der Rechtsprechung bezüglich der Wirkungen der Verfahrenseröffnung auf gegenseitige Verträge Stellung. Dabei zitiert er nicht nur diese Entscheidungen als Nachweise für die Erlöschenstheorie. Er spricht darüber hinaus davon, dass die Erlöschenstheorie „Verwirrung" gestiftet habe, Kreft, in: MünchKomm-InsO, § 103 Rn. 3; dazu ausführlich die Stellungnahme unter § 3 II.

4 Stellungnahme

Die Entwicklung der Rechtsprechung zur Konkursordnung ist von der Literatur ausgiebig diskutiert worden. Um die Wirkung der Eröffnung des Konkursverfahrens auf schwebende Verträge und damit das Wahlrecht des Konkursverwalters nach der Konkursordnung beurteilen zu können, bedarf es einer Auslegung der einschlägigen Normen[387]. Die daraus gewonnenen Erkenntnisse sind dann für die Neuregelung der Insolvenzordnung zu überprüfen, inwieweit sich Übereinstimmungen oder Differenzierungen treffen lassen, aus denen eventuell sogar auf ein anderes Verständnis über die Wirkung der Verfahrenseröffnung zu schließen ist.

4.1 Wortlaut

Aus dem Wortlaut des § 17 KO lassen sich direkt keine Rückschlüsse auf die Wirkung der Eröffnung eines Konkursverfahrens ziehen. § 17 KO gibt erst darüber Auskunft, was der Verwalter nach der Verfahrenseröffnung unternehmen kann (nämlich an Stelle des Gemeinschuldners den Vertrag erfüllen und Erfüllung vom anderen Teil verlangen), nicht aber warum er dies verlangen kann.

So findet die Auffassung der neueren Rechtsprechung, dass die Erfüllungsansprüche mit Verfahrenseröffnung erlöschen, im Wortlaut des § 17 KO keine Stütze. Dies könnte im Umkehrschluss wiederum den Vorzug für die „herkömmliche" Auffassung bedeuten, nach der die Erfüllungsansprüche zunächst von der Verfahrenseröffnung unberührt bleiben, und zwar unter der Prämisse, dass der Gesetzgeber im Wortlaut gerade keine Regelung zu den Auswirkungen der Verfahrenseröffnung auf die Erfüllungsansprüche niedergelegt hat, weil er eine solche Auswirkung nicht wollte.

Ein Erlöschen ist hingegen in § 23 KO erwähnt. Diesen Unterschied deutet *Marotzke*[388] dahingehend, dass für die Erlöschenstheorie des BGH eine gesetzliche Grundlage fehle, gerade im Unterschied zu § 23 KO sowie § 18 KO. Ferner zwinge der Wortlaut, der Verwalter könne vom anderen Teil die Erfüllung „verlangen" dazu, dass die gegenseitigen Erfüllungsansprüche nicht erloschen sein könnten, weil man

---

[387] Der klassische Kanon der Auslegungskriterien umfaßt die grammatische, die logische, die systematische und die historische Auslegung. Diese verschiedenen Elemente dürfen nicht isoliert werden, sondern müssen stets zusammenwirken. Sie sind nicht vier Arten der Auslegung, unter denen man nach Geschmack und Belieben wählen kann, sondern verschiedene Tätigkeiten, die vereinigt wirken müssen, wenn die Auslegung gelingen soll.

[388] Marotzke, BGH EWiR § 17 KO 2/ 88, 285 f. sowie ders., Insolvenzrecht Rn. 3.44.

nur verlangen kann, was der andere Teil auch „schuldet"[389]. In die gleiche Richtung argumentiert *Bork*[390]: „Erfüllen kann man nur bestehenden Ansprüche".

Zugunsten der Erlöschenstheorie des BGH ist festzuhalten, dass es überflüssig wäre, in § 17 KO dem Verwalter das Recht der Erfüllung zuzusprechen, wenn die Verfahrenseröffnung auf die Erfüllungsansprüche keine Auswirkung hätte. Ohne Einwirkung der Eröffnung auf die Erfüllungsansprüche bestünden die Erfüllungsansprüche weiter. Dem Verwalter muss kein Recht verliehen werden, welches er ohnehin schon besitzt. So aber kann § 17 KO dahin verstanden werden, dass dem Verwalter das Recht eingeräumt wird, zu Lasten der Masse eine Forderung in voller Höhe zu erfüllen, die an sich nur eine Konkursforderung wäre. Die Erlöschenstheorie beruft sich zudem insoweit auf den Wortlaut des § 17 KO, als darin ein Recht, die Erfüllung abzulehnen, nicht erwähnt sei. Daraus wird gefolgert, dass der Konkursverwalter nur die Wahl habe, Erfüllung zu wählen oder es bei den allgemeinen Folgen der Konkurseröffnung zu belassen[391]. Da jedoch über die allgemeinen Eröffnungswirkungen überhaupt keine Ausführungen in § 17 KO gemacht werden, ist dieses Argument nicht zwingend. *Bork* hingegen hält es für ebenso möglich, dass die Nichterfüllungswahl „als vom Gesetz stillschweigend mitgedachte rechtsgestaltende Erklärung" anzusehen ist[392].

Nach dem Wortlaut des § 17 KO sind beide Auffassung vertretbar. Weder die Erlöschenstheorie noch die „herkömmliche" Auffassung sind mit dem Wortlaut gänzlich unvereinbar. Eine abschließende Festlegung zu Gunsten einer der Ansichten oder die Lösung über eine dritte Variante kann allein aufgrund des Wortlauts des § 17 KO nicht erfolgen.

4.2 Systematik

Die Ansatzpunkte der Kritik an der Erlöschenstheorie, wie sie nach der Rechtsprechung des BGH dargestellt wurde, waren unter systematischen Gesichtspunkten vielfältig. Der Bedeutungszusammenhang einer Norm bestimmt zunächst einmal in der gleichen Weise das Verständnis einzelner Sätze und Worte, wie auch sonst das Verständnis einer Textstelle durch deren Kontext mitbestimmt wird[393]. Insoweit erscheint es zuerst sinnvoll, die in unmittelbarem Zusammenhang mit § 17 KO stehenden Normen zu untersuchen.

---

[389] Marotzke, BGH EWiR § 17 KO 2/ 88, 285, 286.

[390] Bork, Festschrift Zeuner, S. 302 unter Bezugnahme auf Marotzke, aaO.

[391] Marotzke, Gegenseitige Verträge, S. 56.

[392] Bork, Festschrift Zeuner, S. 303 mwN.

[393] Canaris, Methodenlehre, S. 145.

Fraglich ist zum einen, wie sich die Auffassung der Rechtsprechung mit der Regelung des § 18 KO vereinbaren läßt. Nach § 18 Abs. 1 KO fallen bei Fixgeschäften, welche auch gegenseitige Verträge sind, die Erfüllungsansprüche mit Konkurseröffnung weg und werden durch eine einseitige Forderung wegen Nichterfüllung ersetzt, die sich nach der Differenz zwischen dem vereinbarten Kaufpreis und dem Markt- und Börsenpreis berechnet. Dies ordnet der § 18 Abs. 1 KO wörtlich an:

> „.., so kann nicht die Erfüllung verlangt, sondern nur eine Forderung wegen Nichterfüllung geltend gemacht werden."

Da § 18 KO aber als Ausnahme zu § 17 KO konzipiert ist[394], würde die ausdrückliche Anordnung des Erlöschens der Erfüllungsansprüche mit Konkurseröffnung wenig sinnvoll sein und die einzige Ausnahme zu § 17 KO würde darin bestehen, dass dem Verwalter das Wahlrecht genommen ist[395]. Dann ist allerdings zweifelhaft, warum der Gesetzgeber in § 18 KO, nicht aber in § 17 KO ausdrücklich das Erlöschen der Erfüllungsansprüche angeordnet hat. Insoweit spricht die Regelung des § 18 Abs. 1 KO dafür, dass die Eröffnung des Verfahrens normalerweise nicht dazu führt, dass die Erfüllungsansprüche erlöschen[396].

Überdies ist in diesem Zusammenhang auch § 18 Abs. 3 KO schwer einzuordnen: So gilt § 18 Abs. 1 KO nicht, wenn es für die Ware keinen Markt- oder Börsenpreis gibt. Dann soll § 17 KO anzuwenden sein. Da jedoch auch nach § 17 KO die Erfüllungsansprüche weggefallen sind, kann die Verweisung nur die Zulässigkeit des Verwalterwahlrechts auf diese Art der Fixgeschäfte bedeuten und ist insofern unzureichend stringent formuliert[397]. Dieser Vorwurf hinsichtlich der ungenauen Formulierung vermag jedoch nicht allzu sehr zu überzeugen. Der Gesetzgeber bedient sich in vielen Fällen gerade dieser Verweisungstechnik, von der besonderen Vorschrift zu den allgemeinen Regelungen. § 17 KO ist als vor die Klammer gezogene Regelung der „Allgemeine Teil", während die Einzelregelungen für bestimmte Vertragsgestaltungen in den §§ 18 ff. KO den „Besonderen Teil"[398] darstellen.

Fraglicher erscheint die Notwendigkeit der Regelung eines Kündigungsrechtes nach den §§ 19, 20, 22 KO. Wenn nach der Erlöschenstheorie die Erfüllungsansprüche mit der Eröffnung des Konkursverfahrens ohnehin erloschen sind, stellt sich die Frage nach der Notwendigkeit eines gesondertes Kündigungsrechtes. Geht man hingegen

---

[394] vgl. statt aller Häsemeyer, Insolvenzrecht, 1. Auflage, S. 410.

[395] zu dieser Rechtsfolge bereits die Motive, vgl. Hahn, Die gesammelten Materialien zu den Reichsjustizgesetzen 1881, Band. IV, Materialien zur Konkursordnung, S. 88.

[396] Bork, Festschrift Zeuner, S. 305 ff..

[397] so auch Bork, Festschrift Zeuner, S. 305 (306).

[398] vgl. insoweit Jaeger/ Henckel, § 19 Rn. 3: „[...] für Miet- und Pachtverträge gibt § 19 KO eine Sonderregelung, die § 17 KO verdrängt."; derselbe, § 22 Rn. 1: „§ 22 schließt die Anwendung des § 17 aus, sofern das Dienst- und Arbeitsverhältnis [...]".

mit der herkömmlichen Auffassung davon aus, dass die Erfüllungsansprüche durch die Verfahrenseröffnung zunächst unberührt bleiben, so bietet die Kündigung durchaus ein geeignetes Mittel, sich aus Dauerschuldverhältnissen unter bestimmten Bedingungen im Konkursfall zu lösen.

Unter Annahme der Erlöschenstheorie ist ein nachvollziehbarer Unterschied nur darin zu sehen, dass mit der Kündigung das gesamte Vertragsverhältnis endgültig beendet ist. Es besteht bei Kündigung durch den Verwalter kein Schadensersatzanspruch des Vertragspartners, der als Konkursforderung an der quotalen Befriedigung teilnimmt. Darüber hinaus ist bei den Regelungen der §§ 19, 20, 22 KO auch dem Vertragspartner ein Lösungsrecht zur Verfügung gestellt worden. Die Frage der Erfüllung oder Nichterfüllung hängt nicht allein von der Entscheidung des Verwalters ab[399].

Als weiteren Kritikpunkt läßt sich der Zusammenhang mit der Regelung des § 23 Abs. 2 KO anführen. Es bestünde kein Grund das Erlöschen von Geschäftsbesorgungsverträgen ausdrücklich zu normieren, wenn dies bereits nach allgemeinen Regeln eingetreten wäre. Es ist zwar der Unterschied erkennbar, dass nach der Rechtsfolge des § 23 Abs. 2 KO der Vertrag wegfällt, während nach der Auffassung der Rechtsprechung gemäß § 17 KO nur die Erfüllungsansprüche erloschen sind, der Vertrag als solcher aber noch fortbesteht[400]. Allerdings ist aus dieser etwas weitergehenden Rechtsfolgenanordnung des § 23 Abs. 2 KO nicht ersichtlich, welchen zusätzlichen Gewinn dies für die Masse bedeuten soll.

Für die Erlöschenstheorie spricht wiederum die Regelung des § 21 Abs. 1 KO. Nach dieser Norm sind Miet- und Pachtverhältnisse auch über die Verfahrenseröffnung hinaus gegenüber der Konkursmasse wirksam. Da diese Norm nach der obigen Darstellung in dem „Besonderen Teil" der Regelungen zu den schwebenden Verträgen steht, kommt ihr ein Ausnahmecharakter gegenüber § 17 KO zu. Wenn nämlich die Erfüllungsansprüche nicht durch Verfahrenseröffnung erlöschen würden, sondern unberührt blieben, so müßte dieses in § 21 Abs. 1 KO nicht gesondert angeordnet werden.

Dieser Gedanke wird allerdings durch einen Vergleich mit den §§ 19, 20, 22 KO abgeschwächt. In § 21 Abs. 1 KO selbst tritt ebenso wenig wie in den §§ 19, 20, 22 KO der Ausnahmecharakter deutlich hervor. Etwas zu weit geht jedoch die gegenteilige Behauptung von *Bork*[401], mit § 21 Abs. 1 KO „sollte nur der allgemeine Grundsatz klargestellt werden, dass Veränderungen in der Person des Vermieters keinen Einfluss auf den Bestand eines Mietverhältnisses haben sollen." Dieses Argument kann,

---

[399] So Jaeger/ Henckel, KO, § 19 Rn. 3; § 22 Rn. 1.

[400] BGHZ 106, 236, 241ff..

[401] Bork, Festschrift Zeuner, S. 306, der sich auf die Begründung zu § 18a der Novelle von 1898 beruft.

je nach dem, wie man den allgemeinen Grundsatz festlegt, auch auf die §§ 19, 20, 22 KO übertragen werden. Dann wäre die Kritik an der Erlöschenstheorie, soweit sie sich auf die Systematik der §§ 19, 20, 22 KO beruft, auch mit diesem Hinweis zu widerlegen.

Schwer verträglich ist allerdings die Rechtsfolge der Konkurseröffnung nach der Erlöschenstheorie mit dem Nachforderungsrecht aus § 164 KO. Gemäß § 164 KO können die nicht befriedigten Konkursgläubiger ihre Forderungen gegen den Schuldner nach der Aufhebung des Konkursverfahrens unbeschränkt geltend machen. Problematisch ist insoweit, wie bereits mit Eröffnung erloschene Ansprüche auf Erfüllung nach Beendigung des Verfahrens wieder geltend gemacht werden können.

Allerdings besteht dieser Widerspruch auch im Bezug auf die herkömmliche Auffassung: Hat nämlich der Verwalter die Erfüllung abgelehnt, so sind die Erfüllungsansprüche ebenfalls (wenn auch später) weggefallen. Als Lösungsansatz wird deshalb versucht, die Geltung des Erlöschens der Erfüllungsansprüche auf das Konkursverfahren zu beschränken und diese auf die haftungsrechtliche Bedeutung zu reduzieren[402]: Der Vertragspartner könne sich entscheiden, ob er sich gemäß § 164 KO nach Abschluss des Verfahrens an den Gemeinschuldner halten wolle oder nicht. Aus der Masse könne er nur die Quote auf den Schadensersatzanspruch wegen Nichterfüllung bekommen. Wolle er die vertraglichen Erfüllungsansprüche verfolgen, müsse er auf eine Teilnahme am Konkursverfahren verzichten[403]. Nehme der Vertragspartner dagegen am Konkursverfahrens teil, welches er durch die Anmeldung seiner (Schadensersatz-) Forderung zur Tabelle bestätige, so würde er vom Gemeinschuldner auch nach Verfahrensbeendigung nicht mehr Erfüllung des Vertrages fordern können und der Gemeinschuldner würde den anderen Teil ebenfalls nicht auf Erfüllung in Anspruch nehmen können[404]. Sobald die Forderungsanmeldung zur Tabelle verbindlich geworden sei, sei auch der Vertragspartner des Gemeinschuldners davor geschützt, von diesem nach Beendigung des Verfahrens noch auf Erfüllung in Anspruch genommen zu werden. Das Vertragsverhältnis wandele sich durch die verbindliche Forderungsanmeldung auch gegenüber dem Gemeinschuldner in eine einseitige Schadenersatzforderung um[405].

Bork[406] weist darauf hin, dass es an einer gesetzlichen Grundlage dafür fehle, dass bereits erloschene Ansprüche bei Aufhebung des Konkursverfahrens wieder aufer-

---

[402] Häsemeyer, Insolvenzrecht, 1. Auflage, S. 401, 588 f.; Henckel, ZZP 99 (1986), 419, 433 f.; Kilger/ K. Schmidt, KO, 16. Aufl. 1994, § 17 Anm. 1b, 9.

[403] Jaeger/ Henckel, KO, § 17 Rn. 160 f.

[404] Jaeger/ Henckel, KO, § 17 Rn. 161.

[405] Jaeger/ Henckel, aaO.

[406] Bork, Festschrift Zeuner, S. 305 (308).

stehen. Vielmehr könne nur dem Gemeinschuldner die Verfügungsmacht zurückgegeben werden, die er mit der Eröffnung des Verfahrens verloren hatte. Dem hält *Kreft* – als Richter im für Konkursrecht zuständigen Senat des BGH – entgegen, es sei „schon nicht ausgemacht, dass ein durch die Konkurseröffnung herbeigeführtes endgültiges Erlöschen der Erfüllungsansprüche über den Konkurs hinaus stets als interessenwidrig zu werten" sei[407].

Nach Auffassung von *Gerhardt*[408] sollen entgegen der Erlöschenstheorie etwaige Vorausverfügungen auch bei einem Erfüllungsverlangen des Verwalters wirksam bleiben. Es soll aber ein Ausgleich für die Masse über das Bereicherungsrecht erfolgen. Der Zessionar werde in Höhe des Wertes der aus der Masse erbrachten Leistung dadurch bereichert, dass der Verwalter die seinem Anspruch entgegenstehende Einrede des nichterfüllten Vertrages aus dem Weg räume. Folglich würde der Masse ein Anspruch wegen Bereicherung in sonstiger Weise (§ 812 I S. 1 Alt. 2 BGB) zustehen[409].

Nach dieser Auffassung greift der gegen diese Lösung erhobene Einwand, dass damit die von den BGB- Vätern abgelehnte[410] Versionsklage zugelassen werde[411], nicht durch: Das Verbot der Versionsklage werde im deutschen (Bereicherungs-)Recht durch das Erfordernis der Unmittelbarkeit der Vermögensverschiebung verwirklicht; danach müsse ein und derselbe Vorgang den Verlust des Anspruchstellers und die Bereicherung des Anspruchsgegners ohne Durchgang durch ein fremdes Vermögen bewirkt haben[412]. Diese Voraussetzung würde hier vorliegen, da die Leistung aus der Masse an den Vertragspartner ex lege dessen Zurückbehaltungsrecht gegenüber dem Anspruch des Zessionars erlöschen lasse und damit dessen Bereicherung begründe. Nach Meinung von *Gerhardt*[413] entspricht dies der Rückgriffskondiktion nach einer Zahlung auf fremde Schuld.

Eine Aufrechnung des Zessionars gegen diesen Bereicherungsanspruch scheitert an § 55 Nr. 1 KO, da der Bereicherungsanspruch erst durch die Leistung aus der Masse und mithin nach Verfahrenseröffnung entstanden ist. Dem Zessionar gebührt der Gewinn aus dem Geschäft, den Schadensersatzanspruch wegen Nichterfüllung des

---

[407] Kreft, ZIP 1997, 865, (867) wiederum unter Hinweis auf Henckel, aaO.

[408] Gerhardt, Festschrift Merz, S. 117, 130 ff..

[409] bejaht von RGZ 63, 361, 363f; OLG Hamm ZIP 1985, 298, 300f; Jaeger/ Henckel; § 17 Rn. 145.

[410] Mot. II, S. 871 ff..

[411] Ringstmeier, Auswirkungen der Erfüllung gegenseitiger Verträge im Konkurs auf Forderungsabtretungen, 1990, S. 52.

[412] Reuter/ Martinek, Ungerechtfertigte Bereicherung, 1983, S. 19, 60; MüKo/ Lieb, § 812 Rn. 17 zum gesetzlichen Merkmal "auf Kosten".

[413] Gerhardt, Festschrift Merz, S. 117 (131).

der Abtretung zugrunde liegenden Forderungskaufs hat er als Konkursforderung anzumelden.

Von *Jauernig*[414] wird an der Lösung des BGH weiterhin kritisiert, dass die Verschiebung der vor dem Konkurs bestehenden Aufrechnungslage in die Zeit nach der Konkurseröffnung[415] nur die §§ 53 ff., insbesondere § 55 S. 1 Nr. 1 KO korrigiere, wofür § 17 KO aber keine Handhabe biete. Dass der Zessionar die vor Konkurseröffnung abgetretene Forderung verliere, statte § 17 KO mit einer Art Anfechtungswirkung aus, von der § 17 KO nichts wisse. Insoweit plädiert *Jauernig* für eine Rückkehr zu der früheren Auffassung des BGH, nach der ein echtes Wahlrecht zwischen Erfüllung und Nichterfüllung bestanden hat[416].

Als Ergebnis der systematischen Auslegung bleibt festzuhalten, dass weder die Erlöschenstheorie noch die herkömmliche Auffassung sich als zwingend erweisen. Es sind überzeugende Argumente für und gegen beide Ansichten aufgezeigt worden. Eine eindeutige Entscheidung kann hiernach noch nicht getroffen werden. Es bedarf der Heranziehung der weiteren Auslegungsmethoden, um zu einer abschließenden Beurteilung zu kommen.

4.3 Historische Auslegung

Wenn der sich aus dem allgemeinen oder einem besonderen Sprachgebrauch des Gesetzes ergebende Wortsinn, der Bedeutungszusammenhang des Gesetzes und die ihm zugrunde liegende Systematik immer noch verschiedene Deutungsmöglichkeiten offenlassen, dann liegt die Frage nahe, welche Deutung der Regelungsabsicht des Gesetzgebers oder seiner eigenen Normvorstellung am besten entspricht[417]. Diese Auslegungsmethode wird unterschiedlich bezeichnet, so etwa als „Regelungsabsicht, Zwecke und Normvorstellungen des historischen Gesetzgebers“[418], als „Historische Auslegung“[419], „Historische Interpretation und Entstehungsgeschichte der Vorschrift“[420]. Die in der nachfolgenden Untersuchung herangezogenen Grundsätze werden aber unabhängig von den divergierenden Bezeichnungen als übergeordnete Wesensmerkmale dieser Auslegungsmethode von allen Autoren anerkannt. Bei dieser Auslegungsmethode sind vor allem die Regelungsabsicht des Gesetzgebers und die von ihm in der Verfolgung dieser Absicht erkennbar getroffe-

---

[414] Jauernig, Zwangsvollstreckungs- und Insolvenzrecht, 20., Aufl., § 48 II, S. 214 f..

[415] BGHZ 116, 158 f..

[416] So noch BGH NJW 1987, 1702 f.

[417] Canaris, Methodenlehre, S. 149.

[418] Canaris, Methodenlehre, S. 149.

[419] Pawlowski, Methodenlehre für Juristen, Rn. 367.

[420] Schmalz, Methodenlehre für das juristische Studium, Rn. 247.

nen Wertentscheidungen von Bedeutung[421]. Als Wille des Gesetzgebers sind nur anzusehen die zutage tretende Grundabsicht des Gesetzgebers und diejenigen Vorstellungen, die in den Beratungen der gesetzgebenden Körperschaft oder ihrer zuständigen Ausschüsse zum Ausdruck gebracht und ohne Widerspruch geblieben sind. An ihnen hat sich die Auslegung zu orientieren[422]. Dabei dienen die Materialien zu der Norm als Erkenntnisquellen auch der Ermittlung der Regelungsabsicht und der Zwecke des Gesetzgebers, soweit diese nicht bereits aus dem Gesetz selbst ersichtlich sind[423]. Zu den Gesetzesmaterialien[424] zählen alle schriftlichen Zeugnisse der Arbeiten am Gesetz, wie Entwürfe, Beratungsprotokolle, Motivberichte zur Regierungsvorlage, Ausschußberichte, Parlamentsprotokolle etc.. Sie alle können, je nach ihrem Inhalt, mit ganz unterschiedlicher Wahrscheinlichkeit Schlüsse auf die – subjektiv formuliert – „Absicht des Gesetzgebers" gestatten[425].

Allerdings stößt die historische Auslegung an zu beachtende Grenzen. So ist anerkannt, dass die Entstehungsgeschichte einer Norm hinter deren Text, ihren Kontext und ihre Zweckbestimmung zurückzutreten hat[426].

Die historische Auslegung ist wegen ihrer Zufälligkeiten und möglicher Subjektivität in der Formulierung der Begründung der Gesetzesentwürfe nur bedingt geeignet. Mehr noch als für die Konkursordnung gelten diese Einschränkungen für die Insolvenzordnung[427]. Denn zum einen liegt der Insolvenzordnung ein besonders langwieriger und komplexer Gesetzgebungsprozess zugrunde, angefangen mit der bereits im Jahre 1978 eingesetzten Kommission für Insolvenzrecht[428]. Zum anderen war die Frage der Behandlung von schwebenden Verträgen ein unter der Konkursordnung bereits lebhaft diskutierter Streitpunkt[429]. Auch die nachträgliche Einfügung des § 108 Abs. 1 Satz 2 InsO zeigt, dass die am Gesetzgebungsverfahren beteiligten Per-

---

[421] vgl. eingehender die Darstellung bei Bydlinski, Juristische Methodenlehre und Rechtsbegriff, S. 428 ff. zu der Frage, ob die mit der subjektiven Auslegungstheorie einzig auf den Willen des Gesetzgebers abzustellen ist oder auch ein davon zu unterscheidender normativer Sinn des Gesetzes, also der Wille des Gesetzes nach der objektiven Auslegungstheorie heranzuziehen ist. Mit der Rechtsprechung des BVerfG in BVerfGE 79, 121 ist davon auszugehen, daß maßgebend für die Interpretation eines Gesetzes [...] der in ihm zum Ausdruck kommende objektivierte Wille des Gesetzgebers ist.

[422] Canaris, Methodenlehre, S. 149/ 150.

[423] Canaris, Methodenlehre, S. 151.

[424] vgl. Hahn, Die gesammelten Materialien zu den Reichs- Justizgesetzen, Vierter Band: Materialien zur Konkursordnung und dem Einführungsgesetz vom 10.02.1877.

[425] Bydlinski, aaO, S. 449.

[426] vgl. zuletzt Redeker/ Karpensteiner, NJW 2001, S. 2825 m.w.N..

[427] vgl. die historische Auslegung zu § 103 InsO unter § 3 II., 4.3.

[428] vgl. Zur Entwicklung der Insolvenzordnung einleitend unter § 1 II., 2.

[429] Die Entwicklung des Streitstandes ist besonders anschaulich in der Kommentierung von Jaeger. Im Anschluß an Jaeger (6./7. Auflage) vertrat Lent in der 8. Auflage des Kommentars noch eine andere Auffassung als Henckel in der 9. Auflage des Jaeger'schen Kommentars; weitere Nachweise zum Streitstand zu § 17 KO bei Jaeger/Henckel, 9. Aufl., § 17 Rn. 115.

Personen die Komplexität des hier in Frage stehenden Regelungsbereiches nicht vollumfänglich in ihre Erwägungen einbezogen haben.

Die Ergebnisse der historischen Auslegung sind ferner aus verfassungsrechtlichen Gesichtspunkten nur bedingt verwertbar. Diesbezüglich zitiert das *Bundesverfassungsgericht* in einem Beschluss vom 17.05.1960[430] Gustav Radbruch[431]:

> „Der Staat spricht nicht in den persönlichen Äußerungen der an der Entstehung des Gesetzes Beteiligten, sondern nur im Gesetz selbst. Der Wille des Gesetzgebers fällt zusammen mit dem Willen des Gesetzes."

Weiter führt das *Bundesverfassungsgericht* grundlegend aus[432]:

> „Um den objektiven Willen des Gesetzgebers zu erfassen, sind alle diese Auslegungsmethoden erlaubt. Sie schließen einander nicht aus, sondern ergänzen sich gegenseitig. Das gilt auch für die Heranziehung der Gesetzesmaterialien, soweit sie auf den objektiven Gesetzesinhalt schließen lassen. Freilich sind die „Vorarbeiten eines Gesetzes für dessen Auslegung immer nur mit einer gewissen Zurückhaltung, in der Regel bloß unterstützend, zu verwerten" (RGZ 128, 111). Sie dürfen nicht dazu verleiten, die Vorstellungen der gesetzgebenden Instanzen dem objektiven Gesetzesinhalt gleichzusetzen. (...) Der Wille des Gesetzgebers kann bei der Auslegung des Gesetzes nur insoweit berücksichtigt werden, als er in dem Gesetz selbst einen hinreichend bestimmten Ausdruck gefunden hat."

Redeker/ Karpenstein[433] weisen nach, dass der Ansatz des Bundesverfassungsgerichts nicht der allgemeinen Praxis entspricht. Gutachten, die sich um die Auslegung einer Norm bemühen, seien ohne Rückgriff auf deren Entstehungsgeschichte kaum denkbar, zahllose Entscheidungen bis hin zur Rechtsprechung der letztinstanzlichen Gerichte würden entscheidend auf die Gesetzesmaterialien abstellen[434]. Insgesamt plädieren die Autoren daher für eine Begründungspflicht auf Seiten der gesetzgebenden Organe[435].

Dennoch ist den Äußerungen des Bundesverfassungsgerichts Rechnung zu tragen und die Entstehungsgeschichte als unterstützende, nicht aber als ausschlaggebende Argumentation für die Auslegung heranzuziehen. Unter Beachtung dieser Einschränkungen ist auf folgende Ausführungen in den Materialien zu der Regelung des § 17 KO hinzuweisen[436]:

> „Ist einerseits der Verwalter nicht verpflichtet, die persönlichen Verbindlichkeiten des Gemeinschuldners, andererseits aber berechtigt, die Forderung desselben nach eröffnetem Konkurse zur Ausführung zu bringen, so ist damit das Wahlrecht des Verwalters gegeben, die Erfüllung

---

[430] BVerfG NJW 1960, S. 1563 (1564).

[431] Radbruch, Rechtsphilosophie, 4. Auflage 1950, S. 210 f.

[432] BVerfG NJW 1960, S. 1563 (1564).

[433] Redeker/Karpenstein, NJW 2001, S. 2828.

[434] Redeker/Karpenstein, NJW 2001, S. 2828 (Fn. 4 und 6).

[435] Redeker/Karpenstein, NJW 2001, S. 2828 ff., insbesondere unter Hinweis auf die Rechtslage nach Art. 253 EGV.

[436] Hahn, Die gesammelten Materialien zu den Reichs- Justizgesetzen, Vierter Band: Materialien zur Konkursordnung und dem Einführungsgesetz vom 10.02.1877, S. 86.

> des Vertrages zu verlangen oder es bei der Nichterfüllung desselben zu belassen. Des letzteren braucht das Gesetz nicht Erwähnung zu thun; die Nichterfüllung ist die unmittelbare Folge der Konkurseröffnung; das Gesetz braucht nur auszusprechen, daß der Verwalter befugt ist, auf der beiderseitigen Vertragserfüllung zu bestehen."

Sowie die folgende Passage[437]:

> „Es konnte daher für den Entwurf nicht zweifelhaft sein, ohne Ausnahme anzunehmen: der Vertrag ist gültig und perfekt durch den Abschluß, - nicht erst durch die Erfüllung; die Nichterfüllung, welche in Folge des Konkursverfahrens eintritt, hebt den Vertrag nicht auf; das Geleistete bleibt im Vermögen und in der Masse des Gemeinschuldners; eine Kondiktion desselben (sine causa oder ob causam datorum) ist ausgeschlossen; der Kontrahent hat nur einen Entschädigungsanspruch. Damit soll keineswegs ein, auf einem anderen Grunde beruhendes Recht des Kontrahenten oder des Verwalters zum Rücktritt von dem Vertrags oder zur Rückforderung des Gegebenen beseitigt sein, (...). – Nur die Konkurseröffnung und *die in Folge derer eintretende Nichterfüllung* soll kein gesetzlicher Aufhebungsgrund sein."

Der Zeitpunkt der Einwirkung auf die nicht vollständig erfüllten Verträge läßt sich damit eindeutig festzulegen: Es ist der Zeitpunkt der Eröffnung des Konkursverfahrens[438]. Die Nichterfüllung ist *eine unmittelbare Folge der Konkurseröffnung.* In dem Moment der Eröffnung wird auf das Vertragsverhältnis eingewirkt[439].

Die Kritik von *Bornholt*[440] an der unklaren Ausdrucksweise der Entwurfsbegründung „in Folge der Konkurseröffnung" ist nicht ganz überzeugend. Mit dieser Formulierung, so *Bornholt*, könne jeder Zeitpunkt nach der Eröffnung gemeint sein und nicht nur der Zeitpunkt der Eröffnung selbst.

Aus dem Zusammenhang der Begründung, wie er aus den zitierten Passagen deutlich wird, ist allerdings unzweifelhaft zu entnehmen, dass nur der Eröffnungszeitpunkt selbst der Zeitpunkt der verändernden Einwirkung auf das Rechtsverhältnis sein kann. Dies ergibt sich eben aus der zitierten Begründung, die lautet: *„Die Einwirkung der Konkurseröffnung ..."*[441].

Fraglich ist, ob sich aus der Begründung auch eindeutig zu entnehmen ist, wie die Konkurseröffnung auf das Rechtsverhältnis einwirkt. Nach der Begründung des Entwurfes ist die *„Nichterfüllung"* die unmittelbare Folge der Konkurseröffnung. „Nichterfüllung" bietet zwei Möglichkeiten der Interpretation: Einerseits kann Nichterfüllung bedeuten, dass die Erfüllungsansprüche mit der Eröffnung des Konkursverfahrens vollständig erlöschen. Andererseits ist auch die Interpretation zu-

---

[437] Hahn, aaO, S. 86.

[438] So führen die Motive, vgl. bei Hahn, aaO, S. 107 unter Punkt 3, weiter im Zusammenhang mit den Miet- und Pachtverhältnissen aus: „Die Einwirkung der Konkurseröffnung auf die zum § 20 gedachten besonderen Arten zweiseitiger Verträge kann ebenfalls keine anderen Folgen herbeiführen, als dies bei allen übrigen Verträgen der Fall ist."

[439] Zur Eröffnung, vgl. § 108 KO: Der Eröffnungszeitpunkt ist auf Stunde und Minute genau im Eröffnungsbeschluß darzulegen.

[440] Bornholt, Insolvenz des Leasinggebers nach der Insolvenzordnung, S. 104.

[441] Hahn, aaO, S. 107.

lässig, dass die Erfüllungsansprüche über die Eröffnung hinaus fortbestehen und „Nichterfüllung" im Sinne von „Nicht-Durchsetzbarkeit" zu verstehen ist.

Im Ergebnis ist eine eindeutige Festlegung nicht möglich. Auch die Begründung selbst ist nicht klar. So heißt es zunächst[442]:

> „Dasselbe (das Konkursverfahren) *hemmt* die Ausführung der schwebenden obligatorischen Verbindlichkeiten des Gemeinschuldners."

Gehemmt sein kann aber nur ein (noch) bestehender Anspruch. Erloschene Ansprüche können nicht mehr gehemmt sein. Andererseits kann sich die Hemmung auch auf die in Schadensersatzansprüche umgewandelte Erfüllungsansprüche beziehen. Diese Schadensersatzansprüche können eben auch nicht sofort vollstreckt werden, sondern die Geltendmachung ist nur im Rahmen des Konkursverfahrens zulässig. Andere Vollstreckungsmaßnahmen sind gehemmt.

Weiter lautet die Begründung[443], dass

> „der obligatorisch Anspruch des Mitkontrahenten auf die rückständige Gegenleistung des Gemeinschuldners sich in eine Geldforderung verwandelt."

Dass hiermit allerdings noch keine Festlegung getroffen werden kann, zeigen die dargestellten Ausführungen in der Literatur[444].

Als Ergebnis der historischen Auslegung kann damit festgehalten werden, dass im Zeitpunkt der Eröffnung des Konkursverfahrens auf die gegenseitigen nicht vollständig erfüllten Verträge eingewirkt wird. Fraglich ist allerdings, ob diese Einwirkung eine Umwandlung der Erfüllungsansprüche in einseitige Schadensersatzansprüche im Range einer Konkursforderung bedeutet oder nur eine Hemmung der Vollstreckbarkeit.

4.4 Teleologische Auslegung

Für die Festlegung der Art der Einwirkung der Verfahrenseröffnung auf die schwebenden Verträge bedarf es mangels eines eindeutigen Ergebnisses der bisherigen Auslegungsmethoden ferner der teleologischen Auslegung. Diese wird notwendig, wenn das gestellte Auslegungsproblem mit den bisher erörterten Mitteln, etwa wegen Fehlens ergiebigen historischen Materials, nicht zu lösen ist[445]. Auch wenn erneut die Bezeichnungen für diese Auslegungsmethode differieren, besteht inhaltlich weitge-

---

[442] Hahn, aaO, S. 85 (3. Absatz).

[443] Hahn, S. 102, zu § 21 des Entwurfes, der dem § 26 KO entspricht.

[444] vgl. Bork, Festschrift Zeuner, S. 308; Marotzke, aaO.

[445] Bydlinski, aaO, S. 453 f..

hende Übereinstimmung[446]. Nach den bisherigen Erkenntnissen gab die Konkursordnung dem Verwalter bei schwebenden Verträgen ein Wahlrecht zwischen der Erfüllung dieser Rechtsgeschäfte und dem Belassen der durch die Konkurseröffnung eingetretenen Situation. Die schwebenden Verträge werden im Zeitpunkt der Eröffnung des Verfahrens beeinflusst. Unklar sind bislang die Folgen dieser Eröffnung und damit verknüpft die Bedeutung des Begriffes „Nichterfüllung".

Als Sinn und Zweck des § 17 KO wurde früher der Schutz des Vertragspartners des Gemeinschuldners angesehen. Durch § 17 KO sollte dem den gegenseitigen Verträgen immanenten Synallagma Rechnung getragen werden und der Vertragspartner vor einer einseitigen Leistungsverpflichtung ohne Anspruch auf die (gesamte) vereinbarte Gegenleistung geschützt werden. So formulierte *Jaeger*[447] die lange Zeit maßgebliche Ansichtsweise:

> „Es wäre unbillig, wollte man bei einem zur Zeit der Konkurseröffnung noch beiderseits unerfüllten Austauschvertrage der Gegenseite des Gemeinschuldners zumuten, daß sie die von ihr geschuldete Leistung vollständig bewirke, sich ihrerseits aber mit anteilsmäßiger Befriedigung abfinde. Außerhalb des Konkurses deckt den Vertragspartner die grundsätzliche Befugnis, seine eigene Leistung bis zum Empfang der Gegenleistung zurückzuhalten (§§ 320 ff. BGB). Auf diese Schranke stößt auch die Zwangsvollstreckung."

Dieser Schutzgedanke lag auch der Rechtsprechung des Reichsgerichtes zugrunde[448].

Häsemeyer[449] formuliert diesen Aspekt folgendermaßen:

> „Wer sich durch Zug- um- Zug- Leistungen im Schutzbereich des funktionellen Synallagmas hält, wird (...) im Konkurs gegen Einbußen geschützt. Wer andererseits durch Vorleistungen dem Gemeinschuldner Kredit gewährt hat, wird den übrigen Konkursgläubigern gleichgestellt."

Im Laufe der Zeit verband man mit der Regelung des § 17 KO nicht nur einen Schutz der Vertragspartners des Gemeinschuldners, sondern auch einen Schutz der Konkursmasse[450]:

---

[446] Die Bezeichnungen lauten von „objektiv- teleologischer Auslegung" (Bydlinski, aaO, S. 453), „Auslegung nach Sinn und Zweck der Norm (teleologische Auslegung)" (Schmalz, aaO, Rn. 251), über „Funktion" einer Norm (BVerwGE 70, 204 (207)) bis hin zu „objektiv- teleologische Kriterien" (Canaris, Methodenlehre, S. 153f.: Objektiv- teleologische Kriterien sind sie deshalb, weil ihre Beachtlichkeit für die Auslegung sich daraus ergibt, daß das betreffende Gesetz – was im Zweifel anzunehmen ist- eine der Sache nach angemessenen Regelung bezweckt.)

[447] Jaeger, 6./ 7. Aufl., § 17 Einleitung.

[448] RGZ 84, 228 (234): „Als die natürliche Regel darf gelten, daß es bei zweiseitigen Verträgen, die zur Zeit der Konkurseröffnung nicht schon von einem Teile vollständig erfüllt sind, bei der Nichterfüllung im Konkurse bleibt. Die Nichterfüllung ist hier die unmittelbare Folge der Konkurseröffnung. Im § 17 KO ist allerdings nicht die Regel erwähnt, sondern nur ausgesprochen, daß der Verwalter auch die Erfüllung wählen kann. Es sollte damit der Unbilligkeit vorgebeugt werden, die sich daraus ergeben würde, daß der Konkursverwalter einerseits nicht verpflichtet ist, die persönlichen Verbindlichkeiten des Gemeinschuldners (voll) zu erfüllen, andererseits aber berechtigt wäre, die Forderung des Gemeinschuldners zur Geltung zu bringen."

[449] Häsemeyer, Insolvenzrecht, 1. Auflage, S. 398.

„Das Wahlrecht, das § 17 KO dem Konkursverwalter einräumt, dient also nicht dem Schutz des Vertragspartners, sondern dem Schutz der Masse. Es wird dem Konkursverwalter gewährt, weil erst im konkreten Einzelfall entschieden werden kann, ob die Erfüllung des Vertrages oder ihre Ablehnung der Masse größeren Vorteil bringt."

Einerseits solle der Vermögensstatus, wie ihn der Verwalter bei Eröffnung vorfindet, nicht zu Lasten der Gläubigergesamtheit und zugunsten einzelner Konkursgläubiger vermindert werden; andererseits dürfe aber auch die Masse nicht zu Lasten einzelner Beteiligter aufgefüllt werden, soweit dies nicht haftungsrechtlich gerechtfertigt ist[451].

Zum Teil wird der Zweck des Wahlrechts aus § 17 KO auch auf den Schutz der Masse reduziert. So erschöpfe sich nach Ansicht von *Musielak*[452] der Zweck des § 17 KO darin, den Konkursverwalter in die Lage zu versetzen, von beiden Vertragspartnern noch nicht voll erfüllte Verträge abwickeln zu können, wenn dies im Interesse der Konkursmasse liege.
Der BGH formuliert sein neueres Verständnis dahingehend, dass es „offensichtlicher Zweck des § 17 KO" sei, dem Konkursverwalter im Interesse der Masse durch die Erfüllung eines Vertrages den Anspruch auf die ihm vorteilhaft erscheinende Gegenleistung zu verschaffen[453]. Auch in der Entscheidung des BGH vom 27.02.1997 betont der Senat den „§ 17 Abs. 1 KO zugrunde liegenden Gedanken des Masseschutzes und der Gleichbehandlung der Gläubiger"[454].

Der so verstandene Zweck des § 17 KO läßt sich gut mit der auch vom BGH in der neueren Rechtsprechung[455] zu § 17 KO vertretenen Auffassung in Einklang bringen, dass die Erfüllungsansprüche mit Konkurseröffnung erlöschen und bei Erfüllungswahl der Konkursverwalters neu mit altem Inhalt[456] entstehen. Denn diese Auslegung hat besondere Auswirkungen auf die Wirksamkeit etwaiger Vorauszessionen. Die Abtretung wäre dann nämlich durch § 15 KO gesperrt, so dass die Gegenleistung des Vertragspartners in der Masse verbleiben könnten, während sie ohne Konkurs an den Zessionar hätte weitergeleitet werden müssen.

---

450 in Jaeger/ Henckel, 9. Aufl. § 17 Einleitung Rn. 7.

451 Tintelnot, ZIP 1995, S. 616 (618).

452 Musielak, AcP 179 (1979), S. 189 (212) mwN.

453 BGHZ 106, 236 (244); vgl. auch BGHZ 116, 156 (159): „Die Vorschrift (§17 KO) will den Vertragspartner allein davor schützen, an die Masse leisten zu müssen, als Gegenleistung aber nur eine Konkursforderung zu erhalten. Dem wird durch die Bestimmung des § 59 Abs. 1 Nr. 2 KO Rechnung getragen. (...) Auf der anderen Seite dient § 17 KO gerade dem Interesse der zur gleichmäßigen Befriedigung der Konkursgläubiger bestimmten Masse. Dem Konkursverwalter soll auf diese Weise die Möglichkeit verschafft werden, den Wert, den der gegenseitige Vertrag noch verkörpert, zur Masse zu ziehen, wenn er die dem Vertragsgegner noch geschuldete Gegenleistung übersteigt."

454 BGHZ 135, 25 (27) = ZIP 1997, S. 688 (689).

455 So BGHZ 116, 156, zuletzt BGHZ 135, S. 25; vgl. oben unter § 2 I., 3 zu der Entwicklung der Rechtsprechung.

456 So der BGH zuletzt in BGHZ 116, 156 (158).

Es erscheint jedoch angesichts der dogmatischen Zweifel bezüglich dieses Verständnisses fraglich, ob es sich nicht um eine Wertentscheidung des BGH handelte, als er sich für eine solche Konstruktion entschied. Die dogmatischen Bedenken richten sich insbesondere gegen die Neuentstehung der Erfüllungsansprüche mit altem Inhalt. Während der BGH dieses Verständnis im Einklang mit dem Zweck des § 17 KO sieht, sind weite Teile der Literatur der Auffassung, dass diese Konstruktion nicht durch die Konkursordnung gedeckt sei. So hält *Smid*[457] eine derartige Konstruktion für systematisch gewagt. Folge man dem BGH, dann hätte der Akt der Erfüllungswahl durch den Konkursverwalter die Folgen, die einer im geltenden Recht äußerst seltenen Novation[458] zugeschrieben werden: Der Ausschluss vertraglicher Rechte ebenso wie derjenigen Selbsthilfebefugnisse wie besonders der Aufrechnungsbefugnis, die einem Vertragspartner aufgrund allgemeinen bürgerlichen Rechts zustehen, bedürfe grundsätzlich einer Einigung der Vertragsparteien[459]. Dafür sei aber im Zusammenhang von Erfüllungsablehnung oder Erfüllungswahl gemäß § 17 KO durch den Konkursverwalter kein Raum; der Konkursverwalter habe die alleinige Kompetenz, durch einseitige empfangsbedürftige Willenserklärung ohne Mitwirkung des anderen Teils die Durchführung des Vertrages zu wählen. Ihm stehe ein eigenes Gestaltungsrecht zu. Durch einen einseitigen Akt könne der Konkursverwalter den Vertragspartner des Gemeinschuldners dergestalt am Vertrag festhalten, dass er ihn auf die Vertragserfüllung verpflichte. Das sei nur deshalb möglich, weil die vertraglichen Ansprüche des Vertragspartners nach Erfüllungswahl als Masseansprüche zu befriedigen seien und der Verwalter seine Erfüllungserklärung weder einschränken noch an vertragsändernde Vorbehalte knüpfen dürfe. Laut *Smid*[460] vermöge es nicht zu überzeugen, dass im „Interesse der gleichmäßigen Befriedigung der Konkursgläubiger" die Rechtsposition des Vertragspartners aufgrund der Erfüllungswahl durch den Konkursverwalter verschlechtert werde. Der Vertragspartner solle seine Leistung erbringen müssen, ohne die ihm aus dem allgemeinen bürgerlichen Recht zustehenden Selbsthilferechte ausüben zu dürfen. Dem Urteil des BGH sei deshalb nicht zuzustimmen, weil die Gleichgewichtigkeit der Positionen der Vertragsparteien unter dieser Prämisse gestört würden.

Als Novation bezeichnet man die vertragliche Begründung eines neuen Schuldverhältnisses anstelle eines älteren, das zugleich (ganz oder auf Einzelschulden beschränkt) aufgehoben wird, jedoch als früher bestehendes Rechtsverhältnis die

---

[457] Smid, WuB VI B. § 17 KO 1.92, S. 583.
[458] Gernhuber, Die Erfüllung und ihre Surrogate, 1983, § 18 S. 370 ff..
[459] MüKo- Söllner, BGB 2. Aufl. § 305 Rn. 22.
[460] Smid, WuB VI B. § 17 KO 1.92, S. 583 (584).

causa des neuen Schuldverhältnisses bildet[461]. Auch wenn keine Norm des BGB die Novation erwähnt, so deckt der Grundsatz der allgemeinen Vertragsfreiheit schließlich auch sie. Novation kombiniert Schuldaufhebung und Schuldbegründung in einem einheitlichen Vertrag mit Doppelwirkung[462]. Beide Vertragsteile werden mittels einer Ersetzungsabrede (in welcher die causa novandi zum Ausdruck kommt) aufeinander bezogen. Vertragspartei ist jede Person, die als Gläubiger oder Schuldner Subjekt des aufgehobenen oder des begründeten Schuldverhältnisses ist oder sein soll.

Für den Fall, dass der Konkursverwalter Erfüllung wählt, hieße das, dass der Gemeinschuldner mit seinem Vertragspartner vor Eröffnung des Konkursverfahrens eine Abrede getroffen hat, in der beide vereinbarten, für den Konkursfall Schuldaufhebung und Schuldbegründung zu kombinieren. Eine solche Fallkonstellation dürfte in nahezu allen Fällen ausgeschlossen sein. Auch eine konkludente Novationsabrede ist im Abschluss eines gegenseitigen Vertrages regelmäßig nicht enthalten.

Zahlreiche andere Autoren stehen der Konstruktion der neueren Rechtsprechung ebenfalls kritisch gegenüber[463]. So ist *Häsemeyer* der Ansicht, die Auffassung des BGH laufe auf einen unzulässigen Kontrahierungszwang zugunsten der Masse und zu Lasten des Vertragsgegners hinaus[464].

Diesem Kritikpunkt kann entgegengehalten werden, dass es die selbständige und unabhängige Entscheidung des Vertragspartners des Gemeinschuldners gewesen ist, als er das Rechtsgeschäft mit den konkret auszutauschenden Leistungen eingegangen ist. Der Vertragspartner wird bei Erfüllungswahl des Konkursverwalters nicht besser oder schlechter gestellt, als er stehen würde, wenn das Rechtsgeschäft mit dem Gemeinschuldner durchgeführt worden wäre. Der Vertragspartner erhält genau die Leistung, die er erzielen wollte, als er mit dem Gemeinschuldner kontrahierte.

Die Konstruktion des BGH muss sich allerdings mit dem Vorwurf auseinandersetzen, dass das Motiv der Massebereicherung ausschlaggebend für die Konstruktion gewesen ist. Durch die Neuentstehung der Ansprüche hindert § 15 KO die Wirksamkeit etwaiger Vorauszessionen. Der „neue" Anspruch, der durch das Erfüllungsverlangen des Konkursverwalters entstehen soll, wäre nach Eröffnung des Konkursverfahrens begründet worden, und nicht durch eine Handlung des Gemeinschuldners. Damit wäre die Vorauszession gemäß § 15 S. 1 KO unwirksam. Die Gegenleistung, die

---

[461] Gernhuber, Die Erfüllung und ihre Surrogate, 1983, § 18, 1, S. 402.

[462] Gernhuber, aaO, S. 404.

[463] vgl. u.a. Sundermann, WuB VI B § 15 KO 1.89, S. 923 (925); Niesert, WIB 1995, 759 (760); Marotzke (EWiR § 17 KO 2/ 88, S: 285 (286)) hält bereits ein „Erlöschen" der Erfüllungsansprüche durch die Verfahrenseröffnung für nicht vertretbar. Hierfür fehle es an einer gesetzlichen Grundlage. Abweichende Regelungen würden sich nur in den §§ 18, 23 KO für Fixgeschäfte sowie für Aufträge und Geschäftsbesorgungsverträgen finden.

[464] Häsemeyer, JR 1992, 422 (424).

aufgrund der Durchführung des Rechtsgeschäftes beansprucht werden kann, verbleibe in der Masse und sei nicht an den Zessionar weiterzuleiten.

Zugunsten dieser Konstruktion lassen sich nicht zuletzt praktische Erwägungen heranziehen. Unterstellt, die Vorauszession habe auch bei Erfüllungswahl der Konkursverwalters Bestand, so würde daraus folgen, dass die von dem Vertragspartner des Gemeinschuldners geschuldete Gegenleistung nicht bei der Masse verbliebe, sondern an den Zessionar weiterflösse. Dann hätte der Verwalter durch die Erfüllungswahl dafür gesorgt, dass zwar eine Leistung aus der Masse nach Eröffnung erbracht worden wäre, die Gegenleistung aber an einen Dritten, nämlich den Zessionar gehen würde. Dies würde im Ergebnis eine Schmälerung der Masse bedeuten. Der Verwalter hat sich aber bei der Entscheidung über die Durchführung schwebender Rechtsgeschäfte einzig und allein an wirtschaftliche Kriterien zu halten, welche Maßnahme für die Masse günstig ist. Die Entscheidung für eine Erfüllungswahl wäre aber in keinem Fall massegünstig, wenn aus der Masse eine Leistung abgezogen würde, ohne dass ein wirtschaftliches Plus für die Masse entstünde. Dieses wirtschaftliche Plus kann nur entstehen, wenn die Gegenleistung, die durch das durchzuführende Rechtsgeschäft in die Masse gelangt, wirtschaftlich wertvoller ist als der Einsatz der Masse. Besteht die Vorauszession jedoch fort, wie von weiten Teilen der Literatur gefordert, so dürfte der Verwalter in keinem Fall die Erfüllung des schwebenden Rechtsgeschäftes wählen. Das Wahlrecht des Konkursverwalters wäre Makulatur, sobald der Gemeinschuldner eine wirksame Vorausverfügung getroffen hätte.[465]

Das von *Bornholt* angeführte Argument[466], der Masse sei die Gegenleistung, die nun an den Zessionar weiterzuleiten wäre, bereits durch die Forfaitierung[467] zugeflossen, erscheint nur auf den ersten Blick überzeugend. Zwar hat die Masse durch die Forfaitierung der Forderung aus dem durchzuführenden Rechtsgeschäft bereits einen Gegenwert (in der Regel den Kaufpreis für die Forderung, der je nach Risikolage hinter dem Wert der abgetretenen Forderung zurückbleibt) erhalten. Dies geschah jedoch durch ein eigenes Rechtsgeschäft zwischen dem Gemeinschuldner und (meist) einem Kreditinstitut. Das Kreditinstitut ist durch den Forderungskauf aufgrund der Übernahme des Bonitätsrisikos einseitig in Vorlage getreten. Dem späteren Gemeinschuldner wurde Kredit gewährt. Dadurch hat das Kreditinstitut aber auf die Einrede des nichterfüllten Vertrages aus eigenem Entschluss verzichtet. Der spätere

---

[465] Mit dieser Überlegung läßt sich Kritik an der von Gerhardt (in Festschrift Merz, S. 117 (130)) vertretenen Auffassung üben, nach der Vorausverfügungen bei Erfüllungsverlangen wirksam sein sollen.

[466] Bornholt, aaO, S. 134, der die Insolvenz als „Glücksfall" für die Masse beschreibt, sofern die Vorausabtretungen bei Erfüllungswahl nicht mehr gültig sein sollen.

[467] vgl. ausführlich zur Finanzierung im Wege der Forfaitierung oben unter § 2 III., 4.2.

Gemeinschuldner hat auch nur eine Quote auf die abgetretene Forderung erhalten, die seinem eigenen Insolvenzrisiko entsprach. Mit der Eröffnung des Konkursverfahrens verwirklicht sich also das von dem Kreditinstitut eingegangene Risiko des Rechtsgeschäftes.

Durch die eigene Vorleistung hat das Kreditinstitut aber auch auf einen besonderen Insolvenzschutz verzichtet, wie dies jeder Gläubiger tut, der in Vorleistung tritt[468]. Die Eröffnung des Konkursverfahrens führt dazu, dass das Kreditinstitut mit der Forderung aus dem Forfaitierungsgeschäft zu einem einfachen Konkursgläubiger wird.

Das Argument, der Masse sei die Gegenleistung, die nun an den Zessionar weiterzuleiten wäre, bereits zugeflossen und deshalb im Falle der Erfüllungswahl weiterzuleiten, kann auch bei Vereinbarung einer Globalzession anstelle einer Forfaitierung nicht zu einer Weiterleitung der Leasingraten an den Zedenten führen, wenn der Verwalter eine tatsächliche Möglichkeit zu einer Erfüllungswahl haben soll. Zwar hat das Kreditinstitut im Unterschied zu der Konstellation bei der Forfaitierung im Falle der Vereinbarung einer Globalzession mit dem Leasinggeber nicht das Bonitätsrisiko übernommen. Allerdings läßt es sich auch in diesem Fall ein konsequenter Masseschutz nur erreichen, wenn die Leasingraten bei einer Erfüllungswahl seitens des Verwalters nicht an einen Zedenten weiterzuleiten sind. Würde der Verwalter mit seinem Erfüllungsverlangen dafür sorgen, dass (die Wirksamkeit unterstellt) aufgrund der Vorausverfügung eine einfache Konkursforderung der nicht anderweitig gesicherten Bank erfüllt würde, so wäre dies eine Benachteiligung der übrigen Konkursgläubiger. Der Verwalter könnte gar nicht die Erfüllung wählen, ohne sich einem persönlichen Haftungsrisiko auszusetzen. Damit wäre aber im Ergebnis die Erfüllungswahl in all jenen Fällen für den Insolvenzverwalter unzumutbar, in denen der Insolvenzschuldner als Leasinggeber die Leasingraten zediert hätte.

Eine Erfüllungswahl käme nur noch in solchen Fällen in Betracht, in denen die Masse gerade auf diesen Gegenstand angewiesen ist. So könnte die Erfüllungswahl beispielsweise angezeigt sein, weil eine Fortsetzung der Produktion ohne diesen Gegenstand ausgeschlossen ist und gleichzeitig durch die fortgesetzte Produktion derartige Gewinne erwirtschaftet werden, die den Aufwand übersteigen, der durch die Fortsetzung des Rechtsgeschäfts und Abführung der Gegenleistung an den Zessionar entsteht.

Diese für die Gläubigergesamtheit ungünstige Konstellation läßt sich nicht anders vermeiden, als dies durch die Erlöschenstheorie vertreten wird. Ein wirksamer Masseschutz setzt gerade voraus, dass die aufgrund der Erfüllungswahl an die Masse geleisteten Leasingraten auch in der Verteilungsmasse verbleiben und nicht an einen

---

[468] so auch Häsemeyer, Insolvenzrecht, 1. Auflage, S. 398.

einzelnen Gläubiger weitergeleitet und damit der Verteilungsmasse sogleich wieder entzogen werden. Ein solcher Masseschutz ist aber nur bei einer Konstruktion erreichbar, bei der die Erfüllungsansprüche mit der Eröffnung des Verfahrens erlöschen und erst durch die Erfüllungswahl des Verwalters wieder neu mit dem bisherigen Inhalt entstehen, so dass § 15 KO zu Anwendung kommt. Diese Konstruktion der Erlöschenstheorie ist demnach aus Gründen des Masseschutzes und der Gläubigergleichbehandlung vorzugswürdig.

5 Ergebnis

Weder die wörtliche noch die systematische Auslegung liefern eindeutige Ergebnisse hinsichtlich der rechtstechnischen Funktionsweise des § 17 KO. Mittels der historischen Auslegung wird deutlich, dass im Zeitpunkt der Eröffnung des Konkursverfahrens, welcher in dem Eröffnungsbeschluss festgehalten wird, auf die gegenseitigen Erfüllungsansprüche eingewirkt wird.

Die Art und Weise der Einwirkung ergibt sich allerdings erst unter Heranziehung der Kriterien der teleologischen Auslegung. Für die Art und Weise der Einwirkung stehen zwei Auffassungen alternativ zu Entscheidung. Nach einer Auffassung wandelt sich der Erfüllungsanspruch des Vertragspartner des Gemeinschuldners mit der Verfahrenseröffnung zunächst in eine Konkursforderung nach § 3 KO um, die gemäß § 69 KO als Geldforderung geltend zu machen ist. Erst die Ablehnung der Erfüllung durch den Verwalter führt dazu, dass der Anspruch des Vertragspartners zu einem einseitigen Schadensersatzanspruch wegen Nichterfüllung wird, der gemäß § 26 S. 2 KO als Konkursforderung geltend gemacht werden kann. Demgegenüber steht das Verständnis des BGH von einem Erlöschen des Erfüllungsanspruchs des Gläubigers des Gemeinschuldners im Zeitpunkt der Verfahrenseröffnung und einer Neuentstehung bei Erfüllungswahl durch den Konkursverwalter.

Die teleologische Auslegung hat gezeigt, dass der Sinn und Zweck des § 17 KO, der in dem Schutz der Masse und einer Gleichbehandlung der Gläubiger zu sehen ist, nur unter Zugrundelegung der Erlöschenstheorie tatsächlich erreicht werden kann. Insbesondere für die Fälle der Vorausabtretung der Leasingraten durch den Leasinggeber an einen Dritten gelangt die Erlöschenstheorie zu einem Ergebnis, bei dem der Masseschutz verwirklicht wird. Der zur Durchsetzung des Masseschutzgedankens notwendige Eingriff in die Rechtsposition des Zedenten ist in diesem Fall gerechtfertigt.

II. REGELUNG NACH DER INSOLVENZORDNUNG

Mit der Einführung der Insolvenzordnung bestand für den Gesetzgeber die Möglichkeit der Streitentscheidung hinsichtlich der Frage nach der Wirkung der Konkurseröffnung auf schwebende Verträge. Der Gesetzgeber hat diese Möglichkeit auf den ersten Blick ungenutzt gelassen hat. Auch nach Inkrafttreten der Insolvenzordnung besteht in der Literatur Uneinigkeit über die rechtlichen Wirkungen einer Verfahrenseröffnung auf gegenseitige, noch nicht vollständig erfüllte Verträge.

Eingeleitet durch die Kommentierung von *Kreft* im Münchener Kommentar[469] hat der für Insolvenzrecht zuständige IX. Zivilsenat des Bundesgerichtshofs mit seiner Entscheidung vom 25. April 2002[470] sein bisheriges Verständnis zu den Wirkungen der Verfahrenseröffnung relativiert und vertritt nunmehr eine modifizierte Form der Erlöschenstheorie. Diese Änderung der Rechtsprechung wurde durch eine weitere Entscheidung vom 27. Mai 2003 bekräftigt[471].

1 Meinungsstand in der Literatur zu § 103 InsO

Die Einführung des § 103 InsO hat den Meinungsstreit um die Wirkungen der Eröffnung des Insolvenzverfahrens zunächst nicht abreißen lassen. Die Vertreter der verschiedenen Ansichten sahen ihre Auffassungen jeweils bestätigt[472]. Während ein großer Teil der Kommentierungen zur Insolvenzordnung die Auffassung der Rechtsprechung zur Konkursordnung teilt[473] oder zumindest davon ausging, dass der Bundesgerichtshof an seiner zuletzt gefestigten Rechtsprechung festhalten werde[474],

---

[469] Kreft, in MünchKomm-InsO, § 103 Rn. 2 ff., 8 ff.; 13 ff.; vgl. ausführlich unter § 3 II., 2 und § 3 II., 3.

[470] BGHZ 150, 353 (359).

[471] BGHZ 155, 87 (96).

[472] vgl. Jauernig, Zwangsvollstreckungs- und Insolvenzrecht, 21. Aufl., § 49 II. (mit Hinweis auf die Verwendung des Terminus „Wahlrecht" in § 103 InsO); Huber, NZI 1998, S. 97 (98); Gottwald/Huber, Insolvenzrechtshdb., § 34 Rn. 31 ff.; Tintelnot, in: Kübler/ Prütting, InsO, § 103 Rn. 8 ff., 12; HK-Marotzke, § 103 Rn. 2; Marotzke, Gegenseitige Verträge im neuen Insolvenzrecht, 1998, S. 57 ff.; gegen all diese: Kreft, ZIP 1997, S. 865 (868); ders., in: MünchKomm-InsO, § 103 Rn. 2 ff., 8 ff..

[473] So ausdrücklich Smid, InsO, § 103 Rn. 6f.; Goetsch, in: Berliner Kommentar § 103 Rn. 13; Hess/ Pape, InsO, § 103 Rn. 328; ders., Kölner Schrift 2. Aufl., S. 531 (541f.); Haarmeyer/Wutzke/Förster, Insolvenzrechtshdb., Kap. 5 Rn. 181 ff.; vgl. auch Gottwald/ Huber, Insolvenzrechtshdb., § 34 Rn. 34 ff. (36).

[474] So insb. Wegener, in: Wimmer, InsO, § 103 Rn. 1, 57; Nerlich/Römermann/Balthasar, § 103 Rn. 3 ff., 6; zunächst auch Kroth, in: Braun, Kommentar zur InsO, § 103 Rn. 9; Letzterer gibt in der 2. Auflage des von Braun herausgegebenen Kommentars zur Insolvenzordnung unter Bezugnahme auf Kreft die in dem Urteil des BGH vom 25. April 2002 vertretene Auffassung wieder.

vertreten andere Stimmen in der Literatur[475] weiterhin die abweichende Auffassung, dass erst die Ablehnung der Erfüllung durch den Insolvenzverwalter eine rechtsgestaltene Wirkung entfalten würde. Diese Auffassung entspricht der älteren Rechtsprechung und sogenannten herkömmlichen Auffassung[476].

Die Befürworter der Erlöschenstheorie argumentieren insbesondere dahingehend, dass diese Auffassung klaren Ergebnisse liefere und für die Partner von Verträgen durchschaubar sei, und somit die Rechtssicherheit fördere. Nach Ansicht von *Pape*[477] entspricht das Verständnis der Erlöschenstheorie von der Wirkungen der Verfahrenseröffnung weit mehr dem Sinn der Insolvenzrechtsreform, als die andernfalls anzunehmenden Gestaltungswirkungen der Erklärung des Verwalters, die dazu führen würden, dass vor Verfahrenseröffnung begründete Vorzugsrechte Dritter bestehen blieben. Auch *Smid*[478] argumentiert im Sinne der Erlöschenstheorie, dass ein vorrangiger Schutz der Masse dem Ziel der Reform entspräche und sich daher auch zu § 103 InsO vertreten lasse. Des weiteren hat sich die Erlöschenstheorie nach Ansicht von *Huber*[479] in der Praxis in den wichtigen Fallgruppen der Abtretung[480] und Aufrechnung[481] bewährt. Ein maßgeblicher Gesichtspunkt sei, dass der Verwalter durch das Erfüllungsverlangen in die Lage versetzt werden solle, die für die Masse günstigste Lösung zu wählen. Diesen Normzweck verwirklicht nach Ansicht von *Huber*[482] die von der Rechtsprechung des BGH vertretene Erlöschenstheorie konsequent.

Demgegenüber stellt *Häsemeyer*[483] das den gegenseitigen Verträgen immanente und schützenswerte Synallagma in den Vordergrund. Zudem sei es eine „unhaltbare Konsequenz", dass sicherungszedierte Forderungen dem Sicherungsnehmer genommen und insolvenzrechtlich geschützte Aufrechungslagen vernichtet würden.

---

[475] Insbesondere Tintelnot, in: Kübler/Prütting, § 103 Rn. 8, 12; Häsemeyer, Insolvenzrecht, 2. Auflage, Rn .20.07 und 20.16 ff.; Jauernig, Zwangsvollstreckungs- und Insolvenzrecht, 21. Aufl., § 49 II, S. 225 f..

[476] vgl. zu dieser „herkömmlichen" Auffassung ausführlich unter § 3 I., 1.

[477] Pape, Kölner Schrift, 2. Aufl., S. 531 (541), Rn. 12.

[478] Smid, InsO, § 103 Rn. 6.

[479] Gottwald/Huber, Insolvenzrechtshdb., § 34 Rn. 35.

[480] vgl. dazu das unter § 3 I., 3.7 besprochene Urteil BGHZ 106, 236.

[481] vgl. dazu das unter § 3 I., 3.6 näher dargestellte Urteil BGHZ 103, 250.

[482] Gottwald/Huber, Insolvenzrechtshdb., § 34 Rn. 34 f..

[483] Häsemeyer, Insolvenzrecht, 2. Auflage, Rn. 20.07.; ders. bezeichnete die Änderung der Rechtsprechung zunächst als "eigenwillige Auslegung", in: JZ 1996, S. 237 (252); siehe auch dazu die neueren Ausführungen von Häsemeyer, Insolvenzrecht, 3. Auflage, Rn. 20.07, 20.12.

Tintelnot[484] schließlich hält die Erlöschenstheorie, so „wünschenswert eine Masseanreicherung" auch sei, aufgrund des Gesetzeswortlautes und der Systematik nicht für vertretbar.

Nach Ansicht von *Marotzke*[485] wiederum ist weder die von der Rechtsprechung vertretene Erlöschenstheorie, welche er an anderer Stelle[486] als „Zauberformel" bezeichnet, noch die „herkömmliche" Auffassung vertretbar. Laut *Marotzke* ist Folge der Eröffnung weder ein automatisches Erlöschen[487], noch eine sich der sofortigen Anwendbarkeit des § 38 InsO entziehende „Schwebelage"[488], noch eine den § 38 InsO unanwendbar machende Privilegierung des Vertragspartners nach dem Vorbild des ersatzlos weggefallenen § 36 Abs. 1 VglO. Vielmehr stelle § 103 InsO, wie bereits zuvor § 17 KO, klar, dass der Insolvenzverwalter zu einer Verwertung der Forderung aus schwebenden Verträgen berechtigt sei, einschließlich der damit verbundenen Notwendigkeit, die Gegenleistung mit Mitteln der Masse erbringen zu müssen. Diese Klarstellung der Erfüllungskompetenz des Verwalters erfolge auch aufgrund des Umstandes, dass der Vertragspartner des Insolvenzschuldners eigentlich nur Insolvenzgläubiger sei und als solcher mit der Quote abgespeist werden könnte.

2 Die Interpretation der bisherigen Rechtsprechung nach Kreft

Zu der bisherigen Rechtsprechung des BGH unter der Konkursordnung hat *Kreft*[489] Stellung genommen und einen umfangreich begründeten Einblick in das Verständnis des BGH von der Erlöschenstheorie gegeben. Diese Ausführungen verdienen nicht zuletzt deswegen besondere Aufmerksamkeit, weil anzunehmen ist, dass *Kreft* als damaliger Vorsitzender Richter des IX. Zivilsenats[490] maßgeblich an der Entwicklung dieser Rechtsprechung beteiligt ist[491]. Nach Auffassung von *Kreft* besteht Einigkeit lediglich darüber, dass die Regelungen des § 103 InsO und § 17 KO in erster Linie dem Insolvenzverwalter ermöglichen sollen, einen von keiner Seite bereits vollständig erfüllten gegenseitigen Vertrag zum Vorteil der Masse und damit der Gläubigerge-

---

484 Tintelnot, in: Kübler/Prütting, § 103 Rn. 12.

485 HK-Marotzke, § 103 Rn. 2 ff.

486 Marotzke, Gegenseitige Verträge, Rn. 4.82.

487 HK-Marotzke, § 103 Rn. 40.

488 HK-Marotzke, § 103 Rn. 37.

489 Kreft, MünchKomm-InsO, § 103 Rn. 2 f., 8 ff.. vgl. bereits an anderer Stelle Kreft, Festschrift Uhlenbruck (2000), S. 387 ff.

490 vgl. www.bundesgerichtshof.de, dort „Richter der Zivilsenate" (Stand: Juli 2002).

491 vgl. bereits die Verteidigung der Rechtsprechung des BGH zu § 17 KO an früherer Stelle durch Kreft, in: Festschrift für Fuchs, S. 115 (121) = ZIP 1997, S. 865 (867); siehe dazu oben § 3 I., 4.2.

samtheit auszuführen. Gleichzeitig solle dem Vertragspartner der durch das funktionelle Synallagma vermittelte Schutz erhalten bleiben[492].

Tatsächlich wird dieser doppelte Zweck von der überwiegenden Literatur nicht in Abrede gestellt[493]. Der BGH selbst hat diese Zweckbestimmung in den Entscheidungsgründen der Urteile vom 21.11.1991[494] und 04.05.1995[495] ausdrücklich hervorgehoben.

Trotz dieser Einigkeit besteht nach Worten von *Kreft* zwischen der Rechtsprechung und den in der Literatur maßgeblichen Stimmen ein „*Fundamentaldissens*“ hinsichtlich des Verständnisses von § 17 KO und § 103 InsO. Die von dem Bundesgerichtshof vertretene Erlöschenstheorie habe „Verwirrung gestiftet“[496]. Tatsächlich lasse sich die Erlöschenstheorie auf folgende Grundgedanken zurückführen[497]:

Die Ansprüche aus gegenseitigen Verträgen im Sinn von § 103 InsO würden mit der Eröffnung des Insolvenzverfahrens nicht ohne weiteres zu Masseforderungen und –verbindlichkeiten. Vielmehr bleibe es der Entscheidung des Insolvenzverwalters überlassen, ob er einen gegenseitigen Vertrag „erfüllen und die Erfüllung vom anderen Teil verlangen“, d.h. den Vertrag mit Wirkung für und gegen die Masse fortsetzen wolle. Wähle der Verwalter nicht Erfüllung, bleibe der Vertrag ungeachtet der Eröffnung des Insolvenzverfahrens bestehen, werde aber rein insolvenzmäßig abgewickelt[498]. Der Bundesgerichtshof habe dies so ausgedrückt, dass die beiderseitigen Erfüllungsansprüche mit der Eröffnung des Insolvenzverfahrens „erlöschen“. Dies wolle indes – wie insbesondere den Entscheidungen vom 04.05.1995[499] und 27.02.1997[500] entnommen werden könne – nichts anderes besagen, als dass der Vertragspartner keinen durchsetzbaren Anspruch gegen die Masse auf (weitere) Erfüllung des Vertrages habe und dass umgekehrt kein durchsetzbarer Anspruch der Masse auf die Gegenleistung für vom Schuldner noch nicht erbrachte Leistungen bestehe. Der Bundesgerichtshof habe nie ausgesprochen, dass mit der Eröffnung des Insolvenzverfahrens der gegenseitige Vertrag insgesamt erlösche, auch wenn dies in der

---

[492] Kreft, MünchKomm-InsO, § 103 Rn. 8.

[493] vgl. insbesondere die Nachweise bei Bork, Festschrift Zeuner, S. 297, 309 dort in Fn. 49; bereits die Motive, vgl. Hahn (Die gesammelten Materialien zu den Reichsjustizgesetzen, Band 4, Materialien zur Konkursordnung, 1881), S. 85f. erwähnen diese Zweckbestimmungen.

[494] BGHZ 106, S. 236 (244); vgl. zu diesem Urteil ausführlich oben unter § 3 I., 3.7.

[495] BGHZ 116, S. 156 (159); vgl. zu dieser Entscheidung oben unter § 3 I., 3.8.

[496] Kreft, MünchKomm-InsO, § 103 Rn. 3.

[497] Kreft, MünchKomm-InsO, § 103 Rn. 13.

[498] Insoweit verweist Kreft auf BGHZ 89, 189 (194) sowie auf die Darstellung von Tintelnot, in: Kübler/Prütting, § 103 Rn. 10.

[499] BGHZ 129, S. 336 (340); vgl. dazu oben unter § 3 I., 3.9.

[500] BGHZ 135, 25 (27); vgl. dazu oben unter § 3 I., 3.10.

Literatur[501] gelegentlich behauptet werde. Nur wenn der Insolvenzverwalter Erfüllung wähle, würden solche Erfüllungsansprüche für und gegen die Masse „neu" im Sinne von originär begründet.

In seiner weiteren Darstellung der Rechtsprechung des BGH sagt *Kreft* ausdrücklich, dass es nicht richtig sei, der Eröffnung des Insolvenzverfahrens die Wirkung einer materiell-rechtlichen Umgestaltung des Vertrages beizumessen[502]. Vielmehr bestünden die vertraglichen Erfüllungsansprüche grundsätzlich fort. In diesem Zusammenhang zitiert *Kreft* die Auffassung von *Marotzke*, einen ausgewiesenen Kritiker der Rechtsprechung des BGH, als „zutreffend"[503]. Der Verfahrenseröffnung als solcher käme – abgesehen von den allgemeinen Wirkungen (§§ 80 ff. InsO) – für das Rechtsverhältnis zwischen Schuldner und Vertragspartner außerhalb des Insolvenzverfahrens keine materiell-rechtliche Wirkung zu.

Zum besseren Verständnis der „Erlöschenstheorie" des BGH sei zudem danach zu unterscheiden, ob bis zur Eröffnung des Verfahrens noch von keiner Vertragspartei Leistungen erbracht wurden oder aber ob eine Partei oder beide Parteien bereits teilweise geleistet hätten. Habe noch keine Vertragspartei eine Leistung erbracht, bestünde kein durchsetzbarer Anspruch des Vertragspartners gegen die Masse auf Erfüllung des zwischen ihm und dem Insolvenzschuldner abgeschlossenen gegenseitigen Vertrages. Umgekehrt habe auch die Masse keinen durchsetzbaren Anspruch gegen den Vertragspartner des Insolvenzschuldners. Hat dagegen eine Vertragspartei oder haben beide vor Eröffnung des Verfahrens bereits teilweise geleistet, so soll es nach Darstellung von *Kreft* zu einer „Vertragsspaltung"[504] kommen. Die beiderseitigen Erfüllungsansprüche „erlöschen" nur insoweit, als es nicht um schon erbrachte Leistungen und die ihnen entsprechenden Gegenleistungen gehe, d.h. im Umfang der Differenz zwischen den erbrachten und den vollständigen Leistungen desjenigen, der im Zeitpunkt der Verfahrenseröffnung den größeren Teil der vertraglichen Leistungen erfüllt habe[505]. Im übrigen blieben die Erfüllungsansprüche desjenigen Vertragspartners, der vor Eröffnung des Insolvenzverfahrens mehr Leistungen als der andere erbracht hatte, grundsätzlich bestehen. Insoweit gelte: Habe der Schuldner vorgeleistet, könne der Insolvenzverwalter die noch ausstehende anteilige Gegenleistung gemäß § 80 Abs. 1 InsO zur Masse ziehen. Habe der Vertragspartner vorgeleistet, stehe diesem ein entsprechender anteiliger Gegenanspruch zu – aller-

---

[501] Kreft, MünchKomm-InsO, § 103 Rn. 13 Fn. 55, verweist insoweit auf Henckel, JZ 1998, S. 155 (157); ders. Festschrift für Lüke, S. 237 (252).

[502] Kreft, MünchKomm-InsO, § 103 Rn. 18.

[503] Vgl. Kreft, MünchKomm-InsO, § 103 Rn. 18 in Fn. 63.

[504] Kreft, MünchKomm-InsO, § 103 Rn. 4 unter Hinweis auf BGHZ 68, 379 (381); BGHZ 129, 336 (342).

[505] Kreft, MünchKomm-InsO, § 103 Rn. 3, unter Hinweis auf BGHZ 135, 25 (27/28).

dings nur als Insolvenzforderung –, den er zur Tabelle anmelden könne. Mittels dieser Vertragsspaltung werde sichergestellt, dass die Masse nur für solche Leistungen des Vertragspartners über die Insolvenzquote hinaus aufzukommen habe, die unmittelbar an sie erbracht würden[506].

Einen vergleichbaren Ansatz vertritt auch *Häsemeyer*, der zwischen einer haftungsrechtlichen und einer materiell-rechtlichen Wirkung der Verfahrenseröffnung differenzieren will. So sollen etwaige synallagmatische Erfüllungsansprüche mit Eröffnung des Insolvenzverfahrens eine haftungsrechtliche Modifikation erfahren. Das zweiseitig konzipierte materielle Vertragsrecht werde allseitig–haftungsrechtlich modifiziert. Die entscheidende Fragestellung laute nicht, was dem Vertragspartner des Schuldners im Verhältnis zur Insolvenzmasse (oder gar gegenüber dem Schuldner) zusteht, sondern was ihm im Verhältnis zu seinen Mitgläubigern gebühre[507].

3 Modifikation der Erlöschenstheorie durch BGH

Mit Urteil vom 25. April 2002[508] hat der vom Vorsitzenden Richter am Bundesgerichtshof *Kreft* geleitete IX. Zivilsenat die Möglichkeit wahrgenommen und die in der Kommentierung von *Kreft* im Münchener Kommentar zur Insolvenzordnung bereits angedeutete Modifikation seiner bisherigen Rechtsprechung im Hinblick auf die Wirkung der Verfahrenseröffnung umgesetzt. Bereits im Leitsatz formuliert der BGH entgegen den bisherigen Ausführungen zur Erlöschenstheorie wie folgt[509]:

> „c) Die Eröffnung des Insolvenzverfahrens bewirkt kein Erlöschen der Erfüllungsansprüche aus gegenseitigen Verträgen im Sinn einer materiell-rechtlichen Umgestaltung. Vielmehr verlieren die noch offenen Ansprüche im Insolvenzverfahrens ihre Durchsetzbarkeit, soweit sie nicht auf die anteilige Gegenleistung für vor Verfahrenseröffnung erbrachte Leistungen gerichtet sind. Wählt der Verwalter Erfüllung, so erhalten die zunächst nicht durchsetzbaren Ansprüche die Rechtsqualität von originären Forderungen der und gegen die Masse."

Nach dem in der Entscheidung zu beurteilenden Sachverhalt begehrte die Klägerin von dem beklagten Gesamtvollstreckungsverwalter die Auszahlung von nach Verfahrenseröffnung eingezogenen Forderungen, welche vor Verfahrenseröffnung an die Klägerin zur Sicherheit abgetreten worden waren. Die diesen Forderungen zugrunde liegende Leistung erbrachte die Insolvenzschuldnerin allerdings erst nach der Verfahrenseröffnung gegenüber einer Arbeitsgemeinschaft (ARGE) im Rahmen eines Werkvertrages. Der Gesamtvollstreckungsverwalter verweigerte die Auskehrung der

---

[506] Kreft, MünchKomm-InsO, § 103 Rn. 4.
[507] Häsemeyer, Insolvenzrecht, 3. Auflage 2002, Rdn. 20.04 ff..
[508] BGH, Urteil vom 25. April 2002, IX ZR 313/99, in: BGHZ 150, 353 (359 f.)
[509] BGHZ, aaO.

eingezogenen Erlöse aus den Forderungen. Diese Auffassung bestätigte der Senat durch folgende Ausführung[510]:

> „... An dem Anspruch der Schuldnerin/Gesamtvollstreckungsmasse gegen die ARGE auf Werklohn für solche Leistungen, welche nach Verfahrenseröffnung für die ARGE erbracht wurden, konnte die Klägerin aufgrund der vor Eröffnung des Gesamtvollstreckungsverfahrens erfolgten Sicherungszession Rechte gegenüber der vom Beklagten verwalteten Masse nicht wirksam erwerben (vgl. BGHZ 106, 236, 243; 135, 25, 26; MünchKomm-InsO/Kreft § 103 Rn. 51, 54; auch BGHZ 147, 28, 31f.)."

In den weiteren Entscheidungsgründen distanziert sich der IX. Zivilsenat eindeutig von seiner bisherigen Rechtsprechung. So soll die Verfahrenseröffnung, wie bereits von *Kreft* im Münchener Kommentar[511] dargestellt, nun kein materiell-rechtliches Erlöschen der Ansprüche bewirken[512]:

> „Soweit der Bundesgerichtshof bislang davon gesprochen hat, daß derartige Ansprüche mit der Eröffnung des Insolvenzverfahrens erlöschen (vgl. etwa BGHZ 129, 336, 338; 135, 25, 26 m.w.N.), wird dies der Rechtslage nicht voll gerecht. Die Verfahrenseröffnung bewirkt keine materiall-rechtliche Umgestaltung des gegenseitigen Vertrages, sondern hat wegen der beiderseitigen Nichterfüllungseinreden der Vertragspartner (§ 320 BGB) nur zur Folge, daß diese ihre noch ausstehenden Erfüllungsansprüche, soweit es sich nicht um Ansprüche auf die Gegenleistung für schon erbracht Leistungen handelt, nicht durchsetzen können (vgl. MünchKomm-InsO/Kreft § 103 Rn. 13, 18, 25, 32, 38; auch BGH, Urt. v. 22 Dezember 1995 – V ZR 52/85, ZIP 1996, 426, 427)."

Im Hinblick auf die Rechtsfolgen eines Erfüllungsverlangens seitens des Insolvenzverwalters führt der Bundesgerichtshof weiter Folgendes aus[513]:

> „Mit der Wahl des Beklagten als Gesamtvollstreckungsverwalter, den Bauvertrag zwischen der Schuldnerin und ARGE zu erfüllen, wurde den Ansprüchen der ARGE auf die noch ausstehenden Werkleistungen der Schuldnerin und deren Anspruch auf eine entsprechende Gegenleistung die Rechtsqualität von originären Masseverbindlichkeiten und – forderungen beigelegt (vgl. MünchKomm-InsO/Kreft, § 103 Rn. 39ff., 47, 51, 54)."

Ein derartiges Verständnis von der Wirkung der Verfahrenseröffnung und die Rechtsfolgen bei Ausübung des Wahlrechts durch den Insolvenzverwalter stimmt mit der bereits von *Kreft* vor Veröffentlichung dieses Urteils dargestellten Interpretation der Erlöschenstheorie überein. Im Hinblick auf Literaturquellen beruft sich die Entscheidung ausdrücklich (und ausschließlich) auf die Kommentierung von *Kreft* im Münchener Kommentar. Ebenso wie *Kreft* stellt der Bundesgerichtshof heraus, dass den auf ein Erfüllungsverlangen des Insolvenzverwalters zurück gehenden Leistungen die Rechtsqualität von „originären" Ansprüchen zukommen soll.

---

[510] BGHZ 150, 353 (359).

[511] vgl. Kreft, aaO, § 103 Rn. 18, 25, 32, 38, siehe dazu oben unter § 3 II. 2); so auch Häsemeyer, Insolvenzrecht, 3 Auflage 2004, Rn. 20.07, der ebenfalls die haftungsrechtliche Umqualifizierung qua Insolvenzeröffnung von der materiell-rechtlichen Wirkung der Verfahrenseröffnung unterscheidet.

[512] BGHZ 150, 353 (359).

[513] BGHZ 150, 353 (359).

In einer späteren Entscheidung Auffassung vom 27. Mai 2003[514] hat der IX. Zivilsenat diese Neuausrichtung und Modifikation der Erlöschenstheorie hin zu einer bloßen haftungsrechtlichen Umgestaltung der Erfüllungsansprüche qua Verfahrenseröffnung bestätigt:

> „... Nach der neueren Rechtsprechung des Senats zum Wahlrecht des Verwalters (BGHZ 150, 353 ff.) lassen die Verfahrenseröffnung und Erfüllungsablehnung die Ansprüche aus beiderseits noch nicht erfüllten gegenseitigen Verträgen grundsätzlich unberührt."

4 Stellungnahme

Die anhaltende Auseinandersetzung über die Wirkungen der Verfahrenseröffnung für schwebende Verträge und insbesondere die insoweit von *Kreft* eingeleitete und in der neuesten Rechtsprechung aufgenommene Interpretation der Erlöschentheorie erfordern eine eingehende Untersuchung, welches konstruktive Verständnis der Regelung des § 103 InsO zu Grunde liegt. Dabei sollen die bei der Auslegung des § 17 KO gewonnen Erkenntnisse herangezogen werden. Die Auslegung des § 103 InsO erfolgt nach der gleichen Methode wie bei § 17 KO. Hinsichtlich der einzelnen Auslegungskriterien wird insoweit auf die obigen Ausführungen[515] verwiesen. Besondere Bedeutung kommt in diesem Zusammenhang auch der noch vor dem Inkrafttreten der Insolvenzordnung eingefügten Regelung des § 108 Abs. 1 S. 2 InsO zu.

4.1 Wortlaut

Im Unterschied zu den Regelungen der §§ 17 ff. KO ist in § 103 Abs. S. 2 InsO und in § 107 Abs. 2 S. 1 InsO ausdrücklich von einem "Wahlrecht" des Verwalters die Rede. § 17 KO erwähnte nur das Recht des Verwalters, Erfüllung zu wählen.

Nach Auffassung von *Jauernig*[516], einem Befürworter der *„herkömmlichen“* Ansicht, soll diese neue Terminologie Anlass genug sein, von der derzeitigen Rechtsprechung des BGH abzuweichen: Inhalt des Wahlrechts sei ein Ablehnungsrecht, wie § 103 Abs. S. 1 InsO zeige (im Gegensatz zu § 26 Satz 2 KO, der diesbezüglich schweigt), und das Recht, Erfüllung zu fordern. Stünde dem Verwalter nur das letztere Recht zu, so hätte er bloß die Möglichkeit, das Recht auszuüben, oder durch

---

[514] BGH 155, 87 (96).

[515] vgl. jeweils zu den einzelnen Auslegungskriterien ober unter § 3 I., 4.

[516] Jauernig, Zwangsvollstreckungs- und Insolvenzrecht, S. 322. Demgegenüber halten Gottwald/ Huber, Insolvenzrechtshdb. § 34 Rn. 36 den Hinweis von Jauernig auf den Terminus „Wahlrecht“ für *„wenig aussagekräftig“*.

Nichtausübung alles beim alten zu lassen. Eine konstitutiv wirkende Wahl zwischen zwei Möglichkeiten – und das bedeute: ein Wahlrecht – wäre ihm versagt[517].

Demgegenüber soll nach *Pape*[518] der Wortlaut auch für die Rechtsprechung des BGH[519] sprechen. So nimmt § 103 Abs. 2 S. 3 InsO dem Verwalter den Erfüllungsanspruch, wenn er seine Erklärung nach einer Aufforderung des anderen Teils nicht rechtzeitig[520] abgibt. Würden die Hauptleistungspflichten bei Verfahrenseröffnung fortbestehen, müßte der Verwalter eigentlich gerade umgekehrt zur Erfüllung verpflichtet werden. Eine nicht rechtzeitige Erklärung führt gemäß § 103 Abs. 2 S. 3 zum Wegfall des Wahlrechts des Verwalters. Somit bleibt es nach dem Wegfall des Verwalterwahlrechts bei den Folgen der Verfahrenseröffnung. Wenn diese Folgen der Verfahrenseröffnung aber die Erfüllungsansprüche nicht berühren würden, sondern die Ansprüche ungeachtet der Eröffnung fortbestehen würden, dann wäre § 103 Abs. 2 S. 3 InsO widersprüchlich. Wenn allerdings die Erfüllungsansprüche als Folge der Verfahrenseröffnung weggefallen bzw. umgewandelt sind, dann erscheint die Regelung des § 103 Abs. 2 S. 3 InsO stimmig.

Ferner soll nach *Pape*[521] auch die Formulierung „so kann der Verwalter an Stelle des Schuldners den Vertrag erfüllen" für die Erlöschenstheorie sprechen, ohne dass er diesen Gedanken näher begründet. Durch die Formulierung „kann" ist nur besagt, dass der Verwalter eine Wahl hat. Zwischen welchen Möglichkeiten er wählen kann, ist damit noch nicht gesagt. So könnte er sich sowohl für eine Wiederbegründung (so die Erlöschenstheorie) entscheiden, als auch für eine Fortsetzung (so die „herkömmliche" Auffassung, nach der das Rechtsverhältnis durch die Verfahrenseröffnung unberührt bleibt).

Diese Ansätze einer Argumentation mit dem Wortlaut sind insgesamt nicht zwingend. So wäre es auch mit dem Wortlaut von § 103 Abs. 2 S. 3 InsO vereinbar, wenn die Wirkung der Konkurseröffnung darin läge, dass die Erfüllungsansprüche nur noch als Konkursforderung geltend gemacht werden könnten, ohne dass sie erlöschen müssten. Die Auslegung des Wortlautes des § 103 InsO gibt also keinen eindeutigen Aufschluss über eine Entscheidung der Streitfrage bezüglich der Wirkungen der Eröffnung des Insolvenzverfahrens.

Zu untersuchen ist jedoch noch, ob nicht der geänderte Wortlaut des § 55 Abs. 1 Nr. 2 InsO für die These spricht, dass der Gesetzgeber die neuere Rechtsprechung

---

[517] Jauernig, aaO, S. 322.

[518] Pape, Kölner Schrift 1. Aufl., S. 429.

[519] vgl. BGHZ 103, 250 ff.; 106, 236 ff; 116, 156 ff.; 135, 25 ff..

[520] Zu der Möglichkeit der Fristbemessung für die Erklärung gemäß § 103 Abs. 2 InsO gemäß § 107 Abs. 2 InsO, vgl. unter § 4 IV., 4.

[521] Pape, Kölner Schrift, 2. Aufl., S. 531 (541).

des BGH[522] zur Grundlage der §§ 103 ff. InsO gemacht hat: In § 55 Abs. 1 Nr. 2 InsO heißt es nunmehr im Gegensatz zum Wortlaut des inhaltlich gleichgerichteten § 59 KO, dass Masseverbindlichkeiten entstehen, „soweit“ der Verwalter Erfüllung des schwebenden Rechtsgeschäfts verlangt. Die sprachliche Abweichung zu § 59 KO führt zu einer Betonung der Erfüllungswahl als Abweichung von herrschenden Zustand. Das Wort „soweit“ versteht sich dem Sinn nach als Bedingung: Masseverbindlichkeiten entstehen „nur unter der Voraussetzung, dass der Verwalter Erfüllung verlangt“. Daraus ist der Rückschluss zu ziehen, dass, wenn es einer Handlung des Verwalters nach Verfahrenseröffnung bedarf oder – was dem gleichsteht – eine spezielle Rechtsvorschrift die Erfüllung zur Masse anordnet, die noch nicht erfüllten Rechtsgeschäfte ohne diese Handlung nicht mehr für oder gegen die Masse wirken. Es muss also durch die Eröffnung eine Umgestaltung der Rechtsgeschäfte stattgefunden haben. Diese Umgestaltung kann nur zu einem Zustand führen, der das Gegenteil von dem Zustand ist, der bei Erfüllungswahl eintreten würde. Somit können die Ansprüche aus bei Verfahrenseröffnung noch nicht vollständig erfüllten Verträgen nach Insolvenzeröffnung nicht gegen die Masse wirken. Insoweit besteht Deckungsgleichheit mit dem Inhalt des § 3 InsO.

Im Ergebnis bleibt aber nur noch die Möglichkeit offen, dass die Ansprüche aus solchen Verträgen mit Eröffnung erloschen sind. Erst durch die Erfüllungswahl des Verwalters leben die Ansprüche wieder auf. Dies geschieht aber dann durch eine Handlung des Verwalters, welcher für den Vertragspartner des Insolvenzschuldners einen neuen Vertragspartner darstellt. Insoweit spricht der Wortlaut des § 55 Abs. 1 Nr. 2 InsO für die These, dass der Gesetzgeber mit der bisherigen Rechtsprechung des BGH zur Konkursordnung[523] davon ausgeht, dass die gegenseitigen Erfüllungsansprüche mit der Konkurseröffnung erlöschen und erst durch die Erfüllungswahl des Verwalters neu, wenn auch mit dem zuvor zwischen Insolvenzschuldner und Vertragspartner bestimmtem Inhalt zwischen Verwalter und altem Vertragspartner entstehen. Der Wortlaut des § 55 Abs. 1 Nr. 2 InsO steht ebenso im Einklang mit der Modifikation der Rechtsprechung zur Erlöschenstheorie. Denn auch bei dieser neuesten Rechtsprechung[524] sollen die gegenseitigen Ansprüche des Verwalters und Vertragspartners des Schuldners originär nur soweit entstehen, als der Verwalter die Erfüllung wählt.

---

[522] BGHZ 103, 250 ff; 106, 236 ff; 116, 156 ff.; 135, 25 ff..

[523] BGHZ 103, 250 ff.; 106, 236 ff.; 116, 156 ff..

[524] BGHZ 150, 353 (359).

4.2 Systematik

Die Kritikpunkte aus systematischer Sicht, die sich unter der Konkursordnung dargestellt haben, gelten zum Großteil auch für die Regelungen der Insolvenzordnung[525]:

4.2.1 Regelung des § 104 InsO

Für Fixgeschäfte entspricht die Regelung des insoweit einschlägigen § 104 Abs. 1 InsO dem § 18 Abs. 1 KO[526]. Der Wortlaut der beiden Vorschriften ist, abgesehen von sprachlichen Anpassungen im § 104 InsO, nahezu übereinstimmend. Auch in § 104 InsO wird ausdrücklich festgelegt, dass bei Ablauf der vereinbarten Frist erst nach Verfahrenseröffnung nur eine Forderung wegen Nichterfüllung geltend gemacht werden kann. Dies ist ebenso wie unter der Konkursordnung nicht notwendig, wenn man mit der Erlöschenstheorie davon ausgeht, dass bereits ab Verfahrenseröffnung nur noch ein Anspruch wegen Nichterfüllung besteht. Da auch der § 104 InsO als Ausnahme zu § 103 InsO zu sehen ist[527], hätte es dieser Anordnung nicht bedurft. Zu erklären ist die Übernahme dieser unsauberen Regelung mit der Anlehnung des Gesetzgebers an die Regelungen der Konkursordnung.

Ebenfalls wurde die Regelung des § 18 Abs. 3 KO in § 104 Abs. 2 Satz 1 InsO übernommen. Die oben dargestellten[528] Kritikpunkte lassen sich auch unter der Insolvenzordnung nicht beseitigen. Andererseits haben sich diese Kritikpunkte auch nicht als zwingend erwiesen, so dass ihretwegen ein anderes Verständnis über die Wirkung der Eröffnung des Verfahrens den Vorzug erhalten müßte[529].

4.2.2 Verhältnis zu den §§ 115, 116 InsO

Wie bereits § 23 KO ordnet auch § 115 InsO ausdrücklich das Erlöschen eines vom Schuldner erteilten Auftrages durch die Eröffnung des Insolvenzverfahrens an. Für Geschäftsbesorgungsverträge gilt § 115 InsO in Verbindung mit § 116 InsO entsprechend, d.h. auch für diese Verträge ist das Erlöschen ausdrücklich bestimmt, wie dies in § 23 Abs. 2 KO der Fall war.

---

525 Insbesondere Tintelnot verweist in seiner Kritik ausdrücklich auf systematische Schwierigkeiten, vgl. Tintelnot, in: Kübler/Prütting, § 103 Rn. 12.

526 Der Anwendungsbereich des § 104 InsO wurde gegenüber dem des § 18 KO für die Devisen- und Finanztermingeschäfte erweitert. Diese Erweiterung war aufgrund der immensen Bedeutung der Finanztermingeschäfte im nationalen und internationalen Wirtschaftsverkehr auch für die Wettbewerbsfähigkeit der Deutschen Finanzmärkte unverzichtbar (vgl. dazu Bosch WM 1995, 365, 466 Fn.1) Auch der Rechtsausschuß hielt die neue Regelung für die Finanzmärkte für dringend geboten (vgl. BT- Drucks. 12/ 7302 S. 168).

527 vgl. u.a. Wimmer/ Wegener, § 104 Rn. 3.

528 vgl. unter § 3 I., 4.2.

529 vgl. oben unter § 3 I., 4.2.

Wenn man mit der Erlöschenstheorie davon ausgeht, dass gegenseitige Verträge durch Verfahrenseröffnung erlöschen, so würde es dieser ausdrücklichen Anordnung nicht bedürfen. Allerdings ist für die Anwendbarkeit des § 103 InsO als allgemeine Regelung zu differenzieren. So gilt § 103 InsO nicht für sämtliche gegenseitige Verträge, sondern nur für solche, bei denen Leistung und Gegenleistung im Synallagma zueinander stehen. Bei einem Auftrag hingegen handelt es sich um einen unvollkommenen zweiseitigen Vertrag[530], für den § 103 InsO nicht gilt. Da aber (spätestens) mit der Verfahrenseröffnung die alleinige Verfügungsgewalt in der Hand des Insolvenzverwalters gebündelt werden soll[531], bedarf es der Anordnung des Erlöschens von Aufträgen.

Somit stellt die ausdrückliche Anordnung des Erlöschens von Aufträgen noch keinen systematischen Widerspruch in Verhältnis des § 103 InsO zu den §§ 104 ff. InsO dar.

Nach der von *Kreft*[532] dargestellten Interpretation der Erlöschenstheorie und der Neuausrichtung der neuesten Rechtsprechung des Bundesgerichtshofes besteht ein Widerspruch zu der ausdrücklichen Anordnung des Erlöschens der Rechtsverhältnisse erst recht nicht. Danach sei das „Erlöschen“ nicht im Sinne einer materiellrechtlichen Einwirkung auf das Rechtsverhältnis zu sehen[533]. Die allgemeine Folge der Verfahrenseröffnung sei nur, dass die Verträge „rein insolvenzrechtlich“ abzuwickeln seien[534].

Bei dieser Auslegung der Wirkungen der Verfahrenseröffnung begründen die Regelungen der §§ 115, 116 InsO einen Eingriff anderer Qualität in das Rechtsverhältnis. §§ 115, 116 InsO ordnen das (materiell-rechtliche) Erlöschen des Rechtsverhältnisses ausdrücklich an. Als Ausnahmevorschrift zu § 103 InsO wären sie damit aufgrund des anderen Regelungsgehaltes durchaus systematisch stimmig.

4.2.3 Kündigungsrechte aus §§ 109 f. InsO

Im Gegensatz zu den §§ 19, 20, 22 KO[535] sind die Kündigungsrechte nach der Insolvenzordnung ohne systematische Widersprüche im Verhältnis zu § 103 InsO. Denn nach § 108 Abs. 1 Satz 1 InsO gelten Miet- und Pachtverhältnisse (und auch Leasingverträge) über unbewegliche Gegenstände oder Räume über die Eröffnung des Verfahrens hinaus fort. Für diesen Fall ist das Wahlrecht des Verwalters ausge-

---

[530] Palandt, BGB, 58. Aufl., Vor § 320 Rn. 3; BGHZ 15, 105.
[531] Wimmer/ Wegener, InsO, § 115 Rn. 2.
[532] Kreft, MünchKomm-InsO, § 103 Rn. 3, 13 ff..
[533] Kreft, aaO, § 103 Rn. 18.
[534] Kreft, aaO, § 103 Rn. 13.
[535] vgl. die dargestellten systematischen Widersprüche oben unter § 3 I., 4.2.

schlossen und es bedarf einer anderen Lösungsmöglichkeit des Verwalters. Eine solche Lösungsmöglichkeit besteht in den Kündigungsrechten aus den §§ 109 f. InsO, auch wenn diese Konstruktion selbst nicht frei von Widersprüchen ist[536].

4.2.4 Schutz der Aufrechnungslage nach §§ 94 f. InsO

Nach der Erlöschenstheorie fällt eine vor Verfahrenseröffnung bestehende Aufrechnungslage ohne Rücksicht auf die Wertungen der §§ 94 ff. InsO, die eigentlich bei Verfahrenseröffnung bestehende Aufrechnungslagen schützen wollen[537], weg[538].

4.2.5 Nachforderungsrecht aus § 201 InsO

Ebenso wie ein Gläubiger unter der Konkursordnung ein Nachforderungsrecht nach § 164 KO hatte, gewährt ihm § 201 InsO einen solchen Anspruch. Damit ergeben sich aber für die Insolvenzordnung die gleichen Ungereimtheiten, die bereits für die Regelungen der Konkursordnung bestanden. Insoweit wird auf die obigen Darstellungen und angedachten Lösungswege verwiesen[539].

Die Neueinführung der Restschuldbefreiungsverfahrens führt zu keinem anderen Verständnis des Nachforderungsrechtes oder gar der Wirkung der Verfahrenseröffnung. Sollte im Anschluß an das (Verbraucher)- Insolvenzverfahren ein Restschuldbefreiungsverfahren durchgeführt werden, so hätte dies nur Auswirkungen auf die Vollstreckbarkeit, nicht jedoch auf das Nachforderungsrecht selbst[540].

Bei einer (nur) haftungsrechtlichen Einwirkung der Verfahrenseröffnung auf die gegenseitigen Verträge, wie dies in der neuesten Rechtsprechung und maßgeblich von *Kreft* vertreten wird[541], ist der Widerspruch der Einwirkung der Verfahrenseröffnung und dem Nachforderungsrecht nach § 201 InsO allerdings relativiert. Nach Beendigung des Verfahrens endet die haftungsrechtliche Umqualifizierung und der Gläubiger, der nicht am Verfahren teilgenommen hat, kann den weiterhin materiell-

---

[536] zu den Kritikpunkten innerhalb der Regelung der Kündigungsrechte siehe unten § 5 I., 1.

[537] Der Grundgedanke der §§ 94 ff. InsO besagt, daß derjenige, der vor Verfahrenseröffnung aufrechnen konnte, dies auch nach Eröffnung können soll; wer bei Verfahrenseröffnung hingegen nicht aufrechnen konnte, der muß damit rechnen, daß ihm die Aufrechnung grundsätzlich verwehrt wird; vgl. hierzu Bork, Einführung in das neue Insolvenzrecht, S. 120, Rn. 262.

[538] vgl. Häsemeyer, Insolvenzrecht, 2. Auflage, Rn. 20.07, der die Unwirksamkeit der Sicherungszession und das Vernichten der Aufrechnungslage als Folge der Erlöschenstheorie als eine *„unhaltbare Konsequenz"* kritisiert.

[539] vgl. zur Konkursordnung oben § 3 I., 4.

[540] Im Restschuldbefreiungsverfahren ist die Zwangsvollstreckung für einzelne Insolvenzgläubiger während der Laufzeit der Abtretungserklärungen (siehe dazu § 287 Abs. 2 InsO) nicht zulässig, § 294 Abs. 1 InsO.

[541] BGHZ 150, 353 (359); Kreft, MünchKomm-InsO, § 103 Rn. 3, 13 ff..

rechtlich bestehenden, haftungsrechtlich nicht mehr eingeschränkten Anspruch weiter verfolgen.

Kreft betont in seiner Darstellung der Rechtsprechung des BGH die These, dass es in der Entscheidungsgewalt des Vertragspartners des Insolvenzschuldners liege, ob er an dem Insolvenzverfahrens teilnehme[542]. Dies folge aus dem Wortlaut des § 103 Abs. 2 InsO („kann ... geltend machen")[543]. Erst durch die Anmeldung seiner Forderung zur Tabelle würde der Vertragspartner in das Verfahren einbezogen. Entscheide er sich hingegen gegen eine Anmeldung und damit gegen eine Teilnahme, so sei es ihm (wenn man von einer anderweitigen Regelung in einem Insolvenzplan oder von einer Restschuldbefreiung absehe) unbelassen, nach Abschluss des Verfahrens aus der nicht angemeldeten Forderung gegen den Insolvenzschuldner vorzugehen[544].

Freilich besteht auch die Möglichkeit, dass der Insolvenzverwalter den Vertragspartner gegen dessen Willen durch die Wahl der Erfüllung des Rechtsgeschäftes zu einer Beteiligung am Verfahren nötigt. In dieser Konstellation ist der Vertragspartner aber vor einer unangemessenen Benachteiligung ausreichend geschützt. So ist die für die Leistung des Vertragspartners geschuldete Gegenleistung aufgrund der Erfüllungswahl mit Mitteln der Masse zu erbringen, § 55 Abs. 1 Nr. 2 InsO. Grenzfälle sind allerdings im Rahmen der Anwendung des § 105 InsO denkbar. Hat der Vertragspartner einen Großteil seiner Leistung bereits erbracht, so könnte der Insolvenzverwalter Erfüllung wählen, mit der Folge, dass der Vertragspartner an dem Verfahren beteiligt wird und nur für den nach Eröffnung erbrachten Leistungsteil seine Gegenleistung aus der Masse erhält. Mit dem übrigen (größeren) Teil seiner Leistung, den er vor Verfahrenseröffnung erbracht hat, wäre der Vertragspartner aufgrund der Regelung des § 105 InsO einfacher Insolvenzgläubiger. Würde ein Vertragspartner des Insolvenzschuldner bei einer derartigen Konstellation nicht am Verfahren teilnehmen, so hätte er möglicherweise nach Abschluss des Verfahrens bessere Chancen auf Erhalt seiner gesamten Gegenleistung oder könnte zumindest für den vor Verfahrenseröffnung geleisteten (größeren) Teil einen besseren Erlös als nur die Quote erzielen. Insoweit handelt es sich aber um keine systematische Schwäche des Verständnisses von der Verfahrenseröffnung, sondern um eine in § 105 InsO zum Ausdruck kommende gesetzgeberische Entscheidung zugunsten der Interessen der Masse und einer Aufwertung der Position der Gläubigergesamtheit.

---

[542] Kreft, MünchKomm-InsO, § 103 Rn. 3 m.w.N..
[543] Kreft, MünchKomm-InsO, § 103 Rn. 22.
[544] Kreft, MünchKomm-InsO, § 103 Rn. 18.

4.2.6 Zusammenfassung

Zusammenfassend läßt sich festhalten, dass sich zwar einige systematische Widersprüche, die bereits nach der Konkursordnung gegen die Erlöschenstheorie sprechen, in der Insolvenzordnung nicht wiederfinden. Andererseits ist auch die Regelung des § 103 InsO im Verhältnis zu den §§ 104 ff. InsO unter Zugrundelegung der Erlöschenstheorie nicht frei von Unstimmigkeiten. Die von *Kreft*[545] vorgegebene Interpretation der Erlöschenstheorie und die Neuausrichtung der Rechtsprechung[546] ist allerdings dazu geeignet, weitere systematische Unstimmigkeiten insbesondere im Hinblick auf das Nachforderungsrecht zu beseitigen. Insgesamt ist die Kritik aus systematischer Sicht bezüglich der Insolvenzordnung im Vergleich mit den Regelungen der Konkursordnung abgeschwächt. Dennoch ist weder die Erlöschenstheorie[547] noch die „herkömmliche" Auffassung[548] aus systematischer Sicht zwingend. Um eine letztendliche Entscheidung über das vorzugswürdige Verständnis der Wirkungen der Verfahrenseröffnung treffen zu können, bedarf es der zusätzlichen Heranziehung der übrigen Auslegungskriterien.

4.3 Wille des Gesetzgebers[549]

Bei einer langjährigen Entwicklungsgeschichte von 16 Jahren sollte anzunehmen sein, dass sich der Gesetzgeber mit einem zentralen Diskussionspunkt der Konkursordnung ausführlich auseinandergesetzt hat und eine abschließende Entscheidung getroffen hat, selbst wenn diese sich nicht direkt aus dem Wortlaut erschließt. Um so mehr muss es verwundern, wenn es in der Begründung zu dem Regierungsentwurf bezüglich der Regelung des Wahlrechts des Insolvenzverwalter heißt[550],

> „das Wahlrecht des Insolvenzverwalters bei gegenseitigen Verträgen wird inhaltlich unverändert aus dem geltenden Konkursrecht übernommen".

Ebenso wie die immer noch vorhandenen konstruktiven Schwächen in der Systematik der Regelung ist auch die unzureichende Begründung der Norm[551] damit erklären, dass sich der Gesetzgeber bei der Schaffung der Insolvenzordnung den bestehenden

---

[545] Kreft, MünchKomm-InsO, § 103 RN. 3, 13 ff..
[546] BGHZ 150, 353 (359); 155, 87 (96).
[547] vgl. dazu ausführlich oben unter § 3 I., 3.
[548] vgl. dazu ausführlich oben unter § 3 I., 1 und § 3 I, 2.
[549] Zu der eingeschränkten Verwertbarkeit dieser Auslegungsmethode wurde bereits oben Stellung genommen, vgl. unter § 3 I., 4.3.
[550] vgl. Begründung, abgedruckt bei Krämer, Das neue Insolvenzrecht, S. 228.
[551] vgl. das Plädoyer für eine allgemeinen Begründungspflicht für die gesetzgebenden Organe in Anlehnung an Art. 253 EGV bei Redeker/ Karpenstein, NJW 2001, 2828 ff..

Regelungen der Konkursordnung bedient hat und bei den Modifizierungen deren Folgen nicht vollständig reflektiert hat.

Es könnten sich jedoch Hinweise aus den verschiedenen Entwürfen zur Insolvenzordnung entnehmen lassen. Hierbei sollen insbesondere etwaige Änderungen in den Fassungen des § 103 InsO und den dieser Regelung entsprechenden Paragraphen der Entwürfe untersucht werden.

Bei streng chronologischer Vorgehensweise wären zunächst die Leitsätze der eingesetzten Kommission zu betrachten. Da es sich jedoch lediglich um Leitsätze handelt, ist deren Inhalt für die Auslegung des § 103 InsO weniger relevant. Hinzuweisen ist auf den bemerkenswerten Leitsatz 2.4.1.1 des Ersten Berichts der Kommission für Insolvenzrecht[552] bezüglich der Abwicklung der schwebenden Verträge während des Verfahrens. Nach Absatz 1 des Leitsatzes 2.4.1.1 des Ersten Berichts der Kommission gelten beiderseits nicht erfüllte Verträge fort, währen der Verwalter nach Absatz 2 das Recht hat, die Erfüllung abzulehnen. Kommt der Verwalter hingegen einer Aufforderung des Vertragspartners des Gemeinschuldners zur Erklärung über die Erfüllungsablehnung (Abs. 4) nicht fristgerecht nach, so verliert er sein Wahlrecht. Der Verwalter muss dann den Vertrag voll erfüllen (Abs. 5 Satz 2). Diese Regelung stellt eine gegenteilige Lösung im Vergleich mit dem Ansatz der neueren Rechtsprechung des BGH (einschließlich neuester Modifikation)[553] dar. Auch die in der Literatur vertretene Auffassung[554], dass die Konkurseröffnung zwar auf die Erfüllungsansprüche einwirkt, sie aber zunächst nur zu Konkursforderungen werden und erst die Erfüllungsablehnung zu einer Umwandlung in Schadensersatzansprüche wegen Nichterfüllung führt, läßt sich mit dieser Regelung des Leitsatzes nicht vereinbaren. Nach dem Leitsatz würde durch die Verfahrenseröffnung gar nicht, d.h. weder materiell- noch haftungsrechtlich, auf die beiderseits nicht vollständig erfüllten Verträge eingewirkt werden. In der Begründung zu dem Leitsatz heißt es[555]:

> „... dem Ziel, die Fortführung der unternehmerischen Tätigkeit nach der Verfahrenseröffnung zu ermöglichen, entspricht der Grundsatz, daß gegenseitige Verträge fortgelten, die zur Zeit der Eröffnung des Insolvenzverfahrens auf beiden Seiten noch nicht vollständig erfüllt waren."

Dabei wird insbesondere auf die Regelung des § 50 VglO hingewiesen.

Allerdings ist die Begründung des Leitsatzes, dass gegenseitige, nicht vollständig erfüllte Verträge fortgelten müssten, damit das Ziel der Fortführung der unternehmerischen Tätigkeit erreicht werden könne, nicht überzeugend. So macht es keinen

---

[552] BMJ (Hrsg.), Erster Bericht der Kommission für Insolvenzrecht, Köln 1985.

[553] BGHZ 103, 250 ff.; 106, 236 ff.; 116, 156 ff.; 150, 353 (359); 155, 87 (96); vgl. zur Entwicklung oben § 3 I., 3 sowie § 3 II., 3.

[554] vgl. zur sogenannten herkömmlichen Auffassung, oben unter § 3 I., 1.

[555] BMJ (Hrsg.), Erster Bericht der Kommission für Insolvenzrecht, Köln, S. 223.

Unterschied, ob ein solcher schwebender Vertrag zunächst fortbesteht, um bei masseungünstigen Konditionen vom Verwalter abgelehnt zu werden, oder ob ein schwebender Vertrag durch die Konkurseröffnung zunächst (mindestens) dahingehend umgewandelt wird, dass der Vertragspartner seinen Erfüllungsanspruch nicht mehr geltend machen kann und der Insolvenzverwalter aber bei einem massegünstigen Vertrag die Erfüllung verlangen kann. In beiden Konstellationen ist das entscheidende Kriterium die Massebegünstigung durch den Vertrag. Unterschied ist allein, ob diese Vorteile für die Masse durch Erfüllung oder durch Nicht- Ablehnung realisiert werden können. Das mit dem Leitsatz verfolgte Ziel der Ermöglichung der Fortführung des Unternehmens kann also auch auf andere Weise erreicht werden.

Im weiteren Verlauf der Reformbestrebungen wurde sodann von dieser Regelung Abstand genommen. Es fand eine stärkere Anlehnung an die Regelung der Konkursordnung als an die Normen der Vergleichsordnung statt.

Hinsichtlich des § 103 Abs. 1 InsO ist festzustellen, dass die verabschiedete Fassung des § 103 Abs. 1 InsO identisch ist mit der Fassung des § 111 des Diskussionsentwurfes[556] (EInsO) und des § 111 des Referentenentwurfes (RefEInsO). Änderungen haben sich aber zwischen der jetzigen Fassung des § 103 Abs. 2 und der Fassung in § 111 Abs. 2 und 3 des EInsO[557] ergeben.So wurden nicht nur die Absätze 2 und 3 des § 111 EInsO zu einem Absatz zusammengefügt. Auch der Wortlaut differiert. In § 111 Abs. 2 EInsO heißt es:

> „Lehnt der Verwalter die Erfüllung ab, so kann der andere Teil als Insolvenzgläubiger *Schadenersatz* wegen Nichterfüllung verlangen."

Dagegen formuliert der § 103 Abs. 2 S. 1 InsO:

> „..., so kann der andere Teil eine *Forderung wegen Nichterfüllung nur als Insolvenzgläubiger* geltend machen."

In der Begründung zu dem Diskussionsentwurf als auch zum Referentenentwurf sind keine zusätzlichen Hinweise auf die Streitfrage zu § 17 KO zu finden. Die Begründungen wurden in der Begründung der Regierung zu § 103 Abs. 1 InsO übernommen. So lautet es stets[558]:

> „Abs. 1 entspricht § 17 KO. In Absatz 2 wird die Rechtsfolge einer Ablehnung der Erfüllung des Vertrages durch den Verwalter verdeutlicht (vgl. § 26 S. 2 KO)".

---

[556] BMJ (Hrsg.), Gesetz zur Reform des Insolvenzrechts, Diskussionsentwurf (1985), S. 55.

[557] BMJ (Hrsg.), Gesetz zur Reform des Insolvenzrechts, Diskussionsentwurf (1985), S. 55. Der Referentenentwurf hat bezüglich § 111 Abs. 1 keine Änderungen eingefügt, vgl. BMJ (Hrsg.) Gesetz zur Reform des Insolvenzrechts (Referentenentwurf), S. 64.

[558] vgl. bei Krämer, aaO, zur Begründung des Regierungsentwurfes, S. 228, 229; sowie BMJ (Hrsg.), Gesetz zur Reform des Insolvenzrechts, Diskussionsentwurf (1985), S. B 89. und Referentenentwurf, S. 110.

Aus der Formulierung, dass durch § 103 Abs. 2 (§ 111 des Diskussions- und Referentenentwurfes) die *„Rechtsfolge"* der Erfüllungsablehnung verdeutlicht werde, könnten jedoch Rückschlüsse zu ziehen sein. Wenn eine Handlung eine Rechtsfolge auslöst, so bedeutet dies, dass der Handlung konstitutive Wirkung zukommt. Konstitutive Wirkung kann die Erfüllungsablehnung aber nur dann haben, wenn die Forderung wegen Nichterfüllung nicht schon qua Eröffnung eingetreten ist, d.h. die Forderung nicht schon im Moment der Verfahrenseröffnung erloschen ist.

Andererseits verweisen die Begründungen anschließend auf § 26 S. 2 KO. Nach § 26 S. 2 KO soll ein Konkursgläubiger die Rückgabe der Sache nicht verlangen können, wenn „infolge der Eröffnung des Konkursverfahrens die Nichterfüllung einer Verbindlichkeit oder die Aufhebung eines Rechtsverhältnisses des Gemeinschuldners eintritt". Stattdessen soll dieser Konkursgläubiger nur eine Forderung wegen Nichterfüllung im Range einer einfachen Konkursforderung geltend machen können. Wenn darin die „Rechtsfolge" zu sehen sein soll, so würde dies im Umkehrschluss bedeuten, dass bei gegenseitigen Verträgen, bei denen der Insolvenzverwalter ein Wahlrecht hat, die Nichterfüllung infolge der Eröffnung des Insolvenzverfahrens eintritt, so wie dies § 26 S. 1 KO formuliert. Dies würde wiederum für die Erlöschenstheorie des BGH sprechen.

Da nach dieser Begründung zu § 103 RegEInsO und zu den deckungsgleichen § 111 der EInsO/ RefEInsO keine eindeutige Festlegung vorliegt, bedarf es eines Blickes auf die im Zusammenhang mit der allgemeinen Regelung des § 103 InsO stehenden Vorschriften. Hierbei ist die Regelung für Dauerschuldverhältnisses, insbesondere der § 108 InsO von Interesse, als dieser nach Verabschiedung der Insolvenzordnung, aber noch vor deren Inkrafttreten durch die Novellierung[559] um den § 108 Abs. 1 Satz 2 InsO ergänzt worden ist.

Während mit den gleichlautenden § 115 EInsO/ RefEInsO eine parallele Regelung zu § 21 KO beibehalten werden sollte, kam es erstmalig in § 117 RegEInsO zu einer nicht vorhersehbaren Abweichung. So wurden jene Miet- und Pachtverhältnisse über bewegliche Sachen und Rechte nunmehr dem Wahlrecht des Verwalters unterstellt, während nur noch für Miet- und Pachtverhältnisse über unbewegliche Gegenstände und Räume das Fortbestehen mit Wirkung für Insolvenzmasse festgelegt war. Die Begründung zu § 117 RegEInsO liest sich wie folgt[560]:

> „Abweichend vom geltenden Recht werden allerdings Miet- und Pachtverhältnisse über bewegliche Sachen und Rechte aus der Regelung über das Fortbestehen von Dauerschuldverhältnissen ausgenommen. Sie unterliegen damit dem Wahlrecht des Verwalters; wenn dieser nicht die Erfüllung wählt, enden sie mit der Eröffnung des Insolvenzverfahrens. Damit wird eine klare Rechtslage geschaffen."

---

[559] Gesetz zur Änderung des AGB-Gesetzes und der Insolvenzordnung, BGBl. 1996, S. 1013.

[560] Begr. zu § 117 RegEInsO.

Diese Regelung überraschte umso mehr, als sie weder von der Kommission noch von anderer Seite vorgeschlagen worden war. In der Konsequenz war sie jedoch eindeutig. Auf Miet- und Pachtverhältnisse und damit auch auf Leasingverträge über bewegliche Sachen war uneingeschränkt das Wahlrecht des Insolvenzverwalters anzuwenden. Mit dieser Begründung scheint der gesetzgeberische Wille deutlich zu werden, dass die Dauerschuldverhältnisse mit der Eröffnung des Insolvenzverfahrens (sofern nicht Abweichendes ausdrücklich bestimmt wird) enden. Damit wäre die Auffassung der neueren Rechtsprechung des BGH und den Anhängern dieser Erlöschenstheorie in der Literatur nunmehr unter der Insolvenzordnung von dem gesetzgeberischen Willen getragen.

Bornholt[561] kommt zu dem Schluss, dass diese Entscheidung nur für Miet- und Pachtverhältnisse gelten solle. Einerseits sei in der Begründung nur angeführt, dass „Miet- und Pachtverhältnisse“ mit Eröffnung des Insolvenzverfahrens enden. Leasingverträge würden nicht genannt. Somit beziehe sich der gesetzgeberische Wille nur auf Miet- und Pachtverhältnisse und nicht auf Leasingverträge. Zudem verweist *Bornholt* auf die weitere Begründung zu der Regelung des § 122 RegE. Dort heißt es, die Lösung des geltenden Konkursrechts sei zum Teil „unbefriedigend und lückenhaft“[562]. Die Begründung bezieht diese Kritik auf zwei Situationen: In einem Verfahren, in dem der Schuldner der Mieter oder Pächter ist, könne der Vermieter durch eine kurzfristige Kündigung nach § 19 S. 1, 2 KO die Sanierungsbemühungen des Verwalters behindern, insbesondere wenn es sich um Gegenstände handele, die für eine Betriebsfortführung notwendig seien. Ist der Schuldner des Verfahrens Vermieter, so sei laut Begründung die Regelung der Konkursordnung dahingehend verbesserungsbedürftig, als dass eine Veräußerung des Gegenstandes nicht durch die Mietlast behindert werden soll. Nach *Bornholt* treffe diese Begründung gerade auf Mobilienleasingverträge nicht zu[563]. Er begründet dies aber mit dem Hinweis auf das von ihm für zutreffend erachtete Verständnis der Wirkung der Verfahrenseröffnung auf Leasingverträge. Diese Begründung ist jedoch nicht überzeugend. Die von ihm vertretene und von der neueren Rechtsprechung des BGH abweichende Wirkung der Konkurseröffnung wird als Begründung dafür herangezogen, dass die Auffassung der Rechtsprechung, der sich der Gesetzgeber nunmehr anschließt, nicht richtig sei. Damit wird ein und dieselbe Auffassung aus sich selbst heraus begründet.

Auch setzt sich *Bornholt* mit der Begründung zu § 122 RegElnsO nur im Zusammenhang mit der ursprünglichen Fassung der Insolvenzordnung auseinander. Die Novelle, durch die der Satz 2 bei § 108 Abs. 1 InsO eingefügt wurde, findet diesbe-

---

561 Dornholt, aaO, S. 110 f..

562 Begr. zu § 122 RegE, BT- Drucks. 12/2442, S. 146.

563 Bornholt, aaO, S. 117.

züglich keine Berücksichtigung mehr. Gerade durch die Novelle wird jedoch das gesetzgeberische Verständnis von der Wirkung der Verfahrenseröffnung deutlich. Dennoch scheint sich der auch von Bornholt geäußerte Verdacht, dass Leasingverträge bei der Änderung der Regelung zu den Miet- und Pachtverhältnissen über bewegliche Sachen und Rechte vom Gesetzgeber übersehen worden seien, gerade durch die Novellierung des § 108 InsO bestätigt zu haben. Aus diesem Grund ist ein näherer Blick auf die Novellierung notwendig.

Durch das Gesetz zur Änderung des AGB- Gesetzes und der Insolvenzordnung wurde der Satz 2 an den § 108 Abs. 1 InsO angefügt[564]. Diese Ergänzung erschien dem Gesetzgeber notwendig, weil insbesondere von Seiten der Leasinggeber heftige Kritik an der Regelung des § 108 InsO a.F. geäußert worden war. Es wurde die Befürchtung geäußert, dass die Finanzierung von Leasingverträgen nicht mehr insolvenzfest zu gestalten sei. Denn bei Zugrundelegen der neueren Rechtsprechung des BGH hätte ein Erlöschen der Erfüllungsansprüche bedeutet, dass auch bei Erfüllungswahl durch den Verwalter, die Erfüllungsansprüche erst neu mit altem Inhalt[565], aber eben nach Eröffnung des Verfahrens entstanden wären. Die Vorauszessionen wären danach jedoch an § 91 InsO gescheitert, der dem § 15 KO entspricht.

Als Reaktion auf diese Kritik hat der Gesetzgeber den § 108 Abs. 1 InsO um den Satz 2 ergänzt, und damit einen Teil der neu eingeführten Abweichung bei den Miet- und Pachtverhältnissen gemäß § 108 InsO a.F. wieder rückgängig gemacht und insoweit weitestgehend die Rechtslage hergestellt, die unter der Konkursordnung bestand.

Diesbezüglich heißt es in dem *Bericht der Abgeordneten Gres und Dr. Pick* zu der Novellierung[566]:

> „Unterfallen die Leasingverträge jedoch dem Wahlrecht des Insolvenzverwalters, so gebühren nach der Rechtsprechung die Leasingraten, selbst wenn der Verwalter die Erfüllung wählt, nicht mehr der refinanzierenden Bank, sondern der Masse."

Um diese negative Folge des § 108 InsO a.F. zu beseitigen, wurde der § 108 Abs. 1 S. 2 InsO eingeführt. Mit dieser Ergänzung wird jedoch der gesetzgeberische Wille und die Entscheidung des Gesetzgebers zugunsten der Auffassung der neueren Rechtsprechung des BGH[567] deutlich. Denn nur wenn diese Auffassung, dass die Erfüllungsansprüche qua Eröffnung erlöschen und durch Erfüllungswahl neu entstehen, auf den § 108 InsO a.F. anzuwenden ist, bedeutet dies die Unmöglichkeit der insolvenzfesten Gestaltung der Refinanzierung. Und nur dann ist die erfolgte Er-

---

[564] BGBl. 1996 I., S. 1013.

[565] BGHZ 116, 156 (158).

[566] BT- Drucks. 13/ 4699, S. 5 f.

[567] BGHZ 103, 250; 106, 236; 116, 156.

gänzung von § 108 InsO durch den Satz 2 notwendig. Damit ist aber kein Platz mehr für die abweichende Auffassung, dass die Erfüllungsansprüche erst durch die Ablehnung des Verwalters erlöschen.

Das nunmehr von *Kreft*[568] dargestellte Verständnis des Bundesgerichtshofes sowie die im Anschluß daran tatsächlich erfolgte Modifikation der Rechtsprechung[569] von dem Begriff „erlöschen", ändert diese Bewertung nicht. Denn sowohl *Kreft* als auch der Bundesgerichtshof weichen nicht von dem entscheidenden Gesichtspunkt ab, dass die Verträge bei Erfüllungswahl des Verwalters „neu" entstehen. Während *Kreft*[570] von „neu im Sinn von originär" spricht, verwendet der IX. Zivilsenat in den Entscheidungsgründen die Formulierung, daß mit Erfüllungswahl den Ansprüchen beider Parteien „die Rechtsqualität von originären Masseverbindlichkeiten und –forderungen beigelegt" werde. Dabei geht auch der Bundesgerichtshof davon aus, daß es nicht zu einer inhaltlichen Änderung der Vertragsmodalitäten komme[571].

Diese Neubegründung der Ansprüche mit gleichem Inhalt führt wiederum zu einer Anwendbarkeit des § 91 InsO und war damit der ausschlaggebende Gesichtspunkt für die durchgeführte Ergänzung des § 108 Abs. 1 InsO um den Satz 2, um eben die Refinanzierung der Leasingverträge wieder insolvenzfest gestalten zu können.

4.4 Teleologische Auslegung

Der Sinn und Zweck des § 103 InsO ist im Vergleich zu § 17 KO kein wesentlich anderer, zumal die Regelung des § 17 KO nahezu unverändert übernommen werden sollte. Das neuere Verständnis zu § 17 KO ging davon aus, dass das Wahlrecht den Konkursverwalter in die Lage versetzen sollte, solche Verträge durchzuführen, die für die Masse vorteilhaft sind.

Gerade im Hinblick auf Leasingverträge, die drittfinanziert sind, erscheint es demnach mit dem Sinn und Zweck des § 103 InsO vereinbar, wenn die Vorauszession gemäß § 91 InsO unwirksam ist, sofern nicht die Leasingverträge über die Eröffnung hinaus fortbestehen. Der Vertrag ist für die Masse nur dann von Interesse, wenn für die Leistung der Masse, die bei der Insolvenz des Leasinggebers nahezu nur in der störungsfreien Gebrauchsüberlassung liegt, die Gegenleistung in Form der Leasingraten auch bei der Masse verbleibt. Wäre die Leasingrate an den Zessionar weiterzureichen, so würde für die Masse kein Erlös aus dem zu erfüllenden Rechtsgeschäft verbleiben und eine Durchführung wäre nicht im Interesse der Masse.

---

[568] Kreft, in: MünchKomm-InsO, § 103 Rn. 3, 13 ff., vgl. ausführlich oben unter § 3 II., 2.
[569] BGHZ 150, 353 (359); BGHZ 155, 87 (96).
[570] Kreft, in: MünchKomm-InsO, § 103 Rn. 13, 39 ff..
[571] BGHZ 150, 353 (359).

Ein wichtiges Ziel der Insolvenzrechtsreform war die Bekämpfung der Masselosigkeit durch Einschnitte in die Positionen der gesicherten Gläubiger und damit die Erreichung einer besseren Quotenaussicht für die Insolvenzgläubiger[572].

Der Schutz der Masse wurde bereits als das entscheidende Argument für die Erlöschenstheorie unter der Geltung des § 17 KO herausgearbeitet[573]. Im Wege der Reform des Insolvenzrechts ist der allgemeine Gedanke des Masseschutzes noch stärker in den Vordergrund gerückt[574]. Damit wiegt dieses Argument bei einer Abwägung der Auslegungskriterien noch schwerer. Es ist unter der Beachtung der Ziele der Insolvenzrechtsreform erst recht geeignet, etwaige noch vorhandene Kritik in systematischer Hinsicht[575] zu verdrängen und den entscheidenden Ausschlag zu Gunsten der Erlöschenstheorie zu geben.

Ein wirksamer Masseschutz wäre nach § 108 InsO a.F. bei Anwendung der (modifizierten) Rechtsprechung des BGH[576] aber nur auf den ersten Blick erfüllt gewesen.

Bei der falltypischen Konstellation des Finanzierungsleasing[577] sind die Leasinggegenstände in der Regel an den Financier zur Sicherheit übereignet. Fällt der Sicherungsnehmer mit der abgetretenen Forderung aus, so liegt sogleich der Sicherungsfall vor. Der Sicherungsnehmer kann demnach aus der Sicherungsübereignung an dem Leasinggegenstand abgesonderte Befriedigung verlangen.

Im Ergebnis war damit die Masse nach der Konkursordnung auch nicht besser gestellt, als wenn die Leasingraten sogleich an den Zessionar weitergeflossen wären. Unter der Insolvenzordnung gilt jedoch ein verändertes Verwertungsrecht nach den §§ 165 ff. InsO, sofern der Verwalter die Sache in Besitz hat. Danach hat der Absonderungsberechtigte einen Kostenbeitrag bei der Masse zu belassen, §§ 166, 167 InsO. Diese Regelung korrespondiert wiederum mit der von der neueren Rechtsprechung des BGH vertretenen Auffassung, und zwar sowohl in der bisherigen als auch in der modifizierten Form[578]. Dann ist es nämlich ein Unterschied, ob die Leasingraten sogleich weiterzuleiten sind, oder ob nur ein Absonderungsrecht zu befriedigen ist, welches um einen in der Masse verbleibenden Kostenbeitrag reduziert ist. Zumindest in Höhe des Kostenbeitrags ist ein Vorteil für die Masse entstanden.

---

[572] vgl. Balz, ZIP 1988, S. 273 (281); sowie Uhlenbruck, Das neue Insolvenzrecht, S. 231 ff.; ausführlich dazu oben § 1 II., 2.

[573] vgl. oben zur teleologische Auslegung unter § 3 I., 4.4.

[574] vgl. zu den Zielen der Insolvenzrechtsreform bereits oben unter § 1 II., 2.

[575] vgl. oben unter § 3 II., 3.2.

[576] BGHZ 103, 250 ff.; 106, 236 ff.; 116, 156 ff.; 135, 25 ff.; 150, 353 (359); 155, 87 (96).

[577] vgl. dazu ausführlich unter § 2 III., 2 bis 4.

[578] bisherige Erlöschenstheorie: BGHZ 103, 250 ff.; 106, 236 ff.; 116, 156 ff.; 135, 25 ff.; modifizierte Erlöschenstheorie: BGHZ 150, 353 (359); 155, 87 (96).

Dieser Zusammenhang spricht also ebenfalls für die von der Rechtsprechung vertretene Auffassung.

Dabei hält auch die dargestellte Modifikation der neusten Rechtsprechung, die nicht mehr von einer materiell-rechtlichem Erlöschen ausgeht, an der entscheidenden Konstruktion fest: Bei Erfüllungswahl entstehen die Ansprüche der Masse und des Vertragspartners originär neu. Folglich muß auch nach dieser Auffassung bei Anwendung des § 91 InsO eine Vorausabtretung scheitern und die Masse die für nach Eröffnung erbrachte Leistung geschuldete Gegenleistung behalten dürfen[579]. Dass nach dieser Rechtsprechung die eigentliche Verfahrenseröffnung kein materiallrechtliches Erlöschen bewirken soll, ist, wie dargestellt, geeignet, systematische Widersprüche zu überwinden.

Die durch diese Rechtsprechung auftretenden Einschränkungen der Rechtspositionen auf Seiten eines Zedenten oder eines Aufrechnungsberechtigten[580] sind aufgrund des stärker wiegenden Masseschutzes gerechtfertigt. Die Rechtspositionen des Zedenten oder Aufrechnungsberechtigten wäre auch bei einer Erfüllungsablehnung durch den Insolvenzverwalter wirtschaftlich wertlos. Weder Zedent noch Aufrechnungsberechtigter hätten einen Anspruch gegen den Insolvenzverwalter auf Wahl der Erfüllung. Für eine einseitige Besserstellung dieser Gläubiger im Verhältnis zu der Gläubigergesamtheit ist kein Grund ersichtlich, der sich je nach Entscheidung des Insolvenzverwalters für oder gegen die Erfüllungswahl ergeben würde[581].

Letztlich ist sogar eine praktische Durchsetzbarkeit des Wahlrechts nur möglich, wenn nicht vor Verfahrenseröffnung zedierte Forderungen weiterzuleiten sind. Der Schutz, der durch die Anwendbarkeit des § 91 InsO, die nur im Rahmen der (modifizierten) Erlöschenstheorie gegeben ist, vermittelt wird, ist geradezu zwingend erforderlich, um dem Verwalter überhaupt die tatsächliche Auswahl zwischen Erfüllung und Nichterfüllung zu eröffnen. Ein Verwalter, der bei der Erfüllungswahl nur eine Leistung aus der Masse erbringen müßte, ohne die Gegenleistung behalten zu dürfen, wäre regelmäßig an einer Erfüllungswahl gehindert. Denn die Erfüllungswahl kann nur erfolgen, wenn diese für die Masse von nutzen ist. Dies ergibt sich aus der Pflicht des Verwalters, vorrangig die Interessen der Gläubigergesamtheit zu wahren und ausschließlich massegünstige Handlungen vorzunehmen[582]. Befolgt ein Verwalter diese Maßgabe nicht, so riskiert er sogar eine persönliche Inanspruchnahme

---

[579] So ausdrücklich BGHZ 150, 353 (359 f.) in Bezug auf die vor Verfahrenseröffnung abgetretenen Forderungen, für welche die Leistung der Schuldnerin erst nach Verfahrenseröffnung erbracht wurde.

[580] Insoweit kritisch zu dieser Rechtsprechung, Häsemeyer, Insolvenzrecht, 2. Auflage, Rn. 20.07.

[581] So auch Goetsch, in: Berliner Kommentar, § 103 Rn. 13.

[582] Ganz herrschende Meinung, so erneut der BGH in der Entscheidung vom 05.07.2001, BGH ZIP 2001, S. 1471; vgl. auch BGH ZIP 1996, S. 842 (844).

durch die Gläubiger aufgrund einer derartigen Pflichtverletzung nach § 60 InsO. Auch aus diesem Grund ist der Auffassung zuzustimmen, dass erst durch die Erfüllungswahl des Verwalters wieder neu, mit altem Inhalt begründet werden.

5 Ergebnis

Als Ergebnis der Auslegung ist festzuhalten, dass insbesondere im Hinblick auf das ausdrückliche Reformziel der Massestärkung[583] die von der neueren Rechtsprechung vertretene und zuletzt vom Bundesgerichtshof modifizierte Erlöschenstheorie die überzeugenderen Ansätze liefert. Es handelt sich dabei keinesfalls um eine „Rosinentheorie zugunsten der Masse“[584]. Vielmehr ist mit der Reform der Gedanke des Masseschutzes noch weiter in den Vordergrund getreten. Im Verhältnis zum Masseschutzgedanken tritt der Gedanke des Schutzes des Vertragspartners aufgrund des funktionellen Synallagma in den Hintergrund. Die bei den Zedenten oder Aufrechnungsberechtigten eintretenden Einschränkungen erfolgen zu Gunsten einer Massevermehrung, die wiederum der gemeinschaftlichen Befriedigung der Gläubigergesamtheit dient. Damit sind die Eingriffe bei diesen einzelnen Gläubigern durch den Masseschutzgedanken gerechtfertigt.

Die von *Kreft* eingeleitete und nunmehr vom Bundesgerichtshof übernommene Modifikation der Erlöschenstheorie führt zwar zu einer gewissen Annäherung der Standpunkte[585]. „Erlöschen“ bedeute nach den Auffassung des BGH, so wie sie *Kreft* verstanden wissen möchte, nicht eine materiell-rechtliche Veränderung der Rechtsverhältnisse qua Verfahrenseröffnung. „Erlöschen“ bedeute, dass die Verträge „rein insolvenzrechtlich“ abzuwickeln seien. Der maßgebliche Streitpunkt verlagert sich durch dieses Verständnis von der Erlöschenstheorie auf die Frage nach der Bedeutung der Erfüllungswahl durch den Insolvenzverwalter. Der Bundesgerichtshof hält – wie auch *Kreft* – an der Auffassung fest, dass durch eine Erfüllungswahl des Verwalters das Rechtsverhältnis neu im Sinne von originär begründet werde. Die Folge ist, dass auch § 91 InsO Anwendung findet. Die Richtigkeit dieser These von der Neubegründung durch Erfüllungswahl wurde im Rahmen der teleologischen Auslegung dargelegt. Diese Auffassung verwirklicht konsequent den der Insolvenzordnung verstärkt zu Grunde liegenden Gedanken des Masseschutzes. Die Modifikation bietet den Vorteil gegenüber der bisherigen Erlöschenstheorie, dass systematische Wider-

---

[583] BT-Drucks. 12/2443, S. 81 (85); vgl. auch Balz, in: Kölner Schrift, S. 1, 14 Rn. 37; sowie oben unter § 1 II., 2.

[584] So aber Gerhardt, in: Gedächtnisschrift Knobbe-Kneuk, S. 169 (174).

[585] Kreft, MünchKomm-Inso, § 103 Rn. 13, 18, 25, 32, 38; BGHZ 150, 353 (359); vgl. auch Häsemeyer, Insolvenzrecht 3. Auflage, Rn. 20.05, 20.17.

sprüche[586], insbesondere zum Nachforderungsrecht nach § 201 InsO und im Hinblick auf §§ 115, 116 InsO, überwunden werden.

Streitentscheidend wirkt sich auch die Ergänzung des § 108 Abs. 1 InsO um den Satz 2 aus. Mit dieser Novellierung verdeutlichte der Gesetzgeber, dass er den Regelungen der §§ 103 ff. InsO das Verständnis zu Grunde legt, dass die Verfahrenseröffnung auf die gegenseitigen, von keiner Seite vollständig erfüllten Verträge in der Form einwirkt, dass die Erfüllungsansprüche erlöschen und der Vertragspartner nur noch einen Schadensersatzanspruch wegen Nichterfüllung als Insolvenzforderung geltend machen kann. Erst die Erfüllungswahl des Insolvenzverwalters läßt die ursprünglichen Erfüllungsansprüche neu entstehen. Der Gesetzgeber beabsichtigte mit der Ergänzung des § 108 Abs. 1 InsO um den Satz 2 nämlich die Wiederherstellung der Insolvenzfestigkeit von refinanzierten Leasingverträgen. Deren Insolvenzfestigkeit war jedoch nur in Gefahr, wenn dem Sachverhalt das Verständnis der Erlöschenstheorie über die Wirkungen der Verfahrenseröffnung zu Grunde gelegt wurde.

Insgesamt ist festzustellen, dass, auch wenn nicht alle Kritikpunkte ausgeräumt werden konnten, letztlich der dargestellte Aspekt des verstärkten Masseschutzes den Ausschlag zu Gunsten der Erlöschenstheorie gibt, und zwar in der modifizierten Form, wie sie nach der neuesten Rechtsprechung verfolgt wird. Ein konsequenter Masseschutz und eine wirkliche Wahl des Verwalters zwischen Nichterfüllung und Erfüllung lassen sich nur auf Basis dieses Verständnisses verwirklichen.

---

586 vgl. dazu § 3 II. 4.2.

§ 4 DIE REGELUNG DES § 107 INSO UND IHRE ANWENDBARKEIT AUF LEASINGVERTRÄGE

Aufgrund der vorstehenden Ausführungen steht nach Ansicht des Verfassers fest, dass die modifizierte Erlöschenstheorie[587] den vorzugswürdigen Ansatz bietet, die allgemeinen Wirkungen der Verfahrenseröffnung und insbesondere die Rechtsfolgen der Erfüllungswahl zu erklären. Demnach soll nun untersucht werden, ob und unter welchen Voraussetzungen für Leasingverträge eine gegenüber § 103 InsO spezielle Regelung eingreift. Eine Anwendbarkeit der spezielleren Regelung zu § 103 InsO ist insbesondere im Hinblick auf die Refinanzierungsmöglichkeiten der Leasingverträge von Bedeutung. Hierbei soll zunächst ausführlich zu der (analogen) Anwendbarkeit des § 107 InsO auf einen Teil der Fallkonstellationen bei Leasingverträgen Stellung genommen werden.

I. GLEICHSCHALTUNG VON LEASING UND EIGENTUMSVORBEHALT IN DER INSO ?

Die gegenüber der Konkursordnung inhaltlich neuartige Regelung[588] des § 107 InsO betrifft auf den ersten Blick in unmittelbarer Anwendung nur Kaufverträge mit Vereinbarung eines Eigentumsvorbehalts.

Für den Eigentumsvorbehalt klärt § 107 InsO die bisher umstrittene Frage[589] über die Konsequenzen der Insolvenz des Vorbehaltsverkäufers (Abs. 1) oder des Vorbehaltskäufers (Abs. 2). Entgegen der bisherigen, von der Literatur[590] bereits unter der Konkursordnung abgelehnten Rechtsprechung[591] hindert § 107 Abs. 1 InsO nunmehr in der Insolvenz des Vorbehaltsverkäufers den Verwalter daran, das vom Kaufvertrag abhängige Anwartschaftsrecht des Vorbehaltskäufers durch die Erfüllungsablehnung zu vernichten. Der Verwalter kann nun nicht mehr verhindern, dass der Vorbehalts-

---

[587] Im Folgenden wird der Begriff der „modifizierten Erlöschenstheorie“ verwandt, um die dargestellten Anpassungen (vgl. Kreft, in: MünchKomm-InsO, § 103 Rn. 8, 11 ff.; Häsemeyer, Insolvenzrecht, 3. Auflage, Rn. 20.07; und BGHZ 150, 353 (359); 155, 87 (96)) der bisherigen Erlöschenstheorie zu bezeichnen.

[588] zur Entstehungsgeschichte vgl. Ott, MünchKomm-InsO, § 107 Rn. 2 ff..

[589] Übersicht über den Meinungsstand bei Jaeger/Henckel, § 17 Rn. 49 ff..

[590] vgl. statt vieler Jaeger/Henckel, § 17 Rn. 49 ff..

[591] vgl. zuletzt BGH NJW 1962, S. 2226; BGH ZIP 1986, S. 1059 (1061 f.); OLG Düsseldorf, ZIP 1996, S. 337 (338).

käufer durch Zahlung der restlichen Kaufpreisraten den Bedingungseintritt zur Erlangung des Volleigentums herbeiführt.

§ 107 Abs. 2 InsO stellt mit der bisher herrschenden Meinung[592] klar, dass das Verwalterwahlrecht zur Anwendung kommt, obwohl der Verkäufer mit bedingter Übereignung und Übergabe alle seinerseits erforderlichen Leistungshandlungen vorgenommen hat. Die Begründung für die Anwendbarkeit besteht zutreffend darin, dass der Erfüllungsbegriff des § 103 InsO dem des § 362 BGB entspricht und deshalb der Eintritt des Leistungserfolges vorausgesetzt werden muss. Der Leistungserfolg bei dem Kaufvertrag mit Eigentumsvorbehalt ist aber erst in der Erlangung des Volleigentums auf Seiten des Vorbehaltskäufers zu sehen.

Ungeachtet dieser vermeintlich klaren Zielsetzung gibt der Wortlaut des § 107 InsO sowohl auf der Tatbestandsseite als auch hinsichtlich der Rechtsfolgen Anlass zu der Überlegung, ob die Vorschrift des § 107 InsO nicht auch auf andere Vertragsarten, insbesondere auf einen Teil der Leasingverträge, anwendbar ist. Auch während der Reformüberlegungen machte die eingesetzte Kommission für Insolvenzrecht in ihrem Ersten Bericht[593] auf die ähnlichen wirtschaftlichen Ziele bei Abschluss eines Leasingvertrages und eines Kaufvertrages unter Vereinbarung eines Eigentumsvorbehalts aufmerksam. Nach der Begründung des Leitsatzes 2.4.1.8 des Ersten Berichts der Kommission werden durch den Abschluss eines Leasingvertrages ähnliche wirtschaftliche Ziele erreicht wie mit einem Kaufvertrag, bei dem der Schuldner als Käufer die Ware unter Eigentumsvorbehalt erhält. Konsequenterweise solle es unter diesem Gesichtspunkt auch dem Leasinggeber ebenso wie dem Eigentumsvorbehaltsverkäufer in der Insolvenz seines Vertragspartners verwehrt sein, die Sache durch vorzeitige Kündigung des Leasingvertrages wieder an sich zu bringen. So kam dementsprechend *Marotzke*[594] zu der Schlussfolgerung, der Gesetzgeber habe sich mit Einführung des § 107 InsO zu einer Gleichschaltung von Leasing und Kauf entschieden.

Aus diesem Zusammenhang heraus ist es notwendig, die Regelung des § 107 InsO umfassend auf ihre Entstehung und die damit verfolgten gesetzgeberischen Ziele zu untersuchen und zu würdigen. Gleichzeitig kann so eine Abgrenzung des Anwendungsbereiches des § 107 InsO im Bezug auf Leasingverträge vorgenommen werden.

---

[592] vgl. Kuhn/ Uhlenbruck, § 17 Rn. 18e, Kilger/ K. Schmidt, § 17 Anm. 3c.
[593] BMJ (Hrsg.), Erster Bericht der Kommission für Insolvenzrecht, Köln 1985.
[594] Erstmals Marotzke, in: ZIP 1995, S. 803 (812).

II. § 107 INSO ALS INHALTLICH NEUE REGELUNG IM INSOLVENZRECHT

Die Regelung des § 107 InsO über die Behandlung von Eigentumsvorbehalten im Insolvenzverfahren stellt eine inhaltliche Neuerung gegenüber der Konkursordnung dar. Die Vorschrift regelt das Schicksal der Kaufverträge mit dem Insolvenzschuldner, bei denen die Kaufsache vor der Eröffnung des Insolvenzverfahrens unter Eigentumsvorbehalt geliefert worden war.

Bei einem Kauf unter Eigentumsvorbehalt handelt es sich grundsätzlich um einen gegenseitigen Vertrag[595], der unter die Regelung des § 103 InsO fallen würde. Der Gesetzgeber hat aber mit der Einführung des § 107 InsO eine einschränkende Sonderregelung für Kaufverträge mit Vereinbarung eines Eigentumsvorbehalts geschaffen, die der allgemeinen Regelung des § 103 InsO vorgeht.

Die rechtliche Situation bei einem Kauf unter Eigentumsvorbehalt gemäß § 455 BGB ist folgende: Der Verkäufer einer beweglichen Sache behält sich das Eigentum bis zur vollständigen Zahlung des Kaufpreises vor. Damit ist der Kaufvertrag selbst unbedingt geschlossen. Der Verkäufer ist folglich schuldrechtlich zur Übergabe der Sache und zu ihrer allerdings nur bedingten Übereignung sowie zur Stundung des Kaufpreises verpflichtet. Das dingliche Rechtsgeschäft steht demgegenüber unter einer Bedingung, und zwar im Zweifel unter der aufschiebenden Bedingung vollständiger Kaufpreiszahlung (§§ 929, 158 Abs. 1 BGB); der Verkäufer bleibt mithin (Vorbehalts)Eigentümer, während der Käufer zunächst nur ein Anwartschaftsrecht erlangt hat, das mit Bedingungseintritt zum Vollrecht erstarkt[596].

Diesem sogenannten „einfachen" Eigentumsvorbehalt kommt im Warenverkehr große Bedeutung zu. Seine Vereinbarung erlaubt dem Käufer den Erwerb und die Nutzung einer Sache schon zu einer Zeit, zu welcher er den Kaufpreis noch nicht oder nur zum Teil aufbringen kann. Umgekehrt eröffnet die Konstruktion dem Verkäufer einen Absatzmarkt, der ihm bei einer Zug- um- Zug- Abwicklung nach §§ 433, 320, 322 BGB („Ware gegen Geld") verschlossen geblieben wäre. Darüber hinaus sichert das vorbehaltene Eigentum die Kaufpreis-(rest)-forderung, ermöglicht also den Vertragspartnern zugleich die Durchführung eines Warenkreditgeschäftes ohne Einschaltung eines Dritten, des sogenannten Geldkreditgebers.

Neben dem einfachen Eigentumsvorbehalt sind für die Praxis verschiedene Varianten eines Eigentumsvorbehalts entwickelt worden, die vom erweiterten über den verlän-

---

[595] vgl. statt vieler Palandt/ Heinrichs, BGB, Vor § 320 Rn. 9 f.

[596] vgl. BGH NJW 1984, 1184 (1185); grundlegend Serick, Eigentumsvorbehalt und Sicherungsübereignung, Band I, § 5, S. 75 ff..

gerten bis zum weitergeleiteten Eigentumsvorbehalt reichen[597]. Aus konkursrechtlicher Sicht bestand der Hauptunterschied zwischen dem einfachen Eigentumsvorbehalt und dessen Sonderformen darin, dass der einfache Eigentumsvorbehalt den Gläubiger zur Aussonderung nach § 43 KO berechtigte, die Sonderformen regelmäßig nur zur abgesonderten Befriedigung[598]. Als Begründung für die abweichende Behandlung wurde angeführt, dass die Erweiterungsformen vorrangig Sicherungszwecken dienen und daher bei wirtschaftlicher Betrachtung den Pfandrechten näher stehen als dem Eigentum[599].

Im Hauptblickfeld der nachfolgenden Untersuchung zu § 107 InsO soll jedoch die Regelung der Insolvenzordnung zu dem einfachen Eigentumsvorbehalt stehen. Bereits unter der Konkursordnung haben zahlreiche Stimmen in der Literatur gefordert, dass Anwartschaftsrecht des Vorbehaltskäufers auch bei einem Konkurs des Vorbehaltsverkäufers anzuerkennen und § 17 KO für unanwendbar zu erklären[600]. Die Rechtsprechung schloss sich dieser Auffassung nicht an, sondern versuchte eine Lösung über die Anwendbarkeit von Treu und Glauben[601]. Vorab soll daher zunächst ein kurzer Überblick über den Meinungsstand unter der Konkursordnung gegeben werden, da die Diskussion unter Geltung der Konkursordnung maßgeblichen Einfluss auf die gesetzgeberische Entscheidung hatte, die Regelung des § 107 InsO in die Insolvenzordnung aufzunehmen.

III. REGELUNG NACH DER KONKURSORDNUNG

Bis zu der vollständigen Erfüllung der beiderseitigen Leistungspflichten aus dem Vorbehaltskauf, insbesondere durch die Anzahl an Kaufpreisraten, kann es eine verhältnismäßig lange Zeit dauern, in der für beide Seiten das grundsätzliche Risiko der Insolvenz des Vertragspartners vorhanden ist. Trat der Insolvenzfall ein, bevor das Rechtsgeschäft von einem Vertragspartner vollständig erfüllt ist, so lag grundsätzlich ein Fall des § 17 KO vor.

---

[597] vgl. Übersicht bei MüKo/ Westermann, BGB § 455 RN. 85 ff.; ausführlich Serick, Eigentumsvorbehalt und Sicherungsübereignung, Band III- VI.

[598] h.M., vgl. Kuhn/ Uhlenbruck, § 43 Rn. 36f., 37 ff., 42ff. jeweils mwN.; für den erweiterten Eigentumsvorbehalt z.B.: BGH NJW 1971, 799; NJW 1978, 632; Rümker, in : Kübler (Hrsg.) Neuordnung des Insolvenzrechts, Köln 1989, S. 135, 137; für den verlängerten Eigentumsvorbehalt z.B.: BGH BB 1971, 17; BB 1978, 1030.

[599] Gottwald/ Adolphsen, Kölner Schrift, 2. Aufl., S. 1043, 1044 f. Rn. 14 ff.; in diesem Sinn ebenfalls Begr. zu § 58 RegE, BR-Drucks. 1/ 92, S. 125.; vgl. zur InsO: Ott, in: MünchKomm-InsO, § 107 Rn. 25.

[600] Soergel/ Mühl, BGB, 12.Aufl. § 455, Rn. 84 mwN; Jaeger/Henckel, § 17 Rn. 49 ff..

[601] BGH NJW 1962, 2296, 2297; bestätigt durch BGHZ 98, 160 mit Anm. Marotzke, in: EWiR 86, 915.

Eine vollständige Erfüllung durch den Käufer liegt jedenfalls angesichts der noch offenen Kaufpreisraten nicht vor, so dass der Vertrag von Seiten des Käufers noch nicht vollständig erfüllt war.

Diskutiert wurde, ob der Verkäufer bereits seine Verpflichtungen erfüllt habe. Nach einer Auffassung in der Literatur, die auf die Leistungshandlung abstellte, schuldete der Verkäufer nur die tatsächlich auch bewirkte bedingte Übereignung der Sache[602]. Nach zutreffender herrschender Ansicht[603] genügte dies aber nicht. Für den Erfüllungsbegriff des § 17 KO kommt es nämlich nicht auf den Abschluss der Leistungshandlung, sondern auf den Eintritt des Leistungserfolges an. Nach herrschender Meinung hatte der Vorbehaltsverkäufer seine Leistungspflicht erst dann voll erfüllt, wenn das Eigentum auf den Käufer übergegangen war[604]. Allerdings war dennoch die Anwendbarkeit des § 17 KO auf den Vorbehaltskauf auch innerhalb der herrschenden Meinung umstritten. Dabei ist grundsätzlich zu unterscheiden zwischen dem Konkurs des Vorbehaltsverkäufers und dem Konkurs des Vorbehaltskäufers.

1 Konkurs des Vorbehaltsverkäufers

Nach der überwiegenden Ansicht in der Literatur[605] sollte § 17 KO im Konkurs des Vorbehaltsverkäufers nicht anwendbar sein. Als Begründung wurde zum einen der Rechtsgedanke des § 161 Abs. 1 BGB angeführt, der den Käufer vor Zwischenverfügungen des Verkäufers schütze[606]. In ähnlicher Richtung argumentiert *Henckel*[607], der § 17 KO für nicht anwendbar hält, weil der Masse kein disponibles Recht zustünde. So setze die Anwendbarkeit des § 17 KO voraus, dass zur Masse des Verkäufers ein Recht gehöre, über das der Verkäufer noch disponieren könne. Als ein solches Recht käme das Eigentum in Betracht. Aber über das Eigentum dürfe der Gemeinschuldner (= Verkäufer) nur verfügen, sofern der Käufer seine Kaufpreiszahlung nicht

---

[602] Palandt/ Putzo, BGB 49.Aufl., § 455 Rn. 5; Staudinger/ Honsell § 455 Rn. 29, 49; Erman/ Weitnauer § 455 Rn. 15.

[603] Zur KO: RGZ 64, 204; RGZ 64, 334 (336f); RGZ 85, 402f.; RGZ 133, 41 (42f.); BGH NJW 1962, 2226; BGH, ZIP 1986, 1059 (1061f); in der Lit., vgl. u.a. Gottwald/ Huber, Insolvenzrechtshdb., § 35 Rn. 22; zur InsO vgl. Tintelnot; in: Kübler/ Prütting, InsO, § 103 Rn. 32 mwN.

[604] BGH NJW 1962, 2296; NJW 1980 226, 227; BGHZ 98, 160, 168; Jaeger/ Henckel § 17 Rn. 49 mwN; Kuhn/ Uhlenbruck, § 17 Rn. 18 c; Serick, Eigentumsvorbehalt und Sicherungsübertragung Bd.1 S. 331ff.; Häsemeyer KTS 1973, 2, 12; Musielak AcP 179 (1979), S. 189, 209; Stracke, Das Aus- und Absonderungsrecht des Vorbehaltseigentümers im Konkurs des Vorbehaltskäufers, S. 114 ff..

[605] Im Ergebnis waren sich die Autoren einig, lediglich in der Begründung ihres Ergebnis wichen sie voneinander ab; Überblick bei Jaeger/ Henckel KO 9.Aufl. § 17 Rn. 52 ff..

[606] Bauknecht NJW 1956, 1177, 1178; Baumann, Konkurs und Vergleich, § 9 I 2b, S. 86; Jauernig, Zwangsvollstreckungs- und Insolvenzrecht, 20. Aufl., § 48 II, S. 216; Raiser, Dingliche Anwartschaften 1961, S. 95; Mohrbutter, Handbuch 2. Aufl. § 73 II 2.

[607] Jaeger/ Henckel, KO 9. Aufl., § 17 Rn. 52.

erfülle, wenn es also zur Sicherung dieser Forderung geltend gemacht werden müßte[608]. Mehr Rechte, als der Gemeinschuldner bei der Konkurseröffnung hätte, dürfe aber der Konkursverwalter für die Masse nicht ausüben. Folglich dürfe er auch über das Eigentum nur disponieren, wenn der Käufer den Kaufpreis nicht vertragsgemäß zahle. Wolle man dem Konkursverwalter mehr Rechte einräumen, also auch die Befugnis, über das Eigentum trotz Vertragstreue des Käufers zu disponieren, so würde man die Grenzen der Anfechtung verwischen[609]. Da aber der Verkäufer über das Eigentum bereits vor Verfahrenseröffnung nicht mehr disponieren könne (sofern der Käufer vertragstreu bliebe), stünde dieses Recht auch dem Verwalter nicht zu. Damit sei die Anwendbarkeit des § 17 KO mangels disponiblem Recht in der Masse nicht gegeben[610].

Als weiteres Argument gegen eine Anwendbarkeit von § 17 KO im Konkurs des Vorbehaltsverkäufers wurde angeführt, dass eine solche Anwendbarkeit nicht mit dem Schutzzweck des § 17 KO zu vereinen sei[611]. § 17 KO setze voraus, dass dem Käufer der Schutz, den die Einrede des nichterfüllten Vertrages gewährt, im Konkurs erhalten bleibe. Der Käufer werde davor bewahrt, dass er Leistungen in die Masse erbringen müsse, ohne die volle Gegenleistung zu erhalten. Eines solchen Schutzes bedürfe der Vorbehaltskäufer jedoch nicht. Denn wenn er sich vertragstreu verhalte und den Kaufpreis in die Masse zahle, führe er den Bedingungseintritt herbei, der durch § 15 KO nicht gehindert sei. Damit werde der vertragstreue Vorbehaltskäufer Eigentümer des Gegenstandes, er erhalte also die volle Gegenleistung[612].

Entgegen diesen Stimmen in der Literatur erklärte der Bundesgerichtshof[613] in Fortsetzung zu der Rechtsprechung des Reichsgerichtes[614] das Wahlrecht des Konkursverwalters gemäß § 17 KO auch für den Eigentumsvorbehaltskauf im Konkurs des Vorbehaltsverkäufers für anwendbar. Danach könne der Verwalter durch die Erfüllungsablehnung dem Vorbehaltskäufer den Anspruch auf Eigentumsverschaf-

---

[608] Huber, BB 1964, S. 731 (735).

[609] vgl. hinsichtlich der Nähe zum Anfechtungsrecht die Begründung von Häsemeyer, KTS 1973, 2, 14, wonach die Anwendbarkeit des § 17 KO damit begründet wird, daß der Konkursverwalter die Möglichkeit haben müsse, sich von ungünstigen Verträgen des Gemeinschuldners zu lösen.

[610] Jaeger/ Henckel, KO 9. Aufl., § 17 Rn. 52; so auch Kuhn/ Uhlenbruck § 17 Rn. 18 b; Kilger § 17 Anm. 3b; Stürner ZZP 94, S. 263 (299).

[611] vgl. u.a. M. Wolf ZZP 83, 231ff.; Brox, JuS 1984, S. 657 (668).

[612] So auch Jaeger/ Henckel, KO 9. Aufl. § 17 Rn. 52.

[613] BGH NJW 1962, 2296, 2297; BGH NJW 1980, 226; BGHZ 98, 160 = JZ 1987, 355 m. krit. Anm. Henckel.; vgl. auch OLG Düsseldorf, EWiR 1996, S. 179ff., welches die Rspr. des BGH zugrunde legt, kritische Anm. Marotzke (EWiR aaO), der eine „Vorwirkung" des im Zeitpunkt der Entscheidung bereits bekannten § 107 Abs. 1 InsO für nicht ausgeschlossen gehalten hätte. Das OLG Düsseldorf ließ die Revision zum BGH allerdings nicht zu, weil „die für die Entscheidung maßgeblichen Rechtsfolgen sind durch die zitierten Urteile des Bundesgerichtshofes (eben jene zu Beginn dieser Fußnote zitierten Urteile) geklärt."

[614] RGZ 140, 156, 162 f..

fung und damit das Besitzrecht aus dem Kaufvertrag (§ 986 BGB) sowie das Anwartschaftsrecht auf Erwerb des Volleigentums wieder aus der Hand schlagen. Folglich könne der Konkursverwalter die Herausgabe der Sache gemäß § 985 BGB verlangen und den Vertragspartner des Gemeinschuldners wegen der Forderung auf Rückzahlung der schon geleisteten Kaufpreisraten auf den Schadensersatzanspruch nach § 26 Satz 2 KO, der lediglich mit der Quote bedient wird, verweisen[615].

Diese für den Käufer nachteiligen Folgen versuchte die Rechtsprechung durch Anwendung des Grundsatzes von Treu und Glauben gemäß § 242 BGB zu mildern[616].

Diese Korrektur über die Anwendung des Grundsatzes von Treu und Glauben stieß freilich an Grenzen und sah sich insbesondere insoweit der Kritik ausgesetzt, als nur schwerlich festgelegt werden konnte, welcher Anteil des Kaufpreises bereits vor Verfahrenseröffnung zur Masse gelangt sein musste, damit die Erfüllungsablehnung durch den Verwalter als treuwidrig anzusehen war.

In der Konsequenz hätte der Korrekturansatz der Rechtsprechung über Treu und Glauben bedeuten müssen, dass immer dann, wenn der Zufluss des Restkaufpreises in die Masse gesichert ist, die Erfüllungsablehnung durch den Konkursverwalter treuwidrig und somit unzulässig wäre. Andere Kriterien als die Frage nach dem gesicherten Zufluss des Restkaufpreises in die Masse lassen sich für die Feststellung einer besonderen Härte des einen oder anderen Vorbehaltskäufers schwerlich finden. Die Differenzierung nach einem bestimmten Prozentsatz an angezahlten Kaufpreisraten erscheint in jedem Fall willkürlich.

Letztlich ist noch die Auffassung von *Häsemeyer* erwähnenswert, der zwar die Anwendbarkeit von § 17 KO, auch unter Berücksichtigung des Zweckes des § 17 KO, bejahte, dem Vorbehaltskäufer aber gleichzeitig ein Zurückbehaltungsrecht an der Sache zugesteht, bis ihm der Konkursverwalter die Kaufpreisanzahlungen voll zurückerstattet hat[617]. Häsemeyer begründet seine Auffassung damit, dass der Gemeinschuldner mit der bedingten Übereignung eine Teilleistung erbracht habe, für die der Käufer mit seinen Anzahlungen einen Teil der Gegenleistung hergegeben habe. Der Schutz des Synallagma gebiete, dass empfangene Teilleistungen nur gegen Rückgabe erbrachter Teilleistungen an die Masse herausgegeben werden müssten. Der Käufer werde auf diese Weise bei Erfüllungsablehnung des Konkurs-

---

[615] Im Sinne der Rechtsprechung: Serick, Bd. I S. 354ff. und Bd. V S. 351ff., der allerdings noch von einer anderen Wirkung der Erfüllungsablehnung ausgeht.

[616] vgl. BGH NJW 1962, 2296, 2297; bereits in RGZ 140, 156 162 kam der Grundsatz von Treu und Glauben zur Anwendung: in diesem Fall hatte der Vorbehaltskäufer eigene Wechsel akzeptiert, die vom Gemeinschuldner diskontiert worden waren. Nach § 242 BGB sollte der Konkursverwalter gehindert sein, die Erfüllung des Vertrages abzulehnen, weil der Vorbehaltskäufer die Wechsel einlösen und damit den Kaufpreis voll erbringen musste.

[617] Häsemeyer, KTS 1973, S. 2, 12 ff.

verwalters insoweit geschützt, als er schon Teile des Kaufpreises gezahlt habe oder den Kaufpreis noch zahlen müsse[618]. Dieser Auffassung von Häsemeyer hält *Henckel*[619] entgegen, dass die Übertragung einzelner Eigentümerbefugnisse, wie sie mit der das Anwartschaftsrecht begründenden bedingten Übereignung erfolgt sei, nicht der quantitativen Teilleistung gleichgestellt werden könne. Der Unterschied der Anwartschaftsrechtsbegründung durch die bedingte Übereignung zur quantitativen Teilleistung bestünde darin, dass bei dieser die Erfüllungsablehnung die dingliche Rechtslage nicht ändere. Der Käufer bleibe Eigentümer der ihm schon vor Konkurseröffnung voll übereigneten Teilleistung. Diese könne er zurückbehalten, weil er Eigentümer sei und auch nach der Erfüllungsablehnung noch Eigentümer bleibe. Bei der bedingten Übereignung dagegen würde die Erfüllungsablehnung das dingliche Anwartschaftsrecht des Käufers aufheben und diesem damit auch das Recht nehmen, die Sache zurückzuhalten.

Sofern der Konkursverwalter die Erfüllung des Rechtsgeschäfts wählte, konnte dieser unstreitig die noch ausstehenden Kaufpreisraten gemäß ihrer Fälligkeit einziehen und der Käufer erwarb sodann das Eigentum an der Sache. § 15 KO stand dem Eigentumserwerb des Käufers nach einhelliger Auffassung nicht entgegen. Der Käufer war Inhaber eines bereits vor Konkurseröffnung bedingt entstandenen Rechts[620]. Geriet der Käufer mit seiner Zahlungsverpflichtung in Verzug, so war der Verwalter nach § 455 BGB zum Rücktritt vom Vertrag berechtigt und konnte anschließend Herausgabe des Kaufgegenstandes nach § 985 BGB fordern.

2 Konkurs des Vorbehaltskäufers

Im Konkurs des Vorbehaltskäufers wurde die Anwendbarkeit des § 17 KO überwiegend bejaht[621]. Der noch nicht gezahlte Kaufpreis wurde als zur Masse gehörig angesehen, über den der Konkursverwalter uneingeschränkt disponieren durfte. Somit sollte der Verwalter entsprechend den wirtschaftlichen Abwägungen entscheiden können, für welche Zwecke er die Mittel der Masse verwendet.

Wählte der Verwalter die Erfüllung, so musste er die restlichen Kaufpreisraten entsprechend der Vereinbarung zwischen Verkäufer und Gemeinschuldner mit Mitteln der Masse an den Verkäufer entrichten. Mit der Zahlung der letzten Rate trat die Bedingung ein und die Masse erwarb das Eigentum an der Sache. Bis zu diesem Zeitpunkt bestand für die Masse ein

[618] Häsemeyer, aaO, S. 8 f..

[619] Jaeger/ Henckel, KO 9. Aufl. § 17 Rn. 55.

[620] BGHZ 27, 360; Jaeger/ Henckel, KO 9. Aufl. § 15 Rn. 61.

[621] BGH DB 1967, 1537; Jaeger/ Henckel, 9. Aufl. § 17 Rn. 56; Gottwald/ Huber, Insolvenzrechtshdb., § 37 Rn. 18 f..

Recht zum Besitz aus § 986, § 433 Abs. 1 BGB. Entschied sich der Verwalter hingegen für die Erfüllungsablehnung, konnte die Bedingung (Zahlung der restlichen Kaufpreisraten) nicht mehr eintreten und das Anwartschaftsrecht erlosch. Damit ging auch das Recht zum Besitz aus §§ 986, 433 Abs. 1 BGB unter und der Verwalter hatte die Sache an den Verkäufer herauszugeben. Der Verkäufer konnte insoweit sein Recht auf Aussonderung geltend machen, ohne daran durch § 26 S. 1 KO gehindert zu sein (§ 43 KO).

Hatte der Verkäufer durch die Erfüllungsablehnung einen Schaden erlitten, so wurde sein Ersatzanspruch als Konkursforderung eingestuft[622]. Ein Schaden des Verkäufers wurde nur insoweit anerkannt, als der Wert der ausgesonderten Sache und die ihm bereits geleisteten Anzahlungen sein Erfüllungsinteresse nicht deckten. Soweit die vom Gemeinschuldner vorkonkurslich geleisteten Anzahlungen den Schaden des Verkäufers überstiegen, gehörte zur Masse des Käufers ein Bereicherungsanspruch gegen den Verkäufer in entsprechender Anwendung des § 323 Abs. 2 BGB.

IV. REGELUNG NACH DER INSOLVENZORDNUNG

Bevor eine (analoge) Anwendbarkeit der Regelung des § 107 InsO auf Leasingverträge geprüft werden kann, ist eine Darstellung des eigentlichen Anwendungsbereiches des § 107 InsO notwendig. Dabei ist es für die weitere Untersuchung zweckmäßig, ebenso wie unter der Konkursordnung auch innerhalb der Insolvenzordnung nach der Rechtsposition des Insolvenzschuldners zu unterscheiden. Im Folgenden wird daher zunächst die Rechtslage in der Insolvenz des Vorbehaltsverkäufers nach § 107 Abs. 1 InsO und im Anschluß daran die Situation bei der Insolvenz des Vorbehaltskäufers nach § 107 Abs. 2 InsO dargestellt und hinterfragt. Der Schwerpunkt der Untersuchung muss hierbei in der Insolvenz des Vorbehaltsverkäufers liegen, weil die Fassung des § 107 Abs. 1 InsO größere Auslegungsschwierigkeiten bereitet und bereits für neue Diskussionen gesorgt hat. Wenn dementsprechend die Voraussetzungen und Rechtsfolgen des § 107 InsO herausgearbeitet werden konnten, kann die Frage nach der (analogen) Anwendbarkeit der Regelung auf Leasingverträge beantwortet werden.

---

[622] BGH KTS 1967, 160, 162.

1 Insolvenz des Vorbehaltsverkäufers, § 107 Abs. 1 InsO

Mit der Einführung der Regelung des § 107 Abs. 1 InsO haben sich jene Stimmen in der Literatur durchgesetzt, die das Anwartschaftsrecht des Vorbehaltskäufers im Konkurs des Vorbehaltsverkäufers als insolvenzfest ansehen wollten[623]. Nach § 107 Abs. 1 InsO sind nunmehr jene Anwartschaftsrechte aus Eigentumsvorbehaltskäufen insolvenzfest. Der von der Rechtsprechung[624] eingeschlagene „Umweg" über die Anwendung des Rechtsgedanken von Treu und Glauben ist nun nicht mehr erforderlich, um interessengerechte und den Wertungen des Gesetzes entsprechende Lösungen zu finden. Mit der Einführung der Neuregelung des § 107 Abs. 1 InsO ist nach Auffassung des Gesetzgebers die Streitfrage der Konkursordnung geklärt[625]: Der Verwalter kann in der Verkäuferinsolvenz das Anwartschaftsrecht des Vorbehaltskäufers nicht durch eine Ablehnung der Erfüllung des Kaufvertrages einseitig zerstören.

Bei näherer Betrachtung der Regelung des § 107 Abs. 1 InsO ergeben sich aber weitergehende Fragestellungen, ob der Gesetzgeber neben dieser einfach zu bewältigenden Klärung darüber hinausgehende Änderungen eingeführt hat. Insbesondere der Wortlaut des § 107 Abs. 1 InsO gibt Anlass zu Überlegungen, welche Voraussetzungen für die Anwendbarkeit von § 107 Abs. 1 InsO erfüllt sein müssen und welche Rechtsfolgen § 107 InsO entfaltet.

Da die Fassung des § 107 InsO sich während der Gesetzgebungsphase nicht nur redaktionell geändert hat, sollen zunächst die Entwurfsfassungen und die beschlossenen Änderungen dargestellt werden, die auch für das weitere Verständnis des § 107 InsO von Bedeutung sind.

1.1 Entstehungsgeschichte des § 107 InsO

Im Anschluß an die Vorschläge der Kommission gehörten nach § 40 des Diskussionsentwurfes (EInsO)[626] bewegliche Sachen, die dem Schuldner unter Eigentumsvorbehalt verkauft und übergeben worden waren ebenso wie die zur Sicherheit übereigneten Gegenstände zur Insolvenzmasse[627] und berechtigten nur zur abgesonderten Befriedigung[628]. Als Begründung dieser Beschränkung der Gläubigerrechte gegenüber der Konkursordnung wurde angeführt[629], dass die Zwecke des

---

[623] vgl. dazu oben ausführlich unter § 4 III.
[624] BGHZ 98, S. 160 im Anschluß an RGZ 140, S. 156 ff., vgl. die Kritik unter § 4 III., 1.
[625] vgl. Begründung zu § 107, abgedruckt bei Krämer, aaO, S. 236.
[626] BMJ (Hrsg.), Gesetz zur Reform des Insolvenzrechts, Diskussionsentwurf 1985.
[627] vgl. EInsO, aaO, § 40.
[628] vgl. EInsO, aaO, § 55.
[629] vgl. EInsO, aaO, Begr. zu § 40, S. B 33 f.

Insolvenzverfahrens es erfordern, dass die Rechte jener Gläubiger, die Waren unter Eigentumsvorbehalt geliefert haben, in gleicher Weise an die Bedürfnisse des Verfahrens anzupassen seien wie die Rechte der Sicherungsgläubiger. In beiden Fällen müsse das Sicherungsgut zunächst in der Insolvenzmasse verbleiben, um die Chancen für eine Sanierung des Unternehmens zu erhalten oder um dessen zeitweilige Fortführung im Rahmen der Liquidation zu ermöglichen.

Des weiteren wurde als Vorteil der Gleichstellung der Wegfall der Abgrenzungsschwierigkeiten bei den Erweiterungs- und Verlängerungsformen des Eigentumsvorbehalts angeführt: Zwar sei im Grundsatz anerkannt, dass in diesen Fällen nur ein Absonderungsrecht bestünde, die Einzelheiten jedoch seien streitig[630]. Dem Verwalter stand aufgrund dieser Einstufung des Eigentumsvorbehalts ein entsprechendes Verwertungsrecht zu, § 181 EInsO. Die Verkäuferinsolvenz sprachen diese Entwürfe nicht ausdrücklich an, weil ein Wahlrecht des Verkäuferverwalters mit der vorgeschlagenen Zuordnung der Kaufsache zur Käufermasse ohnehin unvereinbar gewesen wäre.

Im Referentenentwurf (RefEInsO) war dann erstmalig ein weitergehender Schutz des Anwartschaftsrechts des Vorbehaltskäufers in der Insolvenz des Vorbehaltsverkäufers formuliert. So lautete § 111 Abs. 3 RefEInsO:

> „Hat der Verkäufer einer beweglichen Sache sich das Eigentum bis zur Zahlung des Kaufpreises vorbehalten, im übrigen jedoch seine Verpflichtungen aus dem Kaufvertrag erfüllt, so gilt der Vertrag als vom Verkäufer vollständig erfüllt."

Dieser Absatz 3 schloss sich an die Absätze 1 und 2 des § 111 RefEInsO an, in denen allgemein das Wahlrecht des Insolvenzverwalters bei schwebenden Verträgen geregelt war. Die Regelung des Absatzes 3 bedeutete, dass aufgrund dieser Fiktion der Erfüllung unter den genannten Voraussetzungen ein Wahlrecht des Verwalter ausgeschlossen war. In der Begründung zu § 111 Abs. 3 RefEInsO wird eindeutig auf die Abweichung zur bisherigen Rechtsprechung des BGH zu der Konkursordnung hingewiesen[631]. Dem Insolvenzverwalter sollen im Verfahren über das Vermögen des Vorbehaltsverkäufers nur die Rechte zustehen, die dem Verkäufer aus dem Kaufvertrag zustanden. Der Verwalter soll „*die Anwartschaft des Vorbehaltskäufers nicht durch eine Ablehnung der Erfüllung des Kaufvertrages zerstören*"[632] können. „*Solange der Käufer vertragstreu bleibt, ist der Verwalter nicht berechtigt, die Kaufsache zurückzuverlangen.*[633]" Im RefEInsO wurde gleichzeitig noch die Regelung aufrecht

---

[630] vgl. EInsO, aaO, Begr. zu § 40, S. B 34.
[631] vgl. Begr. zu § 111 Abs. 3 RefEInsO, S. 111.
[632] Begr. zu § 111 Abs. 3 RefEInsO, S. 111.
[633] Begr. zu § 111 Abs. 3 RefEInsO, aaO.

erhalten, dass der Eigentumsvorbehaltsverkäufer in der Käuferinsolvenz nur zur abgesonderten Befriedigung berechtigt ist[634].

Der § 121 des Regierungsentwurfes (RegEInsO), der dem § 107 InsO im wesentlichen entspricht, übernahm diesen Schutz des Anwartschaftsrechts des Vorbehaltskäufers bei vertragstreuem Verhalten in modifizierter Form. Allerdings wurde der bezweckte Schutz des Anwartschaftsrechts des Vorbehaltskäufers in der Insolvenz des Vorbehaltsverkäufers nicht mehr durch die Fiktion der Erfüllung des Vertrages hergestellt, sondern es sollte direkt ein Ausschluss des Verwalterwahlrechts für diese Konstellation festgeschrieben werden[635].

In der Begründung zu § 107 Abs. 1 InsO heißt es, „Absatz 1 klärt die Streitfrage des geltenden Rechts."[636] Die weitere Begründung ist identisch mit den Ausführungen zu § 111 RefEInsO. Die Einstufung des Eigentumsvorbehalts als eine Recht zur abgesonderten Befriedigung wurde verworfen und die Regelung der Konkursordnung übernommen, dass die Vereinbarung eines Eigentumsvorbehaltes zur Aussonderung berechtigt.

Die sich aus dieser Entstehungsgeschichte und den entsprechenden Begründungen ergebenden Zielsetzungen des Gesetzgebers sind somit klar formuliert. Es wäre zu erwarten gewesen, dass es dem Gesetzgeber gelänge, diese Zielsetzung auch in entsprechendem Wortlaut als Gesetz zu verabschieden. Gerade dieses ist aber nicht gelungen; ein Umstand, der, wie zu zeigen sein wird, durch die Anlehnung des Wortlautes des § 107 Abs. 1 InsO an den § 106 InsO hervorgerufen wurde.

1.2 Tatbestandsseite des § 107 Abs. 1 InsO

1.2.1 Voraussetzung einer aufschiebend bedingten dinglichen Einigung

Aus dem Wortlaut des § 107 Abs. 1 InsO ist nicht eindeutig ersichtlich, ob neben der Vereinbarung eines Eigentumsvorbehaltskaufs und der Übertragung des Besitzes auf den Käufer, schon eine *aufschiebend bedingte Einigung* über den Eigentumsübergang bei Erfüllung der Vertragsbedingung der vollständigen Kaufpreiszahlung als Voraussetzung gegeben sein muss, damit § 107 Abs. 1 InsO anwendbar ist. Der § 107 Abs. 1 InsO verlangt dem Wortlaut nach, dass der Insolvenzschuldner vor Verfahrenseröffnung „eine bewegliche Sache unter Eigentumsvorbehalt verkauft" hat. Der Verkauf einer Sache unter Eigentumsvorbehalt schließt terminologisch nicht

---

[634] vgl. Begr. zu § 111 RefEInsO, aaO; vgl. dazu Marotzke, in: Leipold, S. 183, 186 ff..

[635] Der Umstand, daß dieses Ziel durch den Wortlaut des § 107 InsO unpräzise umgesetzt wurde, wird sogleich aufgezeigt werden.

[636] Begr. zu § 121 RegEInsO, abgedruckt bei Krämer, aaO, S. 236.

zwingend die aufschiebend bedingte dingliche Einigung als sachenrechtliche Komponente mit ein[637].

Demnach stellt sich die Frage, ob die Rechtsstellung des Vorbehaltskäufers auch in solchen Fällen insolvenzrechtlichen Schutz genießt, wo es an einem Anwartschaftsrecht im Sinne der bisher üblichen Terminologie fehlt.

Für die Annahme dieses weiten Schutzbereiches spricht die Formulierung der Rechtsfolge des § 107 Abs. 1 S. 1 InsO, wonach "der Käufer die Erfüllung des Kaufvertrages verlangen" kann. Des Rechts, etwas zu verlangen, bedarf ein Käufer nur, wenn der Verkäufer oder der für diesen handelnde Insolvenzverwalter noch nicht alles seinerseits Erforderliche getan hat, sondern noch eine den geschuldeten Erfolg fördernde Handlung vornehmen muss. Als solch eine Handlung bleibt nur noch die Mitwirkung an der aufschiebend bedingten dinglichen Einigung, da § 107 Abs. 1 S. 1 InsO die Besitzübertragung als bereits erfolgt voraussetzt[638].

Wenn man jedoch die Vornahme der dinglichen Einigung als Rechtsfolge und nicht als Voraussetzung des § 107 Abs. 1 S. 1 InsO ansieht, so wäre nach der Insolvenzordnung die Erwerbsaussicht des Vorbehaltskäufers auch dann insolvenzfest, wenn der Käufer vom Verkäufer zwar den Besitz, nicht aber auch ein Anwartschaftsrecht erlangt hat. Dieser Fall läge beispielsweise vor, wenn dem Abschluss des Kaufvertrags eine Leasingphase vorausgegangen ist, da einem Leasingnehmer die Sache zwar übergeben, für gewöhnlich aber nicht auch bedingt übereignet wird.

Diese sprachliche Ungenauigkeit war Anlass für Überlegungen in der Literatur hinsichtlich einer entsprechenden Anwendung der Regelung des § 107 Abs. 1 InsO auf andere Rechtsgeschäfte als den Eigentumsvorbehaltskauf[639].

1.2.2 Stellungnahme

Den Kritikern ist insoweit zuzustimmen, als der Wortlaut des § 107 Abs. 1 InsO missverständlich formuliert ist. Die Betrachtung der Entstehungsgeschichte sowie die Begründung des Gesetzgebers bezüglich der neu eingeführten Regelung in der Insolvenz des Vorbehaltskäufers sprechen jedoch eindeutig für eine einschränkende Lesart des § 107 Abs. 1 InsO.

Ansatzpunkt am Wortlaut des § 107 Abs. 1 InsO für die Auslegung, dass eine aufschiebend bedingte Einigung als Voraussetzung für die Anwendbarkeit vorliegen

---

[637] So auch Ott, in: MünchKomm-InsO, § 107 Rn. 8.

[638] zu den Anforderungen an die Besitzübertragung vgl. sogleich unter § 4 IV., 1.2.3.

[639] Pape, Kölner Schrift, 1. Aufl., S. 405 ff., Rn. 43 f.; HK- Marotzke, § 107 Rn. 37 ff.; ders. JZ 1995, S. 803 ff.; Goetsch, in: Berliner Kommentar, § 107 Rn. 11.

muss, könnte allenfalls in der Formulierung „unter Eigentumsvorbehalt verkauft“ zu suchen sein[640]. Die Formulierung „unter Eigentumsvorbehalt verkauft“ nimmt unzweifelhaft Bezug auf die gesetzliche Regelung des § 455 Abs. 1 BGB. Nach dem herkömmlichen Verständnis umfaßt ein Kaufvertrag unter Vereinbarung eines Eigentumsvorbehalts gemäß § 455 BGB eine aufschiebend bedingte Einigung über die Eigentumsübertragung[641]. Dies ist direkter Inhalt des § 455 Abs. 1 BGB.

Im Hinblick auf die bereits dargelegte Formulierung der Rechtsfolge erscheint diese Anlehnung jedoch nicht zwingend. Die Zweifel, die sich durch die Formulierung der Rechtsfolge ergeben, können auf diesem Wege nicht beseitigt werden. Würde die Rechtsfolge beispielsweise formuliert sein *„so kann der Käufer durch Zahlung des Restkaufpreises seinen Eigentumserwerb vollenden“*, ließe dies darauf schließen, dass der Gesetzgeber die aufschiebend bedingte Einigung als vorauszusetzende Bedingung für die Anwendbarkeit des § 107 InsO angesehen hätte.

Ein Blick auf das Schutzgut der Regelung des § 107 Abs. 1 InsO zeigt indes deutlich, dass eine einschränkende Auslegung vorzunehmen ist und die bedingte dingliche Einigung als Voraussetzung zu fordern ist. Schutzgut der Bestimmung des § 107 Abs. 1 InsO ist unstreitig das Anwartschaftsrecht des Vertragspartners des Insolvenzschuldners als Vorbehaltskäufer. Dies ergibt sich aus den Begründungen in den Materialien zu § 107 InsO[642]. In der allgemeinen Begründung des Regierungsentwurfes, die den §§ 103 ff. InsO vorangestellt ist, heißt es bereits[643]:

> „Kein Wahlrecht des Verwalters zwischen Erfüllung und Ablehnung der Erfüllung soll in Zukunft bei Kaufverträgen bestehen, bei denen der Schuldner (= Insolvenzschuldner) als Verkäufer die verkaufte Sache unter Eigentumsvorbehalt übergeben hat; dadurch wird erreicht, daß das *Anwartschaftsrecht* des Vorbehaltskäufers nicht vom Insolvenzverwalter durch Erfüllungsablehnung zerstört werden kann.“

Des weiteren speziell in der Begründung zu § 107 Abs. 1 InsO[644]:

> „Absatz 1 klärt die Streitfrage des geltenden Rechts. Im Insolvenzverfahren über das Vermögen des Verkäufers stehen dem Insolvenzverwalter nur die Rechte zu, die dem Verkäufer aus dem Kaufvertrag zustanden. Der Verwalter kann die *Anwartschaft* des Vorbehaltskäufers nicht durch eine Ablehnung der Erfüllung des Kaufvertrages zerstören.“

---

640 In diesem Sinn Niesert, InVo 1998, S. 141, der den Wortlaut entgegen Pape (in: Kölner Schrift, 1997, S. 405, 427f.) und Marotzke (JZ 1995, S: 803 ff.) hinsichtlich des tatbestandlichen Erfordernisses der aufschiebenden Bedingung der Einigung über den Eigentumsübergang bei Erfüllung der Vertragsbedingung der vollständigen Kaufpreiszahlung für unzweifelhaft hält, weil das Wort „Eigentumsvorbehalt“ im Gesetzestext verwendet werde. Eigentumsvorbehalt setze die aufschiebend bedingte Einigung über den Eigentumsübergang voraus. Weitere Nachweise, die diese Ansicht stützen könnten, gibt Niesert hingegen nicht an.

641 BGB- Alternativkommentar/ Ott, § 158 Rn. 6 bezeichnet die Übereignung unter der aufschiebenden Bedingung der Zahlung des Kaufpreises sogar als „institutionalisierte Praxis“ beim Kauf unter Eigentumsvorbehalt und nicht nur als im Zweifel vereinbart.

642 vgl. dazu auch die Entstehungsgeschichte oben dargestellt unter § 4 II.

643 vgl. Begr. des RegEInsO zum Dritten Teil, Zweiter Abschnitt, vor §§ 103 ff., abgedruckt bei Krämer, aaO, S. 227 (dritter Absatz).

644 vgl. Begr. zum RegEInsO, abgedruckt bei Krämer, aaO, S. 236.

Die Verwendung des Begriffs „Anwartschaftsrecht" und „Anwartschaft" durch den Gesetzgeber lassen die Schlussfolgerung zu, dass der Gesetzgeber davon ausging, dass die aufschiebend bedingte Übereignung zu den Voraussetzungen des § 107 Abs. 1 Satz 1 InsO gehören sollte und nicht einen Bestandteil der Rechtsfolge darstellen sollte. Die Begründung eines Anwartschaftsrecht durch eine andere Art und Weise als durch die aufschiebend bedingte dingliche Einigung ist nicht ersichtlich. Abschließende Klarheit schafft schließlich die Festlegung des Schutzzweckes durch folgende Ausführung des Gesetzgebers[645]:

> „Solange der Käufer vertragstreu bleibt, ist der Verwalter nicht berechtigt, die Kaufsache zurückzuverlangen (Satz 1)."

Unter Heranziehung der Begründung des Gesetzgebers zu der Regelung der § 107 Abs. 1 Satz 1 InsO kann also als Ergebnis festgehalten werden, dass es zu den tatbestandlichen Voraussetzungen des § 107 Abs. 1 InsO gehört, dass zwischen dem Insolvenzschuldner als Verkäufer und seinem Vertragspartner als Käufer die Übereignung unter der aufschiebend bedingten Einigung vereinbart worden ist. Diese Lesart des § 107 Abs. 1 Satz 1 InsO entspricht im übrigen der inzwischen von der überwiegenden Literatur zur Insolvenzordnung vertretenen Auffassung[646].

1.2.3 Voraussetzung der Besitzübertragung

Nach dem Wortlaut des § 107 Abs. 1 InsO ist ferner die Bedeutung und die Reichweite der Voraussetzung, dass der Schuldner „dem Käufer den Besitz an der Sache übertragen" haben muss, auslegungsbedürftig.

Fraglich ist der insolvenzrechtliche Schutz insbesondere in Fällen, in denen es nach dem bürgerlichen Recht möglich ist, eine bewegliche Sache zu übereignen, ohne dem Erwerber den unmittelbaren Besitz zu verschaffen, oder in Fällen, in denen das bürgerliche Recht zwar Besitz des Erwerbers voraussetzt, nicht aber, dass dieser auf Veranlassung des Veräußerers erlangt wurde[647]. So ist es zweifelhaft, ob für den

---

[645] vgl. Begr. zum RegEInsO, abgedruckt bei Krämer, aaO, S. 236.

[646] vgl. HK- Marotzke, § 107 Rn. 1, 3 f.; ders. JZ 1995, 803 (805); Tintelnot, in: Kübler/ Prütting, InsO, § 107 Rn. 5 ff.; Goetsch, in: Berliner Kommentar, § 107 Rn. 2 f.; Wimmer/ Wegener, § 107 Rn. 8; Ott, in: MünchKomm-InsO, § 107 Rn. 8; Hess, InsO, § 107 Rn. 13, der allerdings etwas unpräzise, nur einen *„Kaufvertrag über eine bewegliche Sache"* als Voraussetzung fordert, einen Eigentumsvorbehalt also nicht ausdrücklich voraussetzt. Jedoch befürwortet auch Hess, aaO, § 107 Rn. 14, sodann die Ansicht, dass die aufschiebend bedingte Einigung als ungeschriebenes Tatbestandsmerkmal anspruchsbegründend vorauszusetzen ist.

[647] Zu denken ist z.B. an den Fall des § 929 S. 2 BGB (Erlangung vom Veräußerer spielt erst im Rahmen des § 932 I S. 2 eine Rolle); an § 921 BGB; an den Geheißerwerb oder an handelsrechtliche Möglichkeiten, wie die Übertragung durch Übergabe der Traditionspapiere, §§ 424, 450, 650 HGB. Zu der Möglichkeit der Vereinbarung eines Eigentumsvorbehalts bei Verwendung von Traditionspapieren vgl. Hilger ZIP 1989, S. 1246 (1250).

Schutz des Anwartschaftsrechts des Käufers dessen mittelbarer Besitz nicht ausreichen soll, oder ob dieser Schutz, wie der Terminus „übertragen" andeuten könnte, scheitern soll, wenn bei einer bedingten Übereignung nach § 930 BGB der unmittelbare Besitz beim Schuldner verbleibt oder in den Fällen der § 929 Satz 2, § 931 BGB kein Besitzverlust des Schuldners korrespondiert. Im Extremfall wäre es bei strenger Wortlautbetrachtung denkbar, dass der Insolvenzschutz entfallen würde, wenn der Vertragspartner als Käufer den Gegenstand beispielsweise zu Reparaturzwecken an den (späteren) Insolvenzschuldner zurückgegeben hat. Es wäre zweckmäßiger, die Formulierung "Besitz an der Sache übertragen" einfach als einen Verweis auf das Übergabeerfordernis des § 929 S. 1 BGB zu verstehen, der sich dann auch auf die vom Gesetz zugelassenen Ausnahmen erstreckt[648]. So würde es eine ungerechtfertigte Ungleichbehandlung darstellen, wenn in Fällen, in denen ein Eigentumsvorbehalt vereinbart wurde, der insolvenzrechtliche Schutz eines Erwerbers davon abhängig gemacht werden würde, dass die Kaufvertragsparteien auf besitzrechtlicher Ebene mehr Aufwand betrieben haben, als dies das bürgerliche Recht und das Handelsrecht im Zusammenhang mit dem Eigentumserwerb vorschreiben. Insoweit reduziert sich das Erfordernis, "Besitz an der Sache übertragen" zu haben, auf einen Hinweis auf das ungeschriebene Erfordernis der Vereinbarung einer aufschiebend bedingten Eigentumsübertragung.

Marotzke[649] konstruiert das veranschaulichende Beispiel, dass der Käufer die letzte Kaufpreisrate bereits vor Verfahrenseröffnung an den Insolvenzschuldner gezahlt hatte, es aber an der Besitzübertragung im Sinne des § 929 S. 1 BGB fehlt, weil zwischen den Vertragsparteien ein Besitzmittlungsverhältnis im Sinne des § 930 BGB vereinbart wurde oder durch die Übergabe von Traditionspapieren ersetzt wurde. Den insolvenzrechtlichen Schutz in diesem Fall zu verneinen, wie es der Wortlaut zulassen würde, ist nicht vereinbar mit dem Sinn und Zweck der Regelung und dem dahinterstehenden gesetzgeberischen Willen.

Auch in den Gesetzesmaterialien lassen sich keine Anhaltspunkte finden, die eine ergänzende Auslegung in der soeben dargestellten Form ausschließen.

Nach dem Wortlaut des § 111 Abs. 3 RefEInsO sollte es lediglich notwendig sein, dass der Verkäufer seine Verpflichtung aus dem Kaufvertrag „im Übrigen" (d.h. bis auf die unbedingte Übereignung) erfüllt hat, damit die Fiktion der Leistungserfüllung eingreift und das Wahlrecht ausgeschlossen ist. Eine Verpflichtung aus dem Kaufvertrag ist auch die Besitzübertragung. Diese kann aber im Rahmen des rechtlich Möglichen je nach Interessenlage der Vertragsparteien abweichend von der Übertra-

---

648 So auch Marotzke, JZ 1995, S. 803 (810f.); zustimmend: Tintelnot, in: Kübler/ Prütting, InsO, § 107 Rn. 7.

649 Marotzke, JZ 1995, S. 803 (811).

gung des unmittelbaren Besitzes ausgestaltet werden. Der vertragstreue Verkäufer muss sich nur so verhalten, dass er diese (individuelle) Ausgestaltung der Besitzübertragung einhält. Ist ein Übergabesurrogat vereinbart, genügt dessen Erfüllung. Die Begründung des RefElnsO formuliert als Voraussetzung für vertragstreues Verhalten einen „Verkäufer, der unter Eigentumsvorbehalt geliefert hat". Darunter kann unproblematisch auch eine besondere Lieferform subsumiert werden. „Geliefert" bedeutet nicht zwingend, dass der Verkäufer unmittelbar an den Käufer selbst geliefert haben muss. Die ergänzende Auslegung des Wortlautes des § 107 Abs. 1 InsO dahingehend, dass auch die Übertragung des mittelbaren Besitzes ausreicht, ist somit von der Fassung und der Begründung des Referentenentwurfes gedeckt.

Auch in der Begründung des RegElnsO verwendet der Gesetzgeber die Formulierung „..Kaufverträge,...bei denen die Kaufsache...*geliefert* worden ist."[650] Der Begriff „liefern" schließt, wie bereits dargestellt, nach allgemeiner Auffassung die Vereinbarung alternativer Übertragungsformen hinsichtlich des Besitzes ein, als nur die Übertragung des unmittelbaren Besitzes. Durch den Rechtsausschuß erfolgten keine weiteren Erläuterungen hinsichtlich den Anforderungen an die Besitzübertragung.

Es ist somit zulässig und nach dem Sinn und Zweck der Regelung sogar geboten, den Wortlaut des § 107 Abs. 1 S. 1 InsO hinsichtlich der Besitzübertragung dahingehend auszulegen, dass die Formulierung als bloße Verweisung auf die Bestimmungen der §§ 929 ff. BGB zu verstehen ist. Damit ist aber auch die Besitzerlangung nach einer der in den §§ 929 ff. BGB festgelegten Übertragungsvariante ausreichend für Anwendbarkeit des § 107 InsO[651].

1.2.4 Zusammenfassung

Die vorangegangenen Ausführungen haben gezeigt, dass der Wortlaut des § 107 Abs. 1 InsO vom Gesetzgeber nicht beabsichtigte Fragestellungen aufwirft. So sind die tatbestandlichen Voraussetzungen für die Insolvenzfestigkeit des Anwartschaftsrechts des Vorbehaltskäufers in der Insolvenz des Vorbehaltsverkäufers in § 107 Abs. 1 InsO nur unzureichend formuliert.

Unter Berücksichtigung des Sinn und Zweckes der Regelung des § 107 Abs. 1 InsO ist auf Tatbestandsebene über den Wortlaut des § 107 Abs. 1 InsO hinaus zu fordern, dass sich Vorbehaltskäufer und - verkäufer aufschiebend bedingt dinglich geeinigt haben. Insoweit sind strengere Voraussetzungen für eine Anwendbarkeit zu stellen.

---

[650] abgedruckt bei Krämer, aaO, S. 236.

[651] So auch: Nerlich/Römermann/Balthasar, § 107 Rn. 9; Tintelnot, in: Kübler/Prütting, § 107 Rn. 7; Ott, in: MünchKomm-InsO, § 107 Rn. 11; HK-Marotzke, § 107 Rn. 6; a.A. nur: Wimmer/ Wegener, § 107 Rn. 9.

Hinsichtlich des Tatbestandsmerkmales der Besitzübertragung gemäß § 107 Abs. 1 InsO reicht es hingegen auch aus, wenn der Käufer entsprechend der rechtsgeschäftlichen Vereinbarung mit dem Insolvenzschuldner den (mittelbaren) Besitz durch ein Übergabesurrogat der §§ 929 ff. BGB erlangt hat.

1.3 Rechtsfolgenseite des § 107 Abs. 1 InsO

1.3.1 Wortlautgrenze

Der Wortlaut hinsichtlich der Rechtsfolge, dass der "Käufer die Erfüllung des Kaufvertrages verlangen" kann, ist ebenfalls sehr weitgehend und unpräzise gefasst[652].

Im Vergleich zu dem eingangs dargestellten Schutzzweck der Norm, der sich aus den Begründungen zu dem RefElnsO und dem RegElnsO ergibt[653], und darin liegen soll, dass der Verwalter nicht berechtigt sein sollte, „die unter Eigentumsvorbehalt übereignete Kaufsache zurückzuverlangen"[654], erlaubt die vorliegende Fassung des § 107 Abs. 1 InsO weitergehende Interpretationen. So könnten zu den Pflichten des Verkäufers je nach Vertragsinhalt auch Einbauleistungen, Instruktionsleistungen, die Pflicht zur Beseitigung von Mängeln oder die zur Lieferung eines fehlerfreien Ersatzes gehören. Nach dem Wortlaut wäre ebenso die Schlussfolgerung möglich, dass der Insolvenzverwalter alle diese Ansprüche und zusätzlich eventuell noch Schadenersatzansprüche wegen (neben-)vertraglicher Pflichtverletzungen zu erfüllen hätte, sofern nur die beiden Voraussetzungen gegeben sind, dass es sich um einen Kauf unter Eigentumsvorbehalt handelt, bei dem eine aufschiebend bedingte dingliche Einigung erfolgt ist und dem Käufer der Besitz an der Vorbehaltssache vor der Verfahrenseröffnung übertragen worden ist.

Diese Vermutung wird durch den Wortlaut des § 107 Abs. 1 Satz 2 InsO eher noch bestärkt, als widerlegt[655]. Danach heißt es, „dies [§ 107 Abs. 1 Satz 1 InsO] gilt auch, wenn der Schuldner dem Käufer gegenüber noch weitere Verpflichtungen übernommen hat und diese nicht oder nicht vollständig erfüllt sind." Diese Formulierung scheint eine Fiktion eines Erfüllungsanspruches mit dem (vermeintlichen) Inhalt zu sein, dass der Vorbehaltskäufer die Erfüllung sämtlicher Sekundär- und Nebenpflichten verlangen kann.

---

652 Die Auswirkungen dieser Ungenauigkeiten der Formulierung hinsichtlich der Festlegung der Voraussetzungen des § 107 Abs. 1 Satz 1 InsO sind bereits eben dargestellt worden.

653 vgl. insoweit auch die Ausführungen unter § 4 I.

654 Begr. zu § 121 RegE, abgedruckt bei Krämer, aaO, S. 236.

655 In diesem Sinne auch Tintelnot, in : Kübler/ Prütting, InsO, § 107 Rn. 9.

1.3.2 Teleologische Reduktion des Wortlauts

Das Ergebnis der Wortlautinterpretation widerspricht dem Grundsatz, dass Forderungen gegen den Schuldner, die dem Grunde nach bereits bei Verfahrenseröffnung bestanden haben, normale Insolvenzforderungen sind und als solche in einer Verlustgemeinschaft stehen, § 38 InsO. Auf diese Forderungen wird grundsätzlich nur die Insolvenzquote gezahlt.

Eine weite Auslegung des Wortlautes würde ferner der allgemeinen Intention des Reformwerkes widersprechen, welches eine Anreicherung der Masse durch Beschneidung einzelner Gläubigerrechte zur Prämisse hatte[656].

Es sind letztlich auch keine über den Wortlaut des § 107 Abs. 1 hinausgehenden Anzeichen ersichtlich, die eine solche Umkehrung des bisherigen Grundsatzes erkennen lassen. *Marotzke* hält dem Gesetzgeber sogar vor, die Formulierung des § 107 Abs. 1 InsO sei nach dem „Schrotschußprinzip“ [657] erfolgt.

Gegen eine ausufernde Anwendung des § 107 Abs. 1 InsO spricht zum einen ein formales Argument. Hierfür läßt sich das Argument anführen, dass § 107 Abs. 1 Satz 2 InsO hinsichtlich der „weiteren Verpflichtungen“ des Schuldners zwar auf § 107 Abs. 1 S. 1 InsO verweist, dass diese Verweisung aber an der Rechtsfolge des Satzes 1 nichts ändert und somit nur hinsichtlich des „Kaufvertrages“, nicht auch hinsichtlich etwaiger für den Vertragstyp „Kauf“ unwesentlicher „weitere Verpflichtungen“ zu einer Leistungspflicht des Insolvenzverwalters führt.

Überzeugender läßt sich eine teleologische Reduktion des Wortlautes des § 107 Abs. 1 InsO durch die Betrachtung der Entstehungsgeschichte begründen. So wurde § 107 InsO mit einer zu unterstellenden gut gemeinten Absicht dem § 106 InsO nachgebildet. § 106 InsO dient der insolvenzrechtlichen Sicherung der Vormerkung und entspricht dem § 24 KO. Insoweit ist die Entwicklung zu § 24 KO zu betrachten: Bezüglich § 24 KO hatte der BGH im Jahre 1976 entschieden[658], dass bei einem Vertrag, in dem neben der Übereignung eines Grundstücks auch die Errichtung eines Gebäudes auf diesem Grundstück vereinbart ist, der Käufer, selbst wenn er zu seinen Gunsten eine Vormerkung hat eintragen lassen, nicht geschützt ist, sondern der Konkursverwalter auf den gesamten Vertrag, und nicht nur auf den Bestandteil über die Errichtung des Gebäudes, das Wahlrecht des § 17 KO hat und § 24 KO insoweit keine Anwendung findet. Als Reaktion auf dieses Urteil wurde in § 24 KO durch das Gesetz zur Änderung sachenrechtlicher, grundbuchrechtlicher

---

[656] vgl. dazu ausführlich oben unter § 1 II., 2.

[657] diesen Begriff verwendet Marotzke, JZ 1995, S. 803 (810).

[658] BGH WM 1976, 1360 ff..

und anderer Vorschriften vom 22.06.1997[659] der § 24 Satz 2 KO eingefügt. Dadurch wurde die Konkursfestigkeit der Auflassungsvermerkung wieder hergestellt[660]. Der Regelungsgehalt des § 24 S. 2 KO findet sich in der Insolvenzordnung in § 106 InsO in unveränderter Form wieder.

Um das Anwartschaftsrecht des Vorbehaltskäufers gleichermaßen insolvenzfest zu gestalten wie die Vormerkung, hat der Gesetzgeber die Formulierung des § 107 Abs. 1 InsO dem Wortlaut des § 106 InsO nachgebildet. Jedoch ist in § 106 Abs. 1 S. 1 InsO die Rechtsfolge ("für seinen Anspruch Befriedigung aus der Insolvenzmasse zu verlangen") im Gegensatz zu der Formulierung des § 107 Abs. 1 S. 1 InsO („Erfüllung des Kaufvertrages verlangen") unmißverständlich. In § 106 InsO kann nur die Erfüllung des vormerkungsgesicherten Anspruches auf Übereignung gemeint sein.

Vor diesem Hintergrund ist der Wortlaut des § 107 InsO hinsichtlich der Rechtsfolge dahingehend zu reduzieren, dass der Vorbehaltskäufer nur bezüglich des Rechts, Eigentümer zu werden, insolvenzrechtlichen Schutz genießt und nicht der gesamte Kaufvertrag. § 107 Abs. 1 InsO ist so zu lesen, dass nicht der Vorbehaltskäufer etwas verlangen kann (, da die bedingte dingliche Übereignung zu den tatbestandlichen Voraussetzungen für eine Anwendbarkeit des § 107 gehört), sondern vielmehr der Insolvenzverwalter etwas nicht verlangen kann, nämlich nicht die Rückgabe der Kaufsache. In diesem Sinne äußerte sich auch der Gesetzgeber in der einschlägigen Begründung zum Regierungsentwurf[661].

Der Vorbehaltskäufer ist demnach unabhängig vom Willen und etwaigen Erklärungen des Insolvenzverwalters berechtigt, durch Zahlung des Kaufpreises den bereits vor Verfahrenseröffnung eingeleiteten Eigentumserwerb gemäß § 158 Abs. 1 BGB zu vollenden. Hinsichtlich weiterer Leistungen, die der Insolvenzschuldner mit dem Dritten im Zusammenhang mit dem Kaufvertrag vereinbart hatte, steht dem Insolvenzverwalter allerdings das Wahlrecht aus § 103 InsO uneingeschränkt zu[662]. § 107 Abs. 1 Satz 2 InsO ist nicht etwa so zu verstehen, dass der Verwalter auch die Nebenleistungen gegebenenfalls aus der Masse zu erbringen hätte. Vielmehr ist wieder die Parallele zu der Regelung wie bei der Vormerkung (§ 106 Abs. 1 S. 2 InsO)

---

[659] BGBl. 1977 I , S. 998.

[660] Ein gleichlautender Satz findet sich auch in § 50 Abs. 4 VglO wieder, der mit gleichem Gesetz eingefügt wurde.

[661] vgl. Begr. zu § 121 RegEInsO, abgedruckt bei Krämer, aaO, S. 236.

[662] Ebenso Goetsch, in: Berliner Kommentar, § 107 Rn. 7; Obermüller, Insolvenzrecht in der Bankpraxis, 1997, Rn. 7.113; Tintelnot, in; Kübler/ Prütting, § 107 Rn. 10 aE; offen gelassen HK- Marotzke, § 107 Rn. 10.

zu sehen[663]. § 107 Abs. 1 Satz 2 InsO ist unter Heranziehung der Begründung des RegEInsO[664] so zu verstehen, dass auch etwaig vereinbarte Nebenleistungen die Möglichkeit des Vorbehaltskäufers auf Vollendung des Eigentumserwerbs unberührt lassen sollen[665]. Allerdings kann der Vorbehaltskäufer vom Verwalter auch nicht mehr verlangen, als eben diese Vollendung des Eigentumserwerbs.

Deutlich wird diese begrenzende Interpretation im Gewährleistungsfall: Verlangt der Käufer aufgrund eines Sachmangels berechtigterweise Minderung des Kaufpreises, räumt ihm § 107 Abs. 1 Satz 1 InsO nicht das Recht ein, durch Zahlung eines geminderten Preises den Eigentumserwerb zu vollenden. Die Formulierung der Begründung, dem Verwalter stünden nur die Rechte zu, die dem Schuldner als Verkäufer aus dem Vertrag zustanden, ist deshalb ebenso ungenau wie die Aussage, der Verwalter sei nicht berechtigt, die Kaufsache zurückzuverlangen, solange der Käufer vertragstreu bleibe. Denn zahlt der Käufer einer mangelbehafteten Sache einen geminderten Kaufpreis, bleibt er zwar vertragstreu, führt aber dennoch nicht den Bedingungseintritt herbei[666]. Auf ein bloßes Zahlungsverlangen des Verwalters hin, mit dem der Verwalter nicht im Sinne des § 103 InsO Erfüllung des gesamten Vertrages verlangt, gerät dieser Käufer nicht in Verzug[667]. Damit entstünde jedoch eine offenbar nicht beabsichtigte Schwebelage. Der Käufer bliebe trotz Minderzahlung zum Besitz berechtigt, ohne Eigentum zu erwerben. Um diesen Zustand zu beenden, muss der Verwalter, unabhängig davon, ob der Käufer dadurch in Verzug geraten ist, deshalb zur Kündigung nach § 455 BGB befugt sein, falls der Käufer trotz Aufforderung nicht mehr die vertraglich vereinbarten Raten zahlt.

1.4 Ergebnis

Neben der Notwendigkeit der berichtigenden Auslegung der Tatbestandsseite des § 107 Abs. 1 InsO ist auch die Formulierung der Rechtsfolgenseite nicht von wünschenswerter Klarheit. Auf der Rechtsfolgenseite ist durch teleologische Reduktion des Wortlautes die rechtliche Position des Vorbehaltskäufers dahingehend zu verstehen, dass dieser nur hinsichtlich seines vor Verfahrenseröffnung begründeten

---

[663] Die Begr. des RegEInsO zu § 121, die vom Rechtsausschuß insofern unverändert übernommen wurde, verweist in Absatz 2 Satz 3 ausdrücklich auf § 120 Abs. 1 S. 2 RegEInsO, der dem § 106 InsO entspricht.

[664] abgedruckt bei Krämer, aaO, S. 236, insb. Absatz 2 Satz 2 und 3 der Begründung.

[665] So auch Obermüller, Insolvenzrecht in der Bankpraxis, 1997, Rn. 7.113., ders., in: Kölner Schrift, 1. Aufl., S. 751 ff. (768) Rn. 69.

[666] Hierin liegt ein Unterschied zum Vormerkungsschutz des § 106 InsO, da die Vormerkung den Anspruch auf Eigentumsverschaffung nach dem jeweiligen Vertragsinhalt, also auch die Übereignung eines mit Sachmangel behafteten Grundstücks gegen geminderten Kaufpreis sichert.

[667] anders Marotzke, Gegenseitige Verträge, Rn. 4.128 mit Fn. 342.

Anwartschaftsrechts insolvenzrechtlichen Schutz genießt. Der § 107 Abs. 1 InsO gibt dem Vertragspartner des Insolvenzschuldners nur die Möglichkeit, den Eigentumserwerb zu vollenden. Nur das Recht, Eigentümer zu werden, nicht der gesamte Kaufvertrag mit etwaig vereinbarten Nebenleistungspflichten fällt unter den Schutz des § 107 Abs. 1 InsO.

2 Insolvenz des Vorbehaltskäufers

2.1 Tatbestandsseite des § 107 Abs. 2 InsO

Für die Insolvenz des Vorbehaltskäufers ist die Bestimmung des § 107 Abs. 2 InsO in Verbindung mit § 103 InsO anwendbar.

Grundvoraussetzung für die Anwendbarkeit des § 107 Abs. 2 InsO ist, dass *ein wirksamer Kaufvertrag* über eine bewegliche Sache mit dem später insolventen Schuldner in der Rolle des Käufers geschlossen wurde. Das Eigentum an der Sache darf allerdings noch nicht (unbedingt) auf den Insolvenzschuldner übergegangen sein. Sonst fehlt es an dem latenten Aussonderungsrecht[668] des Verkäufers, dem § 107 Abs. 2 Satz 1 InsO Schranken setzen will[669].

Als weitere Voraussetzung für die Anwendbarkeit des § 107 Abs. 2 InsO ist nach dem Wortlaut die Besitzerlangung des Käufers von dem Verkäufer. Im Gegensatz zu der Formulierung des Absatzes 1 ist der Wortlaut des Absatzes 2 eng auszulegen und grundsätzlich die *Übertragung des unmittelbaren Besitzes* auf den Käufer zu fordern[670]. Die Erlangung des mittelbaren Besitzes dürfte nur genügen, wenn dieser nicht mehr durch den Verkäufer vermittelt wird, es sei denn, der unmittelbare Besitz ist dem Verkäufer nur vorübergehend, etwa zu Reparaturzwecken, erneut eingeräumt worden.

Die grundsätzliche Notwendigkeit der Erlangung des unmittelbaren Besitzes ist aus der Begründung des RegEInsO abzuleiten. Danach soll Absatz 2 sicherstellen, dass[671]

> „unter Eigentumsvorbehalt gelieferte bewegliche Sachen nicht schon kurz nach der Eröffnung des Verfahrens aus dem Unternehmen des Schuldners herausgezogen werden können."

---

[668] In der obigen Darstellung der Entwicklung des § 107 InsO wurde aufgezeigt, daß zunächst vorgesehen war, dem Vorbehaltsverkäufer nur ein Absonderungsrecht zuzugestehen. Dieses Vorhaben ist jedoch nicht Gesetz geworden.

[669] vgl. hierzu die obigen Ausführungen einschließlich der Begr. des § 121 RegE, aaO.

[670] so im Ergebnis auch Tintelnot, in: Kübler/ Prütting, InsO, § 107 Rn. 17 f.; HK- Marotzke, § 107 Rn. 19; ders. JZ 1995, S. 803, (812 f.).

[671] vgl. die Begr. zu § 121 RegEInsO, abgedruckt bei Krämer, aaO, S. 236.

Damit aber überhaupt ein Schutz vor einem „Herausziehen" aus der Masse benötigt werden kann, muss sich die Sache in der Masse befinden. Dies ist wiederum nur bei vor Verfahrenseröffnung erfolgter Übergabe gegeben.

Nach dem Willen des Gesetzgebers, wie er in der Begründung zu § 121 RegEInsO dargelegt ist, dient Absatz 2

> „– ebenso wie das Verwertungsrecht des Verwalters bei zur Sicherung übereigneter Sachen (vgl. § 191 Abs. 1 des Entwurfes[672]) – dem Ziel, das Vermögen im Besitz des Schuldners zunächst zusammenzuhalten, um Fortführungs- und Sanierungschancen zu wahren."[673]

Durch die Anlehnung an die verwertungsrechtlichen Vorschriften wird deutlich, dass nach dem Willen des Gesetzgebers auch für den Bereich der Vorbehaltskäufe der unmittelbare Besitz grundsätzlich vorliegen muss. Für den § 166 InsO ist dies die überwiegende und zutreffende Auffassung[674].

Fraglich ist die Beurteilung des Grenzfalles, dass trotz wirksam zustande gekommenen Kaufvertrages, die Sache deswegen noch nicht in den Besitz des Käufers gelangt ist, weil sich der Verkäufer mit der Sachübergabe im Verzug befindet.

Nach einer Auffassung soll in diesem Fall der Schutz des § 107 Abs. 2 InsO greifen und der Verwalter sich auf die Schonfrist bis zur Abgabe der Erklärung über die Erfüllungswahl berufen können[675]. Die Gegenauffassung zieht die Voraussetzungen enger, d.h. nur der tatsächliche unmittelbare Besitz wird als ausreichend angesehen, ohne allerdings die Ablehnung der ersten Auffassung zu begründen[676].

Sofern man auf den Schutzzweck der Norm, nämlich das Zusammenhalten der im Schuldnerbesitz befindlichen Vermögensgegenstände zwecks Möglichkeit der Fortführung des Unternehmens abstellt, so spricht dies dafür, die Anwendbarkeit bei Verzug des Verkäufers zu bejahen. Denn der spätere Insolvenzschuldner hatte in diesem Fall bereits ein Recht an der Kaufsache erlangt. Das Fehlen des unmittelbaren Besitzes ist auf ein außerhalb der Schuldnersphäre liegenden Umstand zurückzuführen, den der Insolvenzschuldner nicht zu verantworten hat. Würde man hingegen den Verkäuferverzug nicht der unmittelbaren Besitzerlangung gleichstellen, so wäre dies eine Privilegierung desjenigen Schuldners des Insolvenzschuldners, der

---

[672] § 191 Abs. 1 RegEInsO entspricht dem derzeitigen § 166 InsO.

[673] Begr. zu § 121 RegE, abgedruckt bei Krämer, aaO, S. 235, 236. Die Begründung zu § 166 InsO (abgedruckt bei Krämer, aaO, S. 328, 329f.) stellt ausdrücklich die Funktion des Zusammenhaltens der Verwertungsvorschriften heraus und nimmt Bezug auf die Regelung bei Vereinbarung eines Eigentumsvorbehalts, wo dieses Ergebnis eben durch § 107 Abs. 2 gesichert würde.

[674] Jauernig, Zwangsvollstreckungs- und Insolvenzrecht, § 74 IV 2b; S. 312; Marotzke ZZP 109 (1996), 429, 443; Zahn DB 1995, 1649; ebenso Klasmeyer/ Elsner/ Ringstmeier, in: Kölner Schrift 2.Aufl. 2000, S. 1086 Rn. 15; Tintelnot, in Kübler/ Prütting, InsO, § 166 Rn. 3 mwN.

[675] HK- Marotzke, § 107 Rn. 26 aE; Bork, Festschrift Gaul, S. 71 (73).

[676] Tintelnot, in: Kübler/ Prütting, InsO, § 166 Rn. 4.

sich gegenüber dem Insolvenzschuldner nicht vertragstreu verhalten hat. Damit korrespondierend ist es nicht gerechtfertigt, dass der Verkäufer und Schuldner des Insolvenzschuldners trotz eigener Vertragsbrüchigkeit eine bessere Position innehat, als der vertragstreu handelnde Schuldner des Insolvenzschuldners.

Unter Berücksichtigung des eingangs dargestellten Gedankens, dass dem Verwalter diejenigen Rechte zustehen sollen, die der Insolvenzschuldner bei Verfahrenseröffnung innehatte, ist eine Anwendbarkeit auch bei Verzug des Vorbehaltskäufers vorzugswürdig. Der jetzige Insolvenzschuldner hatte vor Verfahrenseröffnung einen fälligen und durchsetzbaren Anspruch auf Einräumung des unmittelbaren Besitzes gegenüber seinem Vertragspartner. Dieser Anspruch ist gleichwertig mit dem bereits erlangten unmittelbaren Besitz an einer unter Eigentumsvorbehalt erworbenen Sache. Dem Verwalter müssen daher die Rechte zustehen, die er bei tatsächlichem unmittelbaren Besitz des Insolvenzschuldners haben würde. Bei tatsächlichem unmittelbaren Besitz des Insolvenzschuldner könnte sich der Verwalter auf die Regelung des § 107 Abs. 2 InsO berufen. Dieses Recht ist ihm daher auch zu gewähren, wenn die Erlangung des unmittelbaren Besitzes vor Verfahrenseröffnung nur durch den Verzug des Gläubigers verhindert wurde. Für den Fall, dass der Verkäufer sich mit der Übergabe der Kaufsache bereits vor Verfahrenseröffnung in Verzug befunden hat, wäre es eine nicht begründbare Privilegierung, wenn die Anwendbarkeit des § 107 Abs. 2 InsO für diesen Fall ausgeschlossen wäre, nur weil kein unmittelbarer Besitz des Insolvenzschuldners bestanden hatte.

Zusätzlich ist eine *dingliche Einigung* zwischen dem Insolvenzschuldner und dem Vertragspartner nicht Voraussetzung für die Anwendbarkeit[677]. Auch hier weichen die Tatbestandsvoraussetzungen des § 107 Abs. 2 InsO von denen des § 107 Abs. 1 InsO ab. Die Erkenntnis, dass eine dingliche Einigung nicht zwingende tatbestandliche Voraussetzung ist, läßt sich zunächst aus dem Wortlaut des § 107 Abs. 2 InsO ableiten. Der Wortlaut fordert eine solche dingliche Einigung nicht. Zum anderen entspricht diese Auslegung auch dem Sinn und Zweck des § 107 Abs. 2 InsO. Wie bereits dargestellt, knüpft der Absatz 2 allein an die Besitzlage des Insolvenzschuldners an. Ausdrücklich zieht die Begründung des RegEInsO die Parallele zum Verwertungsrecht des Verwalters bei Sicherungsübereignung, obwohl der Sicherungsnehmer im Gegensatz zum Vorbehaltsverkäufer nur absonderungsberechtigt ist. Auch das von der Begründung als Parallele herangezogene Verwertungsrecht des Verwalters nach § 166 Abs. 1 InsO hängt nicht davon ab, ob der Sicherungsnehmer das Sicherungseigentum bereits aufschiebend bedingt durch Zahlung rückübertragen hat. Da der Wortlaut eines Kaufs unter Eigentumsvor-

[677] So im Ergebnis ebenfalls Marotzke, JZ 1995, 803, 812; zustimmend Tintelnot, in: Kübler/ Prütting, § 107 Rn. 17 f..

behalt das dingliche Geschäft nicht zwangsläufig einschließt, kann Absatz 2 seinem Zweck entsprechend auch angewandt werden, wenn der Verkäufer die Kaufsache dem Insolvenzschuldner ausnahmsweise vor der bedingten Übereignung übergeben haben sollte.

2.2 Rechtsfolgenseite des § 107 Abs. 2 InsO

Sofern die Voraussetzungen des § 107 Abs. 2 InsO vorliegen, der Insolvenzschuldner also insbesondere den unmittelbaren Besitz[678] an der Kaufsache vor Verfahrenseröffnung erlangt hatte, ergibt sich nach der Insolvenzordnung eine im Vergleich zu der Konkursordnung neu eingeführte Schonfrist für den Verwalter, innerhalb derer er seine Entscheidung über die Erfüllung des Vertrages abgeben muss. Nach § 107 Abs. 2 Satz 1 InsO trifft den Verwalter seine Obliegenheit zur Abgabe einer Erklärung gemäß § 103 Abs. 2 Satz 2 InsO erst nach dem Berichtstermin (§ 56 InsO). Erst nach diesem muss der Verwalter sich unverzüglich zu der Erfüllungswahl erklären. Dies bedeutet aus Sicht des Insolvenzverwalters, dass die Masse mindestens bis zu dem Berichtstermin auch bei Nichtzahlung der Kaufpreisraten nicht in Verzug gerät.

Die Erklärung über die Erfüllung oder Nichterfüllung muss „unverzüglich" nach dem Berichtstermin erfolgen. „Unverzüglich" bedeutet hier ohne schuldhaftes Zögern[679]. Die Schonfrist kann allerdings dann verkürzt sein und die Erklärung des Verwalter über die Erfüllungswahl vor dem Berichtstermin „fällig" werden, wenn der Verwalter das Unternehmen vor diesem Zeitpunkt gemäß § 158 InsO stilllegt. Die Maßnahme nach § 158 InsO kann aus wirtschaftlichen Erwägungen heraus zwingend sein, um Masseschwund zu verhindern. Es besteht dann kein Erfordernis, dem Verwalter das Recht zuzugestehen, die Herausgabe der Sache weiter zu verweigern. Der Verwalter hat nur noch die Möglichkeit den Vertrag zu erfüllen, um die Kaufsache zugunsten der Masse zu verwerten. Eine Notwendigkeit, die Entscheidung über die Erfüllung des Kaufvertrages bis zum Berichtstermin hinauszuschieben, besteht nicht. Eine solche Beeinträchtigung der Rechte des Vertragspartners des Insolvenzschuldners wäre dann auch nicht mehr mit dem Gesetzeszweck zu rechtfertigen. Der durch die Schonfrist entstandene Schwebezustand zwischen Verfahrenseröffnung und Berichtstermin sollte die Masse zusammenhalten und eine eventuelle Unternehmensfortführung sichern[680]. Bei einer Stillegung nach § 158 InsO wird dieses Ziel obsolet.

---

[678] Oder sich der Verkäufer mit der Übergabe in Verzug befindet.

[679] Pape, Kölner Schrift, 1997, S. 405 (420); vgl. auch Pape, in: Mohrbutter/ Mohrbutter, Handbuch für Insolvenzverwaltung, 7. Aufl. Köln 1996, Kap III., Rn. 89.

[680] Begr. zu § 107 InsO, abgedruckt bei Krämer, aaO, S. 236 aE.

In § 107 Abs. 2 Satz 2 InsO wurde eine Ausnahme von dieser Schonfrist für solche Waren festgelegt, bei denen eine erhebliche Wertminderung zu erwarten ist. Nach der Begründung des RegEInsO, in welchem diese Ausnahme erstmalig erwähnt wurde, sind hiermit insbesondere verderbliche Waren oder Saisonartikel gemeint[681].

Diese Ausnahme in § 107 Abs. 2 S. 2 InsO ist nicht frei von Unklarheiten. Nach einer Ansicht wäre die Regelung gänzlich entbehrlich gewesen, da es zu den allgemeinen Pflichten des Verwalters gehöre, die Entscheidung über den weiteren Verbleib der Vermögensgegenstände bei der Masse und die damit verbundene Kostentragung der Masse so rechtzeitig auszuüben, dass der andere Teil keine extremen Verluste in Kauf nehmen muss, die über die Umwandlung des Erfüllungsanspruches in einen als Insolvenzforderung zu behandelnden Schadensersatzanspruch weit hinausgehen[682]. Unter dem Aspekt der gewünschten Verschlankung des Regierungsentwurfes ist dieser Kritik zuzustimmen, dass der Satz 2 auch hätte unterbleiben können. Schaden freilich nimmt die Gesamtregelung des § 107 InsO an dieser zusätzlichen Erwähnung nicht.

In einem für die Praxis sehr viel relevanterem Bereich sind dagegen Fragen hinsichtlich der Auslegung des § 107 Abs. 2 Satz 2 InsO aufgetreten. So stellt sich die Frage nach den Grenzen des Anwendungsbereiches der Regelung. Weder der Wortlaut des § 107 Abs. 2 S. 2 InsO noch die Begründung des RegEInsO konkretisieren hinreichend, ob mit der Regelung nur leicht verderbliche Waren aus der Schonfrist ausgeklammert werden sollten[683] oder auch ein reiner Wertverlust auf Seiten des Eigentumsvorbehaltsgläubigers ausreichen sollte, um die Schonfrist für den Verwalter wegfallen zu lassen. Zu solchen Wertminderungen kann es bereits durch die weitere Nutzung des Eigentumsvorbehaltsgutes kommen. Demnach könnten die Nutzungsmöglichkeiten des Verwalters durch eine dadurch bedingte Wertminderung erheblich begrenzt sein.

Mit der Einräumung einer Schonfrist für den Verwalter bis zu der Erklärung über die Erfüllung des Vertrages, sollen aber gerade die Fortführungschancen des Unternehmens gestärkt werden[684]. Von diesem Ziel weicht auch die Ausnahme in § 107 Abs. 2 S. 2 InsO nicht ab. Allerdings erhöht gerade erst die Möglichkeit der Nutzung der Wirtschaftsgüter des Unternehmens die Fortführungschancen[685], und nicht bereits allein ein Zusammenhalt der wirtschaftlichen Einheit[686] eines Unterneh-

---

[681] Begr. zu § 121 RegEInsO, abgedruckt bei Krämer, aaO, S. 236 (237).
[682] Die Notwendigkeit verneinend Pape, Kölner Schrift, 1. Aufl., S. 432, Rn. 53.
[683] So die Kritik von Obermüller, Insolvenzrecht in der Bankpraxis, Rn. 6.359.
[684] vgl. die Begründung des RegE zu § 107 Abs. 2, abgedruckt bei Krämer, aaO, S. 236.
[685] So zutreffend Niesert, InVo 1998, S. 85 (90).
[686] So die Begr. zu RegEInsO, aaO, bezüglich des Sinn und Zweckes der Schonfrist, aaO.

mens. Insbesondere bei verarbeitenden Betrieben könnte die Regelung der §§ 946 ff. BGB einer Fortführung entgegenstehen. Erleidet der Eigentumsvorbehaltsgläubiger durch eine Bearbeitung gemäß der §§ 946 bis 950 BGB einen Rechtsverlust, kann er von demjenigen, zu dessen Gunsten die Rechtsänderung eintritt, Vergütung in Geld gemäß §§ 812 ff. BGB fordern. Ferner bleibt die Verpflichtung zum Schadensersatz gemäß §§ 823 ff. BGB sowie die Vorschriften über den Ersatz von Verwendungen und über das Recht zur Wegnahme der Einrichtung unberührt. Dementsprechend hat der Eigentumsvorbehaltsgläubiger, dessen Eigentumsvorbehaltsgut mit der Folge des Eigentumsverlustes verbunden, vermischt oder verarbeitet wird, gemäß § 55 Abs. 1 Nr. 3 InsO in Verbindung mit § 951 Abs. 1 BGB einen Anspruch gegen die Masse aus einer ungerechtfertigten Bereicherung derselbigen[687].

Die somit unvermeidlichen Verhandlungen des Insolvenzverwalters mit den Eigentumsvorbehaltsgläubigern über entsprechende Entschädigungen ließen sich nur vermeiden, wenn dem Insolvenzverwalter für diesen Fall der (notwendigen) Verarbeitung, Vermischung oder Verbindung von Vorbehaltsgütern Sonderrechte zugestanden werden können. Eine ausdrückliche Regelung enthält die Insolvenzordnung insoweit nicht. Daher wäre eine analoge Anwendung des § 172 InsO möglich. Gemäß § 172 InsO darf der Insolvenzverwalter eine der Absonderung unterliegende Sache, zu deren Verwertung er berechtigt ist, für die Insolvenzmasse nutzen, wenn er den dadurch entstehenden Wertverlust von der Eröffnung des Insolvenzverfahrens an durch laufende Zahlungen an den Gläubiger ausgleicht. Die Verpflichtung zur Ausgleichszahlung besteht, soweit der durch die Nutzung entstehende Wertverlust die Sicherung des absonderungsberechtigten Gläubigers beeinträchtigt. Gemäß § 172 Abs. 2 InsO darf der Verwalter eine solche Sache auch verbinden, vermischen und verarbeiten, soweit damit die Sicherung des absonderungsberechtigten Gläubigers nicht beeinträchtigt wird.

Bei der Beurteilung der Frage nach einer analogen Anwendung dieser Vorschrift auf die Nutzung von Eigentumsvorbehaltswaren ist zu beachten, dass § 107 Abs. 2 Satz 1 InsO den Herausgabeanspruch des Vorbehaltseigentümers nur vorübergehend suspendieren will[688]. Diese nur vorübergehende Suspendierung des Herausgabeanspruchs des Vorbehaltseigentums schließt es nach Auffassung von *Marotzke*[689] aus, den zu endgültigen Ergebnissen führenden § 172 Abs. 2 Satz 1 InsO analog anzuwenden.

---

[687] Das gilt über § 55 Abs. 2 InsO in Verbindung mit § 22 Abs. 1 Nr. 2 InsO auch für die von dem vorläufigen Insolvenzverwalter begründeten Ansprüche aus § 951 BGB.

[688] So zutreffend Marotzke, ZZP 109 (1996), S. 429 (454).

[689] Marotzke, ZZP 109 (1996), S. 429, (454).

Die Gegenauffassung von *Wellensiek*[690] beruft sich auf die Erlöschenstheorie hinsichtlich der Wirkungen der Verfahrenseröffnung. Nach dieser Erlöschenstheorie seien auch bezüglich des Eigentumsvorbehaltsgutes die vertraglichen Berühmungsrechte erloschen und würden erst bei Erfüllungswahl wieder aufleben. Nach dem Gesetzeswortlaut sei der Verwalter damit nicht berechtigt, vor Erfüllungswahl Vorbehaltsgegenstände für die Masse weiter zu verwenden. Stattdessen habe er die Sache bis zur Entscheidung über das Vertragsverhältnis sicherzustellen. Der Nutzen des § 107 Abs. 2 InsO sei damit sehr begrenzt. Für eine analoge Anwendung des § 172 Abs. 1 Satz 1 InsO spräche die Intention des Gesetzgebers, durch § 107 Abs. 2 InsO eine im Berichtstermin zu treffende Entscheidung über die Betriebsfortführung offenzuhalten. Für eine solche Entscheidung müsse dem Verwalter eine vorläufige Betriebsfortführung überhaupt möglich sein. Es nütze ihm wenig, wenn er Vorbehaltsware zwar behalten, nicht aber weiter benutzen dürfe. Durch eine analoge Anwendung des § 172 Abs. 1 InsO setze man zwar in nicht unproblematischer Weise Aussonderungsrecht mit Absonderungsrechten gleich, jedoch sei das wirtschaftliche Interesse beim Verkauf unter Eigentumsvorbehalt dem Absonderungsrecht angenähert. Durch den Kaufvertrag habe sich der Vorbehaltsverkäufer des Nutzungsrechtes an der Sache ohnehin schon begeben. Sein wirtschaftliches Interesse sei auf Bezahlung des Kaufpreises gerichtet und nicht auf Rückgabe der Sache.

Diese Auffassung von Wellensiek hat *Niesert*[691] im Hinblick auf Art. 14 GG abgelehnt, da sie seiner Ansicht nach zu einer entschädigungslosen Enteignung führt. Hätten Verbindung, Vermischung oder Verarbeitung den endgültigen Verlust des Eigentums zur Folge, müssten Vertragspartner hierfür einen vollwertigen, also dem Vertrag entsprechenden Ersatz erhalten. Dieser sei über § 55 Abs. 1 Nr. 3 InsO nicht gewährleistet, da bei Massearmut gemäß § 207 Abs. 3 InsO zunächst die Kosten des Verfahrens zu berichtigen seien. Ist darüber hinaus Masse vorhanden, so ist diese entsprechend § 109 InsO quotal zu verteilen.

Die Argumentation, dass insoweit ein nicht mit Art. 14 GG im Einklang stehender Eingriff erfolgt, ist nicht ohne weiteres zu widerlegen. Im Ergebnis ist jedoch folgende Differenzierung vorzugswürdig:

Soweit es die bloße Nutzung der Sache betrifft, die nicht zu einem Eigentumsverlust des Vorbehaltsgläubigers führt, so ist diese Nutzung dem Verwalter zuzugestehen. Diese Auslegung stimmt mit dem Sinn und Zweck des § 107 Abs. 2 InsO, so wie er auch in der Begründung des RegEInsO zum Ausdruck kommt, überein und ist daher

[690] Wellensiek, in: Kölner Schrift, 2. Auflage 2000, S. 403 (413 f), Rn. 38 ff..
[691] Niesert, InVo 1998, S. 85 (91).

geboten. Der Vorbehaltsgläubiger ist in analoger Anwendung des § 172 InsO nur dann zu entschädigen, wenn an der Vorbehaltssache erhebliche Wertverluste durch die Nutzung seitens des Insolvenzverwalters. Führt die Nutzung des Vorbehaltsgutes allerdings aufgrund Verarbeitung, Vermischung oder Verbindung zu einem Untergang des Eigentumsrechts des Vorbehaltsgläubigers, so kann die Nutzungsentschädigung nicht über § 172 InsO hergestellt werden. Dem Vorbehaltsgläubiger ist dann vielmehr die Möglichkeit der Ersatzaussonderung nach § 48 InsO zu gewähren[692].

2.3 Zusammenfassung

Auf *Tatbestandsebene* ist es für die Anwendbarkeit des § 107 Abs. 2 InsO erforderlich, dass ein wirksamer Kaufvertrag vorliegt und dem Insolvenzschuldner als Vorbehaltskäufer der unmittelbare Besitz an der Vorbehaltssache eingeräumt wurde und dieser Besitz noch besteht. In diesem Punkt unterscheidet sich der § 107 Abs. 2 InsO ganz wesentlich von den Tatbestandsvoraussetzungen des § 107 Abs. 1 InsO. Das Erfordernis des unmittelbaren Besitzes auf Seiten des Insolvenzschuldners leitet sich aus dem Sinn und Zweck der Regelung ab, nämlich dass die Massegegenstände zunächst zusammengehalten werden sollen. Eine Ausnahme von dem Erfordernis des bereits erlangten und noch bestehenden unmittelbaren Besitzes des Insolvenzschuldners ist nur dann gegeben, wenn sich der Vorbehaltsverkäufer mit der Übertragung des unmittelbaren Besitzes in Verzug befindet. Nicht zwingend erforderlich ist hingegen, wiederum im Gegensatz zu dem § 107 Abs. 1 InsO, die aufschiebend bedingte dingliche Einigung zwischen Vorbehaltsverkäufer und Insolvenzschuldner.

Als *Rechtsfolge* gewährt der § 107 Abs. 2 InsO dem Verwalter eine Schonfrist bis nach den Berichtstermin, bis er seine Erklärung über die Erfüllung oder Nichterfüllung des Rechtsgeschäftes abgeben muss. Während dieser Schonfrist ist es dem Verwalter auch gestattet, das Vorbehaltsgut entsprechend der vertraglichen Vereinbarung oder in der sonst üblichen Art und Weise für die Masse zu nutzen. Etwaig eintretende Wertverluste durch die Nutzung führen nicht per se zu einer Verkürzung der Schonfrist.

---

692 Diese Fallkonstellation ist von der Situation zu unterscheiden, daß zwischen Vertragspartner und Insolvenzschuldner von vornherein ein verlängerter Eigentumsvorbehalt vereinbart wurde. Liegt eine Verlängerungsform vor, so kann der Gläubiger nur abgesonderte Befriedigung nach § 49 InsO verlangen, nicht aber auch Ersatzaussonderung nach § 48 InsO.

3 Analoge Anwendbarkeit des § 107 InsO auf Leasingverträge

Nachdem nunmehr die einzelnen Tatbestandsvoraussetzungen des § 107 InsO und die mit der Anwendbarkeit verbundenen Rechtsfolgen herausgearbeitet werden konnten, bedarf es der Beantwortung der Frage nach der analogen Anwendbarkeit dieser Vorschrift auf Leasingverträge.

3.1 Gleichschaltung von Leasing und Kauf

Ansatzpunkt der zunächst von *Marotzke* vertretenen Auffassung[693], nach der mit Einführung der Insolvenzordnung Kaufverträge mit Vereinbarung eines Eigentumsvorbehaltes und Leasingverträge mit Kaufoption gleichgestellt worden seien, ist der sich aus dem Wortlaut des § 107 Abs. 1 InsO ergebende Verzicht auf die tatbestandliche Voraussetzung der Vereinbarung einer bedingten dinglichen Einigung[694]. Vor diesem Hintergrund kam *Marotzke* anfänglich zu dem Schluss, dass eine Gleichbehandlung von Kauf und Leasing "auf höchstem Niveau" für den Insolvenzfall durch den Gesetzgeber der Insolvenzordnung beabsichtigt gewesen sei[695]. Würde man eine bedingte dingliche Einigung nicht als Voraussetzung für die Anwendbarkeit des § 107 Abs. 1 InsO ansehen, so würde man auf die Notwendigkeit eines Anwartschaftsrechtes auf Seiten des Erwerbers im bisherigen Sinn verzichten. Damit erfahre die auf dem schuldrechtlichen Kaufvertrag beruhende Rechtsstellung des Käufers allein schon infolge der Besitzübertragung eine "Verdinglichung", wie sie das geltende Recht beispielsweise in Bezug auf Mietverhältnisse kenne.

Eine derartige Ausdehnung des Käuferschutzes über den Begriff des Anwartschaftsrechts hinaus, erscheint aber zweifelhaft. Auch *Marotzke* scheint mittlerweile nicht mehr an seiner weitgehenden Auffassung festhalten zu wollen[696]. Es müssten Gründe dafür vorliegen, die eine Anknüpfung an die Übertragung des Besitzes anstatt an die bedingte dingliche Einigung rechtfertigen.

In § 21 Abs. 1 KO kam zum Ausdruck, dass der Konkursverwalter den Miet- oder Pachtvertrag als Masseschuld erfüllen musste. Dies bedeutete, dass der Verwalter während der Laufzeit des Vertrages keinen Herausgabeanspruch gegen den Mieter oder Pächter hatte. § 21 Abs. 1 KO galt auch für solche Mietverträge, die wirtschaftlich einem Kauf entsprachen und meist als Leasingverträge bezeichnet wurden. Wird ein Umsatzgeschäft, welches wirtschaftlich "Kauf auf Raten" ist, aus steuerlichen oder

---

[693] Marotzke, JZ 1995, S. 805, 806.
[694] vgl. dazu ausführlich oben unter § 4 IV., 1.2.
[695] Marotzke, JZ 1995, S. 805 (806).
[696] vgl. insoweit die Kommentierung von Marotzke, in: HK- Marotzke, § 107 Rn. 37 ff..

anderen Gründen als Leasing deklariert, so wird dem Leasingnehmer nicht selten eine Kaufoption eingeräumt. Dies bedeutet jedoch meist nicht, dass dem Leasingnehmer bereits eine dingliche Anwartschaft eingeräumt wird. Zudem existieren in der Praxis neben der Einräumung einer Kaufoption zahlreiche andere Gestaltungsarten des Leasinggeschäftes, die ebenfalls alle leasingtypischen Merkmale aufweisen[697]. Bei diesen Vertragsgestaltungen ist eine dingliche Anwartschaft erst recht nicht anzunehmen.

Die Rechtsprechung sah sich bei Leasingverträgen mit Kaufoption bislang gezwungen, das Vertragsverhältnis zu spalten, und zwar in einen nach § 21 Abs. 1 KO wirksamen Teil und einen, der unter die allgemeinen Vorschriften, insbesondere unter § 17 KO fiel[698]. Um diese Spaltung zu beseitigen, hätte es einer Gesetzesänderung bedurft, die dann zu der sogenannten Angleichung auf höchstem Niveau[699] führen würde.

Unter der Prämisse, dass § 107 Abs. 1 InsO tatbestandlich keine bedingte dingliche Einigung voraussetzen würde, hatte Marotzke den so verstandenen § 107 Abs. 1 InsO auch für analog anwendbar auf den Mietkauf erklärt[700]. Da die Insolvenzordnung eine Sondervorschrift wie die des § 21 Abs. 1 KO nur noch in Bezug auf unbewegliche Gegenstände und Räume kenne, stehe einer analogen Anwendung des § 107 Abs. 1 InsO im übrigen nichts entgegen. Es sei jedoch Mindestvoraussetzung für die Anwendbarkeit auf Leasinggeschäfte, dass dem Leasingnehmer eine Kaufoption eingeräumt und ihm die Sache bereits vor Verfahrenseröffnung nicht nur übergeben, sondern auch unter Eigentumsvorbehalt übereignet worden ist.

Die Zulässigkeit einer Analogie ist jedoch inzwischen dadurch in Frage gestellt, dass der Gesetzgeber mit der Einführung des § 108 Abs. 1 S. 2 InsO eine Regelung für die Behandlung von Leasingverträgen über bewegliche Gegenstände aufgestellt hat[701]. Insoweit gilt die Aussage Marotzkes, dass die Insolvenzordnung eine Sondervorschrift, wie die des § 21 Abs. 1 KO nur noch in Bezug auf unbewegliche Gegenstände oder Räume kenne, zumindest nicht mehr uneingeschränkt[702].

---

[697] Übersicht bei Wolf/ Eckert/ Ball, Rn. 1396 ff..

[698] BGHZ 109, 368 (374 f.); zustimmend Kuhn/ Uhlenbruck, aaO, § 21 Rn. 18; Jaeger/ Henckel, aaO, § 21 Rn. 43; Mohrbutter, ZAP 1989, S. 555 (563); a.A. Baumgarte, Leasingverträge über bewegliche Sachen im Konkurs, S. 92 f..

[699] Marotzke, JZ 1995, S. 805 (806).

[700] Marotzke, JZ 1995, S. 805 (807 f.).

[701] vgl. zu den im Einzelnen strittigen Punkten ausführlich unter § 5.

[702] Die Regelung des § 108 Abs. 1S. 2 InsO ist erst im Juni 1996, also nach Verfassung des Aufsatzes von Marotzke, JZ 1995, S. 805 ff. eingeführt worden.

3.2 Stellungnahme

Fraglich ist, ob die von *Marotzke*[703] vorgeschlagene analoge Anwendung des § 107 Abs. 1 InsO mit dem Willen des Gesetzgebers, wie er sich aus den Eingangs dargestellten Materialien ergibt[704], im Einklang steht. Sollte dies nicht der Fall sein, so wäre weiter nach einer Rechtfertigung einer abweichenden Auslegung zu suchen.

Grundsätzlich bedarf es für die analoge Anwendbarkeit einer Vorschrift einer planwidrigen Regelungslücke im Gesetz[705]. Eine solche Lücke liegt dann vor, wenn das Gesetz eine Bestimmung vermissen läßt, die es nach dem Zweck der Regelung, nach dem ihr zugrunde liegenden „Plan" des Gesetzgebers enthalten sollte[706]. Die Frage, ob eine ausfüllungsbedürftige Gesetzeslücke vorliegt, ist in allen Fällen auf Grund der dem Gesetz selbst zugrunde liegenden Leitgedanken und Regelungszwecke, und nicht nach den subjektiven Erwartungen des Beurteilers zu entscheiden[707]. Das Schließen einer solchen Lücke durch eine Analogie erfolgt dadurch, dass die für einen ähnlichen Sachverhalt im Gesetz enthaltene Regel auf den nicht geregelten Sachverhalt entsprechend angewandt wird (Einzelanalogie), oder dass aus mehreren, im Gesetz für ähnliche Sachverhalte übereinstimmend gegebenen Regeln ein allgemeiner Grundsatz abgeleitet wird, der auch auf den nicht geregelten Sachverhalt angewandt werden kann (Gesamtanalogie). Ob zwei Sachverhalte einander „ähnlich" sind, entscheidet sich danach, ob sie in den für die rechtliche Wertung maßgeblichen Hinsichten übereinstimmen oder nicht[708].

Im vorliegenden Fall ist bereits das Vorliegen einer planwidrigen Regelungslücke hinsichtlich der Behandlung von Leasingverträgen nach der Insolvenzordnung aufgrund der Ergänzung des § 108 Abs. 1 InsO um den Satz 2 fraglich. Ohne diese Novellierung der Insolvenzordnung könnten einige Argument dafür sprechen, eine Regelungslücke bei Leasingverträge anzunehmen. So wird insbesondere bei rückblickender Betrachtungsweise der umfangreichen Kritik der Literatur[709] an der ursprünglichen Fassung der Insolvenzordnung für diesen Bereich deutlich, dass der Gesetzgeber sich mit der Regelung der insolvenzrechtlichen Behandlung von Leasingverträge nicht hinreichend auseinandergesetzt hatte. Insofern ist die Regelung des § 108 Abs. 1 Satz 2 InsO gerade als Reaktion auf die zum Teil heftige Kritik zu

---

[703] Marotzke, JZ 1995, S. 805 ff..

[704] vgl. dazu oben unter § 4 IV., 1.2.

[705] Larenz, Allgemeiner Teil des deutschen bürgerlichen Rechts, § 4 II, S. 80.

[706] Canaris, Die Feststellung von Lücken im Gesetz, S. 161 ff..

[707] Larenz, Allgemeiner Teil des deutschen bürgerlichen Rechts, § 4 II, S. 80.

[708] Larenz, Methodenlehre, 5. Aufl., S. 375ff.; Bydlinski, aaO, S. 473 ff..

[709] vgl. die Nachweise bei § 1 I.; sowie insbesondere Zahn, DB 1995, 1597ff, 1649 ff.; Eckert ZIP 1996, 897; zu den Einzelheiten sogleich unter § 5.

sehen. Durch den Satz 2 sollten Nachteile in der insolvenzrechtlichen Behandlung von Leasingverträgen ausgeglichen werden. Die Ergänzung ist speziell auf die Konstellation eines Finanzierungsleasingvertrages zugeschnitten.

Diese ergänzende Regelung zeigt aber deutlich, dass eine rechtliche Gleichschaltung von Leasing und Kauf durch § 107 InsO nicht erfolgen sollte.

Wenn man eine planwidrige Gesetzeslücke vor Novellierung des § 108 InsO annehmen wollte, so ist diese zumindest durch die Ergänzung des § 108 InsO um den Satz 2 geschlossen worden. Findet sich im übrigen für einige Leasingverträge keine ausdrückliche Regelung, so kommt darin die Absicht des Gesetzgebers zum Ausdruck, diese Verträge der allgemeinen Regelung des § 103 InsO zu unterstellen.

Darüber hinaus weisen die Sachverhalte auch nicht die erforderliche Ähnlichkeit auf. Auch wenn unter wirtschaftlicher Betrachtungsweise[710] einige Gemeinsamkeiten zwischen einem Leasingvertrag mit festgelegter Kaufoption und einem Eigentumsvorbehaltskauf bestehen, so läßt sich aus rechtlicher Sicht folgende Differenzierung herausarbeiten:

Bei einem Eigentumsvorbehaltskauf ist eine Erklärung hinsichtlich der Eigentumsübertragung bereits mit Vereinbarung der bedingten dinglichen Einigung bei Eingehung des Rechtsgeschäftes abgegeben worden. Für den endgültigen Eigentumserwerb muss der Vorbehaltskäufer nur noch die vertraglichen Vorgaben einhalten, dann erwirbt er gemäß § 158 BGB das Eigentum ohne weitere Zwischenschritte. Es bedarf dazu keiner weiteren Willenserklärung.

Bei einem Leasingvertrag mit vereinbarter Kaufoption hat sich der Leasingnehmer hingegen durch die Vereinbarung einer Kaufoption nur die Möglichkeit einer Willenserklärung für oder gegen den Kauf und den damit verbundenen Eigentumserwerb gesichert. Der Leasingnehmer ebenso wie der Leasinggeber hatte jedoch nicht den gleichen Bindungswillen hinsichtlich der Eigentumsübertragung wie die Vertragsparteien bei der Vereinbarung eines Kaufes unter Eigentumsvorbehalt. Für den endgültigen Eigentumserwerb des Leasingnehmers bedarf es eines zusätzlichen rechtsgeschäftlichen Handelns seitens des Leasingnehmers. Dieser muss im Unterschied zu dem Eigentumsvorbehaltskäufer die Willenserklärung über die Ausübung der Option erst noch abgeben.

Die Erwerbsoption verschafft dem Leasingnehmer ferner noch keine unentziehbare dingliche Rechtsstellung. Insbesondere ist er gegen eine seine Option beeinträchtigende Zwischenverfügung des Leasinggebers nicht geschützt[711]. Durch § 107

---

[710] vgl. dazu Büschgen/Büschgen, Praxishandbuch Leasing, § 3 Rn. 13.
[711] Ott, in: MünchKomm-InsO, § 107 Rn. 7.

Abs. 1 InsO soll aber gerade die bereits dinglich verfestigte Rechtsstellung des Vorbehaltskäufers auch insolvenzrechtlich abgesichert werden[712]. Fehlt es an einer solchen dinglich Verfestigung der Rechtsposition, dann ist diese Rechtsposition auch nicht nach Maßgabe des § 107 InsO zu schützen.

Zudem würde sich ein Systembruch insoweit ergeben, wenn man weitergehend auch sonstige Verträge, in denen es um Erwerbsinteressen des Vertragspartners des Insolvenzschuldners geht, wie etwa beim Leasingvertrag mit Kaufoption, mittels analoger Anwendung des § 107 Abs. 1 InsO aus dem Regelungsbereich des § 103 InsO ausnehmen würde. Dann bestünde das Risiko, dass die Vertragsparteien durch die Vereinbarung derartiger Erwerbsoptionen die Dispositionsfreiheit des Insolvenzverwalters stark einschränken könnten. Einen ausreichenden Schutz vor derartigen Vereinbarungen von Erwerbsoptionen und der angesprochenen Einschränkung der Dispositionsfreiheit des Verwalters würden auch die Anfechtungsbestimmungen (§§ 129 ff. InsO) nicht liefern können. Zumal aber die Ausnahmeregelung des § 107 Abs. 1 InsO ausschließlich dem Schutz des Anwartschaftsrechts dient und nur daraus seine Rechtfertigung bezieht, kann die Vereinbarung von Erwerbsoptionen bereits nicht zu einer Gleichbehandlung dieser Vertragsgestaltungen führen. Insoweit scheidet die Analogiebildung mangels notwendiger Ähnlichkeit der Rechtsgeschäfte aus.

Schließlich stellt die Vereinbarung einer Kaufoption bei einem Leasingvertrag nur eine von mehreren Gestaltungsvarianten der Praxis dar, die ihrerseits im Hinblick auf die Häufigkeit in keinem besonderen Rangverhältnis stehen. Die Vereinbarung einer Kaufoption ist demnach kein leasingtypisches Merkmal. Folglich wäre auch unter der Annahme, es ließe sich die erforderliche Ähnlichkeit zwischen Eigentumsvorbehaltskauf und Leasingvertrag mit Kaufoption darstellen, kein allgemeiner Rückschluss auf eine Gleichbehandlung beider Vertragsarten zulässig. Denn eine entsprechende Ähnlichkeit zwischen Eigentumsvorbehaltskauf und den übrigen Gestaltungsvarianten der Leasingverträge ist keinesfalls gegeben. Die Kaufoption ist bereits diejenige Gestaltungsart, die dem Eigentumsvorbehalt am nächsten kommt. Alle anderen Gestaltungsarten unterscheiden sich deutlich. Die Vereinbarung einer Restwertzahlung eignet sich beispielsweise nicht, um die Annahme einer dinglichen Anwartschaft zu begründen. Wenn aber schon die Leasingvariante mit den meisten Ähnlichkeiten nicht hinreichend mit den Merkmalen eines Eigentumsvorbehaltskaufes übereinstimmt, um eine Analogie zu begründen, dann ist eine Analogie mit den weniger ähnlichen Leasingvarianten erst recht unzulässig.

---

[712] vgl. Begr. zu § 121 RegEInsO, abgedruckt bei Krämer, aaO, S. 236 (237).

Ebenso wenig darf die leasingtypische und notwendige Zuordnung der Eigentumsverhältnisse während der festgelegten Leasinglaufzeit außer Betracht bleiben. Das Eigentum an dem Leasinggegenstand bleibt, nicht nur aufgrund der steuerrechtlichen Prämisse, dem Leasinggeber zugeordnet[713].

3.3 Ergebnis

Selbst bei Vereinbarung einer Kaufoption ist ein derartiger Leasingvertrag nicht wie ein Kaufvertrag mit Vereinbarung eines Eigentumsvorbehaltes zu behandeln. Eine Gleichschaltung von Leasing und Kauf ist qua Gesetzes nicht erfolgt. Eine analoge Anwendung des § 107 InsO auf Leasingverträge scheidet mangels Regelungslücke und Ähnlichkeit der Rechtsgeschäfte aus.

4 Allgemeine Anwendbarkeit der Frist des § 107 Abs. 2 InsO

Bei der in § 107 Abs. 2 InsO festgelegten Schonfrist für den Verwalter bezüglich der Abgabe seiner Erklärung über eine Erfüllung des Rechtsgeschäfts handelt es sich dem ersten Anschein nach um eine Sonderregelung für Eigentumsvorbehaltskaufverträge. Fraglich ist aber, aus welchen Gründen diese Schonfrist nur bei diesen Rechtsgeschäften gegeben sein sollte und nicht allgemein bei sämtlichen schwebenden Rechtsgeschäften. Fordert ein Vertragspartner des Gemeinschuldners aus einem Rechtsgeschäft, welches als allgemeines schwebendes Rechtsgeschäft unter die Regelung des § 103 InsO fällt, den Verwalter gemäß § 103 Abs. 2 S. 2 InsO zur Abgabe der Erklärung über die Ausübung des Wahlrechts auf, so muss der Insolvenzverwalter zwar nicht sofort, aber "unverzüglich" reagieren. Unverzüglich bedeutet insoweit ohne schuldhaftes Zögern i.S.d. § 121 Abs. 2 BGB[714]. Die Länge der Frist, die dem Verwalter damit eingeräumt wird, soll allgemein davon abhängen, wie viel Zeit der Verwalter braucht, um die Vor- und Nachteile der Erfüllung dieses Vertrags für die Insolvenzmasse beurteilen zu können; häufig wird er sich dazu einen Überblick über die Möglichkeiten einer zeitweiligen Fortführung der Geschäfte des Schuldners verschaffen müssen[715].

Die Länge der Frist zur Abgabe der Erklärung könnte aber ebenso gut nach § 107 Abs. 2 InsO bestimmt sein. Gemäß § 107 Abs. 2 InsO braucht der Verwalter in der

---

[713] Bei abweichender Zuordnung würden die steuerlichen Vorteile des Leasingvertrages obsolet, vgl. die zusätzlichen Bedingungen des Leasing-Erlasses unter § 2 II.

[714] vgl. Begründung zu § 103 InsO, abgedruckt bei Krämer, aaO, S. 229; ferner Mohrbutter/ Pape, aaO., Kap III Rn. 89.

[715] vgl. Begründung zu § 103 InsO, abgedruckt bei Krämer, aaO, S. 229.

Insolvenz des Eigentumsvorbehaltskäufers eine Erklärung über die Ausübung des Wahlrechts erst unverzüglich nach dem Berichtstermin (§ 156 InsO) abzugeben, es sei denn, dass bis zu diesem Termin eine erhebliche Wertminderung der Sache zu erwarten ist[716]. Gegen die Übernahme der Regelung des § 107 Abs. 2 InsO in den Bereich des § 103 InsO spricht allenfalls die Systematik des Gesetzes. Denn ist § 103 InsO die Grundregelung, während § 107 InsO auf einen spezielleren Anwendungsbereich beschränkt scheint. Gegen eine Übernahme der Regelung des § 107 Abs. 2 InsO in den Bereich des § 103 InsO könnte insofern geltend gemacht werden, dass die Übernahme von spezielleren Regelungen auf den allgemeineren Bereich eine unzulässige Induktion darstellt. Demgegenüber spricht jedoch der Grundgedanke der Insolvenzordnung, dem Verwalter stärker als bisher die Möglichkeit zu geben, die Masse zusammenzuhalten[717], dafür, die Regelung des § 107 Abs. 2 InsO im Rahmen des § 103 Abs. 2 S. 2 InsO entsprechend anzuwenden und dem Verwalter bei einem noch ausstehenden Berichtstermin eine Erklärung erst unverzüglich nach diesem Termin abzuverlangen.

Wie soeben dargestellt, ist es der Sinn der Regelung des § 107 Abs. 2 InsO, dem Verwalter die Möglichkeit einzuräumen, zunächst die Entscheidung der Gläubiger über das weitere Schicksal des insolventen Unternehmens abzuwarten und erst dann zu entscheiden, ob er die Sache weiter behalten will, weil er sie für eine eventuelle Betriebsfortführung benötigt, oder ob er sie aufgrund einer Betriebsstillegung nicht mehr gebrauchen kann[718]. Dieser Regelungszweck ist aber nahezu deckungsgleich mit dem Auslegung des Begriffes „unverzüglich" im Zusammenhang mit § 103 Abs. 2 InsO.

Einerseits muss sich der Verwalter auch über andere Verträge als Vorbehaltskäufe noch nach dem Berichtstermin "unverzüglich" erklären können. Hat der Schuldner etwa ein Betriebsgrundstück erworben oder Anlagevermögen geleast[719], wird der Verwalter den Erfüllungsanspruch bis zur Entscheidung über die Fortführung ebenso in der Schwebe halten müssen. Andererseits kann es aber auch Vorbehaltskäufe geben, hinsichtlich derer sich der Verwalter schon vor dem Berichtstermin klar sein muss, dass ihre Erfüllung nicht in Betracht kommt[720].

Ferner kann eine Entscheidung, ob Lieferbeziehungen aufrechterhalten werden sollen oder aber infolge einer Betriebsstillegung nicht mehr benötigt werden, vielfach

---

716 vgl. zur Behandlung von Wertminderungen oben unter § 4 IV., 2.2.

717 vgl. insoweit die allgemeinen Ziele des Reformwerkes oben unter § 1 II., 2.

718 vgl. Begründung zu § 107 InsO, abgedruckt bei Krämer, aaO, S. 236.

719 Sofern für diesen Fall nicht § 108 Abs. 1 S. 2 InsO einschlägig ist.

720 So Tintelnot, ZIP 1995, S. 616, 617, der bei der Regelung des § 107 Abs. 2 InsO Misstrauen des Gesetzgebers gegenüber den Gerichten unterstellt und den Versuch der Schaffung von Einzelfallgerechtigkeit vermutet.

ebenso erst nach dem Berichtstermin gefällt werden, wie die entsprechende Entscheidung bei Vorbehaltskäufen.

Im Ergebnis läßt sich damit keine sachliche Veranlassung nachweisen, die eine Differenzierung zwischen Ausübung des Wahlrechts in der Insolvenz des Vorbehaltskäufers einerseits und dem Wahlrecht des Verwalters in den allgemeinen Fällen des § 103 InsO andererseits rechtfertigt oder gar gebietet[721]. Eine Ausdehnung der Überlegungsfrist auf einen Zeitpunkt „unverzüglich" nach dem Berichtstermin würde zudem verhindern, dass die einzelnen Gläubiger schon vor diesem Termin mit der Forderung, sich zur Frage der Vertragserfüllung zu erklären, ungerechtfertigten Druck auf den Verwalter ausüben.

Die rechtliche Konstruktion der Ausdehnung der Erklärungsfrist nach § 103 InsO ist zum einen über eine entsprechende Auslegung des Begriffes "unverzüglich" möglich. Dann müßte „unverzüglich" im Sinne von § 103 Abs. 2 InsO so ausgelegt werden, dass es „unverzüglich nach dem Berichtstermin" bedeuten soll. Zum anderen könnte man im Grundsatz erst eine "unverzügliche" Erklärung des Verwalters verlangen, wenn der Berichtstermin stattgefunden hat und die Gläubiger entschieden haben, ob eine Betriebsstillegung, eine Betriebsfortführung, eine übertragende Sanierung oder die Durchführung eines Planverfahrens in Betracht kommt. Dies würde eine kombinierte Anwendung des § 103 Abs. 2 InsO und des § 107 Abs. 2 InsO darstellen, ohne dass es der dargestellten weiten Auslegung des Terminus „unverzüglich" bedürfe.

Im Ergebnis bleibt festzuhalten, dass es mit dem Sinn und Zweck der Regelung des § 103 Abs. 2 InsO sowie des § 107 Abs. 2 InsO im Einklang steht, wenn die Schonfrist auf schwebende Verträge allgemein angewandt wird und so der § 103 Abs. 2 InsO durch den § 107 Abs. 2 InsO ergänzt wird. Die sinnvolle Verlängerung der Frist zur Ausübung des Wahlrechts durch den Insolvenzverwalter im Bereich des Eigentumsvorbehalts ist aufgrund der übereinstimmenden Zielsetzung übertragbar auf die allgemeine Regelung für schwebende Rechtsgeschäfte.

5 § 107 Abs. 1 InsO im Verhältnis zu den §§ 103 ff. InsO

Hinsichtlich der weiteren Folgen, die § 107 Abs. 1 InsO für die Ausübung des Wahlrechts des Insolvenzverwalters hat, könnte die Vorschrift zu Schwierigkeiten führen, wenn es um das dogmatische Verständnis der Wahlrechtsvorschriften geht.

---

[721] In diesem Sinn auch Pape, Kölner Schrift, 1. Aufl., S. 421 Rn. 26 f.; vgl. ferner dazu HK-Marotzke, § 107 Rn. 37 ff.

Soweit die Auffassung vertreten wird, das Wahlrecht des Verwalters füge dem materiellen Vertragsrecht in der Insolvenz eine dem Anfechtungsrecht entsprechende Komponente hinzu, die es dem Verwalter erlaube, sich von noch nicht vollständig abgewickelten, der Masse ungünstigen Verträgen des Schuldners mit der Folge einer Rückabwicklung der beiderseits bis dahin erbrachten Leistungen zu lösen[722], ist diese Zweckbestimmung des Verwalterwahlrechts unter der Insolvenzordnung nur schwer aufrechtzuerhalten. Denn von dieser Zweckbestimmung aus müßte § 107 Abs. 1 InsO als systemfremde Ausnahme, wenn nicht gar als Wertungswiderspruch verstanden werden[723].

Gleiches soll nach Ansicht von *Tintelnot*[724] auch für die neuere Rechtsprechung des BGH[725] gelten, nach der mit der Erfüllungswahl des Verwalters der bei Verfahrenseröffnung erloschene Anspruch neu entstehe. Auch nach dieser Ansicht sei § 107 Abs. 1 InsO nur als Systembruch zu verstehen, weil danach das Anwartschaftsrecht des Erwerbers bereits mit Verfahrenseröffnung erloschen wäre. Wolle man dem Gesetzgeber eine solch unsystematische Durchbrechung nicht unterstellen (der Referentenentwurf hatte diese Regelung noch im Zusammenhang damit gesehen, dass der Eigentumsvorbehalt auch im Käuferkonkurs nur noch zur Absonderung berechtigen sollte (§ 55 Abs. 1 Nr. 1 RefEInsO), was § 51 Abs. 1 Nr. 1 InsO nicht übernommen hat)[726], müsse man als gemeinsame Grundlage des § 103 InsO wie des § 107 InsO annehmen, dass der Kaufvertrag auch im Regelfall des § 103 InsO trotz der Erfüllungsablehnung bestehen bleibt[727].

Diese Argumentation von *Tintelnot* ist nicht überzeugend. Wie in den Ausführungen in § 3 dieser Arbeit dargestellt wurde, hat sich der Gesetzgeber bei Einführung der Insolvenzordnung für die von der neueren Rechtsprechung[728] vertretene Erlöschenstheorie entschieden. Die Regelung des § 107 InsO stellt auch keinen Systembruch dar, wie von *Tintelnot* behauptet. Nach dem richtigen Verständnis des Gesetzgebers bildet die Regelung des § 103 InsO die Grundregel für die Behandlung von im Zeitpunkt der Verfahrenseröffnung noch nicht vollständig erfüllten Verträgen, deren Hauptleistungspflichten in synallagmatischem Verhältnis zueinander stehen. Bei diesen Verträgen wird dem Verwalter das Recht gegeben, die Erfüllung des Vertrages zu verlangen. In den §§ 104 ff. InsO sind sodann Ausnahmen von dieser Grundregel

---

[722] So Häsemeyer, Insolvenzrecht, 1. Auflage, S. 397, 405; ders. KTS 1973, S. 2, 14.

[723] Tintelnot, ZIP 1995, S. 616, 618, zustimmend Pape, Kölner Schrift, 1. Aufl., S. 405 (429).

[724] Tintelnot, ZIP 1995, S. 616, 618; ders. in: Kübler/ Prütting, § 107 Rn. 11.

[725] BGHZ 106, 236 ff.; 116, 156 ff.; 135, 25 ff..

[726] vgl. Bundesministerium der Justiz (Hrsg.), Köln 1989, B 111.

[727] Tintelnot, aaO, mit Verweis auf Jaeger/Henckel, KO, 9. Auf., § 17 Rn. 53; Musielak, AcP 179 (1979), S. 189 (210).

[728] BGHZ 106, 236 ff; 116, 156 ff.; 135, 25 ff..

des § 103 InsO aufgeführt, in denen der Verwalter teilweise keine Möglichkeit eines Erfüllungsverlangens hat, teilweise zu der Erfüllung verpflichtet wird. Auch § 107 Abs. 1 InsO stellt eine Ausnahme von der in § 103 InsO aufgestellten Grundregel dar[729]. Im Falle der Insolvenz eines Vorbehaltsverkäufers steht dem Verwalter gegenüber dem Vorbehaltskäufer kein Wahlrecht zu, soweit die Vollendung des Eigentumserwerbs durch den Käufer mit Zahlung der (ungeminderten) Kaufpreisraten betroffen ist. Der zwischen Insolvenzschuldner als Vorbehaltsverkäufer und dem Vorbehaltskäufer geschlossene Kaufvertrag erlischt nicht bereits durch die Eröffnung des Insolvenzverfahrens[730]. Das Anwartschaftsrecht des Vorbehaltskäufers genießt entsprechend dem gesetzgeberischen Willen insolvenzrechtlichen Schutz[731].

Für die Annahme, dass der Kaufvertrag die Verfahrenseröffnung (als Ausnahme zu den allgemeinen Wirkungen der Verfahrenseröffnung nach der Erlöschenstheorie) überdauere, läßt sich ferner der ansonsten ungenaue Wortlaut des § 107 Abs. 1 S. 1 InsO heranziehen. Wenn der Abnehmer „die Erfüllung des Kaufvertrages verlangen" kann, dann bedeutet dies zwingend, dass der Kaufvertrag noch bestehen muss. Der Verwalter muss und kann den Vertrag nicht erst wieder durch Erfüllungsverlangen nach Verfahrenseröffnung begründen. Die Regelung des § 107 InsO fügt sich damit in das aufgezeigte dogmatische Verständnis der Vorschriften über das Wahlrecht des Insolvenzverwalters ein.

V. ZUSAMMENFASSUNG DER ERGEBNISSE ZU § 107 INSO

Die Regelung des § 107 Abs. 1 InsO bildet damit einen systematisch korrekten und mit dem Wortlaut begründbaren Ausnahmetatbestand von den allgemeinen Wirkungen der Verfahrenseröffnung und der Behandlung dieser Rechtsgeschäfte nach § 103 InsO, die dem Willen des Gesetzgebers entspricht. Die gesetzgeberische Festlegung, dass mit Verfahrenseröffnung grundsätzlich die Primäransprüche aus noch nicht erfüllten gegenseitigen Verträgen erlöschen[732], wird durch die in § 107 InsO normierte Regelung für Kaufverträge unter Eigentumsvorbehalt nicht beeinträchtigt oder in Frage gestellt.

---

[729] So im Ergebnis ebenso Krull, ZInsO 1998, S. 291 (294), der § 107 InsO als gesetzlich normierte Ausnahme von der Erlöschenstheorie einstuft.

[730] So auch Obermüller, Insolvenzrecht in der Bankpraxis, Rn. 7.113.

[731] vgl. Begr. zu §121 RegEInsO, abgedruckt bei Krämer, aaO, S. 236.

[732] Zu der Begründung dieser auch vom Verfasser vertretenen Ansicht vgl. oben ausführlich die Darstellung unter § 3 II.

Für die Bestimmung der *tatbestandlichen Voraussetzungen* sowie der Rechtsfolgen des § 107 InsO hingegen bedarf es eines Rückgriffes auf den Sinn und Zweck der Regelung des § 107 Abs. 1 InsO. Danach ist auf Tatbestandsebene zum einen zu fordern, dass sich die Vertragsparteien aufschiebend bedingt dinglich geeinigt haben. Dies stellt eine über den Wortlaut hinausgehende Voraussetzungen für eine Anwendbarkeit des § 107 Abs. 1 InsO dar. Hinsichtlich des Tatbestandsmerkmales der Besitzübertragung reicht es nach der hier vertretenen Ansicht hingegen für die Anwendbarkeit des § 107 Abs. 1 InsO aus, wenn der Käufer entsprechend der rechtsgeschäftlichen Vereinbarung mit dem Insolvenzschuldner den (mittelbaren) Besitz durch ein Übergabesurrogat der §§ 929 ff. BGB erlangt hat.

Auf der *Rechtsfolgenseite* genießt nur das vom Vorbehaltskäufer vor Verfahrenseröffnung begründete Anwartschaftsrecht insolvenzrechtlichen Schutz. Nur das Recht, den Eigentumsübergang zu vollenden und somit Eigentümer zu werden, nicht der gesamte Kaufvertrag mit etwaig vereinbarten Nebenleistungspflichten fällt unter den Schutz des § 107 Abs. 1 InsO.

Unter Berücksichtigung dieser Ergebnisse scheidet eine analoge Anwendbarkeit des § 107 InsO auch bei Abschluss eines Leasingvertrages unter Vereinbarung einer Kaufoption mangels Regelungslücke und Ähnlichkeit der Rechtsgeschäfte aus. Die durch § 107 InsO begründete Ausnahme gegenüber der allgemeinen Regelung des § 103 InsO bezieht ihre Rechtfertigung aus dem Schutz des Anwartschaftsrechts des Vorbehaltskäufers. Im Gegensatz zum Eigentumsvorbehaltskaufvertrag führt ein Leasingvertrag – selbst bei Vereinbarung einer Kaufoption zu Gunsten des Leasingnehmers – nicht zu einem vergleichbaren Erwerbsrecht auf Seiten des Leasingnehmers. Es würde nicht der Systematik des § 107 InsO entsprechen, den Leasingnehmer gleichermaßen zu schützen, indem der Leasingvertrag durch Anwendung des § 107 InsO aus dem Anwendungsbereich des § 103 InsO herausgenommen würde. Zudem bestünde bei einer derartigen Gleichbehandlung von Eigentumsvorbehalt und Leasingverträgen mit Kaufoption die nicht gerechtfertigte und masseschädliche Möglichkeit, den Dispositionsspielraum des Insolvenzverwalters durch die Vereinbarung einer Erwerbsoption zu Gunsten des Leasingnehmers erheblich einzuschränken. Eine Gleichschaltung von Leasing und Kauf ist nicht erfolgt.

Die verlängerte Erklärungsfrist des § 107 Abs. 2 InsO für den Insolvenzverwalter sollte allgemein beim Wahlrecht über die Erfüllung von schwebenden Verträgen angewandt werden und so der § 103 Abs. 2 InsO durch den § 107 Abs. 2 InsO ergänzt werden. Diese sinnvolle Schonfrist zur Ausübung des Wahlrechts durch den Insolvenzverwalter im Bereich des Eigentumsvorbehalts ist nach der hier vertretenen Auffassung aufgrund der übereinstimmenden Zielsetzung bertragbar auf die allgemeine Regelung für schwebende Rechtsgeschäfte.

§ 5 DIE INSOLVENZRECHTLICHEN FALLKONSTELLATIONEN NACH DEN §§ 103, 108 INSO BEI LEASINGVERTRÄGEN

Aufgrund der voranstehenden Untersuchungen steht nach der hier vertretenen Auffassung[733] nunmehr fest, dass sich der Gesetzgeber hinsichtlich der allgemeinen Wirkungen der Eröffnung des Insolvenzverfahrens auf schwebende Verträge der sogenannten modifizierten Erlöschenstheorie angeschlossen hat und diese zur Grundlage der Regelung der §§ 103 ff. InsO gemacht hat. Dieses Ergebnis wird dem Reformziel des Masseschutzes gerecht, welches im Verhältnis zu der Konkursordnung noch stärker in den Vordergrund gerückt wurde. Zudem wird die hier vertretene Auffassung von den Wirkungen der Verfahrenseröffnung und insbesondere der Erfüllungswahl nicht zuletzt durch die auch aus Sicht des Gesetzgebers notwendige ergänzende Regelung des § 108 Abs. 1 Satz 2 InsO bestätigt. Nach dieser Auffassung bleiben bei gegenseitigen Verträgen, die im Zeitpunkt der Eröffnung des Insolvenzverfahrens noch von keiner Seite vollständig erfüllt worden sind, die gegenseitigen Erfüllungsansprüche zwar grundsätzlich mit Verfahrenseröffnung materiellrechtlich bestehen. Sie erfahren aber eine haftungsrechtliche Umqualifizierung und sind nach den im Insolvenzverfahren geltenden Vorschriften durchsetzbar. Bei einer Erfüllungswahl durch den Insolvenzverwalter enstehen die Ansprüche als originäre Ansprüche neu mit altem Inhalt. Dies hat zur Folge, dass die Wirksamkeit etwaiger Vorauszessionen aufgrund der Regelung des § 91 InsO nicht gegeben ist, es sei denn, der betroffene Vertrag überdauert die Verfahrenseröffnung qua gesetzlicher Anordnung in den §§ 104 ff. InsO. Ob der Terminus „erlöschen“ entsprechend der Auffassung der Anhänger der bisherigen Erlöschenstheorie[734] als eine Umgestaltung des schwebenden Vertrages in materiell-rechtlichem Sinn zu verstehen ist, oder aber – wie von *Kreft*[735] und neuerdings auch dem Bundesgerichtshof[736] vertreten – nur die Auffassung des Bundesgerichtshofes zum Ausdruck bringt, dass die Verträge ohne Erfüllungswahl zunächst rein insolvenzrechtlich abzuwickeln seien, ist für die weiteren Überlegungen zu den Leasingverträgen ohne Bedeutung. Denn der entscheidende Gesichtspunkt, dass bei einer Erfüllungswahl seitens des Insolvenzverwalters die

---

[733] vgl. ausführlich die Diskussion und die Begründung für diese Auffassung unter § 3 II.

[734] vgl. Smid, InsO, § 103 Rn. 6f.; Goetsch, in: Berliner Kommentar § 103 Rn. 13; Hess/ Pape, InsO, § 103 Rn. 328; ders., Kölner Schrift 2. Aufl., S. 531 (541f.); Haarmeyer/Wutzke/Förster, Insolvenzrechtshdb., Kap. 5 Rn. 183; Gottwald/ Huber, Insolvenzrechtshdb., § 34 Rn. 34 ff. (36); zum Meinungsstand insgesamt vgl. unter § 3 II., 1.

[735] Kreft, MünchKomm-InsO, § 103 Rn. 3, 13 ff., 39 ff.; ausführlich dazu unter § 3 II., 2.

[736] BGHZ 150, 353 (359).

Ansprüche „neu" entstehen, wird auch durch die modifizierte Erlöschenstheorie nicht in Frage gestellt, sondern vielmehr ausdrücklich gerechtfertigt[737].

Ferner wurde herausgearbeitet, dass die Regelung des § 107 InsO insoweit keinen Einfluss auf dieses Ergebnis und die weitere Behandlung von Leasingverträgen hat. Der unmittelbare Anwendungsbereich des § 107 InsO erstreckt sich nach der hier vertretenen Ansicht nicht auf Leasingverträge. Auch eine analoge Anwendung scheidet mangels Regelungslücke und hinreichender Ähnlichkeit der Vertragsgestaltungen aus[738].

Damit sind also die Konsequenzen für die einzelnen Fallkonstellationen im Bereich der insolvenzrechtlichen Behandlung von Leasingverträgen nach den Regelungen des § 108 ff. InsO zu analysieren. Sollte § 108 InsO tatbestandlich nicht anwendbar sein, so wäre wiederum der Rückgriff auf die §§ 103 ff. InsO mit den einzelnen Rechtsfolgen darzustellen[739].

Die Regelung des § 108 InsO war zunächst nach dem Wortlaut nur für Miet- und Pachtverhältnisse angelegt, für die eine von der Regelung der Konkursordnung stark abweichende Bestimmung getroffen wurde. So sollten die Miet- und Pachtverhältnisse über bewegliche Sachen in der Insolvenz des Vermieters/ Verpächters nicht mehr wie nach § 21 KO von der Konkurseröffnung unberührt bleiben, sondern dem Wahlrecht des Verwalters unterstellt sein. Die Tragweite dieser Neuregelung wurde jedoch erst bekannt, als Teile der Literatur darauf aufmerksam machten, dass nach der ständigen Rechtsprechung des BGH[740] auf Leasingverträge in erster Linie Mietrecht anzuwenden sei[741]. Dies hätte für die Leasingverträge bedeutet, dass sie unter Anwendung der Insolvenzordnung nicht –wie noch unter der Konkursordnung- über die Verfahrenseröffnung hinaus fortbestanden hätten. Bei Zugrundelegung der dargestellten[742] Rechtsprechung des BGH zu den Wirkungen der Verfahrenseröffnung hätte dies weiterhin für die Leasingverträge über bewegliche Sachen bedeutet, dass die Refinanzierung solcher Leasingverträge nicht mehr insolvenzfest zu gestalten gewesen wäre. Denn nach der Rechtsprechung des BGH[743] würden selbst bei einer Erfüllungswahl des Verwalters die Vorauszessionen an § 91 InsO scheitern, weil

---

737 So insbesondere Kreft, MünchKomm-InsO, § 103 Rn. 41.

738 vgl. dazu soeben unter § 4 III.

739 vgl. insoweit zu den anwendbaren Vorschriften oben unter § 2 III., 6.2.

740 BGHZ 68, 118 (123); 71, 189 (193 f.); 96, 103 (106); BGH WM 1986, S. 458 (459); WM 1989, 1694; das mietrechtliche Element wird erneut von BGHZ 109, 368 (370) betont.

741 vgl. zur Begründung der Anwendbarkeit des § 108 InsO auf Leasingverträge oben unter § 2 III., 6.2; auch bei der von Verfasser vertretenen Einordnung des Leasingvertrages als Vertrag sui generis.

742 vgl. oben unter § 3 I., 3, dort insbesondere BGHZ 103, 250; 106, 236; 116, 156.

743 Auch in der von Kreft dargestellten Interpretation des Terminus „Erlöschen", vgl. dazu oben unter § 3 II., 2.

nach der Rechtsprechung des BGH die Verträge durch die Erfüllungswahl des Verwalters originär neu mit altem Inhalt[744], aber eben erst nach Verfahrenseröffnung wieder entstehen.

Angesichts der wirtschaftlichen Bedeutung von Leasinggeschäften sorgte diese erhebliche Einschränkung des Handlungsspielraums der mittelständischen Leasinggesellschaften für erhebliche Unruhe in der Praxis[745]. Die Unsicherheit in der Leasingbranche war vor allem vor dem Hintergrund entstanden, dass auch schon vor Inkrafttreten der Insolvenzordnung solche Leasingverträge von der Regelung des § 108 InsO a.F. betroffen waren, deren Laufzeit über den 01.01.1999 hinaus ging. Diese von dem Gesetzgeber offensichtlich nicht beachtete Konsequenz der Regelung des § 108 InsO führte sodann zu der Ergänzung des Paragraphen noch vor dessen Inkrafttreten, mit der Einfügung des § 108 Abs. 1 Satz 2 InsO[746]. Diese Ergänzung war speziell auf Leasingverträge zugeschnitten und sollte die Insolvenzfestigkeit der Refinanzierungsmöglichkeiten wieder herstellen[747].

Wie im Folgenden aufgezeigt wird, handelt es sich bei der Regelung des § 108 Abs. 1 Satz 2 InsO um eine Einzelfallregelung, die bei Betrachtung des systematischen Zusammenhanges mit den verwandten Normen nicht frei von Widersprüchen ist. Diese Unstimmigkeiten ergeben sich insbesondere deshalb, weil durch § 108 Abs. 1 Satz 2 InsO die refinanzierten Leasingverträge über bewegliche Sachen den Miet- und Pachtverhältnissen über unbewegliche Sachen gleichgestellt werden. Für die Mietverhältnisse über unbewegliche Sachen gilt jedoch insbesondere auch die zeitliche begrenzte Wirksamkeit der Vorausabtretungen nach § 110 InsO. Sollte diese Regelung auch auf Leasingverträge über Mobilien anwendbar sein, so wäre das Ziel der Neuregelung der § 108 Abs. 1 Satz 2 InsO, nämlich die insolvenzfeste Refinanzierung, ernsthaft in Frage gestellt.

Die nachfolgende Untersuchung ist nach den einzelnen Fallkonstellationen[748] aufgeteilt. Diese Differenzierungen entsprechen nicht nur dem gesetzlichen Aufbau, sondern sind auch dazu geeignet, die in der jeweiligen Fallkonstellation vorhandenen Sonderprobleme detaillierter zu behandeln und fallspezifische Lösungswege aufzuzeigen.

---

[744] BGHZ 116, 156 (bezüglich des § 15 KO, der dem § 91 InsO entspricht).

[745] vgl. z.B. Kritik von Zahn, DB 1995, S. 1597 ff. sowie 1649; Tintelnot, ZIP1995, S. 616; Obermüller/ Livonius, DB 1995, S. 27 ff..

[746] Eingeführt durch das Gesetz zur Änderung des AGB- Gesetzes und der Insolvenzordnung, Gesetz vom 19.07.1996, BGBl. 1996, S. 1013.

[747] vgl. Begründung zu § 108 Abs. 1 Satz 2 InsO, BT- Drucks. 13/ 4699, S. 6.

[748] vgl. dazu oben bereits unter § 2 III., 6.

I. LEASINGVERTRÄGE ÜBER UNBEWEGLICHE GEGENSTÄNDE ODER RÄUME

Leasingverträge über unbewegliche Gegenstände oder Räume bestehen nach § 108 Abs. 1 Satz 1 InsO auch nach Verfahrenseröffnung mit Wirkung für die Insolvenzmasse fort. Damit wird eine Ausnahme von den allgemeinen Wirkungen der Verfahrenseröffnung, die sich nach der auch vom Verfasser befürworteten modifizierten Erlöschenstheorie[749] ergeben, festgelegt. Der Insolvenzverwalter hat bei diesen Rechtsverhältnissen kein Wahlrecht im Sinne des § 103 Abs. 1 InsO. Dieses wird durch die speziellere Vorschrift des § 108 Abs. 1 S. 1 InsO ausgeschlossen.

Der Anwendungsbereich des § 108 Abs. 1 S. 1 InsO beschränkt sich im Gegensatz zu § 21 KO nicht auf Grundstücke oder Räume, sondern umfaßt nach dem Wortlaut sämtliche unbeweglichen Gegenstände und Räume. Unbewegliche Gegenstände sind nach der Legaldefinition des § 49 InsO alle diejenigen Gegenstände, die der Zwangsvollstreckung in das unbewegliche Vermögen unterliegen. Da diese Regeln für Immobiliarzwangsvollstreckung auch auf die im Schiffsregister eingetragenen Schiffe und Schiffsbauwerke und auf in der Luftfahrzeugrolle eingetragenen Luftfahrzeuge Anwendung finden (§ 864 Abs. 1, § 870a ZPO, §§ 47, 99 LuftfzG), umfaßt der Anwendungsbereich des § 108 Abs. 1 InsO somit ebenfalls die praxisrelevanten Fälle[750] der Leasingverträge über Schiffe und Flugzeuge. Dieser erweiterte Anwendungsbereich ist insoweit relevant, als in § 110 InsO für den Fall der Erfüllung des Leasingvertrages eine Begrenzung der Wirksamkeit der Vorauszessionen über die Leasingraten enthalten ist. Durch die begrenzte Wirksamkeit der Vorauszessionen ergeben sich aber Schwierigkeiten bei der Refinanzierung dieser Leasingverträge, auf die an späterer Stelle ausführlich eingegangen wird[751].

Im Rahmen der weiteren Darstellung der insolvenzrechtlichen Behandlung von Leasingverträgen über unbewegliche Gegenstände soll zunächst die Rechtslage in der Insolvenz des Leasingnehmers und anschließend die Rechtslage in der Insolvenz des Leasinggebers untersucht werden.

---

[749] vgl. die ausführliche Begründung unter § 3 II.
[750] vgl. Thomas, TranspR 1997, S. 313 ff..
[751] vgl. unten § 5 I., 2.2.

1 Insolvenz des Leasingnehmers

1.1 Grundregel

Bei Leasingverträgen über unbewegliche Gegenstände ist das Wahlrecht des Insolvenzverwalters aus § 103 InsO gemäß § 108 Abs. 1 S. 1 InsO ausgeschlossen. Die Verträge bestehen zunächst trotz Eröffnung des Verfahrens mit Wirkung für die Insolvenzmasse fort. Anstelle des Rechts des Insolvenzverwalters zur Ablehnung der Erfüllung gemäß § 103 InsO[752] treten die Lösungsmöglichkeiten gemäß §§ 109 f. InsO.

Anders als nach der Konkursordnung ist eine Besitzüberlassung nach dem Wortlaut nicht mehr tatbestandliche Voraussetzung für die Anwendbarkeit des § 108 InsO. Allerdings ist die Frage nach der Besitzüberlassung insoweit erheblich, als sich die Lösungsmöglichkeiten aus den §§ 109 ff. InsO danach unterscheiden, ob das Leasinggut dem Insolvenzschuldner zum Zeitpunkt der Verfahrenseröffnung schon überlassen worden war oder nicht. Insoweit besteht kein Unterschied zu der Regelung der Konkursordnung. Allerdings sind, wie sogleich dargestellt wird, die Lösungsmöglichkeiten selbst anders ausgestaltet worden.

1.2 Verfahrenseröffnung nach Übergabe

Hatte der Leasinggeber dem Insolvenzschuldner das Leasinggut im Zeitpunkt der Verfahrenseröffnung schon übergeben, so erlangt (nur) der Insolvenzverwalter mit Verfahrenseröffnung ein besonderes Kündigungsrecht. Er kann gemäß § 109 Abs. 1 S. 1 InsO den Leasingvertrag unter Einhaltung der gesetzlichen Kündigungsfrist kündigen. Analog § 565 Abs. 1 Nr. 3, Abs. 5 BGB beträgt die Frist regelmäßig drei Monate zum Ablauf des Kalendervierteljahres[753].

Der mögliche Vorrang einer vertraglich vereinbarten kürzeren Kündigungsfrist vor der gesetzlichen Frist, wie er in § 19 S. 2 KO festgelegt war, ist nach dem Wortlaut des § 109 InsO nicht gegeben. Ob es tatsächlich der Intention des Gesetzgebers entspricht, dass der Insolvenzverwalter in jedem Fall an die gesetzliche (und möglicherweise längere) Kündigungsfrist gebunden ist, läßt sich auf Grundlage der Materialien nicht mit hinreichender Gewissheit entscheiden. Fraglich ist allerdings, warum an dieser Stelle der Vertragspartner des Insolvenzschuldners entgegen dem für ihn ungünstigeren Vertragsinhalt privilegiert werden soll, wenn sich der Insolvenz-

[752] Die Ablehnung führt, wie oben dargelegt nach dem Verständnis der zutreffenden Erlöschenstheorie über die Verfahrenseröffnung dazu, daß die durch die Verfahrenseröffnung eingetretenen Folgen bestehen bleiben, vgl. oben § 3 II.

[753] Die von Obermüller/ Livonius, DB 1995, 27, 29 angegebene 3-Tages-Frist ist hier nicht einschlägig, da die zitierte Vorschrift des § 565 Abs. 4 Satz 2 BGB ausdrücklich nur für bewegliche Sachen gilt; vgl. dazu Sinz, Kölner Schrift 1. Auflage, S. 463.

verwalter zur Kündigung entschließt. Angesichts der übergeordneten Zielsetzung der Insolvenzordnung, eine schnelle Lösung der Masse aus für sie ungünstigen Vertragsverhältnissen zu ermöglichen oder mit Eröffnung festzulegen[754], ließe sich argumentieren, dass es sich bei der Nichterwähnung des Vorranges einer kürzeren vertraglichen Kündigungsfrist vor der gesetzlichen Kündigungsfrist nicht um eine inhaltliche Änderung handeln sollte und dass der Gesetzgeber nicht bewusst in die vertraglichen Vereinbarungen der Parteien eingreifen wollte[755].

Mit dem gesetzgeberischen Interesse einer schnellen Lösungsmöglichkeit der Masse von für sie ungünstigen Verträgen würde es im Einklang stehen, dass bei Vereinbarung einer kürzeren als der gesetzlichen Kündigungsfrist, der Insolvenzverwalter sich auf diese Vereinbarung berufen und das Vertragsverhältnis einseitig nach Ablauf der kürzeren vertraglichen Frist beenden könnte[756].

Tintelnot[757] vertrat zunächst die Auffassung, dass bei einer vertraglich vereinbarten Kündigungsfrist, die unterhalb der gesetzlichen Frist liegt, beiden Seiten eine Kündigung entsprechend der vertraglichen Frist zustehen würde. Diese Meinung scheint *Tintelnot* aber aufgegeben zu haben. In seiner Kommentierung zu § 109 InsO[758] billigt auch *Tintelnot* ausschließlich dem Insolvenzverwalter ein Kündigungsrecht innerhalb der jeweils kürzeren Frist zu. Der frühere Standpunkt von *Tintelnot*[759] wäre im übrigen unvereinbar mit der grundsätzlichen Änderung der Lösungsmöglichkeiten der Vertragspartner, die der Gesetzgeber durch Einführung des § 109 InsO gerade nur dem Insolvenzverwalter zugestehen wollte. Dem Vertragspartner des Insolvenzschuldners sollte das Kündigungsrecht, welches er noch nach der Konkursordnung besaß, genommen werden. Die Anerkennung einer abweichenden vertraglichen Vereinbarung (so die zitierte frühere Ansicht von *Tintelnot*) würde eine Umgehung der gesetzlichen Regelung darstellen. Eine solche Umgehung wäre schon nach § 119 InsO unwirksam.

Für die Annerkennung einer kürzeren vertraglichen Kündigungsfrist spricht schließlich, dass der Vertragspartner des Insolvenzschuldners keines besonderen Schutzes hinsichtlich einer Mindestkündigungsfrist bedarf, da er sich „in guten Zeiten" aufgrund seines eigenen frei gefassten Entschlusses auf das Risiko einer kürzeren vertragli-

---

[754] vgl. Begr. zu § 108 InsO, abgedruckt bei Krämer, aaO, S. 238.

[755] Nach Auffassung von Pape, Kölner Schrift, 1. Aufl., S. 447, Rn. 83 ist diese Annahme „zumindest naheliegend".

[756] So auch Niesert, InVo 1998, S. 85 (87); Nerlich/ Römermann/ Balthasar, § 109 Rn. 3.

[757] Tintelnot, ZIP 1995, S. 621.

[758] Tintelnot, in Kübler/ Prütting, InsO, § 109 Rn. 10.

[759] Tintelnot, ZIP 1995, S. 621.

chen Kündigungsfrist eingelassen hat[760]. Daher ist den Ansichten zu folgen, nach denen der Insolvenzverwalter entgegen dem Wortlaut des § 109 InsO unter Berücksichtigung der bisherigen Regelung der Konkursordnung an die gesetzliche Kündigungsfrist nicht gebunden, wenn der Insolvenzschuldner mit dem Vertragspartner eine kürzere Kündigungsfrist vereinbart hatte. Es gilt also stets die kürzere Kündigungsfrist als die für den Insolvenzverwalter verbindliche Frist.

Dieses Ergebnis wird auch durch die Regelung über die Kündigung von Dienstverhältnissen gestützt. Nach § 113 Abs. 1 S. 2 InsO beträgt die Kündigungsfrist für diese Vertragsverhältnisse drei Monate zum Monatsende, wenn nicht eine kürzere Frist vereinbart wurde.

Zwar ließe sich im Hinblick auf § 113 Abs. 1 S. 2 InsO gemäß dem Grundsatz des argumentum e contrario anführen, dass der Gesetzgeber nur in den Fällen eine kürzere Kündigungsfrist für zulässig erachtet, in denen er dies im Gesetz niedergelegt hat. Diese Schlussfolgerung ist aber unter Berücksichtigung der Begründung des § 113 InsO nicht zwingend. Danach stand bei dieser Regelung die Übereinstimmung mit den arbeitsrechtlichen, namentlich den tarifvertraglichen, Regelungen im Vordergrund.

Auch sollte dem Kündigungsschutz des Arbeitnehmers hinreichend Rechnung getragen werden[761]. Insbesondere im Hinblick auf den Vorrang einer kürzeren vertraglichen Kündigungsfrist vor der neu eingeführten Drei-Monats-Frist wurde ausgeführt[762]:

> „Diese Regelung schafft einen Ausgleich zwischen den sozialen Belangen der Arbeitnehmer und sonstigen Dienstverpflichteten des insolventen Unternehmens sowie den Interessen der Insolvenzgläubiger an der Erhaltung der Masse als Grundlage ihrer Befriedigung. Diese Höchstfrist wird in der Regel nur bei Dienstverhältnissen zur Anwendung kommen, die bereits längere Zeit im Unternehmen des insolventen Schuldnerin tätig sind. Für andere Dienstverhältnisse werden aufgrund von Gesetz, Tarifvertrag oder einzelvertraglicher Bestimmung regelmäßig kürzere Kündigungsfristen maßgeblich sein; diese sollen dann auch für die Kündigung im Insolvenzverfahren gelten."

---

[760] Die Frage der Kollision zwischen einer vertraglich eingeräumten kürzen Kündigungsfrist gegenüber der gesetzlichen Kündigungsfrist dürfte sich insbesondere dann stellen, wenn die Verfahrenseröffnung gegen Ende der (regelmäßig unkündbaren) Grundlaufzeit erfolgt ist.

[761] vgl. Begr. zu § 113 InsO, abgedruckt bei Krämer, aaO, S. 244 ff. mit den wechselnden Stellungnahmen und Alternativentwürfen von Bundesrat und Bundesregierung.

[762] Begr. zu § 113 InsO, abgedruckt bei Krämer, aaO, S. 248.

Der Gesetzgeber sah also das Eingreifen einer vertraglich kürzeren Frist[763] als den wahrscheinlicheren Fall an und wollte damit keine Ausnahmeregelung einführen. Somit ist der Umkehrschluss, dass nur bei gesetzlicher Normierung die vertraglich vereinbarte Frist Vorrang vor einer längeren gesetzlichen Frist hat, nicht geboten. Vielmehr stand auch bei der Regelung des § 113 Abs. 1 S. 2 InsO die Masseerhaltung im Vordergrund[764]. Unter Beachtung der Gesetzessystematik ist diese Zielsetzung auf den Bereich der Leasingverträge zu übertragen. Hierfür spricht weiterhin, dass bei Leasingverträgen zudem kein vergleichbares Schutzbedürfnis für den Vertragspartner des Insolvenzschuldners besteht, wie dies bei Arbeitsverträgen oder sonstigen Dienstverhältnissen gegeben sein kann.

Wenn in dem Bereich, in dem ein höheres Schutzbedürfnis besteht, bereits kürzere vertragliche Pflichten Vorrang haben, so hat dies erst recht für den Bereich mit einer geringeren Schutzbedürftigkeit zu gelten.

Somit bleibt festzuhalten, dass eine vereinbarte kürzere Kündigungsfrist der gesetzlich vorgesehenen, längeren Frist vorgeht.

Im Gegensatz zur bisherigen Rechtslage nach § 19 Abs. 1 S. 1 KO besteht nach der Insolvenzordnung kein insolvenzbedingtes Sonderkündigungsrecht des Leasinggebers, also des Vertragspartners des Insolvenzschuldners. Diese Einschränkung ist auf die Bemühungen des Gesetzgebers zurückzuführen, wonach die Insolvenzmasse davor geschützt werden sollte, dass eine sachgerechte Abwicklung durch den Entzug gemieteter oder gepachteter Grundstücke behindert wird, obwohl diese Grundstücke vom Verwalter für eine Betriebsfortführung oder ähnliches dringend benötigt werden[765].

Der Leasinggeber ist an die Kündigungssperre des § 112 InsO gebunden[766]. Für den Leasinggeber besteht ausreichender Schutz durch die Rechte, die ihm bei Verzug

---

[763] Das BAG bestätigt in einem Urteil vom 16.06.1999, (BAG, in: NZI 2000, S. 39), daß die dreimonatige Frist aus § 113 Abs. 1 2 InsO eine etwaige längere tarifvertragliche Kündigungsfrist verdrängt. Daraus können keine besonderen Schlüsse auf die umgekehrte Situation gezogen werden, wenn die vertragliche Frist kürzer ist. Das Urteil wird aber auch mit dem Zweck des § 113 begründet, der darin läge, daß im Interesse der Insolvenzmasse eine allzu lange Bindung an nicht mehr sinnvolle Arbeitsverhältnisse verhindert werden solle. Mit diesem Zweck steht gerade der Vorrang einer vertraglich kürzeren Frist vor der längeren gesetzlichen Frist im Einklang.

[764] So betont auch die Begründung zu § 113 InsO die Notwendigkeit der schnellen Lösungsmöglichkeit der Masse, weil sonst durch den Entgeltanspruch des Arbeitnehmers „die Masse verkürzt, in manchen Fällen sogar entleert" werde, abgedruckt bei Krämer, aaO, S. 247 (Begründung des Rechtsausschusses).

[765] vgl. Begründung zu § 108 InsO, abgedruckt bei Krämer, aaO, S. 238.

[766] Der durch § 112 InsO gegebene Schutz vor konkursbedingten Kündigungen wird (scheinbar) durch § 119 InsO noch verstärkt, so daß ein Zusammenhalten der Masse ermöglicht wird. Nach § 119 InsO sind Vereinbarungen unwirksam, die im voraus die Anwendung der §§ 103 bis 118 InsO ausschließen oder beschränken. Dieser prima facie eindeutige Wortlaut wird jedoch durch eine Empfehlung des Rechtsausschusses stark in Frage gestellt, weil demnach § 119 InsO die Zulässig-

oder anderen Vertragsverletzungen durch Handlungen des Insolvenzverwalters zustehen[767].

Entschließt sich der Insolvenzverwalter zur Kündigung des Vertragsverhältnisses, so hat der andere Teil wegen dieser vorzeitigen Beendigung nach § 109 Abs. 1 S. 2 InsO einen Anspruch auf Schadensersatz, den er jedoch nur als Insolvenzgläubiger gemäß § 38 InsO geltend machen kann.

Solange der Verwalter nach Verfahrenseröffnung bis zum Ablauf der Kündigungsfrist mit der Masse an den Vertrag gebunden ist, entstehen Masseforderungen nach § 55 Abs. 1 Nr. 2 InsO. Wenn der Insolvenzverwalter hingegen nach einer Kündigung die geleaste unbewegliche Sache nicht rechtzeitig oder nicht vollständig zurückgibt, läuft er Gefahr, wegen der Vorenthaltung der Leasingsache auf Zahlung einer Nutzungsentschädigung aus der Masse in Anspruch genommen zu werden, da in diesem Fall eine vom Insolvenzverwalter zu vertretende Nichterfüllung des Aussonderungsrechtes des Leasinggebers vorliegt[768]. Macht der Insolvenzverwalter keinen Gebrauch von seinem Kündigungsrecht, so wird das Vertragsverhältnis zu Lasten der Insolvenzmasse fortgesetzt. Die vor Verfahrenseröffnung aufgelaufenen Zahlungsrückstände bleiben aber grundsätzlich auch bei Fortführung des Vertragsverhältnisses Insolvenzforderungen, § 108 Abs. 2 InsO[769]. Bei der Fortführung des Vertragsverhältnisses geht das Kündigungsrecht des Verwalters gemäß § 109 Abs. 1 InsO nicht unter, auch wenn der Verwalter von diesem Recht nicht unmittelbar nach der Verfahrenseröffnung Gebrauch macht.

Fragwürdig ist die Ansicht, dass sich eine zeitliche Beschränkungen der Ausübung des Kündigungsrecht aus Treu und Glauben ergibt, wenn die Kündigung zu einem sehr späten Zeitpunkt ergeht[770]. Nach dieser Auffassung ist eine derartige Beschränkung geboten, weil nach der Insolvenzordnung für den anderen Teil keine Möglichkeit mehr bestehe, sich Gewissheit über das Verhalten des Verwalters durch eigene Kündigung, wie nach § 19 S. 1 KO, zu verschaffen.

---

keit von Lösungsklauseln für den Konkursfall nicht hindert (vgl. Begr., abgedruckt bei Krämer, aaO, S. 255). Im Ergebnis ist der § 119 InsO unabhängig von der Entwicklung und der Begründung des Gesetzgebers strikt wortlautgetreu anzuwenden. vgl. insoweit bei Bruns, ZZP 110 (1997), S. 305 ff.; Tintelnot, ZIP 1995, S. 616 (622); Pape, in: Kölner Schrift, 1. Aufl., S. 437; Berger, ZIP 1994, S. 172 (184).

[767] vgl. Begr. zu § 108 InsO, abgedruckt bei Krämer, aaO, S. 238.

[768] so bereits zur Konkursordnung BGHZ 127, 156 = WPrax 94/21, S. 15 (Pape), dazu Eckert, EWiR 1994, 117.

[769] Bzgl. der Durchbrechung dieses Grundsatzes durch die Regelung des § 55 Abs. 2 InsO, vgl. die Ausführungen bei der Insolvenz des Leasingnehmers über bewegliche Sachen, oben unter § 5 II., 2.1.2.

[770] vgl. zur KO, Kilger/ K. Schmidt, § 19 Anm. 4.

Gegen diese Auffassung spricht jedoch, dass der Vertragspartner bei Fortsetzung des Vertragsverhältnisses ausreichend geschützt ist. Es bleibt kein Raum für ein nach Treu und Glauben schützenswertes Interesse, da der Fortbestand des Vertragsverhältnisses nach Verfahrenseröffnung ein vertragstreues Verhalten des Insolvenzverwalters, also insbesondere Begleichung der Leasingraten als Masseschulden, voraussetzt. Eine Verwirkung des Kündigungsrechts durch Zeitablauf ist daher nicht nach den Grundsätzen von Treu und Glauben erforderlich. Diese Ansicht ist daher abzulehnen.

1.3 Verfahrenseröffnung vor Übergabe

War der Leasinggegenstand dem Insolvenzschuldner im Zeitpunkt der Eröffnung des Insolvenzverfahrens noch nicht überlassen, so kann sowohl der Verwalter als auch der Leasinggeber von dem Vertrag zurücktreten. Wie sich aus den Begründungen ergibt, war beabsichtigt, dass die Regelung des § 109 Abs. 2 InsO im Wesentlichen der bisherigen Vorschrift des § 20 KO entsprechen sollte[771].

Dennoch ergeben sich bei der Auslegung des § 109 Abs. 2 InsO dogmatische Widersprüche. So wurde zwar in § 109 Abs. 1 InsO das bisherige Kündigungsrecht gemäß § 19 KO des Vermieters und des Verpächters[772] nach Überlassung des Vertragsstandes gestrichen. Doch räumt § 109 Abs. 2 S. 1 InsO dem Verwalter bis zur Überlassung nach wie vor das bisherige Rücktrittsrecht nach § 20 Abs. 1 KO ein. Diese Unterscheidung erscheint zweifelhaft: Wenn es der Gesetzgeber nämlich aus Sicht des Vermieters/ Verpächters für zumutbar erachtet, die Nutzung des Gegenstandes durch den Verwalter anstelle des Insolvenzschuldners zu dulden, so wird dies nicht mit der Tatsache der bisherigen Überlassung begründet. Bereits die Motive zur Konkursordnung hatten das Rücktrittsrecht des § 20 KO ausschließlich aus Gründen für das Kündigungsrecht des § 19 KO abgeleitet[773]. Wenn der Gesetzgeber in der Begründung zur Insolvenzordnung allein Bezug auf die Parallele zur jetzigen Sonderregelung zu § 20 KO nimmt, übersieht er diesen Hintergrund.

Aufgrund der bisherigen Feststellungen bleibt festzuhalten, dass § 109 Abs. 2 InsO dem Ziel der Reform[774] ebenso zuwiderläuft wie der gesetzlichen Wertung des § 109

[771] vgl. Begr. zu § 109 InsO, abgedruckt bei Krämer, aaO, S. 236 f..

[772] Die Regelung findet auch für den Leasinggeber Anwendung. Um näher am Gesetzeswortlaut zu bleiben, wird die Auseinandersetzung mit der gesetzlichen Regelung ausnahmsweise unter Verwendung der Termini „Vermieter" und „Verpächter" dargestellt. Sollten für Leasingverträge abweichende Feststellungen erfolgen, so wird ausschließlich von Leasinggeber/ Leasingnehmer gesprochen.

[773] Hahn, Die gesammelten Materialien zu den Reichsjustizgesetzen, Bd. IV, S. 99.

[774] vgl. dazu oben § 1 II., 2.

Abs. 1 InsO. Für die Praxis ergeben sich etwa folgende Konsequenzen: Hat beispielsweise der Schuldner selbst noch vor der Verfahrenseröffnung Sanierungsmaßnahmen eingeleitet und dazu ein günstigeres Betriebsgrundstück gepachtet, ohne dass ihm dieses bereits zuvor überlassen worden war[775], sind keine schutzwürdigen Interessen des Verpächters erkennbar, die es rechtfertigen würden, die eingeleitete Sanierung zu torpedieren.

Des weiteren ist nicht eindeutig, was mit einer terminologischen Korrektur des § 109 InsO im Vergleich zu § 20 KO beabsichtigt wurde. Verschiedentlich wird diese Korrektur dahingehend ausgelegt, dass der Gesetzgeber in dogmatischer Hinsicht gegenüber der Auslegung des § 20 KO für Klarheit sorgen wollte. Nach § 20 KO hatte der andere Teil ein Rücktrittsrecht, während dem Verwalter bei Untätigkeit des Vertragspartners das Wahlrecht des § 17 KO zustand. § 109 Abs. 2 InsO hingegen bietet als Möglichkeit der Lösung vom Vertrage nun für beide Seiten den Rücktritt vom Vertrag an. Gestört wird damit die bisher klare Terminologie, die im Rücktrittsfall allenfalls zu einem Bereicherungsausgleich führte, dagegen den Begriff der Erfüllungsablehnung verwandte, wenn der Vertrag nach der gesetzlichen Regelung in dem als Konkursforderung geltend zu machenden Erfüllungsinteresse fortwirken sollte[776]. In § 109 Abs. 2 InsO ist es jedoch nunmehr erforderlich geworden, durch die Formulierung der Möglichkeit des Verwalters zur Lösung vom Vertrag als Rücktritt, eigens einen Schadensersatzanspruch als Folge dieses Rücktritts des Verwalters anzuordnen.

Die Regelung über das Rücktrittsrecht wird durch den erst auf Anregung des Rechtsausschusses eingefügten § 109 Abs. 2 S. 3 InsO[777] noch ergänzt. Danach wird eine Entscheidung des Verwalters nach Aufforderung binnen zweier Wochen fällig. Es stellt sich die Frage, ob und inwieweit sich diese Regelung ihrerseits mit der vorgeschlagenen Ausweitung der Frist nach § 107 Abs. 2 InsO als allgemein gültige Regelung[778] verträgt.

In der Literatur werden zu der Zulässigkeit der Zwei- Wochen- Frist nach § 109 Abs. 2 S. 3 InsO unterschiedliche Auffassungen vertreten. *Pape*[779] bezeichnet die Zwei-Wochen-Frist als „Systembruch“. Seiner Auffassung nach müsse man darüber nachdenken, ob der Verwalter die Erklärung über die Ausübung des Rücktrittsrechts nicht

---

[775] Beispiel gebildet von Tintelnot, in: ZIP 1995, S. 621.

[776] Jaeger/ Henckel, KO, 9. Aufl., § 20 Rn. 6, 11.

[777] vgl. bei Krämer, aaO, S. 238 f.; der Rechtsausschuss nennt als Begründung für die Einfügung der Zwei- Wochen- Frist die Vermeidung etwaiger Streitigkeiten.

[778] vgl. oben unter § 4 IV., 4.

[779] Pape, Kölner Schrift, 1.Aufl., S. 449, Rn. 88.

erst binnen zwei Wochen nach dem Berichtstermin[780] abzugeben habe, weil andernfalls der in den §§ 103 ff. InsO verankerte Sanierungsgedanke verletzt sei. Dies gelte um so mehr, als der Anreiz für den Vertragsgegner, den Verwalter möglichst schnell zu einer Erklärung aufzufordern, ohnehin groß sei. Denn er erhalte nur dann einen Schadenersatzanspruch, wenn der Verwalter zurücktritt, nicht jedoch, wenn er selbst von seinem Rücktritt Gebrauch mache[781].

Jedenfalls bleibt aber festzuhalten, dass die Zwei-Wochen-Frist dem Sanierungs- und Fortführungsziel zuwider läuft. Insgesamt erscheint eine entsprechende Regelung über die Fristen zur Erklärung durch den Verwalter über einen Rücktritt wie über die Erfüllungswahl nach § 103 InsO vorzugswürdig. Hierfür läßt sich zunächst der Gedanke der Gleichbehandlung anführen. Des weiteren entspricht eine längere Frist dem Ziel der Erhöhung der Sanierungschancen. Zudem ist auf Seiten des Vertragspartners des Insolvenzschuldners auch kein zwingendes Interesse erkennbar, zeitlich früher als ein Eigentumsvorbehaltsgläubiger über die Kündigung oder die Erfüllungsablehnung Gewissheit zu haben. Das Vertragsverhältnis besteht bis zum Rücktritt mit Wirkung für die Insolvenzmasse fort. Die Ansprüche des Vertragspartner auf die Leasingraten sind demnach Masseforderungen. Damit ist ein Risiko für den Vertragspartner, welches sich durch eine längere Erklärungsfrist ergeben könnte, nicht ersichtlich.

Schließlich ergibt sich noch ein Argument für die hier vertretene Ansicht unmittelbar aus der Begründung des Rechtsausschusses[782] zu dem von diesem eingefügten Satz 3. Danach sollen mit der Nennung der Zwei- Wochen- Frist für die Erklärung mögliche Streitigkeiten über die Rechtzeitigkeit der Erklärung vermieden werden. Während in dem, § 109 Abs. 2 S. 3 InsO entsprechenden § 116 Abs. 3 EInsO[783] die Formulierung „ohne Verzug zu erklären" enthalten war, lautete der § 116 Abs. 2 RefEInsO[784] statt „ohne Verzug" nunmehr „unverzüglich zu erklären". Wenn es dem Rechtsausschuss aber nur um die Verhinderung von Streitigkeiten über die Auslegung der Begriffe „ohne Verzug" oder „unverzüglich" ging, so kann dieses Ziel auch anders erreicht werden. Es wäre lediglich ein bestimmter oder bestimmbarer Zeitpunkt festzulegen, der innerhalb des Verfahrensablaufes zeitlich später liegt. Dies könnte beispielsweise der Zeitpunkt zwei Wochen nach dem Berichtstermin sein. Der Berichtstermin wird gemäß § 29 Abs. 1 Nr. 1 InsO durch das Insolvenzgericht im Eröffnungsbeschluss festgelegt. Würde man dem Insolvenzverwalter nun eine

---

[780] in Anlehnung an die zu befürwortende Ausweitung des § 107 Abs. 2 InsO; vgl. dazu § 4 IV., 4.
[781] Pape, Kölner Schrift, 1. Aufl., S. 405 (450).
[782] Begr. des Rechtsausschusses zu § 109 InsO, abgedruckt bei Krämer, aaO, S. 239.
[783] BMJ (Hrsg.), Gesetz zur Reform des Insolvenzrechts, Diskussionsentwurf, 1988.
[784] BMJ (Hrsg.), Gesetz zur Reform des Insolvenzrechts, Referentenentwurf, 1989.

Erklärungsfrist bis zwei Wochen nach diesem Berichtstermin zubilligen, wäre der Zeitpunkt der Notwendigkeit der Verwaltererklärung für den Vertragspartner des Insolvenzschuldners kalendarisch bestimmbar und damit hinreichend konkretisiert. Streitigkeiten über die Rechtzeitigkeit ließen sich gleichermaßen vermeiden. Darüber hinaus würde sich aus Sicht des Verwalters noch der Vorteil ergeben, dass die längere Überlegungsfrist im Hinblick auf etwaige Sanierungsmöglichkeiten für die Masse günstig wäre.

Nach alledem sollte daher unter Hinzuziehung des § 107 Abs. 2 InsO der § 109 Abs. 2 S. 3 InsO dahingehend ausgelegt werden, dass die dort genannte Frist erst zwei Wochen nach dem Berichtstermin abläuft.

2 Insolvenz des Leasinggebers

2.1 Grundregel

Bei den Regelungen für die Insolvenz des Leasinggebers sind keine umfangreichen Änderungen zum bisherigen Recht vorgenommen worden. Leasingverträge über unbewegliche Gegenstände bestehen gemäß § 108 Abs. 1 S. 1 InsO nach Verfahrenseröffnung für die Masse fort. Diese Regelung differenziert nicht zwischen Verträgen, bei denen die Sache bereits übergeben ist und solchen, bei denen die Übergabe noch aussteht. Eine § 109 Abs. 2 InsO entsprechende Regelung fehlt, so dass auch bei noch ausstehender Übergabe Rücktrittsrechte nicht gegeben sind[785]. Im Gegenzug zu den von der Masse geschuldeten Leasinggeberleistungen ist die laufende Leasingrate zur Masse zu entrichten. Dies gilt auch für rückständige Leasingraten, die zur Masse einzuziehen sind. Entziehen kann sich der Verwalter den Obliegenheiten des Leasinggebers nur durch Freigabe des Leasinggegenstandes. Dies ist insbesondere in den Fällen geboten, in denen der Gegenstand die Masse belastet, ohne dass sie für die Fortführung des Betriebes notwendig ist[786].

2.2 Vorausverfügungen des Insolvenzschuldners nach § 110 InsO

Vorausverfügungen des Insolvenzschuldners über die Leasingraten sind nach § 110 Abs. 1 InsO zeitlich nur begrenzt wirksam, nämlich nur insoweit, als sich die Abtretung auf die Leasingrate für den zur Zeit der Eröffnung des Verfahrens laufenden Kalendermonat bezieht. Ist die Eröffnung nach dem 15. Tag des Monats erfolgt,

---

[785] Nach bisherigem Recht greift bei Verträgen, bei denen die Übergabe noch aussteht, das Wahlrecht des Verwalters nach § 17 KO ein, vgl. dazu Mohrbutter/ Pape, a.a.O., Kap. III, Rn. 169 f.

[786] vgl. zur KO, Kilger/ K. Schmidt, a.a.O., § 21 Anm. 3.

so ist die Verfügung auch für den folgenden Kalendermonat wirksam. Diese Regelung entspricht im wesentlichen den § 21 Abs. 2 und Abs. 3 KO[787].

Im Vergleich zur Konkursordnung wird die Vorschrift aber dahingehend erweitert, dass auch bei noch nicht erfolgter Übergabe die zeitlich begrenzte Wirksamkeit der Vorauszessionen bestimmt wird. Zur Begründung wird angeführt, dass es sachgerecht erscheine, wenn dem Insolvenzverwalter einerseits auch in diesem Fall die Möglichkeit gegeben würde, an dem Vertrag festzuhalten, andererseits aber Vorausverfügungen des Insolvenzschuldners als unwirksam behandelt würden[788].

Während diese Wertung des Gesetzgebers sach- und interessengerecht erscheint, stellt sich die Frage, weshalb der Gesetzgeber in der Begründung zu § 110 InsO mit keinem Wort zu dem erweiterten Anwendungsbereich gegenüber der Regelung der Konkursordnung Stellung genommen hat. War in § 21 Abs. 2 KO noch von einem *Grundstück* oder Raum als Vertragsgegenstand die Rede, soll § 110 InsO nunmehr für Miet-/Pacht- und auch Leasingverträge über *unbewegliche Gegenstände* oder über Räume anwendbar sein.

Es ist jedoch zu beachten, dass nach der Legaldefinition des § 49 InsO unbewegliche Gegenstände solche Gegenstände sind, die der Zwangsvollstreckung in das unbewegliche Vermögen unterliegen. Denn die Regeln der Immobiliarzwangsvollstreckung sind auch auf im Schiffsregister eingetragene Schiffe und Schiffsbauwerke und auf in der Luftfahrzeugrolle eingetragene Luftfahrzeuge anzuwenden (§ 864 Abs. 1, § 870a ZPO, §§ 47, 99 LuftfzG[789]). Der Anwendungsbereich des § 110 InsO umfaßt somit ebenfalls Leasingverträge über Schiffe und Flugzeuge. Daraus folgt im Falle der Insolvenz des Leasinggebers, dass etwaige Vorauszessionen über die Ansprüche auf Zahlung der Leasingraten auf Seiten des Leasinggebers zugunsten eines Kreditinstitutes, welches die Anschaffung des Schiffes oder Flugzeuges durch den Leasinggeber finanziert hatte, nur noch wirksam sind, soweit sie sich auf die Raten für den zur Zeit der Eröffnung des Verfahrens laufenden Kalendermonat beziehen. Ist die Eröffnung nach dem 15. eines Monats erfolgt, so ist die Verfügung auch für den folgenden Kalendermonat wirksam.

Für das refinanzierende Kreditinstitut hat demnach bei solchen Leasingverträgen die Insolvenz des Leasinggebers zur Folge, dass die der Bank im Voraus abgetretenen Forderungen gegen den Leasingnehmer spätestens am Ende des der Verfahrenseröffnung folgenden Monats entwertet werden. Während jedoch bei der Vermietung

---

[787] So auch die Begr. zu § 110 InsO, abgedruckt bei Krämer, aaO, S. 240.

[788] Begr. zu § 110 InsO, abgedruckt bei Krämer, aaO, S. 240.

[789] Gesetz über die Rechte an Luftfahrzeugen vom 26.Februar 1959, (BGBl. 1959. I, S. 57, ber. S. 233), zuletzt geändert durch Gesetz vom 3.Dezember 1976 (BGBl. 1976, I, S. 3281).

und Verpachtung von Grundstücken dem Grundpfandrechtsgläubiger der Zugriff auf die Mieten im Rahmen der Zwangsverwaltung möglich ist, besteht diese Möglichkeit bei Schiffen und Luftfahrzeugen nicht, da ein Zwangsverwaltungsverfahren nicht vorgesehen ist. Denn Forderungen aus Leasingverträgen über Schiffe oder Flugzeuge werden weder von der Schiffshypothek noch vom Registerpfandrecht erfasst. Die missliche Situation des Financiers wird auch durch die regelmäßig erfolgte Sicherungsübereignung nicht wesentlich verbessert. Zwar ist mit der Unwirksamkeit der Vorausverfügung nach § 110 InsO der Sicherungsfall eingetreten, so dass das Kreditinstitut die Zwangsversteigerung des Leasinggegenstandes einleiten könnte. Gerade diese Möglichkeit der Befriedigung ist aber aufgrund der Besonderheiten bei Schiffs- und Flugzeugleasing nur unter erheblichen Einschränkungen gegeben. So bietet die Zwangsversteigerung in der Regel keinen angemessenen Ausgleich, da ein solches Verfahren erfahrungsgemäß erhebliche Zeit in Anspruch nimmt[790]. Ferner steht dem Vertragspartner des Insolvenzschuldners als Leasingnehmer bei fortdauernder Wirksamkeit des Vertrages (§ 108 Abs. 1 InsO) ein Recht zum Besitz des Leasinggegenstandes zu. Die Verwertung des zur Sicherheit übereigneten Leasinggegenstandes durch die refinanzierende Bank kommt folglich nicht in Betracht[791].

2.2.1 Entwicklung der Regelung des § 110 InsO im Gesetzgebungsverfahren

Für die Beurteilung des Zustandekommens dieser einschneidenden Änderung gegenüber den Vorschriften der Konkursordnung bedarf es einer näheren Untersuchung der Entstehungsgeschichte des § 110 InsO. Hierbei ist die Regelung des § 110 InsO im Lichte der Entwicklung der Vorschriften für Leasingverträge generell, also in Verbindung mit § 108 InsO zu sehen.

In § 115 EInsO wurde noch nicht zwischen unbeweglichen und beweglichen Gegenständen unterschieden: Miet-, Pacht- und Dienstverhältnisse sollten insgesamt mit Wirkung für die Insolvenzmasse fortbestehen[792]. Im Hinblick auf die Behandlung der Vorauszessionen im Konkurs des Leasinggebers legte § 117 EInsO fest, dass bei

---

[790] vgl. Schmidt- Burgk/ Ditz, ZIP 1996, S. 1123 (1125), die im übrigen auf die Schwierigkeit der Beschlagnahme eines Flugzeuges aufgrund der Beweglichkeit des Objektes aus tatsächlichen Gründen hinweisen.

[791] Als weiteres Recht aus dem Sicherungseigentum am Leasinggegenstand könnte die Bank allerdings als Sicherungseigentümerin die Herausgabe der vom Verwalter eingezogenen Leasingraten als Nutzungen verlangen.

[792] Die Tatsache, daß sich in den verschiedenen Entwicklungsstufen des Gesetzes keine Erwähnung des Leasingvertrags, weder im Gesetzeswortlaut noch in den dazugehörigen Begründungen wieder findet, bestärkt die in der Einleitung geäußerte Befürchtung, daß die Leasingverträge aus dem Blickfeld geraten waren und erst durch die Novellierung mit Gesetz vom 19.07.1996 (BGBl. 1996, S. 1013) berücksichtigt wurden.

Grundstücken oder Räumen eine zeitlich begrenzte Wirksamkeit vorlag. Diese Regelung stand im Einklang mit den Bestimmungen der Konkursordnung. In § 115 RefEInsO war ebenfalls noch keine Differenzierung zwischen unbeweglichen und beweglichen Gegenständen enthalten. Auch § 117 RefEInsO war entsprechend der Regelung des Diskussionsentwurfes auf Grundstücke und Räume beschränkt. Keinesfalls sollte die zeitlich begrenzte Wirksamkeit etwaiger Vorauszessionen in der Insolvenz der Leasinggebers für alle unbeweglichen Gegenstände gelten[793]. Wäre die Regelung des Referentenentwurfes unverändert in die Insolvenzordnung übernommen worden, würde sich bei Flugzeug- und Schiffsleasing die Problematik der eingeschränkten Refinanzierungsmöglichkeiten mangels wirksamer Vorauszessionen nicht stellen.

Erst im Regierungsentwurf erfolgte dann die Unterscheidung in der Behandlung von Miet- und Pachtverhältnissen je nach Miet-/Pachtobjekt. Nach § 122 Abs. 1 RegEInsO galten nur noch die Miet- und Pachtverhältnisse über unbewegliche Gegenstände oder Räume mit Wirkung für die Insolvenzmasse fort. Für Miet- und Pachtverhältnisse über bewegliche Sachen bedeutete dies die Anwendbarkeit des § 103 InsO. Parallel wurde aber auch der Wortlaut der Folgevorschriften im Bereich der Miet- und Pachtverhältnisse (nunmehr die §§ 109, 110 InsO) vermeintlich konsequent dahingehend geändert, dass nicht mehr von Miet-/Pachtverhältnissen über Grundstücke, sondern von Miet-/ Pachtverhältnissen über unbewegliche Gegenstände die Rede war. Der dem jetzigen § 110 InsO entsprechende § 124 RegEInsO lautete nunmehr:

> „Hatte der Schuldner als Vermieter oder Verpächter *eines unbeweglichen Gegenstandes* oder von Räumen vor der Eröffnung des Insolvenzverfahrens über die Miet- oder Pachtzinsforderung für die spätere Zeit verfügt,...".

In der Begründung zu § 124 RegEInsO finden sich zum Hintergrund dieser Änderung keine Erläuterungen. Die Konsequenzen wurden insbesondere nicht im Zusammenwirken mit der Legaldefinition über unbewegliche Gegenstände aus § 49 InsO erläutert. Dies erscheint um so unverständlicher, als die jetzige Fassung des § 49 InsO wörtlich mit den Vorschlägen der entsprechenden Vorschriften des Referentenentwurfes und der Insolvenzordnung übereinstimmt[794].

---

[793] § 117 RefEInsO lautet: „Hatte der Schuldner als Vermieter oder Verpächter eine *Grundstücks* oder von Räumen vor der Eröffnung des Insolvenzverfahrens über die Miet- oder Pachtzinsforderung für die spätere Zeit verfügt, so ist diese Verfügung nur insoweit wirksam, als sie sich ...".

[794] vgl. § 53 RefEInsO, sowie § 56 RegEInsO.

2.2.2 Zielsetzung des Gesetzgebers

Die Beantwortung der Frage, ob die aufgezeigten Konsequenzen im Bereich der Refinanzierung von Leasingverträgen über Flugzeuge oder Schiffe von dem gesetzgeberischen Willen getragen sind, wird dadurch noch erschwert, dass sich keine Begründungen zu der Änderung des § 110 InsO finden. Die Erweiterung des Anwendungsbereiches des § 124 RegEInsO durch den Terminus „unbewegliche Gegenstände", statt der Bezeichnung „Grundstücke" des § 117 RefEInsO erfolgte ohne nähere der Begründung. Hinsichtlich § 124 RegEInsO (Satz 1 der Begründung) heißt es lediglich, die Vorschrift übernehme im wesentlichen den Inhalt des § 21 Abs. 2 und Abs. 3 KO[795]. Dieser Wortlaut der Begründung findet sich bereits in den Begründungen zu § 117 EInsO und auch zu § 117 RefEInsO wieder. Gerade bei diesen Vorschriften des EInsO und auch des RefEInsO war die Anwendbarkeit aber noch in Übereinstimmung mit der Regelung des § 21 Abs. 2 und Abs. 3 KO auf Grundstücke begrenzt. Somit treffen diese Ausführungen nur auf § 117 EInsO und § 117 RefEInsO zu, jedoch nicht mehr auf § 124 RegEInsO.

Die Begründungen zu den § 117 EInsO/ RefEInsO und § 124 RegEInsO stimmen ferner darin überein, dass in Abgrenzung zu der Übernahme „im wesentlichen" der Regelung des § 21 Abs. 2 und Abs. 3 KO, mit § 124 RegEInsO eine von § 21 Abs. 1 KO abweichende Bestimmung getroffen wird. Die Abweichung von § 110 InsO zu § 21 Abs. 1 KO bezieht sich jedoch darauf, dass § 110 InsO auch dann gelten soll, wenn der Miet- und Pachtgegenstand dem Mieter oder Pächter vor der Eröffnung des Verfahrens noch nicht überlassen war. Dies erscheine sachgerecht[796]. Damit ist auch festzustellen, dass die Übernahme „im wesentlichen" nicht auf den Unterschied der Leasingobjekte, ob nun „Grundstück" oder „unbeweglichen Gegenstand" bezogen ist, sondern auf die Frage des Erfordernisses der Besitzüberlassung.

Dann fragt es sich aber umso mehr, was den Gesetzgeber zu dieser Erweiterung veranlasst hat. Es scheint, als habe der Gesetzgeber eine sprachliche Angleichung innerhalb des § 110 InsO vornehmen wollen, deren Notwendigkeit er anscheinend in der Trennung nach beweglichen und unbeweglichen Gegenständen im Bereich der Mietverträge innerhalb des § 108 InsO gesehen hat. Eine derartige Angleichung ist indes gar nicht erforderlich.

So bedurfte erstens die bisherige Beschränkung der Wirksamkeit der Vorausverfügungen bei Grundstücken und Räumen keiner Erweiterung. Zweitens ist die aufgrund

---

795 Begründung zu § 110 InsO, abgedruckt bei Krämer, aaO, S. 240.

796 vgl. Begr. zu § 110 InsO, abgedruckt bei Krämer, aaO, S. 240.

der Novellierung erfolgte Rücknahme der Aufteilung des § 108 InsO für nahezu sämtliche Leasingverträge über bewegliche Sachen zu berücksichtigen.

Es waren vor allem die Schwierigkeiten bei der Refinanzierung von Leasingverträgen auf Seiten der Leasinggeber, die den Gesetzgeber zu einer Rücknahme der Unterscheidung bei Mietverträgen zwischen unbeweglichen und beweglichen Gegenständen innerhalb des § 108 InsO veranlassten[797]. Daher wurde im Hinblick auf Leasingverträge die Regelung des § 108 Abs. 1 S. 2 InsO eingefügt[798]. Durch diese Ergänzung sollte erreicht werden, dass die Leasingverträge über die Verfahrenseröffnung hinaus Bestand haben[799]. Ohne diese gesetzliche Bestimmung wären die Leasingverträge entsprechend der allgemeinen Wirkung der Verfahrenseröffnung, auf der Grundlage der hier vertretenen Auffassung[800], bei Verfahrenseröffnung erloschen. Bei Erfüllungswahl des Insolvenzverwalters wären die Ansprüche neu mit altem Inhalt, aber nach Verfahrenseröffnung entstanden. Damit hätte § 91 InsO die Wirksamkeit der Vorausverfügungen bei Leasingverträgen über bewegliche Sachen gesperrt. Nachdem die Vertretern der Kreditinstitute auf die Schwierigkeiten bei der Refinanzierung von Leasingverträgen aufmerksam gemacht hatten, drängten die Vertreter der Leasinggesellschaften auf Abhilfe. Infolgedessen wurde der § 108 Abs. 1 S. 2 InsO eingefügt.

Nunmehr überdauern gemäß § 108 Abs. 1 S. 2 InsO auch Leasingverträge über bewegliche Sachen die Eröffnung des Insolvenzverfahrens aufgrund gesetzlicher Anordnung, sofern der Insolvenzschuldner der Leasinggeber ist und die Anschaffung oder Herstellung von einem Dritten finanziert wurde. Damit sollte die Insolvenzfestigkeit der Vorausverfügungen und damit die Refinanzierbarkeit auf Seiten des Leasinggebers sichergestellt werden[801]. Vor diesem Hintergrund würde es eine nicht hinnehmbare Ungleichbehandlung darstellen, wenn aufgrund der Novellierung des § 108 Abs. 1 InsO die Gültigkeit der Vorausverfügungen über die Leasingraten aus einem Leasingvertrag über ein bewegliches Leasinggut gewährleistet wäre, die Vorausverfügung über Leasingraten aus einem Leasingvertrag über ein Flugzeug/ Schiff dagegen nicht. Diese Differenzierung wäre angesichts des übergeordneten Reformgedanken, Maßnahmen gegen die Massearmut zu treffen[802], nicht zu rechtfertigen.

---

[797] vgl. die Begr. zu § 108 Abs. 1 Satz 2 InsO, in: BT- Drucks. 13/ 4699, S. 6; sowie unter § 5 II., 1.2.

[798] BT- Drucks. 13/ 4699.

[799] vgl. die Begr. zu § 108 Abs. 1 Satz 2 InsO, in: BT- Drucks. 13/ 4699, S. 6.

[800] vgl. ausführlich die Diskussion oben unter § 3.

[801] vgl. die Begründung zu § 108 Abs. 1 Satz 2 InsO, BT- Drucks. 13/ 4699, S. 6.

[802] Zu dieser Zielsetzung: Bork, Einführung in das neue Insolvenzrecht, Rn. 11.

2.2.3 Änderungsvorschlag

Im Rahmen der Überlegung, wie Abhilfe geschaffen werden kann hinsichtlich der soeben dargestellten Ungleichbehandlung bei Schiffs- und Flugzeugleasingverträgen bezüglich der Refinanzierungsmöglichkeiten könnte sich der einfache Weg anbieten, zu der übereinstimmenden Formulierung der Vorschläge des Diskussionsentwurfes und Referentenentwurfes zurückzukehren und den Anwendungsbereich statt auf Vertragsverhältnissen über „unbewegliche Gegenstände“ nur noch auf „Grundstücke“ zu beschränken. Die Änderung der Formulierung innerhalb des § 110 InsO wäre auch unproblematisch, da sich keine weiteren Auswirkungen ergeben, wenn die speziellere Regelung des § 110 InsO gegenüber der allgemeineren Norm des § 108 InsO eingeschränkt würde.

Sollte sich der Gesetzgeber zu dieser Änderung nicht durchringen können, so verbliebe die Möglichkeit einer teleologischen Reduktion des § 110 InsO.

Wie soeben dargestellt, hat der Gesetzgeber auf die aufgezeigten Probleme im Bereich der Mobilienleasingverträge reagiert und versucht, durch § 108 Abs. 1 S. 2 InsO Abhilfe zu schaffen. Dabei sind die gleichgelagerten Probleme bei Leasingverträgen über Flugzeuge und Schiffe nicht berücksichtigt worden.

Der von *Seifert*[803] vertretenen Ansicht, wonach der Gesetzgeber das Problem der Finanzierung von Flugzeugen und Schiffen bei der Novellierung des § 108 Abs. 1 InsO erkannt hat und nicht in die Novellierung mit einbeziehen wollte, kann nicht gefolgt werden. *Seifert* begründet seine Ansicht damit, dass im Rahmen der Novellierung insbesondere die grundlegende Behandlung derartiger Objekte als unbewegliche Gegenstände i.S. des § 49 InsO unverändert beibehalten worden ist. Die für Mobilien geltende Neuregelung greife hier nicht Platz, so dass sich die Frage einer analogen Anwendung von § 108 Abs. 1 S. 2 InsO auf Schiffe und Flugzeuge nicht stelle. Stattdessen werde dieses Ergebnis, welches auch *Seifert* als „höchst unbefriedigend“ bezeichnet, in der Praxis zu einer geänderten Handhabung der Vorschriften über die Zwangsvollstreckung oder Zwangsverwaltung führen. Nach *Seifert* ließe sich ein „denkbares, wenn auch nicht gleichwertiges Ergebnis“ durch Übertragung der Nutzung eines Schiffes auf einen Treuhänder gemäß § 165 ZVG erreichen, um zumindest an den Leasingraten aus derartigen Objekten zu partizipieren.

Dieser Ansicht ist jedoch entgegenzuhalten, dass schon aus der Begründung der Novellierung des § 108 InsO nicht zwingend zu schließen ist, dass dem Gesetzgeber die Problematik bei Flugzeug- und Schiffsleasingverträgen bekannt gewesen ist. In der

[803] Seifert, NZM 1998, S. 217 (220).

Begründung zu § 108 Abs. 1 S. 2 InsO nimmt der Gesetzgeber zu diesem Sonderfeld keine Stellung, sondern vergleicht nur die Behandlung von Leasingverträgen über unbewegliche Sachen mit jener von Leasingverträgen über bewegliche Sachen.

Da die Problematik der Flugzeug-/ Schiffsleasingverträge aber innerhalb des Bereiches der Leasingverträge über unbewegliche Gegenstände anzusiedeln ist[804], muss die Begründung nicht zwingend auf eine Kenntnis des Gesetzgebers schließen lassen und die Absicht erkennen lassen, diesen Bereich nicht regeln zu wollen.

Nach alledem bleibt festzuhalten, dass es sich bei der Nichtbehandlung der genannten Problematik vielmehr tatsächlich[805] um eine verdeckte Lücke handelt, so dass Raum für eine einschränkende Auslegung im Wege der teleologischen Reduktion[806] ist. Ohne diese korrigierende Auslegung stünde bei der wortlautgetreuen Anwendung des § 110 InsO in Verbindung mit § 49 InsO das Ergebnis im Widerspruch zu dem gesetzgeberischen Willen, wie er in der Novellierung, also zu einem Zeitpunkt nach Inkrafttreten der §§ 110, 49 InsO erkennbar geworden ist.

Der Begriff „unbeweglicher Gegenstand" in § 110 InsO bedeutet jedenfalls nicht, dass die Regelung auch auf Leasingverträge über Flugzeuge oder Schiffe anzuwenden ist.

Nach der soeben dargestellten Begründung erscheint es geboten, dass der Gesetzgeber die durch § 124 RegElnsO erstmalig und ohne Erläuterung eingeführte Erweiterung des Anwendungsbereiches des § 110 InsO im Verhältnis zu § 21 KO wieder rückgängig macht, indem er den Begriff „unbeweglicher Gegenstand" durch den Begriff „Grundstück" ersetzt.

II. LEASINGVERTRÄGE ÜBER BEWEGLICHE GEGENSTÄNDE

Wie bereits einführend dargestellt, war es das erklärte Ziel der Insolvenzrechtsreform, die in der Insolvenzpraxis vorherrschende Problematik der Massearmut bei Konkursverfahren zu überwinden[807]. Die zunehmende Masseunzulänglichkeit beruhte größtenteils auf der Auszehrung der Masse durch besitzlose Mobiliarsicherheiten, die ein im Gegen-

---

[804] Bornholt, aaO, S. 156 ff (158) verkennt genau diese Differenzierung, wenn er behauptet, die Problematik des Flugzeug-/ Schiffsleasing sei erst durch die Einfügung des § 108 Abs. 1 S. 2 InsO entstanden.

[805] Auch wenn der damit verbundene Vorhalt gegenüber dem Gesetzgeber, daß er auch bei einer Ergänzung der Insolvenzordnung für den Bereich der Leasingverträge nicht sämtliche vorhandenen Schwierigkeiten aus diesem Bereich erkannt, geschweige denn beseitigt habe, ein relativ gewichtiger Vorwurf ist.

[806] Zur teleologischen Reduktion vgl. Brox, SchuldR AT Rn. 67 mwN.

[807] vgl. statt vieler: Bork, Einführung in das neue Insolvenzrecht, Rn. 11; sowie oben unter § 1 II., 2.

satz zum gesetzlichen Pfandrecht nicht offenkundiges Sicherheitsinstrument darstellen[808]. Zwar wurden die von der Kommission empfohlenen weitreichenden Eingriffe zur Neuordnung des Insolvenzrechts und zur Abhilfe der allgemeinen Massearmut bei weitem nicht umgesetzt[809]. Daher ist es aber bemerkenswert, dass im Bereich der Miet- und Pachtverhältnisse und damit auch bei Leasingverträgen der ursprüngliche Einschnitt, der durch § 108 InsO a.F.[810] im Verhältnis zu § 21 KO erfolgte[811], weder von Seiten der Kommission[812] noch von anderer Seite vorgeschlagen worden war. Die Regelung des § 108 Abs. 1 InsO a.F., nach der Miet- und Pachtverhältnisse und damit auch Leasingverträge über bewegliche Gegenstände in der Insolvenz des Vermieters/ Leasinggebers dem Verwalterwahlrecht unterstellt werden sollten, wurde erst in den Gesetzesentwurf der Bundesregierung vom 21.11.1991[813] eingefügt.

Ebenso erstaunlich ist es, dass die praktischen Auswirkungen dieser Änderung durch § 108 InsO a.F. insbesondere im Bereich der Leasingverträge lange Zeit in der Literatur nicht diskutiert wurden. Auch die Interessenvertreter der Leasingunternehmen und der Kreditinstitute reagierten erst nach Verabschiedung der Insolvenzordnung, obwohl sich die Regelung des § 108 InsO a.F. insbesondere auf mittelständische Leasingunternehmen auswirkte.

Ursächlich für die Schwierigkeiten ist die oben bereits dargestellte Tatsache, dass der Gesetzgeber bei der Beurteilung der Wirkungen der Verfahrenseröffnung die Erlöschenstheorie zugrunde gelegt hat[814]. Während nach der bisherigen Erlöschenstheorie die gegenseitigen vertraglichen Ansprüche im Zeitpunkt der Verfahrenseröffnung untergehen, soll im Rahmen der modifizierten Erlöschenstheorie eine haftungsrechtliche Einwirkung erfolgen[815]. Nach beiden Auffassungen sind bei Erfüllungswahl durch den Insolvenzverwalter jedoch etwaige Vorausverfügungen nach § 91 InsO nicht wirksam, weil der durch die Erfüllungswahl des Verwalters originär entstandene Anspruch des Vertragspartners des Insolvenzschuldners erst nach Verfahrenseröffnung begründet worden ist. Damit war eine Finanzierung im Wege der Forfaitierung gefährdet, weil die Financiers in der Insolvenz des Leasinggebers nicht

---

[808] vgl. Begründung des Gesetzesentwurfes der Bundesregierung, a.a.O., S. 86 ff; Kommission für Insolvenzrecht, Erster Bericht, 1985, S. 7, 295ff.

[809] vgl. Begr. des Gesetzesentwurfes der Bundesregierung, BT- Drucks. 12/ 2443, S. 86.

[810] Mit der Bezeichnung „a.F." ist die Fassung des § 108 gemeint, die vor der Novellierung durch das Gesetz zur Änderung des AGB- Gesetzes und der Insolvenzordnung (Gesetz vom 19.07.1996, BGBl. 1996 I, S. 1013 ff.) galt.

[811] vgl. Einleitung bei § 5.

[812] Erster und Zweiter Bericht der Kommission für Insolvenzrecht, 1985 und 1986.

[813] BT- Drucks. 12/ 2443, § 122.

[814] vgl. ausführlich § 3 zu der Diskussion um die Wirkungen der Verfahrenseröffnung.

[815] siehe dazu ausführlich unter § 3 II., 3 und 4.

ohne weiteres die Weiterleitung der während des Verfahrens erhaltenen Leasingraten von dem Insolvenzverwalter verlangen konnten.

Bei der nachfolgenden Untersuchung hinsichtlich der Leasingverträge über bewegliche Sachen[816] soll ebenfalls – wie bereits bei der Darstellung der Leasingverträge über unbewegliche Gegenstände – aus Gründen der Übersichtlichkeit jeweils nach der Person des Insolvenzschuldners unterschieden werden.

1 Insolvenz des Leasinggebers

1.1 Rechtslage nach § 108 Abs. 1 InsO a. F.

1.1.1 Schwierigkeiten der Refinanzierung

Nach der anfänglichen Regelung des § 108 Abs. 1 InsO in der Fassung vom 18.10.1994 waren sämtliche Leasingverträge über bewegliche Gegenstände dem Verwalterwahlrecht nach § 103 InsO unterstellt. Auf der Grundlage der bisherigen Erlöschenstheorie[817], wie sie in der neueren Rechtsprechung des BGH[818] bislang vertreten wurde, sowie nach der modifizierten Erlöschenstheorie[819] hätte dies zur Folge gehabt, dass die gegenseitigen Leistungsansprüche mit Verfahrenseröffnung erlöschen bzw. nicht mehr durchsetzbar sind. Etwas anderes würde nur bei Anordnung des Fortbestandes des Rechtsverhältnisses in den §§ 104 ff. InsO gelten. Diese Rechtslage hätte im Falle der Insolvenz des Leasinggebers eine erhebliche Abweichung von der Rechtslage nach § 21 KO bedeutet. Danach sollten die Erfüllungsansprüche mit Verfahrenseröffnung erloschen sein, so dass auch etwaige Vorauszessionen nicht mehr wirksam gewesen wären.

Bei der Erfüllungswahl des Verwalters wären die Erfüllungsansprüche neu mit altem Inhalt wieder aufgelebt. Das Wiederaufleben hätte jedoch notwendigerweise nach Verfahrenseröffnung stattgefunden, so dass die Vorausverfügungen an dem § 91 InsO, der dem § 15 KO entspricht, gescheitert wären. Die Sperre des § 91 InsO

[816] Für Schiffe und Luftfahrzeuge besteht die insolvenzrechtliche Besonderheit, dass diese gemäß § 49 InsO als unbewegliche Gegenstände zu behandeln sind.

[817] vgl. die Diskussion und Begründung oben unter § 3.

[818] BGHZ 103, 250 (252 ff.); 106, 236 (241 ff.); 116, 156 (158 ff.); 135, 25 ff.; vgl. ausführlich zur Entwicklung der Rechtsprechung unter § 3 I., 3.

[819] BGHZ 150, 353 (359); 155, 87 (96), vgl. ausführlich die neueste Modifikation der Erlöschenstheorie unter § 3 II., 2 und 3.

würde nur dann keine Wirkung entfalten, wenn die vor Verfahrenseröffnung geschlossenen Verträge über die Verfahrenseröffnung hinaus Bestand hätten[820].

Leasingverträge über bewegliche Sachen hatten nach der ursprünglichen Fassung des § 108 Abs. 1 InsO a. F. gerade keinen Bestand über die Verfahrenseröffnung hinaus. Damit griff aber das Verbot der Vorauszession aus § 91 InsO. Mithin war auch eine Refinanzierung der Anschaffungskosten auf Seiten des Leasinggebers nicht mehr im Wege der Forfaitierung insolvenzfest zu gestalten, wie dies noch unter der Konkursordnung möglich gewesen war.

1.1.2 Befriedigung des Zessionars aufgrund zusätzlicher Sicherungsübereignung

Neben den Schwierigkeiten hinsichtlich der Wirksamkeit der Vorausverfügungen erwies sich die durch § 108 Abs. 1 InsO a. F. geschaffene Rechtslage auch noch aus einem anderen Grund als wenig vorteilhaft.

In der dargestellten typischen Vertragsgestaltung bei Finanzierungsleasingverträgen überträgt der Leasinggeber nämlich zusätzlich zu der Vorauszession der künftigen Leasingraten dem Financier regelmäßig sicherungshalber das Eigentum an dem Leasinggegenstand[821]. Daher ist zu beachten, dass die Eröffnung des Insolvenzverfahrens sich ebenfalls auf die Sicherungsübereignung auswirkt. Dies war auch bereits nach der Konkursordnung der Fall. Nach §§ 47, 48 KO hatte der Sicherungseigentümer lediglich ein Recht auf abgesonderte Befriedigung, da das Sicherungsgut auch nach der Sicherungsübereignung wirtschaftlich dem Vermögen des Sicherungsgebers zugeordnet blieb[822]. Ein Recht auf Aussonderung des Sicherungseigentums nach § 43 KO wurde dem Sicherungsgeber nicht gewährt. Stünde dem Sicherungsnehmer ein Aussonderungsrecht zu, so hätte er die Möglichkeit, nicht nur der Aussonderung, sondern zusätzlich noch der Anmeldung der gesicherten Forderung zur Tabelle[823]. Als Hintergrund der Einschränkung des Sicherungsnehmers auf ein Recht zur abgesonderten Befriedigung wurde die aus der Interessenlage hergeleitete Erwägung angeführt, dass der Sicherungsnehmer nach Konkurseröffnung und da-

---

[820] Auch die von Kreft, in: MünchKomm-InsO § 103 Rn. 1, 8 ff., dargestellte Interpretation der neueren Rechtsprechung bestätigt die hier vertretene Auffassung in dem wesentlichen Punkt, dass durch die Erfüllungswahl der alte Anspruch des Vertragspartners neu, und somit nach Verfahrenseröffnung, begründet wird, vgl. dazu oben ausführlich unter Gliederungspunkt § 3 II.

[821] vgl. dazu oben unter § 2 III., 3 und 4.

[822] allgemeine Ansicht RGZ 124, 73 (75); BGH NJW 1959, 1223 (1224); BGH WM 1965, S. 84 (85); Mohrbutter/ Mohrbutter, Rn. 506; Kilger/ K. Schmidt, § 43 Rn. 9; Schaarschmidt, S. 685.

[823] Reinicke/ Tiedtke, aaO, S. 179; Reeb, Recht der Kreditfinanzierung, S. 195.

durch eingetretener Fälligkeit seiner Forderung nicht berechtigt sein sollte, sowohl das Eigentum als auch den vollen Betrag seiner Forderung geltend zu machen[824].

Nach allgemeiner Ansicht war allerdings der Eintritt des Sicherungsfalls die Voraussetzung für die Verwertung des Sicherungsgutes[825]. Der Zeitpunkt, in dem der Sicherungsfall eintritt, richtet sich nach der Sicherungsabrede, nach dem der Sicherungsübereignung zugrunde liegenden schuldrechtlichen Verpflichtungsgeschäft. Dabei ist entscheidend auf den Sicherungszweck abzustellen.

Das Sicherungsgut wird in der Situation des Leasinggebers und des Finanziers in der Regel übereignet, um als Sicherheit für den rechtlichen Bestand der Ansprüche aus dem Leasingvertrag zu stehen. Ein Rückgriffsanspruch des Forfaiteurs wegen mangelnder Bonität des Vertragspartners des Leasinggebers ist ihm nicht gestattet, zumal er vertraglich dieses Risiko übernommen hat.

An dieser Stelle wird der Unterschied zwischen der Regelung der Konkursordnung und § 108 InsO a.F. deutlich: Nach der Konkursordnung blieb der Leasingvertrag nach § 21 Abs. 1 KO über die Eröffnung des Verfahrens hinaus wirksam. Damit wurde der rechtliche Bestand der zedierten Forderung nicht berührt, so dass der Sicherungsfall nicht eintrat. Der Financier konnte oder brauchte also keine abgesonderte Befriedigung verlangen. Nach § 108 InsO a.F. war die Situation aber eine andere. Denn es mangelte an einer § 21 KO entsprechenden Regelung für Leasingverträge über sonstige Gegenstände. Damit waren die Leasingverträge dem allgemeinen Schicksal der Verfahrenseröffnung unterworfen. Folglich erloschen die gegenseitigen Erfüllungsansprüche im Zeitpunkt der Eröffnung bzw. wären haftungsrechtlich nicht mehr durchsetzbar[826]. Der Anspruch des Leasinggebers auf Zahlung der Leasingraten hatte demnach keinen rechtlichen Bestand mehr. Damit ging auch die Vorausverfügung ins Leere. Gleichzeitig bedeutete dies aber aus Sicht des Financiers die Möglichkeit des Rückgriffs auf den zur Sicherheit übereigneten Leasinggegenstand im Wege der Verwertung. Denn der Sicherungseigentümer ist nach § 51 Nr. 1 InsO – wie nach §§ 47, 48 KO –, nur zur abgesonderten Befriedigung berechtigt.

Ferner trat im Unterschied zur Konkursordnung durch die Einwirkung der Verfahrenseröffnung auf die Erfüllungsansprüche auf Seiten des Leasinggebers auch der Sicherungsfall ein. Denn die zedierten Forderungen auf Zahlung der Leasingraten hatten keinen rechtlichen Bestand mehr. Im Rahmen der Sicherungsübereignung hat

---

[824] BGHZ 72, 141 (146).

[825] Reinicke/ Tiedtke, aaO, S. 181.

[826] So die hier vertretene und in § 3 ausführlich begründete Auffassung der modifizierten Erlöschenstheorie.

der Leasinggeber als Zedent aber gerade die Haftung für den rechtlichen Bestand übernommen. Folglich war der Haftungsfall durch die Verfahrenseröffnung ausgelöst worden. Der Financier konnte also auf das Sicherungseigentum zurückgreifen und abgesonderte Befriedigung durch Verwertung des Leasinggegenstandes im Rahmen der insolvenzrechtlichen Vorschriften verlangen. Selbst wenn sich der Verwalter für die Erfüllung des Leasingvertrages gegenüber dem Leasingnehmer entschloss, waren die Vorausverfügungen wegen § 91 InsO nicht wirksam und der Sicherungsfall bei der Sicherungsübereignung war ebenfalls eingetreten[827].

1.1.3 Zusammenfassung

Im Gegensatz zu den maßgeblichen Regelungen der Konkursordnung führte die anfängliche Konstruktion der Insolvenzordnung für Leasingverträge über bewegliche Gegenstände aufgrund der fehlenden Anordnung des Fortbestehens dieser Verträge dazu, dass nach dem hier vertretenen Verständnis[828] über die allgemeinen Wirkungen der Insolvenzverfahrenseröffnung die Erfüllungsansprüche mit Verfahrenseröffnung erloschen.

Damit war aber der rechtliche Bestand der Forderungen auf Zahlung der Leasingraten nicht mehr gegeben. Somit trat bei gleichzeitiger Sicherungsübereignung des Leasinggegenstandes an den Financier der in der Sicherungsabrede festgelegte Sicherungsfall ein. Der Financier konnte folglich durch seine Stellung als Sicherungseigentümer zwecks Erfüllung seiner Ansprüche auf das Leasinggut Rückgriff nehmen[829].

Auch die Abweichungen im Verwertungsrecht nach §§ 165 ff. InsO ändern nichts an der Situation des Leasinggebers, dass sich der Financier mangels rechtlichen Bestands der zedierten Forderungen aus dem Leasingvertrag zwischen Leasinggeber und Leasingnehmer auf den Eintritt des Sicherungsfalles berufen konnte. Eine nennenswerte Verbesserung der Situation des Verwalters war daher gegenüber dem Sicherungseigentümer nicht eingetreten.

---

827 Zu beachten sind allerdings die Änderungen im Bereich des Verwertungsrechtes nach der Insolvenzordnung im Verhältnis zu der Konkursordnung. Ungeachtet eines bestehenden Absonderungsrechts steht gemäß § 166 Abs. 1 InsO das Verwertungsrecht dem Verwalter zu, sofern dieser die Sache in Besitz hat. Darüber hinaus ist der absonderungsberechtigte Gläubiger nach §§ 170 Abs. 1, 171 Abs. 2 InsO an den Verwertungskosten zu beteiligen.

828 vgl. ausführlich die Begründung der Ansicht oben in § 3 II.

829 Wenn auch nur eingeschränkt durch die Änderungen des Verwertungsrechts.

1.2 Novellierung durch § 108 Abs. 1 Satz 2 InsO

1.2.1 Entstehungsgeschichte

Auf Drängen der Interessenvertreter der Kreditinstitute und der Leasinggesellschaften entschied sich der Gesetzgeber noch vor Inkrafttreten der gesamten Insolvenzordnung, die „Erschwerungen bei den Refinanzierungsmöglichkeiten für banken- und herstellerunabhängige Leasingunternehmen"[830] zu beseitigen. Auf Beschlussempfehlung des Rechtsausschusses[831] verabschiedete der Deutsche Bundestag am 23. Mai 1996 den Entwurf eines Gesetzes zur Änderung des AGB-Gesetzes und der Insolvenzordnung"[832]. Am 14.06.1996 passierte dieses Gesetz den Bundesrat[833] und trat am 25. Juli 1996 in Kraft[834]. Gemäß Artikel 2 des Änderungsgesetzes wurde § 108 Abs. 1 InsO a.F. durch folgenden Satz 2 ergänzt:

> „Dies gilt auch für Miet- und Pachtverhältnisse, die der Schuldner als Vermieter oder Verpächter eingegangen war und die sonstige Gegenstände betreffen, die einem Dritten, der ihr Anschaffung oder Herstellung finanziert hat, zur Sicherheit übertragen wurde."

Die Einfügung des Satz 2 spiegelt die oben dargestellte Situation[835] bei refinanzierten Leasingverträgen wider. Durch die neue Regelung wurde dem Umstand Rechnung getragen, dass sich der Leasingnehmer an einen Leasinggeber in der Absicht wendet, dass der Leasinggeber die Anschaffung und Finanzierung eines Gegenstandes übernimmt, den der Leasingnehmer (meist betrieblich) nutzen möchte. Hierbei will der Leasingnehmer vermeiden, Eigenkapital in voller Höhe der Anschaffungskosten binden zu müssen. Der Leasinggeber wiederum schaltet zur Finanzierung seinerseits regelmäßig ein Kreditinstitut ein. Im Rahmen dieses Vertragsverhältnisses tritt der Leasinggeber dem Financier die Forderungen auf Zahlung der Leasingraten gegenüber dem Leasingnehmer im Wege der Forfaitierung ab. Zusätzlich übereignet der Leasinggeber dem Financier das Leasinggut sicherungshalber[836].

Die Ergänzung erfolgte gerade im Hinblick auf die Problematik der Refinanzierung, die durch die von der Konkursordnung abweichende Unterwerfung der Leasingverträge über bewegliche Sachen unter das Wahlrecht des Insolvenzverwalters entstanden waren. Ferner berücksichtigte der Gesetzgeber bei der Ergänzung auch die oben dargestellte Tatsache[837], dass der Masse nach § 108 Abs. 1 InsO a.F. kein

---

[830] BT- Drucks. 13/ 4699, S. 2.

[831] BT- Drucks. 13/ 4699.

[832] Plenarprotokoll Nr. 107, S. 9439.

[833] BR- Drucks. 401/ 96, Sitzung vom 14.06.1996.

[834] BGBl. 1996 I, S. 1013.

[835] vgl. oben unter § 5 II., 1.

[836] vgl. oben unter § 2 III., 3.

[837] vgl. oben unter § 5 II., 1.1.2.

zu berücksichtigender Vorteil erwachsen wäre, weil der Zessionar in der Regel zusätzlich in Form der Sicherungsübereignung geschützt gewesen wäre. So wird denn auch folgende Begründung der Ergänzung des § 108 Abs. 1 InsO durch den Satz 2 ausgeführt[838]:

> „Diesem gravierenden Nachteil [der Unmöglichkeit der Refinanzierung im Wege der Forfaitierung] für die Leasingunternehmen stehen aber keine gleichwertigen Vorteile für die Masse gegenüber. Beim typischen refinanzierten Finanzierungsleasing steht der refinanzierenden Bank ein Absonderungsrecht an dem ihr zur Sicherheit übereigneten Leasinggut zu, so dass in die Masse regelmäßig nur der Kostenanteil für die Feststellung und die Verwertung des Leasinggutes fließt."

Aus dieser Begründung wird die Berücksichtigung der teilweise massiven Kritik aus der Literatur an der ursprünglichen Fassung des § 108 Abs. 1 InsO deutlich.

Allerdings stellt auch diese „*Reform der Reform*"[839] nicht vollumfänglich die Rechtslage der Konkursordnung wieder her. Es soll daher untersucht werden, ob der Gesetzgeber mit der Regelung des § 108 InsO nunmehr eine sach- und interessengerechte Lösung jener Problematik gefunden hat, die er selbst durch die Abweichung von den Regelungen der Konkursordnung erst geschaffen hat.

Dabei ergeben sich nicht nur auf Tatbestandsebene, sondern auch auf der Rechtsfolgenseite weitere Diskrepanzen zwischen der gesetzgeberischen Intention und dem Wortlaut des § 108 InsO.

1.2.2 Anwendungsbereich des § 108 Abs. 1 S. 2 InsO

Zunächst ist den zwischen den verschiedenen Stadien eines Insolvenzverfahrens zu differenzieren: Die Wirksamkeit von Vorausverfügungen wird durch die bloße *Stellung eines Antrags auf Eröffnung* des Insolvenzverfahrens nicht berührt. Auch der Erlaß eines Verfügungsverbotes gemäß § 21 Abs. 2 Nr. 1 InsO tangiert die Vorausverfügungen nicht. Der Zessionar kann auch Forderungen, die erst nach dem Erlaß des Verfügungsverbotes fällig werden, weiter vom Leasingnehmer einziehen. Diese Forderungen sind, entsprechend ihrer Einstufung als betagte Forderungen, bereits mit ihrer Entstehung auf den Zessionar übergegangen[840]. Die *Eröffnung des Insolvenzverfahrens* kann hingegen Einfluss auf die Wirksamkeit der Vorausverfügung haben. Die Wirksamkeit hängt davon ab, ob auf den Leasingvertrag § 108 Abs. 1 S. 2 InsO anzuwenden ist oder ob der Leasingvertrag unter die Regelung des § 103 InsO fällt.

---

[838] BT- Drucks. 13/ 4699, S. 6.

[839] Diesen Begriff verwendeten Schmidt- Burgk/ Ditz, in: ZIP 1996, S. 1123 ff. erstmalig.

[840] Obermüller/ Livonius, DB 1995, S. 27, 29 f..

Nach der hier vertretenen Auffassung[841] ist spätestens seit der Einführung des § 108 Abs. 1 S. 2 InsO die Entscheidung dahingehend getroffen worden, dass der § 108 InsO auch eine mögliche Ausnahmeregelung für Leasingverträge darstellt. Des weiteren folgt aus der Gesetzesergänzung, dass, soweit die tatbestandlichen Voraussetzungen des § 108 Abs. 1 S. 2 InsO nicht erfüllt werden, die allgemeine Regelung des § 103 InsO Anwendung finden muss. Für eine analoge Anwendung anderer Vorschriften der §§ 104 ff. InsO, namentlich des § 107 InsO[842], ist mangels planwidriger Regelungslücke kein Raum[843]. Ist also § 103 InsO für den Leasingvertrag anzuwenden, so erlöschen mit Eröffnung neben den Hauptleistungspflichten auch die dazugehörigen Vorausabtretungen. Demgegenüber wird bei einer Erfüllungswahl durch den Insolvenzverwalter der Anspruch auf die Leasingraten "mit dem bisherigen Inhalt neu“[844] bzw. als „originäre“[845] Ansprüche begründet, so dass § 91 InsO eine Vorausabtretung verhindert und die Ansprüche nach Verfahrenseröffnung der Masse zustehen. Im Ergebnis sind die Ansprüche, die erst durch die Erfüllungswahl des Verwalters "neu" entstehen, insoweit keine betagten Forderungen mehr[846].

(a) Refinanzierung ohne Sicherungsübertragung

§ 108 Abs. 1 S. 2 InsO verlangt auf Tatbestandsebene, dass die Anschaffung oder Herstellung des Leasinggegenstandes von einem Dritten finanziert wurde und der Gegenstand diesem Dritten zur Sicherheit übertragen worden ist. Fehlt es an diesen Voraussetzungen, so ist § 103 InsO einschlägig mit den eben dargestellten Konsequenzen für die Vorauszessionen. Die Möglichkeit einer Korrektur der Konsequenzen durch eine analoge Anwendung anderer Vorschriften besteht nicht mehr.

(b) Refinanzierung mit Sicherungsübertragung

Soll § 103 InsO dagegen nicht zur Anwendung kommen und die damit verbundenen Konsequenzen für Vorauszessionen vermieden werden, so bietet der § 108 Abs. 1 S. 2 InsO bei Erfüllung der tatbestandlichen Voraussetzungen die Möglichkeit, die Finanzierung von Leasingverträgen auch für den Fall der Insolvenz des Leasinggebers insolvenzfest zu gestalten ist. Zur Erfüllung der Voraussetzung muss zum einen die Anschaffung oder Herstellung des Leasinggegenstandes von einem Dritten finan-

---

841 vgl. die Diskussion der anderen Ansichten oben unter § 2 III.

842 So vertreten von Marotzke, in: JZ 1995, S. 805 (807).

843 vgl. oben das Ergebnis bei § 4 IV., 3.

844 So zutreffend die Auffassung des BGH, in: BGHZ 116, 156, 158; BGH DB 1995, 1457.

845 Ebenso BGHZ 150, 353 (359 f.).

846 Obermüller/ Livonius, DB 1995, S. 27, 31; Sinz, Kölner Schrift, 1. Aufl., S. 466, Rn. 30; hierzu auch Zahn, DB 1995, S. 1597, 1599, zur Frage der Teilbarkeit der Leistungen vor und nach Eröffnung.

ziert worden sein und zum anderen muss diesem Dritten der Leasinggegenstand zur Sicherheit übertragen worden sein[847].

Die Voraussetzung der Sicherungs*übertragung* ist bewusst weit formuliert worden, damit neben der Sicherungsübereignung von Sachen auch die Sicherungsabtretung von Forderungen sowie die Sicherungsübertragung von Rechten einbezogen sind[848]. Somit kann beispielsweise auch eine Refinanzierung eines Software-Leasingvertrages durch Sicherungsübertragung der Rechte an der Software insolvenzfest gemäß § 108 Abs. 1 S. 2 InsO gestaltet werden[849]. Die Sicherungsübertragung selbst muss nach zutreffender Ansicht vor Verfahrenseröffnung vorgenommen worden und rechtswirksam sein[850]. § 108 Abs. 1 S. 2 InsO findet keine Anwendung, wenn die Sicherungsübertragung mit rechtlichen Mängeln behaftet ist, die zu ihrer Nichtigkeit führen. Zu derartigen Mängeln zählen etwa die fehlende Bestimmtheit des Sicherungsgutes oder beim Export- Factoring die Anwendung eines ausländischen Rechts, welches besitz- und publizitätsloses Sicherungseigentum nicht kennt[851].

Sehr eng ist die Formulierung des § 108 Abs. 1 S. 2 InsO allerdings hinsichtlich der zeitlichen Komponente der Finanzierungsformen. So bedarf es nach dem Wortlaut der Vorschrift eines Dritten, der die „Anschaffung oder Herstellung finanziert *hat*". Es stellt sich daher die Frage, ob aufgrund dieser Formulierung eine nachträgliche Finanzierung gänzlich aus dem Anwendungsbereich des § 108 Abs. 1 S. 2 InsO herausgenommen ist[852]. Dies hätte wieder die Anwendung des § 103 InsO mit seinen misslichen Konsequenzen im Hinblick auf die Unwirksamkeit der Vorauszessionen zur Folge.

In diesem Zusammenhang ist die Ansicht vorzugswürdig, nach der auch eine nachträgliche Refinanzierung unter Sicherungsübertragung von Gegenständen, die bereits vor Abschluss des Refinanzierungsvertrages angeschafft oder hergestellt und verleast worden sind, nicht gänzlich aus dem Anwendungsbereich herausfällt[853]. Ein

---

[847] Diese beiden Voraussetzungen sind bei der verbreiteten Form der Finanzierung von Leasingverträgen mittels Forfaitierung regelmäßig gegeben.

[848] vgl. BT- Drucks. 13/ 4699, Begründung zu Art. 2, S. 6.

[849] Hierzu: Schmidt- Burgk/ Ditz, ZIP 1996, S. 1123, 1125; Paulus, ZIP 1996, S. 2 ff.; zu den Anforderungen an eine wirksame Sicherungsübertragung von Softwarerechten nach der Rechtsprechung vgl. BGH DB 1994, S. 1180 (Holzhandelprogramm).

[850] Zahn, DB 1996, S. 1393 (1396).

[851] Zum exportierten Sicherungseigentum: MüKo/ Kreuzer, BGB 2. Aufl. 1990, Nach Art. 38 EGBGB, Rn. 94.

[852] In diesem Sinne: Haarmeyer/ Wutzke/ Förster, Insolvenzrechtshdb., Kap. 5 Rn. 219; Goetsch, in: Berliner Kommentar, § 108 Rn. 23 fordern zwar einen sachlichen und zeitlichen Zusammenhang zwischen Anschaffung und Finanzierung, wollen aber andererseits eine nachträgliche Finanzierung nicht zulassen; Tintelnot, in: Kübler/ Prütting, InsO, § 108 Rn. 21 legt sich nicht endgültig fest, sondern weist nur darauf hin, daß das Herausfallen von nachträglichen Sicherungsübertragungen aus dem Anwendungsbereich des § 108 Abs. 1 S. 2 „droht".

ast worden sind, nicht gänzlich aus dem Anwendungsbereich herausfällt[853]. Ein anderes Ergebnis ließe sich nicht mit der Intention des Gesetzgebers vereinbaren. Ausweislich der Begründung[854] wollte der Gesetzgeber die Nachteile der Insolvenzordnung für mittelständische banken- und herstellerunabhängige Leasingunternehmen, denen keine gleichwertigen Vorteile für die Masse nach der ursprünglichen Fassung gegenüberstanden, beseitigen[855]. Es sollten alle diejenigen Fälle erfasst werden, in denen aus der Insolvenzmasse keine wesentlichen Leistungen mehr zu erbringen sind und dem Finanzier ein Absonderungsrecht an dem Leasinggegenstand zusteht, so dass regelmäßig nur der Kostenanteil für die Feststellung und Verwertung des Leasinggutes in die Masse geflossen wäre[856]. Allerdings ist für die Anwendbarkeit des § 108 Abs. 1 S. 2 InsO ein gewisser zeitlicher und sachlicher Zusammenhang zwischen der Anschaffung oder Herstellung des Leasinggutes und der durch den Dritten gewährten Finanzierung zu fordern. Andernfalls wären die in § 108 InsO genannten Voraussetzungen obsolet. Eine Insolvenzfestigkeit eines Leasingvertrages könnte auch noch zu einem sehr viel späteren Zeitpunkt hergestellt werden, ohne dass ein Bezug zu dem eigentlichen Abschluss des Leasingvertrages bestünde. Damit würde die Grenze des Wortlautes des § 108 Abs. 1 S. 2 InsO in unvertretbarem Maße überschritten.

Bei der Bestimmung eines solchen sachlichen und zeitlichen Zusammenhanges kann es zu Abgrenzungsschwierigkeiten kommen, wie eng dieser sein muss. Die Begründung zu § 108 Abs. 1 S. 2 InsO gibt hierzu keine näheren Angaben. So ist es insbesondere fraglich, ob ein zeitlicher und sachlicher Zusammenhang auch anzunehmen ist, wenn sich das Finanzierungsgeschäft nicht unmittelbar auf einen noch anzuschaffenden oder herzustellenden Gegenstand bezieht, sondern eine nachträgliche Refinanzierung des Leasingvertrages erfolgt.

Versteht man in Anlehnung an die Betriebswirtschaftslehre unter Finanzierung allgemein den Vorgang der Kapitalbeschaffung zur Deckung eines Finanzbedarfs[857], so könnte eine nachträgliche Finanzierung ausreichen. Eine Kapitalbeschaffung zur Deckung eines Finanzbedarfs kann auch in der Weise erfolgen, dass der durch den Kauf des Leasinggutes eingetretene Liquiditätsverlust nachträglich ausgeglichen wird, indem der Leasinggeber die Ansprüche auf Zahlung der Leasingraten gegen

---

[853] Im Ergebnis auch Obermüller, Insolvenzrecht in der Bankpraxis, Rn. 7.52 f.; sowie Sinz, Kölner Schrift, 2. Auflage, Rn. 53.; Seifert, NZM 1998, S. 217 (218).

[854] BT- Drucks. 13/ 4699, S. 6.

[855] BT- Drucks. 13/ 4699, S. 6; Livonius, ZInsO 1998, S. 111 (113), spricht von der Verhinderung einer „Marktbereinigung in der Leasingbranche zugunsten der banken- und herstellerabhängigen Leasinggeber" durch die Einführung des § 108 Abs. 1 S. 2.

[856] BT- Drucks. 13/ 4699, S. 6.

[857] Eilenberger, HWB des Bank- und Finanzwesens, Sp. 647 f m.w.N.

den Leasingnehmer im Wege eines Factoringgeschäfts an den Factor verkauft und abtritt. Der Forderungsverkauf dient dann in gleicher Weise dem Leasinggeber wirtschaftlich zur Deckung eines durch die Anschaffung des Leasinggutes aufgetretenen Kapitalbedarfs[858].

Es würde an den Bedürfnissen der Praxis vorbeigehen, wenn man für die Anwendbarkeit des § 108 Abs. 1 S. 2 InsO fordern würde, dass die Anschaffung des Leasinggutes aus dem Factoringerlös unmittelbar finanziert sein muss. Die anderen genannten Formen der Finanzierung reichen für die Anwendbarkeit aus.

Schließlich spricht gegen eine restriktivere Auslegung des § 108 Abs. 1 S. 2 InsO auch der Sinn und Zweck der ursprünglich verabschiedeten Fassung des § 108 Abs. 1 InsO a.F.. Dieser Sinn und Zweck ist auch weiterhin für die ergänzte Fassung des § 108 InsO zugrunde zu legen. Danach sollte eine für die Masse günstige Verwertung von Mietobjekten ermöglicht werden[859]. Bei einer leasingtypischen Refinanzierung im Wege der Forfaitierung ließen sich aber für die Masse bis auf die Kostenbeteiligung für die Feststellung und die Verwertung des Leasinggutes gemäß §§ 165 ff. InsO keine Vorteile realisieren, da hier der refinanzierenden Bank ein Absonderungsrecht an dem ihr zur Sicherheit übereigneten Leasinggut zustand[860]. Folglich ist der notwendige Zusammenhang zu der Anschaffung des Leasinggutes auch bei einer nachträglichen Finanzierung zu bejahen.

Der für die Anwendbarkeit des § 108 Abs. 1 S. 2 InsO notwendige Zusammenhang zwischen Anschaffung und Finanzierung besteht dagegen nicht mehr, wenn die Sicherungsübertragung zwecks Absicherung eines ursprünglich ohne Sicherheiten gewährten und nicht Anschaffungszwecken dienenden Kredits, insbesondere zur Besicherung eines allgemeinen Betriebsmittelkredits ohne erkennbaren Bezug zu bestimmten Anschaffungen erfolgte. Insoweit mangelt es an dem wirtschaftlichen Zusammenhang zwischen Mittelzufluss (Factoringerlös) und Mittelverwendung (Anschaffung des Leasinggutes)[861].

Die von *Bornholt*[862] geäußerte Befürchtung, die Erweiterung des Anwendungsbereiches auf nachträgliche Finanzierungsformen[863] werde zu dem Risiko führen, dass der Leasinggeber bis zuletzt Leasinggegenstände sicherungshalber übereignen könne,

---

[858] Sinz, Factoring in der Insolvenz, Rn. 568; ebenso Schmidt- Burgk/ Ditz, ZIP 1996, S. 1123 (1125).

[859] vgl. Begründung zu § 108 InsO, abgedruckt bei Krämer, S. 238; ebenso für die ergänzte Fassung des § 108 InsO, BT- Drucks. 13/ 4699, S.6.

[860] vgl. hierzu insbesondere Zahn, DB 1995, S. 1597ff, 1649 ff; vgl. auch Begründung zu § 108 Abs. 1S. 2, BT- Drucks. 13/ 4699, S. 6.

[861] So auch Sinz, Kölner Schrift, 1. Aufl., S. 467 Rn. 33; ähnlich ebenfalls Obermüller, Insolvenzrecht in der Bankpraxis, Rn. 7.53; Schmidt- Burgk/ Ditz, ZIP 1996, S. 1123.

[862] Bornholt, aaO, S. 143 f..

[863] Im Ergebnis verneint Bornholt die nachträglichen Finanzierungsformen, vgl. Bornholt, aaO.

um auf diese Weise Verträge wie Vorausverfügungen insolvenzfest zu machen und so gegebenenfalls die Gesamtheit der Gläubiger zu benachteiligen, ist nicht zu teilen. Um dieses Risiko zu vermeiden, bedarf es schon gar nicht der von Bornholt vorgeschlagenen zeitlichen Eingrenzung in dem Wortlaut des § 108 Abs. 1 S. 2 InsO selbst. Zum einen wird es in diesen (Mißbrauchs-)Fällen regelmäßig an dem oben dargestellten Erfordernis eines zeitlichen und sachlichen Zusammenhanges fehlen. Zum anderen dürfte in diesem speziellen Fall eine anfechtbare Handlung gemäß den §§ 129 ff. InsO vorliegen, so dass der Verwalter unter Rückgriff auf die Regelungen der Insolvenzanfechtung gegen das masseverkürzende Rechtsgeschäft vorgehen könnte.

Eine ebenfalls als zulässig zu erachtende Form der Finanzierung im Sinne des § 108 Abs. 1 S. 2 InsO ist die Doppelstock- Finanzierung[864]. Die Besitzgesellschaft und die aktive Leasinggesellschaft sind unter dem Aspekt des § 108 InsO als Einheit zu betrachten. Beide Gesellschaften gehören anteilmäßig dem Leasinggeber und sind konzernmäßig miteinander verbunden. Ihre Einschaltung erfolgt zum Zwecke der Erleichterung der Refinanzierung[865]. Eine wirtschaftliche Zusammengehörigkeit ist nahezu zwingend. Die Insolvenz der einen Gesellschaft wird regelmäßig die Insolvenz der anderen nach sich ziehen. Im Falle der Insolvenz der Besitzgesellschaft ist die Anwendung des § 108 Abs. 1 S. 2 InsO zweifelsfrei möglich, weil die Besitzgesellschaft als „Vermieter“[866] der refinanzierenden Bank das Leasingobjekt zur Sicherheit für die übernommene Finanzierung überträgt. Auch im Falle der Insolvenz der aktiven Leasinggesellschaft ist eine Anwendbarkeit des § 108 Abs. 1 S. 2 InsO von dem Wortlaut gedeckt. Denn der Refinanzierer hat die Anschaffungskosten finanziert und ihm ist das Leasingobjekt zu Sicherheit übertragen worden.

(c) Zulässigkeit der Zweitrefinanzierung

Hinsichtlich des Begriffes der Finanzierung ist ferner fraglich, ob auch eine Zweit- oder Drittfinanzierung des Leasingvertrages, in Verbindung mit einer Sicherungsübertragung des Leasinggegenstandes an den Zweit- oder Drittfinanzierer den Leasingvertrag nach § 108 Abs. 1 S. 2 InsO insolvenzfest macht.

Der Wortlaut des § 108 Abs. 1 S. 2 InsO läßt insoweit kein eindeutige Entscheidung zu. Die Nichterwähnung einer Anschlussfinanzierung muss jedoch nicht bereits gleichbedeutend mit ihrer Unzulässigkeit sein.

---

[864] vgl. oben zu dieser Finanzierungsform § 2 III., 4.3.

[865] Seifert, NZM 1998, S. 217 (219).

[866] Die Besitzgesellschaft ist Vermieter im Verhältnis der Besitzgesellschaft zu der aktiven Leasinggesellschaft.

Dies ergibt sich zum einen daraus, dass aus dem Artikel "einem" in § 108 Abs. 1 S. 2 InsO nicht der Ausschluss weiterer Financiers folgen muss. Andererseits läßt sich aus der Verwendung des Singular nicht herleiten, dass mehrere Dritte als gemeinsame Financiers von vornherein ausgeschlossen sind[867]. Denn die Gesetzessprache bedient sich im allgemeinen auch dann der Einfachheit halber des Singulars, wenn sowohl die Ein- als auch die Mehrzahl umfaßt sind. So ist beispielsweise in den §§ 398 ff. BGB, insbesondere § 408 BGB nur von "dem Gläubiger", "dem neuen Gläubiger" und "dem Schuldner und dem Dritten" die Rede, obwohl unstreitig in jedem Fall auch eine Personenmehrheit subsumiert werden kann.Insoweit ist nach dem Wortlaut die Auslegung des § 108 Abs. 1 S. 2 InsO dahingehend zulässig, dass auch die weiteren Financiers für die noch ausstehenden Raten gesichert sein sollen.

Die Entstehungsgeschichte des § 108 Abs. 1 S. 2 InsO spricht ebenfalls für die Zulässigkeit einer Zweitfinanzierung. So wollte der Gesetzgeber mit Einführung des § 108 Abs. 1 S. 2 InsO die Nachteile bei der Refinanzierung insgesamt abwenden[868]. Abgesehen von den oben dargestellten Bedingungen in Satz 2 hat der Gesetzgeber keine weiteren Einschränkungen erkennen lassen. Das Argument, es stelle für die Masse keine erhebliche Belastung dar, die Gebrauchsüberlassung weiter zu tragen, während andererseits der Eingriff beim Finanzierenden unverhältnismäßig intensiver sei[869], gilt auch für den Fall der Zweitfinanzierung. Insbesondere würde die Masse aufgrund der gegen sie gerichteten Ansprüche aus der regelmäßig erfolgten Sicherheitsübertragung keine nennenswerten Vorteile haben[870].

Erwähnenswert scheint in diesem Zusammenhang die Antwort der Bundesregierung vom 18. September 1997 auf eine parlamentarische Anfrage[871]. So führte der damalige Parlamentarische Staatssekretär beim Bundesministerium der Justiz Rainer Funke u.a. aus[872]:

> „Die Bundesregierung muß zunächst darauf hinweisen, daß die Auslegung der Gesetze Aufgabe der unabhängigen Gerichte ist. Ungeachtet dessen ist die Bundesregierung der Auffassung, daß der neue § 108 Abs. 1 S. 2 InsO auch dann den Leasingvertrag dem Wahlrecht des Insolvenzverwalters entzieht, wenn nach Sicherungsübereignung des Leasinggutes ein Wechsel in der Person des Refinanciers eintritt."

---

[867] vgl. de With, in: FLF 1998, S. 24 (25).

[868] vgl. Begründung in BT- Drucks. 13/ 4699, S. 1 f., 6.

[869] vgl. hierzu Zahn, a.a.O.

[870] vgl. Zahn a.a.O., sowie die Ausführungen unter § 5 II., 1.1.2.

[871] Anfrage des Prof. Dr. Eckhart Pick, der einer der Berichterstatter bei den Beratungen der Insolvenzordnung war.

[872] vgl. BT- Drucks. 13/ 8534, S. 12f.

Im Ergebnis ist aufgrund der angeführten Argumente auch eine Zweit- oder auch Drittfinanzierung des Leasinggegenstandes bei Einhaltung der in § 108 Abs. 1 S. 2 InsO angeführten Bedingungen zulässig.

1.2.3 Anwendbarkeit des § 110 InsO auf Verträge des § 108 Abs. 1 S. 2 InsO

Gemäß § 108 Abs. 1 S. 2 InsO sind Leasingverträge über bewegliche Gegenstände, welche von einem Dritten refinanziert und diesem zur Sicherheit übertragen worden sind, den Leasingverträgen über unbewegliche Sachen oder Räume gleichgestellt. Wie zuvor dargestellt[873], bezweckte die Neuregelung des § 108 Abs. 1 S. 2 InsO die Sicherung von im voraus sicherungshalber abgetretenen Forderungen bei Finanzierungsleasingverträgen über die Insolvenzeröffnung hinaus. Aus diesem Grund erfolgte der Verweis auf die Regelung des § 108 Abs. 1 S. 1 InsO, nach der diese Sicherung für Immobilien bereits galt.

Für Immobilien ist jedoch dem Wortlaut nach auch § 110 InsO einschlägig. Danach sind Vorausverfügungen des Insolvenzschuldners als Leasinggeber eines unbeweglichen Gegenstandes oder Raumes, welche vor Verfahrenseröffnung erfolgt sind, nur solange wirksam, als sich die Vorausabtretung auf den zur Zeit der Eröffnung des Verfahrens laufenden Kalendermonats bezieht, § 110 Abs. 1 S. 1 InsO. In § 110 Abs. 2 S. 1 InsO wird noch einmal ausdrücklich betont, dass es sich bei Verfügungen im Sinne des Absatzes 1 insbesondere um Einziehungen des Miet- oder Pachtzinses handelt. Damit wären notwendigerweise auch Vorausverfügungen über die Einziehung von Leasingraten eingeschlossen.

Zu dem Anwendungsbereich des § 110 InsO wurde bereits bei der Darstellung der Behandlung von Leasingverträgen über unbewegliche Gegenstände ausführlich Stellung genommen und auf den problematischen Bereich des Schiffs- und Flugzeugleasings hingewiesen. Im Ergebnis ist die Ausweitung des Anwendungsbereiches des § 110 InsO im Verhältnis zu § 21 KO im Wege der teleologischen Reduktion zu korrigieren, sofern nicht der Gesetzgeber regulierend eingreifen sollte[874].

Bei Leasingverträgen über bewegliche Sachen wird der Widerspruch der Regelung des § 110 InsO zu § 108 Abs. 1 InsO noch deutlicher, sofern die Leasingverträge die Voraussetzungen des § 108 Abs. 1 S. 2 InsO erfüllen.

---

[873] vgl. ausführlich oben unter § 5 II., 1.2.1 und 1.2.2.

[874] vgl. zur Begründung dieser notwendigen Einschränkung des Anwendungsbereiches auf Grundstücke oben unter § 5 I., 2.2.

Da für die Behandlung dieser refinanzierten Leasingverträge nach § 108 Abs. 1 S. 2 InsO auf die Regelung für Leasingverträge über unbewegliche Gegenstände (§ 108 Abs.1 Satz 1 InsO) verwiesen wird, müssten auch die übrigen Vorschriften für Leasingverträge über Immobilien auf Leasingverträge über Mobilien anwendbar sein, mithin auch § 110 InsO. Danach wären aber die Vorauszessionen bei Leasingverträgen über bewegliche Gegenstände gemäß § 110 InsO zeitlich nur sehr begrenzt über die Verfahrenseröffnung hinaus wirksam. Bei einer derartigen Anwendung des § 110 InsO i.V.m. § 108 Abs. 1 S. 2 InsO würde die Regelung des § 108 Abs. 1 S. 2 InsO indes ausgehebelt: Der Leasingvertrag bestünde nämlich zunächst nach § 108 Abs. 1 S. 2 InsO unter den dort genannten Voraussetzungen fort. Die Abtretung der Leasingraten des Insolvenzschuldners als Leasinggeber an den Refinanzierer wäre jedoch gemäß § 110 Abs. 1 i.V. mit § 108 Abs. 1 S. 2 InsO nur zeitlich begrenzt gültig, d.h. der Refinanzierer würde alsbald nach Verfahrenseröffnung seine zedierte Forderung verlieren. Um diesen Widerspruch zu lösen, bieten sich zwei Ansatzpunkte:

Zum einen kann auf eine strenge Auslegung des Wortlautes verwiesen werden. Die Formulierung in § 108 Abs. 1 Satz 2 InsO (*„Dies* gilt auch *...“)* kann dahingehend verstanden werden, dass nur die in § 108 Abs. 1 Satz 1 InsO angeordnete Rechtsfolge, nämlich der von der Verfahrenseröffnung unberührte Fortbestand des bisherigen Vertragsverhältnisses, auch für Leasingverträge über bewegliche Gegenstände gelten soll. Dann blieben die Erfüllungsansprüche von der Verfahrenseröffnung unberührt und einen Vorauszession würde nicht unter den Anwendungsbereich des § 91 InsO fallen. Gleichzeitig müssten auch die tatbestandlichen Voraussetzungen des § 110 InsO streng nach dem Wortlaut angewandt werden. Danach würden die Leasingverträge über sonstige bewegliche Gegenstände gerade nicht in den Anwendungsbereich des § 110 InsO fallen, da das Leasinggut weder ein „unbeweglicher Gegenstand“ noch ein „Raum“ ist. Demnach ließe sich die Anwendbarkeit des § 110 InsO auf Leasingverträge, die nach § 108 Abs. 1 Satz 2 InsO die Verfahrenseröffnung überdauern, über eine enge Wortlautauslegung der § 108 Abs. 1, § 110 InsO ausschließen.

Zusätzlich gebietet sich nach dem Sinn und Zweck eine Nichtanwendbarkeit des § 110 InsO auf solche Leasingverträge, die unter § 108 Abs. 1 Satz 2 InsO fallen. Die vermeintliche Gleichstellung von Leasingverträgen über sonstige Gegenstände mit den Leasingverträgen über unbewegliche Gegenstände oder Räume ist auf den Regelungsinhalt des § 108 Abs. 1 S. 1 InsO zu reduzieren. Denn die aufgezeigte Konsequenz der Anwendbarkeit des § 110 InsO auf Leasingverträge, die unter § 108 Abs. 1 Satz 2 InsO fallen, würde dem gesetzgeberischen Ziel bei der Einführung des Satz 2 diametral entgegenstehen. Mit der Einführung des § 108 Abs. 1 S. 2 InsO sollten die Refinanzierungsmöglichkeiten für Leasingverträge über Mobilien gestärkt werden[875]. Voraussetzung dafür ist jedoch das Fortdauern der Erfüllungsansprüche trotz Verfahrenseröffnung, da nur dann eine Abtretung der Forderung vor Verfahrenseröffnung rechtlich Bestand hat. Bei einer Anwendung von § 110 InsO in Verbindung mit § 108 Abs. 1 S. 2 InsO würden jedoch auch und gerade diese Vorausverfügungen, die der Refinanzierung dienten, in ihrer Wirksamkeit zeitlich auf einen Monat nach Verfahrenseröffnung begrenzt werden. Diese Konsequenz der begrenzten zeitlichen Wirksamkeit der Vorausverfügungen über Leasingraten aus einem Leasingvertrag über bewegliche Sachen kann bei Vorliegen einer Refinanzierung nicht in Einklang mit dem gesetzgeberischen Willen gebracht werden. Die Ermöglichung der Refinanzierung von Leasingverträgen, welche der zentrale Hintergrund der Novellierung des § 108 InsO gewesen ist, wäre bei Anwendbarkeit des § 110 InsO ad absurdum geführt. Nur wenn § 110 InsO nicht einschlägig ist, kann die Regelung des § 108 Abs. 1 S. 2 InsO überhaupt ihren Zweck erfüllen, nämlich die Refinanzierung zeitlich unbegrenzt über die Verfahrenseröffnung hinaus zu sichern. Dieses gesetzgeberische Ziel bedingt zusätzlich den Ausschluss der Anwendbarkeit des § 110 InsO auf Leasingverträge, die unter § 108 Abs. 1 Satz 2 InsO fallen. Zusammenfassend läßt sich festhalten, dass § 108 Abs. 1 Satz 2 InsO lediglich sicherstellt, dass für refinanzierte Leasingverträge über bewegliche Gegenstände die allgemeinen Wirkungen der Verfahrenseröffnung nicht eintreten und der Verwalter kein Wahlrecht gemäß § 103 InsO innehat. Die weiteren Vorschriften der Insolvenzordnung für Leasingverträge über unbewegliche Gegenstände oder Räume, insbesondere § 110 InsO, finden keine Anwendung.

Dennoch zeigt die soeben dargestellte Diskussion, dass der Versuch des Gesetzgebers, mit § 108 Abs. 1 S. 2 InsO Einzelfallgerechtigkeit zu schaffen, nur unzureichend gelungen ist. Es ist nicht zufrieden stellend, dass der Gesetzgeber mit § 108 Abs. 1 S. 2 InsO eine Regelung einführt, die in sich selbst bereits widersprüchlich ist und zur Erreichung ihres eigentlichen Zweckes ausgelegt werden muss.

Zur Vermeidung der dargestellten Diskussion bietet sich wiederum eine Korrektur des § 110 InsO an. Statt der Formulierung „unbeweglichen Gegenstands“ sollte der Gesetzgeber zu der Regelung des § 21 KO zurückkehren und die Anwendbarkeit auf „Grundstücke“ beschränken. Damit wäre nicht nur die oben genannte Problematik bei Schiffs- und Flugzeugleasing beseitigt, sondern es könnte auch das Erreichen des mit § 108 Abs. 1 S. 2 InsO verfolgten legislativen Zieles sichergestellt werden. Die speziellere Vorschrift des § 110 InsO würde auch bei verbleibender Gleichstellung von Leasingverträgen über Mobilien bei Drittfinanzierung und Sicherungsübertragung

---

[875] vgl. BT- Drucks. 13/ 4699, S. 6.

mit Leasingverträgen über Immobilien keine Anwendung finden. § 110 InsO wäre eine Ausnahme zu § 108 Abs. 1 InsO, und diese Ausnahmeregelung würde nicht auch für jene Vertragsverhältnisse gelten, die ebenfalls nach § 108 Abs. 1 InsO zu behandeln sind.

1.2.4 Übergabeerfordernis

Aus dem Wortlaut des § 108 Abs. 1 S. 2 InsO ist nicht ersichtlich, ob dessen Anwendbarkeit eine vollzogene Übergabe voraussetzt.

Aus den Materialien zu § 108 InsO ergibt sich, dass der Gesetzgeber diese – in § 21 Abs. 1 KO noch normierte – Einschränkung bewusst nicht übernommen hat[876]. Bei der Novelle wurde dagegen offenbar die erfolgte Übergabe vorausgesetzt[877].

Für den Leasingvertrag über sonstige Gegenstände würde dies Folgendes bedeuten: Hätte die Bank im Zeitpunkt der Eröffnung den Anschaffungswert gezahlt und wäre ihr das Leasinggut bereits zur Sicherheit übertragen worden, so bliebe der bereits abgeschlossene Leasingvertrag auch dann wirksam, wenn sich der Gegenstand beispielsweise noch beim Hersteller oder Lieferanten befände. Die Masse müßte das Leasinggut liefern und auch die Folgen einer Nichtlieferung tragen.

Dieses Ergebnis würde aber der mit der Insolvenzordnung verfolgten gesetzgeberischen Zielsetzung widersprechen. Denn ein Leasingvertrag würde trotz einer Belastung für die Masse fortbestehen, bei deren Vorliegen nach § 21 Abs. 1 KO der Verwalter das Wahlrecht hatte. Die letztgenannte Folge entsprach auch der Intention des Gesetzgebers der Konkursordnung[878]. Die Masse wäre aber dann nach der Konkursordnung stärker geschützt gewesen als nach der Insolvenzordnung.

Eine Auslegung, welche die Fälle aus dem Anwendungsbereich des § 108 Abs. 1 S. 2 InsO ausschließen will, in denen bei Verfahrenseröffnung der Gegenstand noch nicht übergeben ist, findet im Wortlaut keine Stütze. Sie kann sich jedoch auf den Gesetzeszweck der Insolvenzordnung und auf die Erwägungen des Gesetzgebers der Novelle stützen, wird sich aber mit dem Argument auseinandersetzen müssen, dass sich der Gesetzgeber der Insolvenzordnung ausdrücklich dagegen ausgesprochen hat, diese Einschränkung aus der Konkursordnung zu übernehmen. Dieses letztgenannte Argument verliert jedoch insoweit an Gewicht, als diese Einschränkung

---

[876] Begründung des RegEInsO, BT- Drucks. 12/ 2443, S. 147 zu § 124.

[877] Begründung zu § 108 Abs. 1 S. 2 InsO, BT- Drucks. 13/ 4699 S. 6 ("...aus der Insolvenzmasse keine Leistungen mehr zu erbringen, da der Leasinggeber mit der Besitzverschaffung des Leasinggutes in der Regel alles für die Erfüllung des Vertrages Erforderliche getan hat und durch die bloße Duldung der Gebrauchsüberlassung die Masse nicht belastet wird....").

[878] Hahn, Die gesammelten Materialien zu den Reichsjustizgesetzen, Bd. IV, Material. zur Konkursordnung, S. 92 (93).

nur Mietverträge über Immobilien betraf, bei denen Vorausverfügungen über den Mietzins nach § 110 InsO zeitlich begrenzt wirksam sind. Dem Verwalter sollte die Möglichkeit gegeben werden, auch in diesen Fällen am Vertrag festzuhalten. Diese Entscheidung des Gesetzgebers läßt sich daher nicht allgemein auf Mietverträge über sonstige bewegliche Gegenstände übertragen[879]. Da die forfaitierende Bank jedoch in der Praxis regelmäßig erst zahlt, wenn ihr die Übergabe des Leasinggegenstandes an den Leasingnehmer nachgewiesen wurde, dürfte sich die praktische Relevanz dieser Überlegung ohnehin in Grenzen halten.

1.2.5 Risiken für den Leasingnehmer

Die Insolvenzfestigkeit der Vorausabtretung, die – wie dargestellt[880] – das Ziel der Novellierung gewesen ist[881], steht nicht unbedingt im Interesse des Leasingnehmers. Vorrangiges Interesse an dem Bestand der Vorausabtretung der Leasingraten hat das finanzierende Kreditinstitut, mithin ein Dritter. Aus Sicht des Leasingnehmers ist zu kritisieren, dass der Leasingnehmer die Verfahrenswirkung auf seinen Vertrag nicht voraussehen oder beeinflussen kann[882]. Auch wenn Fremdfinanzierung und Sicherungsübertragung in den meisten Fällen offengelegt würden, sei dies nicht zwangsläufig gewährleistet. Selbst wenn bei Vertragsabschluß die in § 108 Abs. 1 S. 2 InsO genannten Voraussetzungen für den Leasingnehmer erkennbar erfüllt waren, so bestünde dennoch die Möglichkeit, dass sich diese Voraussetzungen bis zur Eröffnung des Verfahrens über das Vermögen des Leasinggebers ändern[883].

Diese Situation ist aus der Sicht des Leasingnehmers unbefriedigend. Sie ist darauf zurückzuführen, dass der Gesetzgeber bei der Novellierung vorrangig die Interessen des Leasinggebers und des Refinanzierers beachtet hat. Eine Korrektur, durch die der Leasingnehmers vor Risiken geschützt ist, die im Zeitpunkt des Vertragsabschlusses nicht kalkulierbar sind, ist aber nach der bestehenden Regelung des § 108 Abs. 1 S. 2 InsO nicht ersichtlich.

---

[879] So im Ergebnis auch Zahn, DB 1996, S. 1393, 1397 Fn. 58.

[880] vgl. dazu ausführlich unter § 5 II., 1.2.1.

[881] vgl. BT- Drucks. 13/ 4699, S. 6.

[882] Tintelnot, in: Kübler/ Prütting, § 108 Rn. 4.

[883] v. Westphalen, Leasingvertrag, Rn. 1856, betont, daß der Leasingnehmer auf das Vorliegen der Voraussetzungen zu achten habe.

1.3 Behandlung von Nebenleistungspflichten

Der Gesetzgeber ging bei der Einführung des § 108 Abs. 1 S. 2 InsO hinsichtlich der Leasingverträge, die im Wege der Forfaitierung refinanziert sind, von der Prämisse aus, dass bei der Mehrzahl dieser Vertragsverhältnisse aus der Insolvenzmasse keine Leistungen mehr zu erbringen seien. Dieses Vermutung folgte aus der Überlegung, dass der Leasinggeber mit der Besitzverschaffung des Leasinggutes in der Regel alles für die Erfüllung des Vertrages Erforderliche getan habe und durch die bloße Duldung der Gebrauchsüberlassung die Masse nicht belastet werde[884].

Diese Prämisse ist unter zwei Gesichtspunkten korrekturbedürftig: Zum einen reduziert sich die Pflicht des Leasinggebers nach der Gebrauchsverschaffung nicht so weit, dass anzunehmen wäre, er habe mit der Besitzverschaffung „in der Regel alles für Erfüllung des Vertrages Erforderliche getan" und werde durch die bloße Duldung der Gebrauchsüberlassung nicht belastet. Hiergegen spricht bereits, dass der Leasinggeber den Leasingnehmer bei Besitzstörungen durch Dritte zu unterstützen hat[885]. Ferner kann mit der vom Gesetzgeber als „bloße Gebrauchsüberlassung"[886] bezeichneten Aufgabe des Leasinggebers auch noch ein erheblicher Verwaltungsaufwand für den Insolvenzverwalter gegeben sein. So hat der Insolvenzverwalter in dem Fall der Insolvenz einer reinen Leasinggesellschaft möglicherweise mehrere hundert Leasingverträge zu verwalten. Diese Aufgabe führt dann aufgrund der Vielzahl an Leasingverträgen zu einer Massebelastung, weil der Insolvenzverwalter zusätzliche Ressourcen des insolventen Unternehmens mit Mitteln der Masse beanspruchen muss, obwohl nur die „bloße Gebrauchsüberlassung" geduldet wird. Letzterem Argument ist jedoch entgegenzuhalten, dass es sich bei dieser Tätigkeit um eine originäre Aufgabe der Insolvenzverwaltung handelt, zu der der Verwalter bereits nach § 80 InsO verpflichtet ist. Demnach wären auch die besonderen Kosten der Vertragsverwaltung bloße Verfahrenskosten, selbst wenn der Verwalter externe Arbeitskräfte für diese Aufgaben heranziehen müsste.

Zum anderen – und dies ist ausschlaggebend für eine Korrektur der oben darstellten Prämisse des Gesetzgebers – entspricht es zunehmend der Praxis, dass sich der Leasinggeber zur Steigerung der Attraktivität des Leasingangebotes zu weiteren Leistungen verpflichtet, die über die bloße Gebrauchsverschaffung und –belassung

---

[884] BT- Drucks. 13/ 4699, S. 6.

[885] so die überwiegende Auffassung, vgl. BGH DB 1987, S. 2451 (2452); Bernstein, DB 1989, S. 567; Uhlenbruck/ Sinz, WM 1989, S. 1113 (1120); Gerhardt, Festschrift Schwab, 1990, S. 139 (143); Zahn, DB 1995, S. 1597 (1599); ders. DB 1996, S. 1393 (1396).

[886] BT- Drucks. 13/ 4699, S. 6.

hinausgehen[887]. Solche Nebenleistungspflichten sind besonders häufig im Bereich des Kfz-Leasing[888] sowie im Bereich des EDV-Leasinggeschäftes[889] anzutreffen[890]. So werden beispielsweise beim sogenannten Small-Ticket-IT-Leasing Vertragsmodelle in Form des „Austauschleasings" angeboten, bei denen der Leasingnehmer die Möglichkeit erhält, geleaste Objekte während der Vertragslaufzeit bei gleich bleibenden Leasingraten gegen schnellere und leistungsstärkere Geräte zu tauschen oder entsprechend die alten Geräte an den neuesten Stand anpassen zu lassen[891]. Bei derartigen Nebenleistungsverpflichtungen kann es durchaus zu einer Massebelastung kommen, die über die bloße Duldung der Gebrauchsüberlassung hinausgeht.

Auch der Gesetzgeber hat die mögliche Belastung der Masse durch vertraglich vereinbarte Nebenpflichten nicht gänzlich außer Acht gelassen, sondern sich zumindest in der Begründung zu § 108 Abs. 1 S. 2 InsO dazu wie folgt geäußert[892]:

> „Sollten abweichend von dieser typischen Konstellation aus der Masse noch zusätzliche Leistungen zu erbringen sein, so müßte eine Aufteilung der abgetretenen Forderungen vorgenommen werden."

Diese Ausführung des Gesetzgebers sind insoweit besonders bemerkenswert, als dieser sich im Konjunktiv äußert. Dies vermittelt den Eindruck, als sei er sich selbst der vorgeschlagenen Vorgehensweise nicht sicher. Darüber hinaus ist es erwähnenswert, dass sodann eine Rechtsfolge für die Abweichung von der „typischen Konstellation" nicht in der einschlägigen Norm selbst geregelt ist. Als Ergebnis ist also festzuhalten, dass der Gesetzgeber ein erkanntes Problem nicht ausdrücklich geregelt hat, sondern sich stattdessen auf einen im Konjunktiv gefassten Lösungsvorschlag beschränkt.

Auch scheint der Gesetzgeber in dieser vagen Formulierung von einer Trennbarkeit der Leasingraten in einen Anteil an Gegenleistung für die Hauptpflicht und einen Anteil für die Nebenpflicht auszugehen. Ob dies überhaupt möglich ist, wurde aber bislang noch nicht abschließend geklärt.

---

[887] vgl. Bender, BB 1999, Beilage 6, S. 18 ff.; siehe hierzu ebenfalls die Berichte in der Verlagsbeilage der F.A.Z. vom 14.04.2001 („Leasing") von Gisela Demberg, Seite B 3 im Hinblick auf das Fahrzeugflottengeschäft sowie das Beispiel bei Wolfgang Grenke, Seite B 7, zu der Form des „Austauschleasings".

[888] vgl. hierzu anschaulich den Bericht von Gisela Demberg, in der Verlagsbeilage der F.A.Z. vom 14.04.2001, Seite B 3 im Hinblick auf das Fahrzeugflottengeschäft.

[889] So können dem Leasinggeber beispielsweise Instruktions- und Aktualisierungspflichten obliegen; zum EDV-Leasing vgl. Heiland KTS 1990, 183 (201).

[890] vgl. auch Bender, BB 1999, Beilage 6, S. 18 ff. zu den sogenannten „Full- Service- Leasingverträgen" als neuere Form des Leasingangebotes zur Steigerung der Attraktivität dieser Finanzierungsform.

[891] Beispiel nach dem Bericht von Wolfgang Grenke, in der Verlagsbeilage der F.A.Z. vom 14.04.2001 („Leasing"), Seite B 7, der den Begriff „Small-Ticket-IT-Leasing" als Leasing von IT-Gütern bis zu einem Anschaffungswert von DM 50.000,00 definiert.

[892] BT- Drucks. 13/ 4699, S. 6.

Diese ungewöhnliche Vorgehensweise des Gesetzgebers gibt Anlass zu einer genaueren Untersuchung der Behandlung von Nebenleistungspflichten im Rahmen des § 108 Abs. 1 S. 2 InsO.

1.3.1 Wortlaut des § 108 Abs. 1 S. 2 InsO

Nach dem Wortlaut des § 108 Abs. 1 S. 2 InsO sind Leasingverträge über bewegliche Sachen, sofern die Anschaffung oder Herstellung des Leasinggutes von einem Dritten finanziert und diesem das Leasinggut zur Sicherheit übertragen worden ist, über die Verfahrenseröffnung hinaus wirksam. Nach ihrem Wortlaut differenziert die Vorschrift im Hinblick auf die Rechtsfolge nicht zwischen Haupt- und Nebenleistungspflichten. Demnach ist die Masse verpflichtet, den Leasingvertrag ohne Einschränkungen zu erfüllen, also auch nach Verfahrenseröffnung anfallende Nebenleistungen mit Mitteln der Masse zu erbringen. Gleichzeitig sind die von dem Leasingnehmer zu leistenden Leasingraten aufgrund der Wirksamkeit der Vorausverfügungen an den Finanzier weiterzuleiten. Die Masse selbst erhält also keine direkte Gegenleistung für die nach Verfahrenseröffnung erbrachten Nebenleistungen.

1.3.2 Masseverkürzung als Ziel des § 108 Abs. 1 S. 2 InsO?

Die somit durch die Erfüllung der Nebenpflichten des Leasingvertrages eintretende Masseverkürzung steht aber offensichtlich nicht im Einklang mit dem gesetzgeberischen Willen, wie er in der Begründung zum Ausdruck kommt. Der Gesetzgeber spricht sich, wenn auch in der vagen Form des Konjunktiv, für eine Aufteilung der abgetretenen Forderungen, also der zedierten Leasingraten aus[893].

Zur genauen Beurteilung des gesetzgeberischen Willens ist zunächst die Intention bei Verabschiedung des § 108 Abs. 1 InsO a.F. zu untersuchen. Als der Gesetzgeber die Miet- und Pachtverträge, und somit auch die Leasingverträge über bewegliche Gegenstände dem Wahlrecht des Verwalters nach § 103 InsO unterstellte, geschah dies mit dem Ziel, eine Anreicherung der Masse zu erreichen[894]. Aufgrund der geäußerten Kritik aus der Literatur[895] erkannte der Gesetzgeber, dass sich bei Gestaltung der Refinanzierung der Leasingverträge im Wege der Forfaitierung bei zusätzlicher Übertragung des Leasinggutes zur Sicherheit an den Finanzier, keine zu berücksich-

---

[893] BT- Drucks. 13/ 4699, S. 6.

[894] Begr. zu § 108 InsO, abgedruckt bei Krämer, aaO, S. 238.

[895] vgl. insbesondere Zahn, DB 1995, S. 1597 (Teil 1) und S. 1649 (Teil 2).

tigenden[896] Vorteile für die Masse erzielen ließen[897]. Zudem ging der Gesetzgeber davon aus, dass die Masse durch die Gebrauchsüberlassung nicht weiter belastet werde. Unter diesen beiden Voraussetzungen erschien die Anordnung der Fortgeltung von refinanzierten Leasingverträgen über bewegliche Gegenstände insbesondere zur Vermeidung der Unsicherheiten bei der Gestaltung der Finanzierung sinnvoll. Eine Masseverkürzung war gerade nicht beabsichtigt. Eine solche würde nämlich die Abkehr von der eigentlichen Zielsetzung der Insolvenzrechtsreform[898] hinsichtlich der Anreicherung der Insolvenzmasse durch Eingriffe in die Rechtspositionen der gesicherten Gläubiger ad absurdum führen.

Des weiteren steht eine Masseverkürzung im Widerspruch zu dem sogenannten Gegenleistungsgrundsatz, der von der Rechtsprechung[899] zur Konkursordnung[900] entwickelt wurde. Dieser Gegenleistungsgrundsatz wird aus dem Sinn und Zweck des § 17 KO hergeleitet. Da § 17 KO inhaltlich deckungsgleich ist mit der Regelung des § 103 InsO, ist anzunehmen, dass dieser Gegenleistungsgrundsatz[901] auch innerhalb der Insolvenzordnung weiterhin von der Rechtsprechung verfolgt werden wird.

In dem maßgeblichen Urteil des IX. Zivilsenats vom 04.05.1995[902], welches der Senat selbst mit dem Zusatz „Einschränkung zu BGHZ 116, 156" versehen hat, musste sich der Senat erstmals mit der Frage der Behandlung eines Vergütungsanspruchs für solche Leistungen auseinandersetzen, die vor Konkurseröffnung von dem Gemeinschuldner erbracht worden waren. Danach soll der die Masse schützende Zweck des § 17 KO dazu führen, dass der Masse für die von ihr erbrachte Leistung auch die Gegenleistung zusteht[903].

---

896 Die Beteiligung des Sicherungsnehmers an den Verwertungs- und Feststellungskosten gemäß § 51 Nr. 1 i.V. mit § 50 Abs. 1, §§ 166- 173 InsO soll nach Äußerungen des Gesetzgebers durch eine flexible Gestaltung der Sicherungsabrede nahezu hinfällig werden können.

897 BT- Drucks. 13/ 4699, S. 6.

898 vgl. dazu oben unter § 1 II., 2.

899 BGH ZIP 1995, S. 926 ff. = BGHZ 129, 336 = NJW 1995, 1966; vgl. dazu Pape, in: NJW 1997, S. 2777; sowie BGH ZIP 1997, S. 688 = BGHZ 135, S. 25 ff.; zu diesen beiden Entscheidungen bereits oben unter § 3 I., 3.9 und 3.10.

900 Maßgeblich für die Entwicklung des Gegenleistungsgrundsatzes waren die Regelungen der Konkursordnung, auch wenn der Senat in seinen beiden Urteilen in fragwürdiger Weise auf die im Entscheidungszeitpunkt zwar verabschiedete, aber noch nicht in Kraft getretene Bestimmung des § 105 InsO Bezug nahm.

901 In einem weiteren Urteil vom 05.07.2001 (BGH ZIP 2001, S. 1469 ff.) deutet der Senat ebenfalls an, dass er an dem Gegenleistungsgrundsatz festhalten werde, auch wenn die Entscheidung noch auf der Gesamtvollstreckungsordnung basiert. So begründet der Senat in dieser Entscheidung (BGH ZIP 1997, 1469 (1471)) den Ansatz, den Rechtszustand für die Zeit vor und nach Verfahrenseröffnung zu trennen, mit dem Hinweis, dass dies der Rechtsprechung des Bundesarbeitsgerichts und des Bundesfinanzhofes entspräche. Zudem würden die § 108 Abs. 2, § 105 InsO eine derartige Teilbarkeit besonders hervorheben.

902 BGH ZIP 1995, S. 926 ff. = BGHZ 129, 336; vgl. oben § 3 I., 3.9.

903 BGH ZIP 1995, S. 926 (927).

Ebenso entschied der IX. Zivilsenat mit Urteil vom 27.02.1997, im sogenannten Sachsenmilch- Fall[904]. In dem der Entscheidung zugrunde liegenden Sachverhalt hatte der Vertragspartner des Insolvenzschuldners vor Verfahrenseröffnung ihm obliegende Leistungen zum Teil erbracht. Der Senat urteilte, die Masse habe für die entsprechenden Gegenleistungen nicht aufzukommen. Andernfalls würde dies dazu führen, dass die Masse Aufwendungen für Leistungen zu erbringen hätte, die lediglich dem Gemeinschuldner, nicht aber ihr zugeflossen sind.

Für den Bereich der Nebenleistungspflichten aus einem Leasingvertrag, der unter die Regelung des § 108 Abs. 1 S. 2 InsO fällt, würde dies bedeuten, dass die Masse die Nebenleistungen erbringt, aber keine Gegenleistung in Form der (anteiligen) Leasingraten behalten darf, weil die Leasingraten aufgrund der aufrecht erhaltenen Vorauszessionen an den Finanzier weiterzuleiten sind. Hierin liegt ein Widerspruch zu dem von der Rechtsprechung entworfenen Gegenleistungsgrundsatz.

Diese Überlegungen zeigen, dass die nach dem Wortlaut des § 108 Abs. 1 S. 2 InsO unvermeidlichen Masseverkürzungen bei Vereinbarung von Nebenleistungen weder mit der Zielsetzung des Gesetzgebers noch mit dem von der Rechtsprechung entwickelten Gegenleistungsgrundsatz in Einklang stehen.

1.3.3 Lösungsansätze

Die Literatur hat sich bisher nur vereinzelt mit der Gefahr der Masseverkürzung durch Nebenleistungspflichten auseinandergesetzt. Während einige Autoren dieses Problem gar nicht oder nicht abschließend behandeln[905], plädieren andere für eine Aufspaltung der Leasingraten[906] oder aber eine bereicherungsrechtliche Lösung[907]. Die von dem Gesetzgeber angedachte und sodann von *Zahn*[908] unter Berücksichtigung der ratio des § 108 Abs. 1 S. 2 InsO aufgenommene Lösung, die Leasingraten nach Haupt- und Nebenleistungspflicht aufzuteilen, sieht sich Kritik ausgesetzt.

Seifert[909] will eine Entscheidung über die Anwendbarkeit des § 108 Abs. 1 S. 2 InsO auf Leasingverträge von der Frage abhängig machen, durch welche Vertragspflicht der Charakter des Leasingvertrages insgesamt bestimmt werde. Läge der Schwer-

---

[904] BGH ZIP 1997, S. 688 (689) = BGHZ 135, 25 ff.; vgl. oben § 3 I., 3.10.

[905] So Goetsch, in: Berliner Kommentar, § 108 Rn. 26 a.E., der sich nicht entscheidet, ob ein bereicherungsrechtlicher Anspruch in Höhe des Wertes der Nebenleistung dem Masse zustehen soll, oder ob Insolvenzverfahren über das Vermögen von Leasinggesellschaften zukünftig gänzlich unterbleiben sollten.

[906] So wohl Zahn, DB 1996, S. 1393 (1397), der die Aufspaltung mit der ratio des § 108 Abs. 1 S. 2 zu begründen versucht.

[907] Bien, ZIP 1998, S. 1017; zustimmend Tintelnot, Kübler/ Prütting, InsO, § 108 Rn. 25.

[908] Zahn , DB 1996, S. 1393 (1397).

[909] Seifert, NZM 1998, S. 217 (220).

punkt im Bereich der Gebrauchsüberlassung, so sei § 108 Abs. 1 S. 2 InsO anwendbar. Würde dagegen die Nebenleistungspflichten den Charakter des Vertrages prägen, so käme § 108 Abs. 1 S. 2 InsO nicht zur Anwendung, weil es sich dann nicht um einen Mietvertrag handeln würde, sondern um einen Vertrag sui generis. Zusätzlich schlägt *Seifert* noch einen dritten Weg vor, wenn nach dem Verständnis der Vertragsparteien eine Aufteilung zwischen Gebrauchsüberlassungsanteil und sonstigen Pflichten möglich sei. Dann sei eine Aufteilung vorzunehmen und nur die Gebrauchsüberlassungspflichten unterfielen dem Anwendungsbereich des § 108 Abs. 1 S. 2 InsO. Die Nebenleistungspflichten seien nach § 103 InsO zu behandeln.

Gegen eine Masseverkürzung spricht sich auch *Zahn*[910] aus. Dass der Bank nicht beispielsweise das Entgelt für Wartungsleistungen zustehen könne, die aus der Masse zu erbringen seien, läge angesichts der ratio legis der Insolvenzordnung auf der Hand. Daher sei in Übereinstimmung mit dem Gesetzgeber eine Aufteilung der abgetretenen Forderungen vorzunehmen. Diese Lösung stimme auch mit dem Gegenleistungsgrundsatz der Rechtsprechung zu § 17 KO überein, der auf § 103 InsO übertragbar sei[911].

Als weitere Variante zur Vermeidung von Masseverkürzungen durch die Erfüllung von Nebenleistungspflichten wird vorgeschlagen, der Masse einen bereicherungsrechtlichen Anspruch gegenüber dem Zessionar zuzusprechen.

Dieser von *Bien*[912] geäußerten Lösung schließt sich auch *Tintelnot*[913] an, sofern Nebenleistungsverpflichtungen mit Mitteln der Masse nach Verfahrenseröffnung erfolgt seien, die Leasingraten aber an den Zessionar weiterzuleiten waren. Nach Tintelnot sind fortdauernde Zusatz- und Nebenpflichten mit der Wertung der §§ 103 und 91 InsO nur vereinbar, wenn man der Masse gegen den Zessionar einen Bereicherungsausgleich jeglicher Aufwendungen für Nebenleistungen zusprechen würde, deren Erfüllung mit Mitteln der Masse vom Verwalter gebilligt werden. Da die dem Leasinggeber vor seiner Insolvenz eingeräumte Ermächtigung zur Einziehung der Leasingraten unentziehbar auch zugunsten des Verwalters wirke, leite dieser nur den über die Masseaufwendungen hinausgehenden Erlös an den Zessionar weiter und nehme damit die vom Gesetzgeber[914] ins Auge gefasste Aufteilung vor[915]. Der Bereicherungsanspruch der Masse gegenüber dem Zessionar ergebe sich aus

[910] Zahn, DB 1996, S. 1393 (1397).
[911] Zahn, aaO.
[912] Bien, ZIP 1998, S. 1017 ff..
[913] Tintelnot, in: Kübler/ Prütting, InsO, § 108 Rn. 25.
[914] vgl. die oben dargestellte Begründung zu § 108 Abs. 1 S. 2 InsO in: BT- Drucks. 13/ 4699, S. 6.
[915] Tintelnot, in: Kübler/Prütting, InsO, § 108 Rn. 25; Vereinbarungen für den Konkursfall, S. 88 f..

§ 812 Abs. 1 S. 1 Fall 2 BGB. Die Bank als Zessionarin werde in Höhe des objektiven Wertes der erbrachten Nebenleistungen dadurch bereichert, dass der Insolvenzverwalter die Einrede des Leasingnehmers aus § 320 BGB gegen den Anspruch der Bank auf die Leasingraten beseitige[916]. Die Bank sei in Höhe des objektiven Wertes der Nebenleistung nach Abzug einer etwaigen Quote bereichert und müsse der Masse in entsprechender Höhe nach § 812 Abs. 1 S. 1 Fall 2 BGB Ersatz leisten. § 108 Abs. 1 S. 2 InsO stehe einem bereicherungsrechtlichen Ausgleich zwischen der Masse und der Bank auch nicht entgegen. Zwar würden danach grundsätzlich die entsprechenden Verträge für insolvenzfest erklärt. Jedoch sei stets dann, wenn Verträge trotz Verfahrenseröffnung kraft Gesetzes noch durchzuführen sind, im Einzelfall zu prüfen, ob dadurch ein bereicherungsrechtlicher Anspruch ausgeschlossen sei. Gerade bei § 108 Abs. 1 S. 2 InsO sei dies eben nicht der Fall, weil der Gesetzgeber in der leasingtypischen Konstellation dieser Vorschrift keinesfalls die finanzierende Bank zu Lasten der Masse bereichern wolle[917].

Entgegen allen vorgenannten Versuchen, der Masse die angemessene Gegenleistung für die von ihr nach Verfahrenseröffnung erfüllten Nebenleistungspflichten zukommen zu lassen und eine weitere Masseverkürzung zu unterbinden, vertritt *Bornholt*[918] die Auffassung, dass es einer wirtschaftlichen Gesamtbetrachtung entsprechen würde, wenn die Leasingraten in voller Höhe an den Zessionar weiterzuleiten sind, gleichgültig, ob die Masse durch die Erfüllung von Nebenleistungspflichten nach Verfahrenseröffnung verkürzt werde.

Die refinanzierende Bank habe bei einer Finanzierung im Wege der Forfaitierung durch den Kaufpreis für die Leasingraten deren Gegenwert bereits an den Leasinggeber geleistet[919]. Der Erfüllung von Nebenleistungspflichten entspreche als Gegenleistung ein Teil der Leasingraten. Ist dem Leasinggeber aber der Gegenwert für die Leasingraten schon vor Verfahrenseröffnung zugeflossen, könne die Masse nach Verfahrenseröffnung nicht dieselbe Leistung noch einmal beanspruchen. Die zwischen Vertragsschluß und Erfüllung der Nebenleistungspflichten tretende Eröffnung des Insolvenzverfahrens würde dem Leasinggeber bzw. der Masse sonst dazu verhelfen, dieselbe Leistung ein zweites Mal verlangen zu können. Es sei auf die Art

---

[916] Bien, ZIP 1998, S. 1017 (1021) mit Verweis auf Gerhardt, Festschrift Merz, S. 131, der eine ähnliche Konstellation darstellt.

[917] Bien, aaO; ihm folgend Sinz, Kölner Schrift 2. Auflage, S. 593 (616) Rn. 55 f..

[918] Bornholt, aaO, S. 176 ff..

[919] Auch der Gesetzgeber scheint diese wirtschaftliche Gesamtbetrachtung als Begründung für die Einführung des § 108 Abs. 1 S. 2 InsO heranzuziehen, vgl. BT- Drucks. 13/ 4699, S. 6. So äußert sich der Gesetzgeber, aaO, wie folgt: „Im übrigen hat die refinanzierende Bank durch den Kaufpreis für die Leasingraten deren Gegenwert bereits an den Leasinggeber geleistet." Gleichwohl befürwortet der Gesetzgeber eine Aufteilung der Leasingrate, sofern aus der Masse Nebenleistungen erbracht werden.

der Leistung aus der Masse nach Verfahrenseröffnung abzustellen. Der Grundsatz, dass Leistungen der Masse nach Verfahrenseröffnung immer eine entsprechende Gegenleistung zugunsten der Masse gegenüberstehen müsse, solle vermeiden, dass es zu einer Verringerung der Insolvenzmasse zugunsten eines einzelnen Gläubigers und damit zum Nachteil der Gläubigergesamtheit komme. Bei der Erfüllung von Nebenleistungspflichten setze der Insolvenzschuldner aber lediglich seine Arbeitskraft und sein Know-how ein, nicht aber Vermögenswerte aus der Masse. Eine Verringerung der Masse bleibe also aus und es komme zu keinerlei Nachteilen für die Gläubigergesamtheit, wenn derartige Nebenleistungspflichten nach Verfahrenseröffnung erfüllt würden.

1.3.4 Stellungnahme

Der von dem Gesetzgeber angedachte Weg, die Nebenleistungspflichten aus dem Anwendungsbereich des § 108 Abs. 1 S. 2 InsO herauszunehmen, steht auf den ersten Blick mit dem Gegenleistungsgrundsatz im Einklang.

Die Nichtanwendbarkeit der Regelung des § 108 Abs. 1 S. 2 InsO auf die Nebenpflichten würde bedeuten, dass der Verwalter hinsichtlich der Erfüllung der Nebenleistungspflichten ein Wahlrecht im Sinne des § 103 InsO zugesprochen bekäme. Gleichzeitig unterliegen die Erfüllungsansprüche hinsichtlich der Nebenleistungspflichten den allgemeinen Wirkungen über die Verfahrenseröffnung, d.h. sie sind qua Eröffnung erloschen. Entscheidet sich der Verwalter für die Erfüllung der Nebenleistungspflichten, so begründet er den Anspruch des Vertragspartners des Insolvenzschuldners wieder neu mit altem Inhalt[920], allerdings mit dem entscheidenden Unterschied, dass dies erst nach Verfahrenseröffnung erfolgt. Der Zeitpunkt der Begründung des Anspruches des Vertragspartners des Insolvenzschuldners auf Erfüllung der Nebenleistungspflicht nach Verfahrenseröffnung führt zur Anwendbarkeit des § 91 InsO hinsichtlich der Vorausverfügungen. Diese Vorauszessionen ist nicht mehr wirksam, weil der Anspruch zunächst durch die Verfahrenseröffnung erloschen ist und erst nach Verfahrenseröffnung wieder neu begründet wird. Hieraus ergibt sich die Konsequenz, dass der Verwalter die Nebenleistungspflicht mit Mitteln der Masse erbringt und dafür im Gegenzug die Gegenleistung zur Masse ziehen kann und diese auch in der Masse verbleibt. Damit ist auch der Gegenleistungsgrundsatz erfüllt, wonach die Gegenleistung für Leistungen, die mit Mitteln der Masse erbracht wurden, auch der Masse und nicht dem Insolvenzschuldner zufließen soll.

---

920 So zutreffend die modifizierte Erlöschenstheorie, vgl. hierzu das Ergebnis der ausführlichen Diskussion unter § 3 II., 5.

Während also auf einen ersten Blick der durch den Gesetzgeber vorgegebene Weg mit dem von der Rechtsprechung verfolgten Gegenleistungsgrundsatz[921] im Einklang steht, ergeben sich jedoch bei näherer Betrachtung Schwierigkeiten bei der Aufteilung der Leasingraten. Diese resultieren aus dem Vertragstyp des Leasingvertrages. So könnte ein Untergang vertraglicher Nebenpflichten seitens des Leasinggebers gegebenenfalls den Fortbestand des gesamten Vertrages gefährden, weil ein Wegfall dieser zusätzlichen Leistungspflichten dem Leasingnehmer ein Zahlungsverweigerungsrecht geben könnte[922]. Zur Überwindung dieser Problematik könnte indes eine Klausel in den Leasingvertrag aufgenommen werden, die den Zessionar berechtigt, bei Insolvenz des Leasinggebers die über die Gebrauchsüberlassung hinausgehende Pflicht des Leasinggebers von einem Dritten wahrnehmen zu lassen, für den Fall, dass der Verwalter die Erfüllung ablehnt[923].

Von sehr viel entscheidenderer Bedeutung ist aber die Tatsache, dass der IX. Zivilsenat des Bundesgerichtshofes in den beiden maßgeblichen Urteilen[924] stets die Leistungspflichten aus solchen Verträgen zu beurteilen hatte, bei denen die Leistungen teilbar waren. Vertragsverhältnisse, deren Leistungspflichten nicht aufteilbar waren, wurden dagegen noch nicht hinsichtlich des Gegenleistungsgrundsatzes beurteilt[925]. In neueren Entscheidungen hat der Bundesgerichtshofes es bereits für ausreichend erachtet, wenn sich die erbrachte Leistung feststellen und bewerten läßt[926]. Diese weite Auslegung, die auf eine rechnerische Teilbarkeit abstellt, hat der IX. Zivilsenat im dem Urteil vom 25. April 2002 bestätigt[927]. Allerdings war in der letztgenannten Entscheidung erneut eine Werkleistung im Rahmen eines Bauvorhabens zu beurteilen. Bei dieser Art von Verträgen ist eine Zuordnung von Leistung und Gegenleistung in vor und nach Verfahrenseröffnung erbrachte Teilleistungen meist bereits auf Grundlage des abgeschlossenen Werkvertrages möglich. So werden Leistungen bei Bauvorhaben regelmäßig nach Baufortschritt abgegolten und können entsprechend einer geschuldeten Gegenleistung zugeordnet werden.

---

921 vgl. insbesondere BGHZ 129, 336 ff. und BGHZ 135, 25 ff..

922 So Zahn, DB 1996, S. 1393, 1397.

923 Zahn, DB 1996, S. 1393, 1397 Fn. 63: Erfüllung eines Wartungsvertrages verlangen wird der Verwalter beispielsweise, wenn er - entsprechend der Zielsetzung des § 1 InsO- einen Servicebetrieb fortführen will.

924 BGH ZIP 1995, S. 926 = BGHZ 129, 336; BGH ZIP 1997, S. 688 = BGHZ 135, 25.

925 So äußerte sich der IX. Zivilsenat im Urteil vom 04.05.1995, ZIP 1995, S. 926 (928) eindeutig: „Die Frage, wie sich die Rechtslage im Fall einer unteilbaren Gegenleistung darstellt (...), bedarf im Streitfall keiner Entscheidung." Weitere höchstrichterliche Rechtsprechung ist für diesem Fall bis heute nicht entschieden worden.

926 vgl. BGHZ 147, 28 (34).

927 BGHZ 150, 353 (358 f.).

Grundsätzlich muß gelten, dass eine Aufteilung dann nicht möglich ist, wenn die Gegenleistung unteilbar ist[928]. Ferner müßte die noch zu erbringenden Leistung nach dem Vertragsinhalt einem Teil der an sich teilbaren Gegenleistung zugeordnet werden können. Bei Leasingforderungen könnte dies indes nicht möglich sein, weil die Gegenleistung wirtschaftlich nur der gesamten Leistung entspricht. So stehen bei der Kalkulation eines Leasinggebers den Leasingraten regelmäßig insgesamt mindestens ein Kostenanteil für die Anschaffung des Leasingobjektes, ein Anteil für vom Leasinggeber übernommene Nebenleistungspflichten sowie ein Gewinnanteil gegenüber[929]. Der Leasinggeber kalkuliert für seine Leistung insgesamt einen einheitlichen Gewinnanteil. Mithin können die nach Verfahrenseröffnung aufgrund von § 108 Abs. 1 S. 2 InsO noch zu erbringenden Nebenleistungspflichten nicht einem Teil der Gegenleistung in Form der Leasingrate zugeordnet werden. Folglich scheidet eine Aufteilung der Leasingraten in Haupt- und Nebenleistungsanteile aus. Damit ist aber die vom Gesetzgeber angedachte Lösung[930] zur Vermeidung einer Masseverkürzung bei der Erbringung von Nebenleistungspflichten nach Verfahrenseröffnung nicht möglich. Es ist also nach Möglichkeiten zur Überwindung dieser Problematik zu suchen. Die von *Bornholt* vertretene Argumentation, dass die Masse bereits vor Verfahrenseröffnung eine Gegenleistung für die Erfüllung sämtlicher Pflichten des Leasingvertrages durch den Verkauf der Leasingraten an die forfaitierende Bank erhalten habe[931], ist ebenfalls nur bei oberflächlicher Betrachtungsweise überzeugend. Wäre es dem Leasinggeber – nunmehr als Insolvenzschuldner durch den Verwalter vertreten – möglich, nach Verfahrenseröffnung die Nebenleistungspflichten vertragsgemäß zu erfüllen und gleichzeitig aber einen anteiligen Betrag der Leasingrate für die Masse einzustreichen, so würde die Insolvenz zumindest für diesen Bereich ein Glücksfall für den Leasinggeber darstellen. Denn der Leasinggeber hätte zunächst vor Verfahrenseröffnung im Rahmen des Forfaitierungsgeschäftes eine Leistung für die Leasingforderung erhalten, für die er sich im Gegenzug zu der Weiterleitung der Leasingraten verpflichtet hätte. Nach Verfahrenseröffnung bekäme er nun die Möglichkeit, seine Leistung von dem Erhalt einer Gegenleistung abhängig zu machen, die er ohne die Insolvenz an den Financier weiterleiten müßte. Im Ergebnis würde der Leasinggeber also in der Insolvenz als Insolvenzschuldner ein zweites Mal eine Gegenleistung für eine Leistung erhalten, die ihm zuvor schon vergütet worden war.

---

[928] vgl. BGH ZIP 1995, S. 926.

[929] Christen, Mobiliarleasing, Abzahlungsgesetz und Verbraucherkreditgesetz, 1995, S. 15 f.; vgl. auch Dietz, AcP 190 (1990), S. 235 ff. über den betriebswirtschaftlichen Nutzen des Leasingvertrages auf Seiten des Leasingnehmers, der bis hin zu der genauen Berechnung der monatlichen Belastung durch das Leasinggut reichen kann.

[930] BT- Drucks. 13/ 4699 S. 6.

[931] Bornholt, aaO, S. 172 ff..

Bei genauerer Betrachtung wird jedoch deutlich, dass die sogenannte „wirtschaftliche Gesamtbetrachtung" von *Bornholt* weder mit der ratio legis des § 108 Abs. 1 S. 2 InsO im Einklang steht, noch den allgemeinen insolvenzrechtlichen Wertungen entspricht.

So wurde in den Begründungen zur Insolvenzordnung explizit dargelegt, dass im Rahmen der Novellierung die Annahme, dass die Masse durch die bloße Duldung der Gebrauchsüberlassung nicht weiter belastet werde, Voraussetzung für die Anordnung des Fortdauern der refinanzierten Leasingverträge über bewegliche Sachen war[932]. Etwas anderes sollte nur dann gelten, wenn abweichend von der bloßen Duldung der Gebrauchsüberlassung noch zusätzliche Leistungen aus der Masse zu erbringen sind[933]. Diesem gesetzgeberischen Willen würde die von *Bornholt*[934] vertretene Ansicht deutlich widersprechen.

Ebenso wenig ist die wirtschaftliche Gesamtbetrachtung mit den grundsätzlichen insolvenzrechtlichen Wertungen vereinbar. Danach wird mit der Eröffnung eines Insolvenzverfahrens „ein Strich gezogen". „Das Schuldnervermögen soll für die in diesem Zeitpunkt berechtigten Gläubiger verwertet werden"[935]. Demzufolge ist der Begriff „Belastung der Masse nach Verfahrenseröffnung" in der Weise zu verstehen, dass damit jede Leistung der Masse nach Verfahrenseröffnung gemeint ist, für die ihr nicht eine entsprechende Gegenleistung nach Verfahrenseröffnung zufließt. Bei der von *Bornholt* angestrebten wirtschaftlichen Gesamtbetrachtung[936] würde Leistungen aus der Zeit vor Verfahrenseröffnung in die Verteilung des Schuldnervermögens nach Verfahrenseröffnung einbezogen werden. Dies ist in dieser Allgemeinheit nicht vertretbar.

Bei der sogenannten wirtschaftlichen Gesamtbetrachtung wäre zudem in nahezu allen Fällen der Vorausabtretung einem ungesicherten Gläubiger das Risiko der einseitigen Vorleistung genommen. Der Zessionar könnte sich stets darauf berufen, die Masse habe vor Verfahrenseröffnung eine Gegenleistung von ihm erhalten, so dass nunmehr die Vorauszession zu beachten und die abgetretene Forderung weiterzuleiten ist. Damit würde der Zessionar aber gegenüber den anderen ungesicherten Gläubigern in ungerechtfertigter Art und Weise privilegiert. Diesem Ergebnis steht der Grundsatz entgegen, dass die Eröffnung des Insolvenzverfahrens

---

[932] BT- Drucks. 13/ 4699 S. 6.

[933] BT- Drucks. 13/ 4699 S. 6; auch wenn die obigen Ausführungen zeigen, daß die in diesem Zusammenhang vom Gesetzgeber befürwortete Aufteilung der Leasingrate nach Gebrauchsüberlassungs- und Nebenleistungsanteil nicht möglich ist, wird die Intention der Vermeidung weiterer Verkürzungen deutlich.

[934] Bornholt, aaO, S. 176 (177).

[935] Bork, Einführung in das neue Insolvenzrecht, Rn. 70.

[936] Bornholt, aaO, S. 176 (177).

zunächst einmal eine Chancengleichheit unter den gleichrangigen Gläubigern herstellen soll. In diesem Moment hat sich das individuelle Insolvenzrisiko auf Seiten der Vertragspartner des Insolvenzschuldners verwirklicht und etwaige Vorausleistungen sind verloren. Diese Wertung muss auch ein Zessionar gleichermaßen gegen sich gelten lassen. Die wirtschaftliche Gesamtbetrachtung hingegen würde dem Zessionar dieses Risiko abnehmen. Sie kann daher nicht überzeugen.

Auch in der verwalterlichen Praxis könnten die mit der Anwendung einer wirtschaftlichen Gesamtbetrachtung angestrebten Ergebnisse nicht erreicht werden. Denn kein Insolvenzverwalter würde es als für die Masse sinnvoll erachten, die Nebenleistungspflicht mit Mitteln der Masse zu erbringen[937], ohne dafür die Gegenleistung behalten zu dürfen. Bei Nichterfüllung der Nebenleistungspflicht durch den Insolvenzverwalter wäre für den Leasingnehmer zwar in der Regel ein Kündigungsrecht gegeben. Doch könnte der Insolvenzverwalter etwaigen Schadensersatzansprüchen des Leasingnehmers gegenüber der Masse wegen der vorzeitigen Beendigung insoweit gelassen entgegensehen, als diese nur wie einfache Insolvenzforderungen zu behandeln wären. Demgegenüber stünde der Bank als Zessionarin für den Fall der Nichterfüllung durch die Masse die Möglichkeit zu, ihrerseits in den Leasingvertrag auf Seiten des Leasinggebers einzutreten und die Nebenleistungspflichten selbst oder durch Dritten zu erfüllen. Die Bank müßte allerdings zunächst die Kosten für die Erfüllung der Nebenleistungspflichten selbst tragen und wäre mit etwaigen Regressansprüchen gegenüber der Masse nur als einfache Insolvenzgläubigerin zu bedienen.

Dieses Ergebnis ist aus Sicht der Bank nahezu identisch mit der Situation, in der ihr von vornherein aufgrund eines bereicherungsrechtlichen Anspruchs der Masse bei Erfüllung der Nebenleistungspflichten durch die Masse die zedierte Forderung um den Aufwand der Erfüllung der Nebenleistungspflicht gekürzt worden wäre. Im Vergleich mit der Ansicht, nach der die Leasingverträge aufzuteilen sind und der Leasinggeber die Möglichkeit der Erfüllungsablehnung hinsichtlich der Nebenleistungspflicht hat, bietet der Lösungsansatz der wirtschaftlichen Gesamtbetrachtung nach allem also keinerlei Vorteile. Auch bei der Erfüllungsablehnung müßte die Bank auf eigene Kosten erfüllen und wäre mit diesen Kosten einfache Insolvenzgläubigerin. Die wirtschaftliche Gesamtbetrachtung führt folglich auch bei praxisnaher Betrachtung zu keiner Verbesserung der Vermögenslage der Bank. Neben den oben dargestellten Widersprüchen zu den insolvenzrechtlichen Wertungen sind demnach auch keine praktischen Vorteile dieser Betrachtungsweise ersichtlich. Sie ist daher abzulehnen.

---

[937] Die Masseverkürzung könnte sogar als Verletzung der Pflicht des Insolvenzverwalters auf möglichst umfassende Befriedigung der Gläubiger (§ 1 InsO, vgl. Wimmer/ Hössl, § 60, Rn. 31) gewertet werden.

Im Ergebnis bedarf es mangels anderer Korrekturmöglichkeiten bezüglich der drohenden Masseverkürzung im Falle von bei Verfahrenseröffnung noch nicht erfüllten Nebenleistungsverpflichtungen des Leasinggebers als Insolvenzschuldner stattdessen der Zubilligung eines bereicherungsrechtlichen Anspruchs zugunsten der leistenden Masse gegenüber dem Zessionar.

Der bereicherungsrechtliche Anspruch ist wie folgt zu begründen: Die Masse nimmt dem Leasingnehmer durch ihre Leistung nach Verfahrenseröffnung die Einrede aus § 320 BGB auf Zurückbehaltung der Leasingraten. Die Masse investiert hierfür ihre eigenen Mittel[938]. Die Gegenleistung in Form der Leasingraten hat sie aber an den Zessionar weiterzuleiten. Die Bank ist in Höhe des objektiven Wertes der Nebenleistung nach Abzug einer etwaigen Quote bereichert und muss der Masse in entsprechender Höhe nach § 812 Abs. 1 S. 1 Fall 2 BGB Ersatz leisten. Auch § 108 Abs. 1 S. 2 InsO steht einem bereicherungsrechtlichen Ausgleich zwischen der Masse und der Bank nicht entgegen. Denn aus der Gesetzesbegründung geht hervor, dass der Gesetzgeber durch § 108 Abs. 1 S. 2 InsO in der leasingtypischen Situation die refinanzierende Bank keinesfalls zu Lasten der Masse bereichern wollte[939].

Insgesamt wird durch den bereicherungsrechtlichen Ausgleichsanspruch der Masse in Höhe des objektiven Wertes der Leistung der Masse ein angemessener Ausgleich zwischen dem Wortlaut des § 108 Abs. 1 S. 2 InsO und der gesetzgeberischen Intention gewährleistet.

Die bereicherungsrechtliche Lösung in Höhe des objektiven Wertes der Erfüllung der Nebenleistung birgt Schwierigkeiten für den Fall, dass der Insolvenzschuldner als Leasinggeber eine unzureichende Kalkulation vorgenommen hatte und deshalb der Kostenanteil für die Nebenleistungen innerhalb der Leasingrate zu gering in Ansatz gebracht worden ist. Im Extremfall der schlechten Kalkulation übersteigt der Bereicherungsanspruch der Masse aufgrund der hohen Nebenleistungskosten die weiterzuleitende Leasingrate. So hätte der schlecht kalkulierende Leasinggeber möglicherweise einen Vorteil gegenüber dem besser Kalkulierenden. Letztlich ist dieses Risiko aus Sicht der refinanzierenden Bank als Betroffene aber zu beeinflussen, weil in der Regel der finanzierenden Bank gegenüber die Kalkulation des Leasingvertra-

---

[938] Die Annahme von Bornholt, aaO, S. 177, der Insolvenzschuldner stelle lediglich seine Arbeitskraft und sein Know-how zu Verfügung kann aus zwei Gründen nicht überzeugen: Erstens ist es keineswegs gewährleistet, daß die Masse nicht noch eigene Gerätschaften bei Wartungsarbeiten o.ä. einsetzen muß. Zweitens stellt auch die Arbeitskraft und das Wissen des Insolvenzschuldners einen merkantilen Wert dar, durch dessen Bindung sehr wohl eine Belastung für die Masse gegeben ist. So kann der Insolvenzschuldner in dieser Zeit nicht durch andere Tätigkeiten für eine Anreicherung der Masse sorgen. Zudem ist der möglicherweise intensive Verwaltungsaufwand zu berücksichtigen, wenn eine reine Leasinggesellschaft mit mehreren hundert Leasingverträgen insolvent wird.

[939] BT- Drucks. 13/ 4699, S. 6.

ges einschließlich der beabsichtigten Nebenleistungen offen zu legen ist. Die Bank läßt sich dann – freiwillig – auf Grundlage der vorgelegten Berechnungen auf eine Investitionsentscheidung ein. Das damit von Seiten der Bank eingegangene Risiko kann diese also nicht unvorbereitet und schutzlos treffen. Daher besteht die bereicherungsrechtliche Lösungsmöglichkeit auch insoweit, als sie auf den ersten Blick dazu geeignet ist, auf Seiten des Financiers sehr harte Konsequenzen hervorzurufen. Bei genauerer Untersuchung sind diese vermeintlich harten Konsequenzen nur die vor Vertragsabschluss kalkulierbaren Auswirkungen der Investitionsentscheidung des Financiers. Dieser hat die Wahl seines Vertragspartners an solche mögliche Folgen entsprechend einschränken. Die bereicherungsrechtliche Lösung ist daher auch entgegen dieser vermeintlichen Kritik vorzugswürdig und bietet eine praktikable Lösung, einen angemessenen Ausgleich gegenüber dem Zedenten und zu Gunsten der Masse für die mit Mitteln der Masse geleisteten Nebenleistungspflichten zu schaffen. Die Höhe dieses bereicherungsrechtlichen Anspruches berechnet sich anhand des objektiven Wertes der Nebenleistung abzüglich jenes Betrages, den der Vertragspartner auf seine Forderungen aus diesem Rechtsverhältnis gemäß der Insolvenzquote im Rahmen der Schlussverteilung erhalten würde.

2 Insolvenz des Leasingnehmers

Auch nach der Einführung des § 108 Abs. 1 S. 2 InsO sind Leasingverträge über bewegliche Gegenstände in der Insolvenz des Leasingnehmers dem Wahlrecht des Verwalters aus § 103 InsO untergeordnet. Damit ergeben sich Abweichungen zu dem bisherigen Kündigungsrecht gemäß § 19 KO.

2.1 Erfüllungsablehnung

2.1.1 Grundsätzliche Regelung

Wählt der Insolvenzverwalter die Erfüllungsablehnung des Vertrages, so steht dem Leasinggeber als Vertragsgegner grundsätzlich nur ein Schadenersatzanspruch zu. Dieser wird nach den allgemeinen Grundsätzen errechnet[940]. Die Erfüllungsablehnung wirkt nach dem hier vertretenen Verständnis von den Wirkungen der Eröffnung des Insolvenzverfahrens nur deklaratorisch[941]. Durch die Erfüllungsablehnung bleiben die Forderungen aus dem vor Verfahrenseröffnung geschlossenen, aber noch nicht vollständig erfüllten Vertrag haftungsrechtlich nicht durchsetzbar. Bereits durch die

---

[940] vgl. dazu Wolff/ Eckert, Handbuch des gewerblichen Miet-, Pacht- und Leasingrecht, 7.Auflage, Köln 1996, Rn. 1988 ff..

[941] vgl. oben zur Erlöschenstheorie unter § 3.

Verfahrenseröffnung ist ein einseitiger Schadensersatzanspruch des Vertragspartners des Insolvenzschuldners ausgelöst worden, welcher als Insolvenzforderung zur Tabelle angemeldet werden kann, § 103 Abs. 2 S. 1, § 38 InsO. Die Erfüllungsablehnung bestätigt diesen Zustand abschließend. Es ergeben sich also aus dem Rechtsgeschäft, für das der Verwalter die Erfüllung abgelehnt hat, grundsätzlich keine Masseverbindlichkeiten aus der Zeit vor Verfahrenseröffnung, und auch keine Masseverbindlichkeiten aus der Zeit nach Verfahrenseröffnung. Als Ausnahme von dieser grundsätzlichen Wirkung der Verfahrenseröffnung mit anschließender Erfüllungsablehnung durch den Insolvenzverwalter ist es dennoch möglich, dass Masseverbindlichkeiten begründet werden. So kann dem Vertragspartner ein Anspruch auf Nutzungsentgelt gegenüber der Masse analog § 546a BGB[942] entstehen, wenn der Insolvenzverwalter das Leasinggut nicht innerhalb der insolvenzrechten Firsten zurückgibt, sondern dieses weiter nutzt[943].

2.1.2 Ausnahme des § 55 Abs. 2 Satz 2 InsO

Ausnahmsweise kann gemäß § 55 Abs. 2 S. 2 InsO eine sonstige Masseverbindlichkeit auch bei Erfüllungsablehnung bestehen, wenn ein vom Gericht eingesetzter, vorläufiger Insolvenzverwalter die Leasingsache für die von ihm vorläufig verwaltete Masse in Anspruch genommen hat.

Nach § 108 Abs. 2 InsO sind Ansprüche aus Leasingverträgen für die Zeit vor Verfahrenseröffnung grundsätzlich Insolvenzforderungen. § 55 Abs. 2 S. 2 InsO durchbricht den Grundsatz insoweit, als dass Ansprüche aus der Zeit vor Verfahrenseröffnung auch ohne Erfüllungswahl des Insolvenzverwalters zu Masseverbindlichkeiten aufgewertet werden können. Die Durchbrechung wird nach allgemeiner Ansicht befürwortet, da der vorläufige Insolvenzverwalter bereits im Interesse der Insolvenzmasse handele. Dies bedeutet aber, dass es zugleich zwingende Voraussetzung für eine Aufwertung von Ansprüchen aus der Zeit vor Verfahrenseröffnung zu Masseverbindlichkeiten ist, dass der vorläufige Insolvenzverwalter die Sache tatsächlich für die Masse nutzt[944].

---

942 § 546a BGB, in der Fassung gem. Art. 1 Nr. 3 MietRRG (in Kraft seit dem 01.09.2001) entspricht dem bisherigen § 557 Abs. 1 BGB. Einzige inhaltliche Veränderung besteht darin, dass nunmehr die ortübliche Miete generell an Stelle der vereinbarten Miete verlangt werden kann, und nicht mehr nur bei der Raummiete. Für den Meinungsstreit hinsichtlich der (analogen) Anwendbarkeit des § 557 BGB (alt) bei nicht rechtzeitiger Rückgabe des Leasinggegenstandes hat diese Änderung durch das MietRRG keine Auswirkungen.

943 Zur Rechtsgrundlage für einen derartigen Anspruch, vgl. Sinz, Kölner Schrift, 1. Aufl., S. 461 Rn. 15 ff im Anschluß an BGHZ 107, 123 (127 ff.); Pape, Kölner Schrift 1. Aufl., S. 438 Rn. 65; Onusseit, KTS 1994, S. 2 (3); sowie Tiedtke, ZIP 1989, S. 1437 (1441).

944 Pape, Kölner Schrift, 1. Aufl., S. 438.

Einige Autoren[945] vertreten die Auffassung, dass § 108 Abs. 2 InsO als lex specialis die Regelung des § 55 Abs. 2 InsO verdränge. Diese Auffassung wird damit begründet, dass in § 108 Abs. 1 InsO im Gegensatz zu § 55 Abs. 2 InsO besondere Dauerschuldverhältnisse erwähnt werden[946]. Der gegenteiligen Ansicht, nach der § 55 Abs. 2 InsO als Spezialnorm für Verbindlichkeiten aus der Zeit der vorläufigen Insolvenzverwaltung anzusehen sei und deswegen der Vorschrift des § 108 Abs. 2 InsO vorgehe, sei entgegenzuhalten, dass § 55 InsO eine Vorschrift des zweiten Abschnittes des zweiten Teils der Insolvenzordnung ist, der sich allgemein mit der Einteilung der Gläubiger befasse. Die Vorschrift befinde sich dagegen im ersten Abschnitt dieses Teils der Insolvenzordnung, der das Eröffnungsverfahren behandelt[947].

Eine derartige Argumentation ist als ergebnisorientiert abzulehnen. So wird zutreffend ausgeführt, dass es an einer praktikablen Abgrenzbarkeit der zurückgesetzten Forderungen mangele[948].

Zu dem gleichen Ergebnis gelangt auch *Goetsch*[949], ohne sich allerdings mit der Gegenmeinung auseinander zu setzen. *Bork*[950] schließlich sieht in § 108 Abs. 2 InsO eine Fortschreibung der allgemeinen Regelung des § 38 InsO und in § 55 Abs. 2 InsO eine Spezialnorm zu beiden Normen. Zur Vermeidung der Rechtsfolgen des § 55 Abs. 2 InsO könne sich die Praxis nur mit einem auf besonders wichtige Maßnahmen beschränkten Zustimmungsvorbehalt behelfen. Bei einem allgemeinen Zustimmungsvorbehalt sei aber § 55 Abs. 2 InsO analog anzuwenden. Andere gesetzliche Anhaltspunkte für die Einstufung des § 108 Abs. 2 InsO als Spezialnorm zu § 55 InsO würden nicht aufgeführt. Die Einstufung sei demgemäß abzulehnen.

Nach § 55 Abs. 2 InsO[951] können demnach Masseverbindlichkeiten aus der Zeit vor Verfahrenseröffnung entstanden sein, wenn im Insolvenzeröffnungsverfahren ein vorläufiger Insolvenzverwalter[952] bestellt, dem Insolvenzschuldner ein allgemeines

---

[945] Niesert, InVo 1998, S. 85 ff.; Wiester, ZInsO 1998, S. 99 ff.

[946] Niesert, InVo 1998, S. 85 (88); ihm folgend Wiester, ZInsO 1998, S. 99 (103); auch Tintelnot, in: ZIP 1995, S. 602 weist darauf hin, daß der Terminus „Dauerschuldverhältnisse" in § 55 weiter zu verstehen ist und deckungsgleich mit § 112 InsO sei.

[947] Wiester, ZInsO 1998, S. 99 (103).

[948] Tintelnot, in: Kübler/ Prütting, InsO, § 108 Rn. 28.

[949] Goetsch, in: Berliner Kommentar, § 108 Rn. 27 ff.

[950] Bork, ZIP 1999, S. 781 (786)

[951] Die eigentliche Problematik des Anwendungsbereiches des § 55 Abs. 2 InsO liegt bei den Auswirkungen auf die Vorfinanzierung des Insolvenzausfallgeldes, vgl. dazu insbesondere Kind, InVo 1998, S. 57 ff.; Wiester, ZInsO 1998, S. 99 ff.; Hess/Weis, InVo 1997, S. 141 ff.; Niesert, InVo 1998, S. 85 ff. und 141 ff. So werde der vorläufige Insolvenzverwalter gezwungen häufig sein, Arbeitnehmer freizustellen, um nicht die Konsequenzen des § 55 Abs. 2 zu riskieren.

[952] Zu den Haftungsrisiken des vorläufigen Insolvenzverwalters, vgl. Niesert, InVO 1998, S. 85 ff., insbesondere zu der Frage eines verminderten Haftungsmaßstabes im Rahmen des § 61 InsO.

Verfügungsverbot auferlegt wurde (§ 21 Abs. 2 Nr. 1 und 2 InsO) und der vorläufige Insolvenzverwalter die Gegenleistung für das von ihm verwaltete Vermögen tatsächlich in Anspruch genommen hatte. In der Praxis werden freilich Abgrenzungsschwierigkeiten über die Einstufung der tatsächlichen Inanspruchnahme ergeben. So sollen beispielsweise nach Ansicht von *Eckert*[953] keine Masseverbindlichkeiten entstehen, wenn der vorläufige Insolvenzverwalter angemietete Räume leerstehen läßt, da dann keine tatsächliche Nutzung vorläge. Nach *Niesert*[954] soll erst ein Angebot zur Räumung der angemieteten Räumlichkeiten ausreichen, um eine Inanspruchnahme auszuschließen.

2.2 Erfüllungswahl

Verlangt der Insolvenzverwalter nach der Eröffnung des Insolvenzverfahrens die Erfüllung des Vertrages gegenüber der Insolvenzmasse, so ist der Leasinggeber gezwungen, den Vertrag vollständig durchzuführen. Ein Sonderkündigungsrecht für den Leasinggeber, wie dies nach § 19 KO gegeben war, ist nicht mehr vorgesehen. Als Äquivalent für seine Leistungen stehen dem Leasinggeber grundsätzlich die Leasingraten in voller Höhe als sonstige Masseverbindlichkeiten im Sinne des § 55 Abs. 1 Nr. 2 InsO zu.

Nach dem Wortlaut des § 55 Abs. 1 Nr. 2 InsO stellen Masseverbindlichkeiten solche Verbindlichkeiten dar, „aus gegenseitigen Verträgen, soweit deren Erfüllung zur Insolvenzmasse verlangt wird...“. Diese Formulierung vermittelt den Eindruck, als sei der Insolvenzverwalter nach der Erfüllungswahl verpflichtet, sämtliche Verbindlichkeiten aus gegenseitigen Verträgen, also auch die bereits vor Verfahrenseröffnung aufgelaufenen Verbindlichkeiten aus der Masse zu erfüllen. Diese Auslegung des § 55 Abs. 1 Nr. 2 InsO entspricht der von den Anhängern der Erlöschenstheorie zur Konkursordnung vertretenen und vom Verfasser ebenfalls geteilten Auffassung[955]. Wählt danach der Verwalter die Erfüllung, so hat er den kompletten Vertrag ohne Einschränkungen in Bezug auf die von der Masse zu erbringende Gegenleistung zu erfüllen.

In Abweichung von dem Wortlaut des § 59 Abs. 1 Nr. 2 KO lautet der § 55 Abs. 1 Nr. 2 InsO allerdings, „soweit“ deren Erfüllung zur Insolvenzmasse verlangt wird. Es wäre jedoch verfehlt, aus dieser Änderung Rückschlüsse dahingehend ziehen zu wollen, dass der Insolvenzverwalter ein „geteiltes“ Wahlrecht habe und nur Erfüllung der noch ausstehenden Leistung mit der Konsequenz der eingeschränkten

---

[953] Eckert, ZIP 1996, S. 897 (903).

[954] Niesert, InVo 1998, S. 85 (88).

[955] vgl. dazu oben unter § 3 II.

Gegenleistungspflicht der Masse wählen könnte[956]. Ein derartige Spaltung ist mit § 55 Abs. 1 Nr. 2 InsO nicht zu begründen.

2.3 Anwendbarkeit des § 105 InsO bei Erfüllungswahl

Von dem Grundsatz, dass der Verwalter bei Erfüllungswahl auch die vom Insolvenzschuldner geschuldete Leistung vollständig, also einschließlich der vor Verfahrenseröffnung aufgelaufenen Verbindlichkeiten, aus der Masse erbringen muss, könnte sich jedoch eine Abweichung ergeben, wenn die Regelung des § 105 InsO Anwendung finden würde. So stellt sich die Frage, ob nicht rückständige Leistungen aus der Zeit vor Verfahrenseröffnung oder vor Nutzung des Leasinggutes durch den vorläufigen Insolvenzverwalter bei Leasingverträgen, die nicht die Voraussetzungen des § 108 InsO erfüllen und damit dem Verwalterwahlrecht nach § 103 InsO unterstellt sind, unter Anwendung der Regelung des § 105 InsO nur als einfache Insolvenzforderungen und nicht als Masseverbindlichkeiten geltend gemacht werden können.

Die Regelung des § 105 InsO stellt eine vollkommen neue Regelung der Insolvenzordnung im Vergleich zur Konkursordnung und zur Gesamtvollstreckungsordnung dar. Die Regelung des § 105 InsO ist aus § 36 Abs. 2 VglO in das Reformwerk übernommen worden. So heißt es in der Begründung zum RegEInsO insoweit eindeutig[957]:

> „Satz 1 übernimmt den Gedanken des § 36 Abs. 2 S. 1 VglO."

Allerdings hat sich der Gesetzgeber mit keinem Wort mit den kritischen Stimmen zu § 36 Abs. 2 VglO auseinandergesetzt[958]. Dennoch werden nach allgemeiner Ansicht die Abgrenzungskriterien hinsichtlich der Teilbarkeit von Leistungspflichten, die zu § 36 Abs. 2 VglO erarbeitet wurden, für die Bestimmung der Teilbarkeit eines Vertrages nach § 105 InsO herangezogen. Zur näheren Untersuchung der Problematik soll zunächst ein Überblick über den Meinungsstand in Rechtsprechung und Literatur gegeben werden. Hierbei sollen dann mögliche Abgrenzungskriterien aufgezeigt werden.

---

[956] ebenso Tintelnot, in: Kübler/ Prütting, § 103 Rn. 67; HK- Marotzke, § 103 Rn. 46; auch Häsemeyer, Insolvenzrecht 2. Auflage, Rn. 20.26 allerdings mit anderen Rückschlüssen. Die These, daß die Einfügung des Wortes „soweit" zur Verdeutlichung der allgemeinen Wirkungen der Verfahrenseröffnung eingefügt wurde, ist bereits bei der Auseinandersetzung mit der Erlöschenstheorie begründet worden, so daß an dieser Stelle auf die obigen Ausführungen verwiesen werden kann, vgl. § 3 II., 1.

[957] Begründung zu § 105 InsO, abgedruckt bei Krämer, aaO, S. 234.

[958] Kritik äußerten insbesondere Häsemeyer, Insolvenzrecht, 1. Auflage, S. 407 Fn. 45; Marotzke, Gegenseitige Verträge im Konkurs und Vergleich, 1985, S. 189.

2.3.1 Ansätze der Rechtsprechung

Nach der Rechtsprechung[959] zu § 36 Abs. 2 VglO war eine weite Auslegung des Begriffs der Teilbarkeit[960] geboten, da das Gesetz alle Gläubiger aus Dauerrechtsverhältnissen, deren zeitlich ablaufende Leistung sich ihrem wirtschaftlichen Wert nach teilen lassen, am Vergleich teilnehmen lassen wolle, soweit ihre bis zur Verfahrenseröffnung erbrachten Teilleistungen in Frage kamen[961]. Eine früher gebräuchliche Begriffsbestimmung, eine Leistung sei teilbar, wenn ein beliebiger Leistungsteil seinem Wesen und Wert nach verhältnismäßig (anteilig) der Gesamtleistung entspreche, d.h. sich nur der Größe, nicht der Beschaffenheit nach von ihr unterscheide[962], sei deshalb nicht starr, sondern unter Beachtung des Gesetzeszweckes im jeweiligen Einzelfall anzuwenden. Teilbarkeit läge demnach vor, wenn sich eine Leistung in hinreichend verselbständigte Teile aufspalten ließe[963]. Dabei schade es nicht, wenn die Teile möglicherweise ungleichartig seien[964]. Eine zeitliche Teilbarkeit genüge indes grundsätzlich nicht. Nach der älteren Rechtsprechung sei eine Leistung insbesondere nicht schon dann als teilbar im Sinne von § 36 Abs. 2 VglO anzusehen, wenn sich der Umfang und die Art einer erbrachten Teilleistung zu einem bestimmten Stichtag tatsächlich feststellen und berechnen ließen[965].

In seiner Entscheidung vom 10.03.1994 stellte der IX. Zivilsenat des BGH[966] fest, die vom Verpächter geschuldete Gebrauchsüberlassung und den vom Pächter dafür entrichteten Pachtzins seien teilbare Leistungen im Sinne von § 36 Abs. 2 VglO. Sofern Wiederherstellungspflichten auf Seiten des Verpächters bestünden, seien diese auch möglicher Gegenstand eines Werkvertrages. Werkleistungspflichten seien teilbar im Sinne des § 36 Abs. 2 VglO. In dem bereits zitierten Urteil vom 21.10.1976[967] hatte der VII. Senat des BGH indes eine Teilbarkeit von Pauschalpreisvereinbarungen wegen mangelnder unmittelbarer Zurechenbarkeit von Teil- und Gegenleistung verneint.

Wie zuvor dargestellt[968], verwies der IX. Zivilsenat des BGH in zwei späteren Entscheidungen[969], als die Konkurs- und Vergleichsordnung noch in Kraft waren, zur Be-

---

[959] RGZ 155, 306, 312; BGHZ 51, 350 (355); 67, S. 242 (247); BGH KTS 1977, S. 111, (114); BGH ZIP 1994, S. 715 (717); a.A. Häsemeyer KTS 34 (1973), S. 2 (12); Langhein ZIP 1985, S. 385 (394).

[960] Für eine weite Auslegung nach § 36 VglO bereits RGZ 155, 306 (313); BGHZ 67, 242.

[961] BGH ZIP 1994, S. 715 (717) unter Bezugnahme auf Bley/ Mohrbutter, Vergleichsordnung, Großkommentar, § 36 Rn. 48; Böhle- Stamschräder/ Kilger, § 36 Anm. 6 sowie mit dem Hinweis auf die a.A. von Häsemeyer KTS 34 (1973), S. 2 (12); Langhein, ZIP 1985, S. 385 (394).

[962] So RGZ 155, S. 306 (313).

[963] So bereits BGHZ 67, 242 (249).

[964] BGH ZIP 1994, S. 715 (717) = BGHZ 125, 270 ff..

[965] BGHZ 67, 242 (248).

[966] BGH ZIP 1994, S. 715 (717).

[967] BGHZ 67, 242 (248) = KTS 1977, S. 111 (114).

[968] vgl. oben unter § 3 I., 3.9.

gründung des sogenannten Gegenleistungsgrundsatz[970] auf die im Entscheidungszeitpunkt noch nicht in Kraft getretene Vorschrift des § 105 InsO. Dabei stellte der BGH heraus, dass nach dem Gegenleistungsgrundsatz Leistungen, die gegenüber dem Gemeinschuldner bereits vor Verfahrenseröffnung teilweise erbracht worden waren, vom Wahlrecht unberührt blieben. Der Vertragspartner sei insoweit einfacher Insolvenzgläubiger, der diese Ansprüche nur in Höhe der Insolvenzquote bedient bekomme. Die Erfüllungswahl des Insolvenzverwalters habe demnach insoweit keinen Einfluss auf die mit Verfahrenseröffnung bereits erloschenen Leistungsansprüche aus diesem Vertragsverhältnis. Andererseits gelte nach Auffassung des BGH auch bei teilweiser Vorleistung des Insolvenzschuldners, dass der Vertragspartner zur Aufrechnung berechtigt bleibe. Folglich kann der Insolvenzverwalter die Vorleistung des Insolvenzschuldners nicht zur Masse ziehen[971].

Dieses Urteil vom 04.05.1995[972] wurde von Teilen der Literatur mit unterschiedlichen Argumenten kritisiert[973]. Nach Ansicht von *Niesert*[974] bestehe keine Möglichkeit der Aufspaltung eines Vertragsverhältnisses, sofern die Konkursordnung anzuwenden sei. Die Begründung des BGH unter Berufung auf § 36 Abs. 2 VglO überzeuge nicht. Gerade aus der Sonderbestimmung des § 36 Abs. 2 S. 1 VglO lasse sich entnehmen, dass die Konkursordnung eine solche Aufspaltung nicht gewollt habe. Bei § 36 Abs. 2 VglO handele es sich um eine Ausnahmebestimmung, die nicht analog auf andere Gesetze anwendbar sei. Die Nichtanwendbarkeit des § 36 Abs. 2 VglO werde insbesondere durch den neu eingeführten § 105 S. 1 InsO bestätigt. Dieser Kritikansatz erscheint jedoch zur Lösung der Auslegungsschwierigkeiten bei § 105 S. 1 InsO wenig geeignet, weil er sich auf die inzwischen nicht mehr gültige Konkursordnung beschränkt.

Die von *Marotzke*[975] geäußerte Kritik bietet keine überzeugenden Lösungsansätze im Hinblick auf § 105 InsO. Vielmehr beschränkt sich *Marotzke* in seiner Anmerkung zu dem Urteil des BGH vom 04.05.1995[976] darauf, seine Ablehnung der Erlöschenstheorie zu bekräftigen. Seiner Auffassung nach sieht sich der BGH wegen der „nicht begrüßenswerten" Konsequenzen der Erlöschenstheorie genötigt, die Theorie restriktiv auszulegen. Dieser Einwand läßt sich insoweit widerlegen, als mit Einführung der

---

[969] BGH ZIP 1995, S. 926 = BGHZ 129, 336; BGH ZIP 1997, S. 688 = BGHZ 135, 25.

[970] vgl. ausführlich zum Gegenleistungsgrundsatz oben § 5 II., 1.3.

[971] BGH ZIP 1995, S. 926 = BGHZ 129, 336.

[972] BGH ZIP 1995, S. 926 = BGHZ 129, 336.

[973] vgl. u.a. Niesert, WiB 1995, S. 759 (760); Marotzke, LM H. 9/ 1995, § 17 KO Nr. 31; Bork, JZ 1996, S. 49 (51 ff.).

[974] Niesert, WiB 1995, S. 759 (760).

[975] Marotzke, LM H. 9/1995, § 17 KO, Nr. 31.

[976] BGH ZIP 1995, S. 926 = BGHZ 129, 336 ff..

Insolvenzordnung nunmehr auch der Gesetzgeber die Erlöschenstheorie als Grundlage der Vorschriften der Insolvenzordnung angenommen hat[977].

Auch der von *Uhlenbruck*[978], einem Befürworter der Erlöschenstheorie[979], erhobene Einwand, das Urteil eröffne dem Gemeinschuldner in Absprache mit dem Vertragspartner die Möglichkeit, während des Konkurseröffnungsverfahrens noch Leistungen auf den Vertrag zu erbringen und so zu Lasten der Konkursmasse Aufrechnungslagen zu schaffen, kann nicht überzeugen. Sofern nämlich die Aufrechnungslage vor Konkurseröffnung geschaffen wurde, muss das Anfechtungsrecht (§§ 29 ff. KO bzw. §§ 129 ff. InsO) darüber entscheiden, ob die Aufrechnung Erfolg haben kann. Für diese Fälle hat das Anfechtungsrecht als speziellere Verfahrensregelung Vorrang vor den Regelungen über die Abwicklung der schwebenden Rechtsgeschäfte.

Eingehender hat sich *Bork*[980] mit der Entscheidung des BGH vom 04.05.1995[981] auseinandergesetzt. Zwar kritisiert auch *Bork* grundsätzlich die Erlöschenstheorie[982]; dennoch attestiert er dem Urteil, es handele sich um eine „Verfeinerung der BGH-Rechtsprechung". So sei es in sich stimmig, für die Zeit vor Verfahrenseröffnung eine Ausnahme zuzulassen. Wenn nämlich die Leistung nicht aus der Masse erbracht worden sei (sondern vor Verfahrenseröffnung vom Gemeinschuldner), dann sei es auch nicht gerechtfertigt, die Gegenleistung ohne Rücksicht auf bestehende Aufrechnungslagen zur Masse zu ziehen. Dies sei nur dann sachgerecht, wenn der Anspruch des Konkursverwalters durch seine eigene Leistung werthaltig geworden sei[983].

In seinem späteren Urteil des BGH vom 27.02.1997, dem sogenannten Sachsenmilch- Fall[984], hielt der IX. Zivilsenat an seiner in der Entscheidung vom 04.05.1995 vertretenen Meinung fest. Dabei hatte der Senat über die Konstellation zu entscheiden, dass der Vertragspartner vor Verfahrenseröffnung ihm obliegende Leistungen zum Teil erbracht hat. Nach dieser Entscheidung hat die Masse für die entsprechenden Gegenleistungen nicht aufzukommen. Andernfalls hätte die Masse Aufwendungen für Leistungen zu erbringen, die lediglich dem Gemeinschuldner, nicht aber ihr zugeflossen sind. Die Masse soll nach Auffassung des BGH nur dafür eine Gegenleistung erbringen, wofür ihr (und nicht dem Insolvenzschuldner) auch ein Leistung zugeflossen ist; sie soll im Gegenzug aber auch nur die Gegenleistung für

---

[977] vgl. ausführlich unter § 3 II.
[978] Uhlenbruck EWiR 1995, S. 691 f..
[979] vgl. Uhlenbruck, JZ 1992, S. 424 ff..
[980] Bork, JZ 1996, S.49 (52).
[981] BGH ZIP 1995, S. 926 = BGHZ 129, 336 ff..
[982] vgl. Bork, Festschrift Zeuner, S. 297 ff.; diesen Argumenten ist Kreft, ZIP 1997, S. 865 entgegengetreten, vgl. oben § 3 I., 2.
[983] Bork, JZ 1996, S. 49 (51 f.).
[984] BGH ZIP 1997, S. 688 (689) = BGHZ 135, 25; vgl. dazu oben bereits § 3 I., 3.10.

diejenige Leistung erhalten, die aus der Masse erbracht wurde. In den Entscheidungsgründe nahm der Senat abermals Bezug auf § 105 InsO[985]. Das in dieser Entscheidung zum Ausdruck kommende Anliegen der neueren Rechtsprechung spiegele sich bereits in § 36 Abs. 2 VglO wider. Auch § 105 InsO trage diesem Anliegen Rechnung[986].

Der IX. Zivilsenat hat in einer Entscheidung vom 22.02.2001[987] deutlich gemacht, dass er nunmehr von einem weiten Verständnis des Begriffes der Teilbarkeit ausgeht. Zunächst betont der Senat in den Entscheidungsgründen erneut, dass „der Masse die Gegenleistung nur für solche Leistungen ungeschmälert gebühren soll, die mit Mitteln der Masse erbracht wurden". Sodann formuliert der Senat, es spreche „vieles dafür, dass nur eine weite Grenzziehung der Teilbarkeit dem Gebot der Gläubigergleichbehandlung im Konkurs gerecht werde"[988]. Unter ausdrücklicher Aufgabe der soeben geschilderten früheren Rechtsprechung[989], nach der es nicht genüge, wenn sich eine erbrachte Teilleistung feststellen und bewerten lasse[990], sei vielmehr eine Teilbarkeit von Bauleistungen allgemein zu bejahen[991]. Dementsprechend erscheint die Auslegung des BGH nach der aktuellen Rechtsprechung großzügig angelegt zu sein. Zuletzt hat der Bundesgerichtshof in zwei Entscheidungen die Ansicht bestätigt, dass die rechnerische Teilbarkeit ausreichen soll. So müsse die erbrachte Leistung feststellbar sein und bewerten lassen[992].

Abschließend darf nicht verkannt werden, dass sich der BGH in den hier genannten Entscheidungen nicht mit der Frage auseinander zu setzen hatte, wie die Regelung bei Vertragsverhältnissen mit unteilbaren Leistungspflichten anzuwenden sei. Damit fehlt es gerade im Hinblick auf die Frage der Anwendbarkeit des § 105 InsO auf Leasingverträge an einer einschlägigen Entscheidung des BGH.

Aus Sicht des BGH ist die Argumentation hinsichtlich der Teilbarkeit insoweit erleichtert worden, als dass § 105 InsO mittlerweile in Kraft getreten ist und sich die Streitfrage unmittelbar an § 105 InsO orientieren wird. Es bleibt aber abzuwarten, ob der BGH nach Inkrafttreten der Insolvenzordnung seine neuere Linie in der Recht-

---

[985] BGH ZIP 1997, S. 688 (690) = BGHZ 135, 25.

[986] Darüber hinaus verweist der Senat in diesem Zusammenhang auf den in der Rechtsfolge „ferner" zu vergleichenden § 108 Abs. 2 InsO.

[987] BGH ZIP 2001, S. 1380 ff., in der Entscheidung ging es um die Frage der Teilbarkeit eines Werklieferungsvertrages.

[988] BGH ZIP 2001, S. 1380 (1382).

[989] BGHZ 67, 242 (249); BGHZ 125, 270 (274 f.).

[990] Vgl. diese Änderung bereits in BGHZ 129, S.336 (343/344f.).

[991] BGH ZIP 2001, S. 1380 (1382).

[992] BGHZ 147; 28 (34); 150, 353 (358 f.).

sprechung hinsichtlich der Teilbarkeit der Leistungen fortsetzen und auch die Anwendbarkeit des § 105 InsO auf Leasingverträge bejahen wird.

2.3.2 Meinungsstand in der Literatur

Die Anwendbarkeit des § 105 InsO auf Leasingverträge war bereits vor Inkrafttreten der Insolvenzordnung Gegenstand eines umfangreichen Meinungsstreites. Auch in der bislang erschienenen Kommentarliteratur herrscht weiterhin Uneinigkeit in dieser Frage. Während einige Autoren die Anwendbarkeit mit unterschiedlichen Begründungen ablehnen[993], befürwortet der überwiegende Teil der Literatur eine Anwendbarkeit des § 105 InsO auf diejenigen Leasingverträge, die nicht unter die Regelung des § 108 InsO fallen. Einige Autoren wollen dabei § 105 InsO direkt anwenden[994], während andere Autoren sich für eine analoge Anwendung des § 105 InsO auf Leasingverträge, die nicht unter § 108 Abs. 1 S. 2 InsO fallen, aussprechen[995].

Die Autoren, die generell die Anwendbarkeit von § 105 InsO auf Leasingverträge verneinen, begründen ihre Ansicht mit der Unmöglichkeit einer Aufteilung des Vertrages. So seien nach Auffassung von *Obermüller*[996] die vereinbarten Leasingraten nicht nur Entgelt für eine zeitlich begrenzte Gebrauchsüberlassung wie beim Mietvertrag, sondern zugleich Entgelt für die vom Leasinggeber erbrachte Finanzierungsleistung. Ebenso lehnt *Zahn*[997] eine Anwendbarkeit ab, weil die Leasingraten als Entgelt für die Gesamtleistung des Leasinggebers geschuldet werde, nicht nur für die Überlassung des Leasinggegenstandes bis zur Verfahrenseröffnung. Die Tatsache, dass eine

---

[993] So Obermüller, Insolvenzrecht in der Bankpraxis, Rn. 7.17; ebenso Obermüller/ Livonius, DB 1995, S. 27 (28); Zahn, DB 1995, S. 1597 (1599), der allerdings die Leasingverträge nur für nicht teilbar hält, sich aber zu § 105 nicht direkt äußert. Wohl auch HK- Marotzke, § 105 Rn. 4 f., der aber hauptsächlich rechtspolitische und rechtsdogmatische Einwände gegen die Regelung des § 105 InsO vorträgt, die er bereits an früherer Stelle geäußert hatte (vgl. Marotzke, JA 1988, S. 117f.; ders., Gegenseitige Verträge im Konkurs und Vergleich 1985, S. 485 ff.; ders. in: Leipold (Hrsg.), Insolvenzrecht im Umbruch, S. 189 f.).

[994] Tintelnot, in: Kübler/ Prütting, InsO, § 105 Rn. 10; ders. ZIP 1995, S. 616 (619 f.); Goetsch, in: Berliner Kommentar, § 105 Rn. 9; Eckert ZIP 1996, S. 897 (904); Häsemeyer, Insolvenzrecht, 2. Auflage, Rn. 20.48; auch Hess, InsO, § 105 Rn. 8 spricht sich für eine Anwendbarkeit des § 105 auf Leasingverträge aus, ohne allerdings eine nähere Begründung zu geben, außer der Einordnung als Vertrag i.S.d. § 103, dem eine teilbare Leistung zugrunde lege. Jauernig, Zwangsvollstreckungs- und Insolvenzrecht, setzt sich in der 20. Auflage noch mit der Anwendbarkeit auseinander und scheint sich unter Bezugnahme auf Tintelnot, JZ 1995, S. 616 (619f.) („mit guten Gründen") für eine Anwendbarkeit zu entscheiden. In der 21. Auflage allerdings fehlt trotz allgemein intensiverer Auseinandersetzung mit der insolvenzrechtlichen Behandlung von Leasingverträgen (S. 224 ff., 229) eine Stellungnahme zu dieser Problematik.

[995] Pape, Kölner Schrift, 1. Aufl., S. 405 ff., Rn. 35, 67; wohl auch für eine analoge Anwendung Sinz, Kölner Schrift, 1. Aufl., S. 455 ff. Rn. 14.

[996] Obermüller, Insolvenzrecht in der Bankpraxis, Rn. 7.17.

[997] Zahn, DB 1995, S. 1597 (1599).

Leistung „teilweise" vor Verfahrenseröffnung erbracht wurde, mache sie noch nicht zu einer „teilbaren" Leistung[998].

Langhein[999] plädiert – allerdings bezüglich der Regelung des § 36 Abs. 2 VglO, die jedoch dem § 105 InsO zugrunde liegt[1000] – im Wege teleologischer Auslegung für eine restriktive Anwendung des Teilbarkeitsbegriffes: Wer den Gläubiger ohne Zahlung bereits erbrachter Teilleistungen zu weiteren Lieferungen zwingen könne, der störe die vereinbarte Geschäftsgrundlage und damit das Gesamtgefüge des betreffenden Synallagma. Es käme zu einem Leistungsaustausch auf der Basis eines Leistungs- Gegenleistungs- Verhältnisses, das vertraglich weder vereinbart noch vorgesehen war. Hierbei fiele der Gläubiger nicht nur für die Vergangenheit dem allgemeinen Insolvenzrisiko anheim, sondern könnte auch durch zukünftige Leistungsverpflichtungen noch belastet werden. Die grundsätzlichen Regelungen der § 17 KO, § 36 Abs. 1 VglO würden deshalb in Ergänzung zu §§ 320 ff. BGB systemgerecht sicherstellen, dass „dem schlechten Gelde nicht noch gutes hinterherzuwerfen" sei und ebenfalls die privatautonome Gestaltungs- und Bindungsfreiheit der Parteien für die Zukunft respektiert werde. § 36 Abs. 2 VglO könne und solle dieses grundlegende Ordnungsprinzip nicht völlig aufheben.

Die Vertreter der Gegenmeinung[1001] halten Leasingverträge entweder für teilbar im Sinne des § 105 InsO, oder sie befürworten eine Anwendbarkeit aus Gesichtspunkten der Gleichbehandlung. So spreche nach *Tintelnot*[1002] der Einwand, Leasingraten seien nicht nur Entgelt einer Gebrauchsüberlassung, sondern auch einer Finanzierungsleistung nicht gegen die Anwendbarkeit des § 105 InsO. Auch innerhalb der Finanzierungsleistung sei die Kapitalbelassung teilbar.

Ferner spricht sich *Goetsch*[1003] für eine extensive Auslegung des Begriffes der Teilbarkeit von Leistungen aus. Eine unterschiedliche Behandlung von Dauerschuldverhältnissen, deren Bestand durch die Verfahrenseröffnung nicht beeinflusst werde, da es sich um Miet- oder Pachtverhältnisse über eine Immobilie

---

[998] Zahn, aaO.

[999] Langhein, ZIP 1985, S. 385 ff..

[1000] Insoweit herrscht Einstimmigkeit angesichts der klaren Aussage in der Begründung des Gesetzgebers zu § 105 InsO, abgedruckt bei Krämer, aaO. S, 234 f.

[1001] Tintelnot, in: Kübler/ Prütting, InsO, § 105 Rn. 10; ders. ZIP 1995, S. 616 (619 f.); Goetsch, in: Berliner Kommentar, § 105 Rn. 9; Hess, InsO, § 105 Rn. 8; Häsemeyer, Insolvenzrecht, 2. Auflage, Rn. 20.48; Eckert ZIP 1996, S. 897 (904); Pape, Kölner Schrift, 1. Aufl., S. 405 ff., Rn. 35, 67; Sinz, Kölner Schrift, 1. Aufl., S. 455 ff. Rn. 14.

[1002] Tintelnot, in: Kübler/ Prütting, InsO, § 105 Rn. 10.

[1003] Goetsch, in: Berliner Kommentar, § 105 Rn. 9 ff..

handele, und solchen Überlassungsverträgen, die eine bewegliche Sache oder ein Recht zum Vertragsgegenstand haben, sei nicht gerechtfertigt[1004].

Ein sehr weitgehender Ansatz für eine extensive Auslegung des Begriffes der Teilbarkeit von Leistungen wird von *Jauernig*[1005] vertreten. Demnach sei eine „Teilbarkeit in der Zeit“ als ausreichendes Kriterium anzusehen. So zeige die Gesetzesentwicklung, dass bei Einführung des § 36 Abs. 2 VglO nicht an eine Benachteiligung der Gläubigerseite durch die Konsequenzen der Vertragsfortführung zu gleichen Konditionen ohne Begleichung der aufgelaufenen Forderungen gedacht wurde. Aus dem Wortlaut ergebe sich, dass eine Teilbarkeit im Rechtssinne nur angenommen werden könne, wenn sich neben der mathematischen Dividierbarkeit auch eine wirtschaftliche Abgrenzbarkeit feststellen lasse (im Rahmen einer Gesamtschau). Jeder Bestandteil der Gläubigerleistung, der sich nicht unter plausiblen und vernünftigen Gesichtspunkten einem entsprechenden Gegenleistungsteil zuordnen lasse, sei unteilbar im Sinne von § 36 Abs. 2VglO[1006].

Tintelnot[1007] versucht die Anwendbarkeit darüber hinaus auch damit zu begründen, dass seiner Auffassung nach § 108 Abs. 1 S. 2 InsO das Leasing gesetzlich als Gebrauchsüberlassung einordne und es dort mit § 108 Abs. 2 InsO derselben Rechtsfolge unterwerfe. Denn der Einwand der fehlenden Teilbarkeit setze eine kaufrechtliche Einordnung des Leasing voraus, die sich wegen § 108 Abs. 1 S. 2 InsO de lege lata nicht behaupten lasse.

Häsemeyer[1008] begründet die Anwendbarkeit des § 105 InsO auf Nutzungsverhältnisse über bewegliche Sachen oder Rechte ohne Refinanzierungssicherung mit dem Hinweis auf die Regelung des § 108 Abs. 2 InsO. Auch *Pape*[1009], der eine analoge Anwendung des § 105 InsO auf Leasingverträge außerhalb des Anwendungsbereiches des § 108 Abs. 1 S. 2 InsO befürwortet, argumentiert, es sei widersinnig, zwischen den Verträgen, die unter § 108 InsO fallen und solchen die unter § 103 InsO fallen zu differenzieren. Es bereite aber dogmatische Schwierigkeiten, Ansprüche aus Dauerschuldverhältnissen wie teilbare Leistungen zu behandeln und

---

[1004] Goetsch, in: Berliner Kommentar, § 105 Rn. 10.

[1005] Jauernig, Zwangsvollstreckungs- und Insolvenzrecht, 20 Aufl., S. 324 im Anschluß an Tintelnot ZIP 1995, S. 616 (619 f.). Allerdings wird der Ansatz in der 21. Auflage nicht weiter verfolgt.

[1006] vgl. insoweit die negative Entscheidung in BGH KTS 1977, S. 111 (114) bezüglich der Teilbarkeit von Pauschalpreisvereinbarung wegen mangelnder unmittelbarer Zurechenbarkeit von Teil- und Gegenleistung.

[1007] Tintelnot, in: Kübler/ Prütting, InsO, § 105 Rn. 10.

[1008] Häsemeyer, Insolvenzrecht, 2. Auflage, Rn. 20.48 mit der knappen Formulierung: „Wählt der Verwalter Erfüllung, sind Ansprüche des anderen Teils bis zur Verfahrenseröffnung Insolvenzforderung (§ 105 InsO, auch arg. § 108 Abs. 2), danach Masseforderung.“ (In dieser kurzen Darstellung vernachlässigt Häsemeyer allerdings die Ausnahme des § 55 Abs. 2 InsO bei Nutzung des Gegenstandes für die Masse durch den vorläufigen Insolvenzverwalter).

[1009] Pape, Kölner Schrift, 1. Aufl., S. 405 ff. Rn. 35.

auch in der Begründung zu § 105 InsO würde sich kein Hinweis darauf finden, dass der Gesetzgeber die Vorschrift auch auf Dauerschuldverhältnisse angewandt wissen wollte. Eine zumindest analoge Anwendung liege allerdings „nahe". Es sei aber auch eine Gesamtanalogie zu den §§ 105, 108 Abs. 2 InsO denkbar[1010].

Kreft, als damaliger Vorsitzender Richter des IX. Zivilsenats des BGH, vermeidet in seiner Kommentierung im Münchener Kommentar[1011] zur Insolvenzordnung eine Stellungsnahme zu der Frage der Anwendbarkeit des § 105 InsO auf Leasingverträge, und zwar sowohl im Anschluss an seine Darstellung der Rechtsprechung des BGH zu den Wirkungen der Verfahrenseröffnung[1012] als auch bei der Kommentierung des § 105 InsO. Daher läßt sich nur vermuten, wie der BGH einen entsprechenden Fall entscheiden. Indizwirkung kommt dabei den in der Kommentierung von *Kreft* aufgezählten Kriterien und Beispielen von teilbaren Verträgen zu[1013]. Danach sei grundsätzlich jede Leistung teilbar. Insbesondere Kauf-, Miet- und Pacht-[1014], Dienst- sowie entgeltliche Kreditverträge seien teilbar. Nur in Ausnahmefällen fehle es an einer Teilbarkeit, so etwa bei höchstpersönlichen Leistungen und bei anderen Sonderfällen[1015]. Schließlich stellt *Kreft* noch einmal klar, dass nach der aktuellen Rechtsprechung eine Leistung als teilbar anzusehen sei, wenn sich eine erbrachte Teilleistung feststellen und berechnen ließe[1016].

Ebenfalls im Münchener Kommentar zur Insolvenzordnung schließt sich *Eckert*[1017] der Auffassung an, dass die Leistung des Leasinggebers und die Gegenleistungen des Leasingnehmers gemäß § 105 InsO aufteilbar seien. Dabei sei es unschädlich, dass die Leistung des Leasinggebers sich nicht in der gleichmäßig fortlaufenden Gebrauchsgewährung erschöpfe. Zwar erkennt auch *Eckert*, dass der Leasinggeber einen Großteil seiner Leistung durch die anfängliche Finanzierungs- und Anschaffungsleistung erbringt. Diese Leistungen ließen sich seiner Auffassung nach aber durchaus von der nachfolgenden gleichmäßigen Sachnutzung trennen. Aus den Gesamtvertragskosten könnten die Abgeltung der Anfangsleistung einschließlich Finanzierung und die Gegenleistung zur reinen Sachnutzung herausgerechnet werden.

[1010] Pape, aaO, Rn. 36.

[1011] Kreft, MünchKomm-InsO, §§ 103/105.

[1012] Kreft, MünchKomm-InsO, § 103 Rn. 1, 8 ff., 39 ff..

[1013] Kreft, MünchKomm-InsO, § 105 Rn. 15 ff., 21 ff..

[1014] unter Hinweis auf die Bestimmung des § 108 Abs. 2 InsO.

[1015] So plädiert Kreft, in: MünchKomm-InsO, § 105 Rn. 23, beispielsweise für eine Unteilbarkeit bei Lieferung von mehrteiligen Unikaten.

[1016] Kreft, MünchKomm-InsO, § 105 Rn. 14; ders., Festschrift Uhlenbruck, S. 387 (396/398 mwN).

[1017] Eckert, MünchKomm-InsO, § 108 Rn. 153 unter Hinweis auf Sinz, Kölner Schrift, S. 593 (603), Rn. 23; HK-Marotzke, § 103 Rn. 5 und § 105 Rn. 12.

2.3.3 Stellungnahme

Die Anwendbarkeit des § 105 InsO auf Leasingverträge hängt von der Beurteilung ab, ob die Leistungsverpflichtungen aus Leasingverträgen als teilbar im Sinne des § 105 InsO angesehen werden. Schwerpunkt der Auseinandersetzung über den Begriff der Teilbarkeit ist die bereits angesprochene Frage, ob eine restriktive oder extensive Auslegung des Begriffes geboten ist. Da sich der Gesetzgeber bei der Einführung des § 105 InsO an der Regelung des § 36 Abs. 2 VglO orientiert hat[1018], können zunächst die zu § 36 Abs. 2 VglO entwickelten Auslegungskriterien herangezogen werden. Sodann ist anhand der Einordnung des § 105 InsO in das Gesamtgefüge des Dritten Teils, Zweiter Abschnitt der Insolvenzordnung zu überprüfen, ob eine Anwendbarkeit auf Leasingverträge geboten ist. Dabei sind auch die rechtspolitischen Einwände[1019] zu diskutieren.

(a) Kriterien zur Bestimmung der Teilbarkeit

Die Literatur zur Vergleichsordnung bejahte in Übereinstimmung mit der Rechtsprechung[1020] zu § 36 Abs. 2 VglO die Teilbarkeit einer Leistung, wenn ein beliebiger Leistungsteil bei wirtschaftlicher Betrachtung seinem Wert und Wesen nach verhältnismäßig (anteilig) der Gesamtleistung entspricht, d.h. sich nur der Größe, nicht auch der Beschaffenheit nach von ihr unterscheidet[1021]. Teilbar sei demnach eine Leistung, wenn man sie in hinreichend verselbständigte Teile aufspalten könne, wobei es allerdings nicht genüge, dass sich die erbrachten Teilleistungen feststellen und bewerten lassen[1022]. Die Teilbarkeit von Leistungen gemäß § 36 Abs. 2 VglO wurde insbesondere für Werkleistungen bejaht. Demgegenüber sollten Dienstleistungen „möglicherweise" teilbar sein[1023].

Eine Subsumtion des Leasingvertrages unter diese Voraussetzungen ist indes nicht ohne weiteres möglich. Zwar entspricht eine Leasingrate als beliebiger Leistungsteil anteilig der Gesamtleistung in Form des zu zahlenden Betrages für die fest vereinbarte Vollamortisationszeit. Auch entspricht eine Leasingrate als Zahlung von Geld der Beschaffenheit nach der Gesamtleistung. Andererseits ist es aber fraglich, ob die

---

[1018] Aufgrund der eindeutigen Begründung des Gesetzgebers zu § 105 InsO, abgedruckt bei Krämer, aaO, S. 234 f., besteht an dieser These kein Zweifel. Auch in der erwähnten Kommentarliteratur herrscht insoweit Einigkeit.

[1019] vgl. hierzu insbesondere HK- Marotzke, § 105 Rn. 4.

[1020] vgl. die dargestellten Urteile RGZ 155, 313; BGHZ 51, 350; 67, 242.

[1021] Kilger/ K. Schmidt, Insolvenzgesetze KO/ GesO/ VglO, § 36 VglO Anm. 6; Bley/ Mohrbutter, VglO (Großkommentar) § 36 Rn. 48.

[1022] vgl. dazu Bley ZZP 61, S. 244 ff.; Uhlenbruck, Insolvenzrechtshandbuch § 73, S. 36.

[1023] Bley/ Mohrbutter, aaO, § 36 Rn. 48.

Leistung des Leasinggebers in diesem Sinne teilbar ist. So ist zu berücksichtigen, dass der Leasinggeber im wesentlichen neben der Verpflichtung zur Gebrauchsverschaffung und -überlassung auch eine Finanzierungsleistung übernimmt. Der Schwerpunkt des Gebrauchsverschaffung und -überlassung ist bereits mit Übergabe des Leasinggutes erbracht. Die Finanzierungsleistung hingegen ist auf die gesamte Vertragslaufzeit angelegt. Es wäre aber verfehlt, zu behaupten, der Leasinggeber habe bereits mit Besitzübergabe des Leasinggutes die Gebrauchsüberlassungskomponente erfüllt, und erbringe danach nur noch die Finanzierungskomponente[1024]. Die Leistung des Leasinggebers setzt sich während der gesamten Vertragslaufzeit aus den beiden Leistungskomponenten zusammen.

Eine Teilbarkeit kann demnach dann angenommen werden, wenn es als ausreichend erachtet wird, dass der Leasinggeber anhand seiner Kalkulation des Leasingvertrages offenlegt, welche Anteile der Summe der Leasingrate für welche Leistungskomponente zu Grunde gelegt wurden. Aus dieser Gesamtkalkulation des Leasinggebers ließe sich dann eine anteilige Umrechnung auf den im Zeitpunkt der Eröffnung bereits erbrachten Leistungsanteil im Verhältnis zu der vereinbarten Gesamtlaufzeit vornehmen.

Ob eine solche rechnerische Teilbarkeit allerdings für die Anwendbarkeit von § 105 InsO ausreichen sollte, läßt sich anhand der Kriterien zu § 36 Abs. 2 VglO allein nicht abschließend beurteilen. Es ist insoweit auf den Gesamtzusammenhang der Regelung der § 105 InsO innerhalb der Insolvenzordnung zurückzugreifen. Dies ist insbesondere deshalb geboten, weil mit § 105 InsO eine Neuregelung in die Insolvenzordnung aufgenommen wurde, die in der Konkursordnung und der Gesamtvollstreckungsordnung nicht normiert war. Die Insolvenzordnung hat aber gerade weite Teile der Konkursordnung übernommen. Daher ist für die abschließende Beurteilung der Neuregelung des § 105 InsO auch das gesamte neue Regelungswerk diesbezüglich zu untersuchen.

(b) Besonderheiten der Insolvenzordnung

Da sich durch den Vergleich mit § 36 VglO keine abschließenden Erkenntnisse über die Anwendbarkeit des § 105 InsO auf Leasingverträge, die nicht nach § 108 InsO zu behandeln sind, erzielen ließen, ist die Vorschrift im folgenden im Wege des klassischen Auslegungskanons zu interpretieren.

Nach seinem **Wortlaut** ist § 105 InsO auf jegliche Verträge anwendbar, bei denen die geschuldeten Leistungen „teilbar“ sind. Besondere Vertragstypen werden nicht aufgeführt. Unter welchen Voraussetzungen eine Teilbarkeit vorliegt, ist anhand des

---

[1024] Einen ähnlichen Ansatz verfolgt Eckert, ZIP 1997, S. 2077.

Wortlautes nicht näher zu bestimmen. Die Teilbarkeit ist tatbestandliche Voraussetzung. Mit den zu § 36 Abs. 2 VglO entwickelten Kriterien ließe sich eine Teilbarkeit der Leistungen eines Leasingvertrages nur bei einer sehr weiten Auslegung des Begriffes vertreten. Eine nähere Definition der Teilbarkeit im Sinne des § 105 InsO hat aber unter Hinzuziehung der weiteren Auslegungskriterien zu erfolgen.

Fraglich ist, ob die Anwendbarkeit von § 105 InsO auf Leasingverträge außerhalb des § 108 InsO mit der **Systematik** der Normen vereinbar ist. Bei Leasingverträgen über bewegliche Gegenstände, die nicht in der von § 108 Abs. 1 S. 2 InsO geforderten Form refinanziert sind oder sofern der Insolvenzschuldner Leasingnehmer ist, ist das Wahlrecht des Verwalters nach § 103 InsO gegeben. § 103 InsO stellt die grundsätzliche Regelung für gegenseitige, von keiner Seite vollständig erfüllte Verträge dar und ist – bildlich betrachtet – im Verhältnis zu den §§ 104 ff. InsO vor die Klammer gezogen. Diese grundsätzliche Regelung des § 103 InsO wird durch die §§ 104 ff. InsO eingeschränkt. § 105 InsO ist Bestandteil der modifizierenden Regelungen der §§ 104 ff. InsO. § 105 InsO ist im gleichen Abschnitt eingeordnet, in den auch die Regelungen über die insolvenzrechtliche Behandlung von Leasingverträgen zu finden ist. Damit ist eine Verknüpfung der modifizierenden Vorschrift des § 105 InsO für solche Leasingverträge, die unter § 103 InsO fallen, mit der Systematik der Normen vereinbar.

Näher zu untersuchen ist die **Entwicklungsgeschichte** der für Leasingverträge über bewegliche Sachen einschlägigen Normen der §§ 103, 108 InsO im Zusammenhang mit der Regelung des § 105 InsO selbst. Oben wurde bereits dargestellt, dass die in dem Ersten Bericht der Kommission für Insolvenzrecht vorgesehenen Sonderregelungen für Leasingverträge im Laufe der Reformgeschichte nicht mehr berücksichtigt wurden[1025]. Nunmehr soll vorrangig die unterschiedliche Behandlung von Leasingverträgen über unbewegliche Gegenstände einerseits und von solchen über bewegliche Gegenstände andererseits untersucht werden. Bis einschließlich zum Referentenentwurf[1026], dort § 115 RefEInsO, sollten Miet-, Pacht und Dienstverhältnisse unabhängig von dem Miet- oder Pachtgegenstand über die Verfahrenseröffnung hinaus fortbestehen. So sollten nach § 115 Abs. 2 RefEInsO die Ansprüche aus diesen Vertragsverhältnissen für die Zeit vor der Eröffnung des Insolvenzverfahrens lediglich Insolvenzforderungen darstellen. Erst im RegEInsO wurde dann in den § 108 InsO die Einschränkung eingeführt, dass nur Miet- oder Pachtverhältnisse über unbewegliche Gegenstände oder Räume die Verfahrenseröffnung überdauern. Absatz 2 der Vorschrift blieb aber unverändert. Allerdings fiel die Regelung, wonach vorkonkursli-

---

[1025] vgl. oben unter § 2 III., 6.2, zu den Leitsätzen 2.4.1.8 und 3.3.11 bezüglich der Behandlung von Leasingverträgen.

[1026] BMJ (Hrsg.); Gesetz zur Reform des Insolvenzrechts (Referentenentwurf), Köln.

che Ansprüche nur als Insolvenzforderungen geltend gemacht werden konnten, damit für Leasingverträge über bewegliche Sachen weg. Der für diese Vertragskonstellation nunmehr anwendbare § 103 InsO enthält bei Erfüllungswahl keine entsprechende Bestimmung. Auch durch die Einführung des § 108 Abs. 1 S. 2 InsO wurde dieser Zustand nur sehr eingeschränkt für die Insolvenz des Leasinggebers bei refinanzierten Leasingverträgen geändert. Aus dem Vorgenannten folgt, dass die Masse ohne die in § 108 InsO eingefügte Differenzierung zwischen Mobilien und Immobilien besser gestellt wäre, als dies nach dem jetzigen § 103, § 108 InsO der Fall ist, sofern nicht § 105 InsO Anwendung fände.

In der **Gesetzesbegründung** zur Unterscheidung zwischen Mobilien und Immobilien finden sich Erläuterungen nur für den Fall der Erfüllungsablehnung. In diesem Fall enden die Verträge mit der Eröffnung des Insolvenzverfahrens[1027]. Bezüglich des § 108 Abs. 2 InsO heißt es[1028]:

> „[In § 108 Abs. 2 InsO] wird klargestellt, daß die Ansprüche des anderen Vertragsteils aus den von Absatz 1 erfaßten Miet-, Pacht- und Dienstverhältnissen für die Zeit vor der Eröffnung des Insolvenzverfahrens als Insolvenzforderungen geltend zu machen sind".

Zu der Frage, was im Fall der Erfüllungswahl mit den Ansprüchen des anderen Vertragsteils aus der Zeit vor der Verfahrenseröffnung geschehen soll, äußert sich der Gesetzgeber in der Begründung zu § 108 InsO nicht abschließend, sondern wie folgt[1029]:

> „Ob der Verwalter Vorauszahlungen des Miet- oder Pachtzinses gegen sich gelten lassen muß, ist unklar, da die diesbezügliche Regelung des § 21 Abs. 2 KO auf die Miete und Pacht von Grundstücken und Räumen beschränkt ist."

Wenn aber nach § 108 InsO schon unklar ist, wie Vorauszahlungen zu behandeln sind, dann ist es erst recht nicht geklärt, ob aufgelaufene Forderungen des Vertragspartners des Insolvenzschuldners durch die Erfüllungswahl zu Masseforderungen aufgewertet werden sollen.

In der Begründung zu § 105 InsO nimmt der Gesetzgeber zunächst Bezug zu der Regelung des § 36 Abs. 2 VglO, die übernommen werde. Danach könne der Verwalter Erfüllung wählen, ohne dadurch auch für die Vergangenheit zur vollen Erfüllung verpflichtet zu werden. Der Vertragspartner müsse den Anspruch auf die Gegenleistung für seine Leistungen aus der Vergangenheit als Insolvenzgläubiger geltend machen, unabhängig davon, ob der Verwalter für die Zukunft die Erfüllung wähle oder diese ablehne[1030]. Bemerkenswert ist, dass der Gesetzgeber sich sodann ausführlich

---

[1027] Begr. zu § 108 InsO, abgedruckt bei Krämer, aaO, S. 237.
[1028] Begr. zu § 108 InsO, abgedruckt bei Krämer, aaO, S. 238.
[1029] Begr. zu § 109 InsO, abgedruckt bei Krämer, aaO, S. 238.
[1030] Begr. zu § 105 InsO, abgedruckt bei Krämer, aaO, S. 234.

mit den Energieversorgungsverträgen auseinandersetzt[1031]. Die von der Literatur und Rechtsprechung entwickelten Vorschläge zur Behandlung der Energielieferungsverträge hätten ähnliche Ergebnisse erreicht, wie sie durch den § 105 InsO angestrebt würden. Durch die Einführung des § 105 InsO würde aber die Konstruktionen über die Wiederkehrschuldverhältnisse[1032] überflüssig. Selbst wenn man auf den gesamten Energielieferungsvertrag § 17 KO anwenden würde, könnte sich der Verwalter durch die Erfüllungsablehnung von den Altlasten des Schuldners befreien. Der Verwalter würde dann einen neuen Vertrag abschließen, allerdings wahrscheinlich ohne die dem Gemeinschuldner eingeräumten Sonderkonditionen[1033].

Durch § 105 InsO sollte der Verwalter besser gestellt werden. Dies sollte dadurch geschehen, dass dem Verwalter die Möglichkeit eingeräumt wurde, Verträge über fortlaufende Lieferung von Waren und Energie im Insolvenzverfahren zu den gleichen Bedingungen fortzusetzen. Dadurch sollte wiederum die Sanierung eines Unternehmens im Insolvenzverfahren erleichtert werden. Entscheidenden Aufschluss über die Auslegung gibt die Begründung für diese Schlechterstellung des Vertragspartners der Insolvenzschuldners gegenüber der Konkursordnung[1034]:

> „Der Vertragspartner, der seine Rückstände nur als Insolvenzforderungen geltend machen kann, wird im Vergleich zu den anderen Gläubigern nicht unzumutbar belastet, da er für die Zeit von der Eröffnung des Verfahrens an die vereinbarte Gegenleistung voll aus der Masse erhält".

Zusammenfassend läßt sich mithin feststellen, dass die Entwicklung der Vorschriften §§ 103, 108 InsO einerseits und des § 105 InsO andererseits unabhängig voneinander erfolgte. Eine direkte Verknüpfung zwischen der erst im Regierungsentwurf eingefügten Differenzierung zwischen Leasingverträgen über bewegliche und unbewegliche Gegenständen und der Entwicklung des § 105 InsO läßt sich nicht feststellen. Eine Anwendbarkeit des § 105 InsO auf Leasingverträge, die nicht in den Bereich des § 108 InsO fallen, ist folglich aufgrund der Entwicklungsgeschichte der Vorschriften nicht zwingend gegeben. Die Entwicklungsgeschichte steht einer Anwendbarkeit aber auch nicht entgegen.

Da sich eine eindeutige Antwort somit auch nicht unter Berücksichtigung der Entwicklungsgeschichte erzielen läßt, ist für die Beurteilung der Anwendbarkeit des § 105 InsO auf Leasingverträge, die nicht unter § 108 InsO fallen, auf den **Sinn und**

[1031] Begr. zu § 105 InsO, abgedruckt bei Krämer, aaO, S. 234.

[1032] Danach bildeten diese Verträge eine Kette sich ständig wiederholender Einzelverträge, mit der Folge, daß Bezug von Energie für die Zukunft den Konkursverwalter nicht verpflichtete, aus der Konkursmasse Zahlungsrückstände des Gemeinschuldners zu begleichen.

[1033] Dabei ging man noch von der Prämisse aus, daß das Versorgungsunternehmen auf Grund des öffentlich- rechtlichen Kontrahierungszwanges zum sofortigen Abschluss eines neuen Vertrages verpflichtet sei.

[1034] Begr. zu § 105 InsO, abgedruckt bei Krämer, aaO, S. 234, 235.

Zweck dieser Vorschriften abzustellen. Die Differenzierung zwischen Mobilien und Immobilien in § 108 InsO sollte zu einer Besserstellung der Masse führen. Durch die vorzeitige Beendigungsmöglichkeit der Leasingverträge infolge des Wahlrechts des Verwalters sollte eine bessere Verwertung der Gegenstände erreicht werden. Der Gesetzgeber hatte also primär die Stärkung der Masse zum Ziel, als er sich für die Differenzierung entschied. Dass die zur Erreichung dieses Ziels gewählte Regelung die Refinanzierung von Leasingverträgen gefährdete, und die Regelung durch die Einführung des § 108 Abs. 1 S. 2 InsO teilweise wieder rückgängig gemacht wurde, ist bereits an anderer Stelle[1035] dargelegt und gewürdigt worden.

Für die Frage der Anwendbarkeit des § 105 InsO ist die Zielsetzung des Gesetzgebers aber durchaus von Bedeutung. So ist zu untersuchen, ob die Masse vor der Differenzierung zwischen Mobilien und Immobilien besser oder schlechter gestellt war.

Vor der Differenzierung zwischen Mobilien und Immobilien galten alle Leasingverträge mit Wirkung für die Masse fort. Allerdings galt auch der § 108 Abs. 2 InsO für alle Leasingverträge. Dies bedeutete, dass auch bei Durchführung der Leasingverträge über bewegliche Sachen die aufgelaufenen Forderungen aus der Zeit vor Verfahrenseröffnung ungeachtet der Fortdauer des Vertrages nur als einfache Insolvenzforderungen hätten geltend gemacht werden können. Der Verwalter wäre damit nur mit den nach Verfahrenseröffnung anfallenden Leasingforderungen belastet worden.

Der vergleichbare Fall bei Geltung der Differenzierung wäre die Erfüllungswahl des Verwalters gemäß § 103 InsO. Würde diese aber dazu führen, dass der Vertrag ohne Wenn und Aber vollumfänglich aus der Masse zu erfüllen wäre, so wären auch rückständige Forderungen aus der Zeit vor Verfahrenseröffnung zu begleichen. Die Masse würde demnach sehr viel stärker belastet werden, als dies noch ohne die Differenzierung der Fall war.

Eine derartige Steigerung der Massebelastungen durch die Anwendung des § 103 InsO auf Leasingverträge, die nicht unter § 108 InsO fallen, war aber gerade nicht Sinn und Zweck der Regelung. Der Gesetzgeber wollte eine massefreundlichere Behandlung einführen. An dieser Zielsetzung läßt sich aber nur festhalten, wenn man den § 105 InsO auch auf Leasingverträge außerhalb des § 108 InsO anwendet.

Der Sinn und Zweck des § 105 InsO ist mit der Anwendung der Vorschrift auf Leasingverträge ohne weiteres vereinbar, wenn nicht sogar geboten. Denn die Fortführung des Unternehmens wird erheblich erleichtert, wenn der Verwalter auch

---

[1035] vgl. oben unter § 2 III., 6.2.

bei den Leasingverträgen von den Altlasten freigestellt wird. Im günstigsten Fall sind die Leasingverträge sogar so kalkuliert, dass die Nutzung der Leasinggegenstände durch den Leasingnehmer zu solchen Einnahmen oder sonstigen Wertzuwächsen führen, dass damit die laufenden Leasingraten auch schon vor Vollamortisation in voller Höhe beglichen werden können oder sogar noch Gewinne erwirtschaftet werden können. Dann erhöht dies die Chancen der Sanierung erheblich. Gleichzeitig wird das gesetzgeberische Ziel erreicht, dass der Vertragspartner dadurch genügend geschützt wird, dass er die Gegenleistung ab Verfahrenseröffnung voll aus der Masse erhält.

Die Ausführungen in der Begründung mit Blick auf die Energielieferungsverträge im Zusammenhang mit der Einführung des § 105 InsO zwingen wiederum nicht zu einer Beschränkung der Anwendbarkeit der Vorschrift auf Verträge über Lieferung von Waren und Energie. Die Ausführungen sind vielmehr als beispielhaft anzusehen. Hätte der Gesetzgeber nämlich eine solche Beschränkung gewollt, so hätte er den Wortlaut enger gefasst. Statt dessen hat er die Vorschrift des § 36 Abs. 2 VglO in redaktionell angepasster Form nahezu wörtlich übernommen. Der Anwendungsbereich des § 36 Abs. 2 VglO war aber nach allgemeiner Ansicht keinesfalls nur auf Energielieferungsverträge begrenzt.

Folglich steht die Anwendbarkeit des § 105 InsO auf Leasingverträge, die nicht unter § 108 fallen, mit dem Sinn und Zweck der Vorschriften nicht nur im Einklang. Vielmehr ist diese Auslegung der Norm geradezu nach dem Sinn und Zweck geboten.

Darüber hinaus ist auch aus dem Gesichtspunkt der Gleichbehandlung die Anwendung des § 105 InsO auf Leasingverträge, die nicht unter § 108 fallen, geboten. Eine abweichende Wertung würde eine nicht hinnehmbare Ungleichbehandlung darstellen. Denn der Verwalter könnte sich in der Insolvenz des Leasingnehmers bei einem Leasingvertrag über unbewegliche Gegenstände oder Räume hinsichtlich der aufgelaufenen Forderungen auf § 108 Abs. 2 InsO berufen[1036]. Demgegenüber könnte der Verwalter in der Insolvenz eines Leasingnehmers aus einem Leasingvertrag über bewegliche Gegenstände diese Trennung nicht zu seinen Gunsten beanspruchen. Er wäre daher in nahezu allen denkbaren Konstellationen gezwungen, die Erfüllung der Leasingverträge abzulehnen, um nicht die Masse durch die aufgelaufenen Leasingforderungen über Gebühr zu verkürzen.

Damit ist als **Ergebnis** der Auslegung der Vorschriften der §§ 103, 108 InsO und des § 105 InsO festzuhalten, dass eine Anwendbarkeit des § 105 auf solche Leasingverträge, die nicht unter den Anwendungsbereich des § 108 InsO fallen, nach dem

---

[1036] Zur Verdeutlichung stelle man sich nur den Fall vor, dass Insolvenzschuldner Leasingverträge sowohl über unbewegliche als auch über bewegliche Gegenstände abgeschlossen hat.

Wortlaut und der teleologischen Auslegung nicht zwingend gegeben ist. Dagegen hat die Auslegung gezeigt, dass unter Berücksichtigung des Sinnes und Zweckes der Regelung, insbesondere dem Gesichtspunkt der Gleichbehandlung der Leasingverträge eine Anwendung des § 105 InsO auf Leasingverträge, die nicht in den Anwendungsbereich des § 108 InsO fallen, geboten ist. Andernfalls käme es zu einer per se nicht gewollten Schlechterstellung der Masse. Eine solche ist insbesondere im Verhältnis zu Leasingverträgen, auf die § 108 InsO Anwendung findet, nicht gerechtfertigt. Der Zielsetzung, die mit der Einführung des § 108 Abs. 2 InsO ursprünglich für sämtliche Leasingverträge verfolgt worden war und die auch durch die Differenzierung zwischen beweglichen und unbeweglichen Leasinggütern nicht untergehen sollte, kann nur entsprochen werden, wenn § 105 InsO auf jene Leasingverträge angewandt wird, die nicht nach § 108 InsO zu behandeln sind.

(c) Rechtspolitische Bedenken

In der Kommentarliteratur werden zum Teil, insbesondere von *Marotzke*[1037], rechtspolitischen Bedenken gegen die Regelung des § 105 InsO insgesamt und dessen Anwendbarkeit auf Leasingverträge, die nicht unter § 108 InsO fallen, vorgetragen.

So habe der Vertragspartner des Insolvenzschuldners seinen Preis in der Regel unter Berücksichtigung des gesamten Geschäftsumfangs ausgehandelt. Demzufolge laufe es die Anwendung des § 105 InsO im Ergebnis auf ein Recht des Insolvenzverwalters zur Nachbesserung des ursprünglichen Preis-/ Leistungsverhältnisses hinaus. Denn dem Insolvenzverwalter, der die weitere Erfüllung des erst teilweise erfüllten Vertrages verlange, werde das Recht zugestanden, den Vertragspartner hinsichtlich der vor Verfahrenseröffnung erbrachten und in sich vollständigen Teilleistungen mit der Insolvenzquote abzuspeisen und stattdessen für künftige Leistungen nur anteilig den Preis zu entrichten, der sich aus dem ursprünglichen Vertrag ergibt.

Dem ist entgegenzuhalten, dass es nur eine Frage der Definition des allgemeinen Insolvenzrisikos ist, ob das vermeintliche Nachbesserungsrecht für den Vertragspartner des Insolvenzschuldners als unangemessen einzustufen ist oder nicht. So ist es originärer Ausdruck der Privatautonomie, dass sich jeder Teilnehmer am Wirtschaftsleben seine Vertragspartner selbst aussuchen kann. Die Entscheidung, ob eine (langfristige) vertragliche Bindung eingegangen wird, erfolgt nach den individuellen Kriterien des Einzelnen. Wenn der zukünftige Vertragspartner vor Vertragsabschluß darüber informiert ist, dass bei eventueller Insolvenz seines zukünftigen Vertragspartners bestimmte Einschnitte in seinen eigenen Leistungsanspruch möglich sind,

---

[1037] HK- Marotzke, § 105 Rn. 4, der aber nur die eigenen, an anderer Stelle bereits geäußerten Einwände zusammenfasst, vgl. Marotzke, in: Leipold (Hrsg.), Insolvenzrecht im Umbruch, S. 189 f.; ders. JA 1988, S. 117 f..

die die Kalkulation negativ beeinflussen, so kann bei der Auswahl des Vertragspartners eine entsprechende Risikokalkulation vorgenommen werden. Diese beeinflusst wiederum den Vertragsinhalt. Ein erhöhtes Risiko[1038] wird durch entsprechende vertragliche Bestimmungen zu vergüten sein.

Durch den Einschnitt, der durch die Anwendung des § 105 InsO getroffen wird, wird aber nicht die anfängliche Vertrags- und Bindungsfreiheit des einzelnen unverhältnismäßig beeinträchtigt, sondern es werden lediglich die Parameter, die zur Entscheidungsfindung herangezogen werden können, anderes gewichtet. Der Beeinträchtigung des Vertragspartners des Insolvenzschuldners stehen zudem die höher zu bewertenden Interessen der gesamten Gläubigergemeinschaft an der Erhöhung der Chancen einer Sanierung gegenüber. Insoweit ist der Begründung des Gesetzgebers zu § 105 InsO zuzustimmen, dass die Position des Vertragspartners dadurch ausreichend geschützt ist, dass er die Gegenleistung für seine nach Verfahrenseröffnung erbrachte Leistung voll aus der Masse erhält.

Darüber hinaus erhöht sich mit der steigenden Chance der Sanierung auch die individuelle Chance des Leasinggebers auf Erhalt einer höheren Quote für seine als Insolvenzforderung angemeldeten Forderungen aus der Zeit vor Verfahrenseröffnung. Würde der Leasinggeber mit seinen Forderungen aus der Zeit vor Verfahrenseröffnung nicht auf die Anmeldung zur Tabelle verwiesen, so wäre die Wahrscheinlichkeit der Erfüllungsablehnung um so größer. Denn es würde sich für die Masse nicht günstig auswirken, wenn der Verwalter den Leasingvertrag durchführt. Einen nachteiligen Leasingvertrag wird ein Verwalter aufgrund seiner allgemeinen Verpflichtung aber nicht erfüllen können[1039]. Bei einer Erfüllungsablehnung würde der Leasinggeber jedoch auch nur Ansprüche aus der Zeit vor Verfahrenseröffnung als einfacher Insolvenzgläubiger geltend machen können. Die geäußerten rechtspolitischen Bedenken sind somit nicht überzeugend. Sie stehen einer Anwendbarkeit des § 105 InsO auf Leasingverträge nicht entgegen.

2.3.4 Berechnung der von der Masse geschuldeten Gegenleistung

Nachdem nunmehr die Anwendbarkeit des § 105 InsO auf Leasingverträge, die nicht unter § 108 InsO fallen, begründet wurde, schließt sich die weitergehende Frage an, ob der Verwalter in der Insolvenz des Leasingnehmers dem Leasinggeber als Gegenleistung für den nach Verfahrenseröffnung in Anspruch genommenen

[1038] Dies gilt nur, wenn man die Anwendbarkeit des § 105 InsO als eine Risikoerhöhung auf Seiten des Leasinggebers einstuft.

[1039] In der Praxis ist aus diesen Gründen der frei vereinbarte Verzicht des Leasinggebers auf die aufgelaufenen Leasingraten als Masseforderungen nicht unüblich.

Leasinggegenstand die volle Leasingrate entrichten muss, oder ob eine anders zu kalkulierende Gegenleistung geschuldet wird.

Dieser Frage ist *Eckert*[1040] nachgegangen. Ausgangspunkt seiner Überlegungen ist dabei eine Äußerung des BGH in dem Urteil vom 28.03.1990. In der Entscheidung führte der BGH aus, dass der Leasinggeber bei Vertragsbeginn bereits den wesentlichen Leistungsanteil insoweit erbracht habe, als er nämlich die Anschaffung oder Herstellung des Leasingobjektes, dessen Finanzierung und Übergabe an den Leasingnehmer geleistet habe[1041]. Nach der Übergabe sei der Leasinggeber allenfalls gehalten, dem Leasingnehmer den ungestörten Gebrauch zu belassen und ihn bei etwaigen Störungen durch Dritte zu unterstützen[1042]. Da die Masse aber bei Anwendung des § 105 InsO[1043] nur ein Entgelt für jene Leistungen schuldet, die ausschließlich ihr, und nicht dem Insolvenzschuldner, zufließen, müsse nun der Wert der der Masse zufließenden Leistung berechnet werden. Unter der Prämisse, dass der Leasinggeber nach der Übergabe nur noch verpflichtet sei, „den Leasingnehmer nicht in der Nutzung zu stören und ihn allenfalls gegenüber Störungen durch Dritte zu unterstützen“[1044], schulde die Masse eine Gegenleistung in Höhe des die Besonderheiten des Leasing berücksichtigenden Wertes des Belassens des ungestörten Gebrauches[1045]. Dieser Wert stelle einen Bruchteil der ursprünglich vereinbarten Leasingraten dar. Soweit der Leasinggeber atypische Pflichten, wie etwa Wartung von Hardware oder die Aktualisierung von Software übernommen habe, deren Erfüllung der Masse zugute komme, habe die Masse ebenfalls deren Wert zu entgelten[1046].

Einer noch weitergehenden Auffassung zufolge hat der Leasinggeber mit der vor Verfahrenseröffnung getätigten Anschaffung, Finanzierung und Übergabe des Leasinggutes bereits seine Vertragspflichten vollständig erfüllt. Der Leistungsanteil des Leasinggebers nach Übergabe trete daher hinter der überragenden Anfangsleistung zurück[1047].

1040 Eckert, ZIP 1997, S. 2077 ff..

1041 Eckert, ZIP 1997, S. 2077.

1042 Eckert, aaO, mit Verweis auf BGH ZIP 1987, 1390 (Entscheidung des IX. Zivilsenats), die durch BGH ZIP 1990, 646 bestätigt wurde und zuletzt in BGH ZIP 1997, 513 speziell im Hinblick auf das Immobilienleasing.

1043 Ferner stützt Eckert, aaO, seine Argumentation auf den von der Rechtsprechung entwickelten Gegenleistungsgrundsatz.

1044 So wörtlich BGH ZIP 1990, 180 (185) mit Verweis auf BGH ZIP 1987, 1390.

1045 Eckert, ZIP 1997, S. 2077 (2079).

1046 Eckert, aaO.

1047 Lieb DB 1988, S. 946 (948); Uhlenbruck/ Sinz WM 1989, S. 1113 (1120); Gerhardt, Festschrift Schwab 1990, S. 139 (145).

Diese Auffassung ist jedoch abzulehnen. Würde es nämlich zutreffen, dass der Leasinggeber bereits durch Übergabe des Leasinggutes seine vertraglich geschuldete Leistung erbracht hat, so bestünde für den Verwalter gar kein Wahlrecht aus § 103 InsO bzw. wäre die Anwendbarkeit von § 108 InsO unmöglich. Der Leasingvertrag würde dann keinen schwebenden Vertrag im Sinne der §§ 103 ff. InsO mehr darstellen. Es würde sich nämlich nicht mehr um einen von beiden Seiten noch nicht vollständig erfüllter Vertrag handeln. Diese Wertung steht jedoch in klarem Widerspruch zu der Intention des Gesetzgebers der Insolvenzordnung, sowie auch der überwiegenden Ansicht in Rechtsprechung und Literatur, wonach sich nämlich die Behandlung von Leasingverträgen sehr wohl nach den §§ 103 ff. InsO richte[1048].

Ferner ist die fortdauernde Gebrauchsüberlassung seitens des Leasinggebers, die aus seiner Sicht einen laufenden Wertverlust des Leasinggutes bedeutet, nicht als eine nicht zu berücksichtigende Leistung einzustufen.

Fraglich bleibt aber, ob der Leasinggeber für seine Leistung nach Verfahrenseröffnung, wie von *Eckert*[1049] vertreten, nach Maßgabe des § 105 InsO in Verbindung mit dem Gegenleistungsgrundsatz der Rechtsprechung nur einen Bruchteil der ursprünglichen Leasingrate als Gegenleistung verlangen kann.

Gegen die Auffassung von Eckert hat sich *Schmid- Burgk* gewandt[1050]. Es sei zwar richtig, dass der Leasinggeber seine wesentliche Verpflichtung mit der Gebrauchsüberlassung erbracht habe. Ausgangspunkt dieser Überlegung sei aber, dass die Masse im Konkurs des Leasinggebers durch die Fortführung des Leasingvertrages nicht weiter belastet wird. Insoweit enthalte die weitere Nutzungsüberlassung für den Konkursverwalter einer Leasinggesellschaft keine Beschwer[1051]. In der Insolvenz des Leasingnehmers sei jedoch eine andere Sichtweise geboten. Der Masse fließe durch die fortdauernde Nutzungsüberlassung ein erheblicher Vorteil zu. Umgekehrt erleide der Leasinggeber erhebliche Nachteile, wenn er das Objekt weder verwerten noch die Bezahlung der Leasingraten verlangen könne.

Vor diesem Hintergrund sei der Wert der fortdauernden Nutzungsüberlassung in Höhe der jeweiligen Leasingraten anzusetzen[1052].

Diese differenzierte Betrachtungsweise gebiete auch eine verfassungskonforme Auslegung der Vorschriften der Insolvenzordnung. So sei der Leasinggeber Eigentümer

---

[1048] vgl. insbesondere Begründung der Novelle, BT- Drucks. 13/ 4699, S. 5 f.; sowie Eichenhofer, Festschrift Gitter, S. 231 (238).

[1049] Eckert, aaO.

[1050] Schmid- Burgk, ZIP 1998, S. 1022 ff..

[1051] Der Gesetzgeber begründete u.a. mit diesem Argument die Ergänzung des § 108 InsO um den Satz 2, vgl. BT- Drucks. 13/ 4699, S. 5 f.

[1052] Schmid- Burgk, ZIP 1998, S. 1022 (1023).

des Leasingobjektes, welches er dem Leasingnehmer gegen Bezahlung der Leasingraten überlasse. Die Leasingraten seien hierbei sowohl Entgelt für die vom Leasinggeber vorweg erbrachte Finanzierungsleistung als auch Gegenleistung für die zeitlich begrenzte Gebrauchsüberlassung. Der Leasinggeber halte also an seinem Eigentum fest. Demgegenüber verzichte der Eigentumsvorbehaltsverkäufer aufschiebend bedingt durch die Kaufpreiszahlung auf sein Eigentum. Nach den Regelungen der Insolvenzordnung erhalte der einfache Eigentumsvorbehaltsverkäufer in der Insolvenz des Käufers entweder sein Eigentum vollständig zurück oder er erhalte den Kaufpreis. Der Leasinggeber dagegen müsste es dulden, dass sein Eigentum während der Laufzeit des Leasingvertrages möglicherweise vollständig entwertet werde. Es sei vor diesem Hintergrund nicht nur rechtsdogmatisch schwer verständlich, dass der Leasinggeber gegenüber dem Eigentumsvorbehaltsverkäufer derart benachteiligt werde, sondern eine anderweitige Interpretation bedeute auch einen Verstoß gegen Art. 14 GG und sei daher verfassungswidrig[1053].

Ebenso gehe aus der Entstehungsgeschichte hervor, dass dem Leasinggeber der gleiche Schutz zu gewähren sei wie einem Eigentumsvorbehaltsverkäufer. So sei dem Leasinggeber von vornherein die stark gesicherte Position des Aussonderungsberechtigten zugebilligt worden, während dem Eigentumsvorbehaltsverkäufer erst im weiteren Verlauf des Verfahrens diese Position eingeräumt wurde. Damit werde deutlich, dass die von Eckert angenommene Benachteiligung des Leasinggebers gerade nicht gewollt gewesen sei[1054].

Schmid- Burgks[1055] differenzierende Betrachtungsweise hinsichtlich der Belastungen des Leasinggebers, die darauf abstellt, wer Insolvenzschuldner geworden ist, erscheint zu stark interessenorientiert zu sein[1056].

So ist kein sachlicher Grund für die Differenzierung ersichtlich, wenn *Schmid- Burgk* die Ansicht vertritt, dass einerseits bei der Insolvenz des Leasinggebers die Masse durch die Gebrauchsüberlassung nicht belastet sei, während andererseits eine solche Belastung für die Masse in der Insolvenz des Leasingnehmers sehr wohl gegeben sei. Diese Belastung in der Insolvenz des Leasingnehmers könne zudem nur durch Zahlung der vereinbarten Leasingraten abgegolten werden.

Ebenso ließe sich argumentieren, dass in der Insolvenz des Leasinggebers die Masse nur eine Gegenleistung für die von ihr nach Verfahrenseröffnung erbrachte Leistung erhalte. Da die Masse aber durch die bloße Gebrauchsüberlassung nicht

[1053] Schmid- Burgk, aaO.
[1054] Schmid- Burgk, aaO.
[1055] Schmid- Burgk, ZIP 1998, S. 1022.
[1056] Schmid- Burgk könnte als Syndikus der Hamburgischen Landesbank- Girozentrale geneigt sein, eine bankenfreundlichere Sichtweise der Dinge darzustellen.

belastet werde, könne diese Gegenleistung des Leasingnehmers auch nur einen Bruchteil der vereinbarten Leasingrate betragen. Eine Konsequenz, die von Seiten der Kreditinstitute bestimmt nicht befürwortet werden würde, weil dann lediglich dieser Bruchteil aufgrund der Vorauszession weitergeleitet werden müßte.

Allerdings ist das von *Schmid- Burgk* erzielte Ergebnis insgesamt vorzugswürdig. Demgegenüber läßt sich die Ansicht von *Eckert* auch mit dem angestrebten Ziel der Massestärkung nicht rechtfertigen. Es ist vielmehr sach- und interessengerecht, wenn der Leasinggeber für den Zeitraum nach Verfahrenseröffnung die dann fällig werdenden Leasingraten in der vereinbarten Höhe als Entgelt für die Gewährung der Gebrauchsüberlassung in Form von Masseschulden geltend machen kann. So wurde bereits an anderer Stelle die Prämisse widerlegt, dass in der Insolvenz des Leasinggebers die Masse durch die Gebrauchsüberlassung nicht belastet werde[1057].

Ein Schwerpunkt des Leasingvertrages ist die Gebrauchsüberlassung des Leasinggutes, wenngleich auch die Beschaffungspflicht des Leasinggebers die wesentliche Vertragspflicht darstellt. Denn für den Leasingnehmer steht die Nutzung des (meist nach seinen Vorgaben vom Leasinggeber zu erwerbenden) Gegenstandes im Vordergrund. Wie und wann der Leasinggeber die hierfür notwendige Finanzierungsleistung erbringt, ist allein Sache des Leasinggebers und berührt den Leistungsaustausch im Verhältnis zwischen Leasinggeber und Leasingnehmer nicht. So steht es dem Leasinggeber frei, das Leasinggut sofort bei Erwerb über eine Forfaitierung der Leasingraten voll zu bezahlen oder sich seinerseits über ein Darlehen zu refinanzieren, das aus den Leasingraten bedient wird. Ebenfalls könnte der Leasinggeber (wenn auch eher theoretisch) mit dem Verkäufer ein Zahlungsziel vereinbaren. Sofern man nicht die Finanzierungsleistung in der bloßen Abrede hierüber sieht, sondern auf den tatsächlichen Geldfluss abstellt, würde es von Zufälligkeiten außerhalb des Leasingvertrages abhängen, in welchem Umfang die nach Verfahrenseröffnung fällig werdenden Leasingraten Masseschulden werden oder nicht. Bei der Anschaffung und der Finanzierung des Leasinggutes handelt es sich jedoch nur um notwendige Vorbereitungshandlungen des Leasinggebers, damit die Gebrauchsüberlassung im vereinbarten Nutzungszeitraum ermöglicht werden kann. Entscheidend bleibt, dass sich als teilbare Leistungen die Gebrauchsüberlassung und die zu zahlenden Leasingraten gegenüberstehen. Demnach kann der Leasinggeber die auf den Zeitraum nach der Verfahrenseröffnung entfallenden Leasingraten in der vereinbarten Höhe als Masseschulden geltend machen.

[1057] vgl. BT- Drucks. 13/ 4699, S. 6. Aber auch in diesem Punkt zeigt sich die Unrichtigkeit der gesetzgeberischen Prämisse wieder deutlich. Der Gesetzgeber hat sich von den Interessenvertretern der Kreditinstitute insoweit überzeugen lassen, ohne die Konsequenzen für die Insolvenz des Leasingnehmers zu durchdenken.

Darüber hinaus überzeugt der von *Schmid- Burgk* angeführte Vergleich mit der Rechtsstellung des Eigentumsvorbehaltsverkäufers. Eine derartige Schlechterstellung des Leasinggebers im Vergleich zu einem Eigentumsvorbehaltsverkäufer, wie sie die Auffassung von *Eckert* bedeuten würde, entspricht nicht der Wertung der insolvenzrechtlichen Vorschriften. Schließlich spricht für die von *Schmid- Burgk* vertretene Ansicht auch der gesetzgeberische Wille bei der Einführung des § 105 InsO. So hat der Gesetzgeber in seiner Begründung zu § 105 InsO die Teilung und mithin die Einschnitte auf Seiten des Vertragspartners des Insolvenzschuldners damit gerechtfertigt, dass der Vertragspartner für die Zeit ab Insolvenzeröffnung die vereinbarte Gegenleistung voll aus der Masse enthalte[1058]. Diese Zielsetzung ist auch bei Leasingverträgen zu berücksichtigen.

2.3.5 Zusammenfassung

In der Insolvenz des Leasingnehmers ist § 105 InsO auf solche Leasingverträge anwendbar, die nicht unter den Anwendungsbereich des § 108 Abs. 2 InsO fallen.

Im Falle einer Erfüllungswahl hat der Insolvenzverwalter an den Leasinggeber als Gegenleistung für die der Masse nach Verfahrenseröffnung gewährte Gebrauchsüberlassung an den Leasinggeber die Leasingraten für diesen Zeitraum in Höhe der vorkonkurslich vereinbarten Leasingraten als Masseschulden zu entrichten. Eine abweichende Berechnung, nach der das Entgelt für die Gebrauchsüberlassung geringer ausfiele als die ursprünglich vereinbarte Leasingraten, ließe sich weder mit dem Charakter des Leasingvertrages noch im Vergleich mit der Rechtsstellung des Eigentumsvorbehaltsverkäufers vereinbaren. Dies ergibt sich sowohl aus der Entwicklungsgeschichte, als auch aus dem Willen des Gesetzgebers bei Einführung des § 105 InsO.

[1058] Begründung zu § 105 InsO, abgedruckt bei Krämer, aaO, S. 234.

§ 6 ALTERNATIVER ANSATZ FÜR DIE BEHANDLUNG VON LEASINGVERTRÄGEN

I. NOTWENDIGKEIT EINER ALTERNATIVEN REGELUNG

Die Ausführungen zeigen, dass sich die insolvenzrechtlichen Vorschriften zur Behandlung von Leasingverträgen sowohl in der Insolvenz des Leasingnehmers als auch in der Insolvenz des Leasinggebers teilweise erheblicher und berechtigter Kritik ausgesetzt sehen. Dies ist darauf zurückzuführen, dass auch durch die Einführung des § 108 Abs. 1 S. 2 InsO die Widersprüche nicht vollständig beseitigt worden sind. Ganz im Gegenteil werden durch die Regelung des § 108 Abs. 1 S. 2 InsO vielmehr neue Fragestellungen aufgeworfen.

So ergeben sich nicht nur die angeführten Schwierigkeiten bei der systematischen Einordnung des § 108 Abs. 1 S. 2 InsO im Hinblick auf § 110 InsO[1059]. Bei der Untersuchung hat sich gezeigt, dass der Gesetzgeber bei Einführung des § 108 Abs. 1 S. 2 InsO irrtümlicherweise davon ausging, dass die Masse bei einem Fortbestand des Leasingvertrages (nur) die bloße Gebrauchsüberlassung schulde und dadurch nicht wesentlich belastet werde[1060].

Zudem erweist sich die Differenzierung zwischen refinanzierten und nicht refinanzierten Leasingverträgen als zweifelhaft. Wenn nur der fremdfinanzierte Leasingvertrag über Mobilien insolvenzfest wäre, so könnte sich daraus die Konsequenz ergeben, dass die Mehrzahl der Leasinggesellschaften zu eben dieser Fremdfinanzierung durch Dritte überginge. Somit würde sich das Eigenkapital der Leasinggesellschaften weiter reduzieren und es könnte im Falle einer Insolvenz der Leasinggesellschaft eine verstärkte Massearmut bevorstehen, die für die Gläubigergesamtheit wiederum nachteilig wäre. Dies wäre ein Ergebnis, das diametral im Gegensatz der Zielsetzung der Neufassung des Insolvenzrechts stünde. Die weit verbreitete Massearmut, welche insbesondere durch besitz- und publizitätslose Sicherungsrechte geschaffen wird, ließe sich durch diese Regelung kaum verhindern, sondern würde im Gegenteil noch gefördert.

Auf der anderen Seite erscheint es fraglich, warum gerade solche refinanzierten Leasingverträge in der Insolvenz mit Wirkung für die Masse zwingend aufrecht erhalten werden sollen, bei denen der Masse – nach Ansicht des Gesetzgebers – keine Gegenleistung zufließen soll. Die Begründung zu § 108 Abs. 1 S. 2 InsO lautet, dass der Eingriff auf Seiten des Zessionars zum Gewinn für die Masse in keinem angemesse-

---

[1059] vgl. oben § 5 II., 1.2.3.

[1060] vgl. oben § 5 II., 1.3.

nen Verhältnis steht, da beim "typischen refinanzierten Finanzierungsleasing" der refinanzierenden Bank ein Absonderungsrecht aus dem ihr zur Sicherheit übereigneten Leasinggut zustehe[1061].

Dieser Umstand ist sicherlich zu berücksichtigen. Andererseits wird bei nicht refinanzierten Leasingverträgen die Belastung oder Nichtbelastung für die Masse durch die bloße Gebrauchsüberlassung des Leasinggegenstandes nicht anders zu beurteilen sein. Zusätzlich erhält die Masse in dieser Konstellation noch die Gegenleistung in Form der Leasingrate, die sie nicht an den Zessionar weiterleiten muss. Wenn die unterschiedliche Einordnung dieser Fallkonstellationen damit begründet wird, dass der Eingriff auf Seiten des Zessionars nicht verhältnismäßig ist, so scheint dies folglich nicht nach den Interessen der Masse ausgerichtet zu sein. Zudem führen die zusätzlichen Differenzierungen nach Art des Leasinggegenstandes sowie nach Art der Finanzierung dazu, dass nur unter (umstrittener) Hinzuziehung weiterer Vorschriften, wie etwa der Regelung des § 105 InsO, gleichmäßige Ergebnisse erzielt werden können[1062].

Aus den Erkenntnissen der voranstehenden Untersuchung folgt, dass eine einheitliche und in sich geschlossene Regelung über die insolvenzrechtliche Behandlung von Leasingverträgen zu suchen ist. Ziel muss die Verbesserung des aktuellen Zustandes der insolvenzrechtlichen Regelungen für Leasingverträgen sein, der trotz der geringen Geltungsdauer des Gesetzes bereits – zugespitzt formuliert – an ein „Flickwerk" erinnert. Die Nachbesserungen zur Beseitigung der Versäumnisse des Gesetzgebers während des Gesetzgebungsverfahrens dürfen dabei nicht ausschließlich an Interessen einzelner Gruppierungen ausgerichtet sein.

II. ERINNERUNG AN DIE ZIELSETZUNG DES REFORMWERKES

Bei der Entwicklung eines solchen Änderungsvorschlages muss die ursprüngliche Zielsetzung der Insolvenzordnung, insbesondere die Verbesserung der Position der Masse, im Vordergrund stehen. Unter Beachtung dieser Zielsetzung sind dann die aufgezeigten Unstimmigkeiten zu überwinden.

Als Hauptursache für die Streitigkeiten wurde die erst in dem Regierungsentwurf vorgenommene Differenzierung zwischen Leasingverträgen über bewegliche und solche

---

[1061] Begründung zu § 108 Abs. 1 S. 2 InsO, BT- Drucks. 13/ 4699, S. 6; ausführlich Zahn, DB 1995, S. 1597ff. und S. 1649ff.

[1062] vgl. oben unter § 5 II., 2.3.

über unbewegliche Gegenstände herausgearbeitet[1063]. Bei der Suche nach einer Alternativlösung sind daher insbesondere die mit dieser Differenzierung verfolgten Ziele des Gesetzgebers zu berücksichtigen. Zusätzlich darf die allgemeine Bestrebung des Reformwerkes zur Verbesserung der Position der Masse sowie Beseitigung der überwiegenden Massearmut und damit der Stärkung der Position der Gesamtheit der Gläubigerschaft bei gleichzeitiger Zurückstellung der Einzelinteressen einiger Gläubigergruppierungen nicht außer Acht gelassen werden. Mit der Entscheidung, die Leasingverträge über bewegliche Gegenstände dem Wahlrecht des Insolvenzverwalters nach § 103 InsO zu unterstellen, hoffte der Gesetzgeber[1064], zwei Ziele zu erreichen. Diese ergeben sich aus der Begründung zu § 108 InsO ergeben[1065]: Einerseits sollten in der Insolvenz des Leasingnehmers die Chancen einer Weiterführung des Unternehmens und damit die Aussichten auf eine Sanierung erhöht werden. So war der Vertragspartner der Insolvenzschuldners nach der Konkursordnung noch zu einer kurzfristigen Kündigung berechtigt. Dadurch könne er aber eine sachgerechte Insolvenzabwicklung behindern und insbesondere eine zeitweilige Fortführung des insolventen Unternehmens erheblich erschweren. Dies sei unbefriedigend. Der Vertragspartner des Insolvenzschuldners als Leasinggeber erscheine durch die Rechte, die ihm bei Verzug oder anderen Vertragsverletzungen zustünden, ausreichend geschützt. Gleichzeitig sollte aber die schnelle Lösungsmöglichkeit für den Verwalter erhalten bleiben[1066]. Andererseits sollte in der Insolvenz des Leasinggebers der Nachteil der Konkursordnung abgeschafft werden, dass gar kein Recht zur vorzeitigen Beendigung des Vertragsverhältnisses vorgesehen war. Denn dies sei im Einzelfall geeignet, eine Veräußerung des Gegenstandes durch den Insolvenzverwalter scheitern zu lassen[1067].

Allerdings hat der Gesetzgeber diese Regelung durch Einführung des § 108 Abs. 1 S. 2 InsO zum Teil rückgängig gemacht, weil die Refinanzierungsmöglichkeiten unverhältnismäßig eingeschränkt waren. Für den Insolvenzverwalter ergaben sich bei Erfüllungsverlangen keine Vorteile. Zwar scheiterten Vorauszessionen an § 91 InsO, weil mit Verfahrenseröffnung die ursprünglichen Leistungsansprüche erloschen waren und erst durch die Erfüllungswahl nach Verfahrenseröffnung wieder neu entstanden. Die Unwirksamkeit der Vorausverfügungen bedeutete aber regelmäßig

---

[1063] vgl. oben § 5 II., 1.

[1064] Hierbei wird unterstellt, daß der Gesetzgeber sich der Auswirkungen der Änderung der Vorschriften über Mietverträge auch auf Leasingverträge bewusst gewesen ist. Eine Annahme, die aufgrund der nachträglichen Einführung des § 108 Abs. 1 S. 2 InsO durchaus mit Recht angezweifelt werden kann. Spätestens seit der Novellierung konnte sich der Gesetzgeber aber sämtlicher problematischer Konsequenzen bewusst sein.

[1065] Begr. zu § 108 InsO, abgedruckt bei Krämer, aaO, S. 237 (238).

[1066] Begr. zu § 108 InsO, abgedruckt bei Krämer, aaO, S. 238.

[1067] Begr. zu § 108 InsO, aaO.

den Eintritt des Sicherungsfalles aus der Sicherungsabrede zwischen Zessionar und Leasinggeber. Der Zessionar hätte folglich ein Recht auf abgesonderte Befriedigung erhalten[1068]. Daher wurde für die refinanzierten Leasingverträge über bewegliche Gegenstände, bei denen der Leasinggegenstand sicherungshalber dem Zessionar übertragen war, das Überdauern der Verfahrenseröffnung wie bei allen Leasingverträgen über unbewegliche Gegenstände gesetzlich angeordnet. Das Ziel der schnellen Lösungsmöglichkeit des Verwalters von ungünstigen Verträgen wurde bei Leasingverträgen über unbewegliche Gegenstände in der Insolvenz des Leasingnehmers durch ein einseitiges Kündigungsrecht aus § 109 InsO erreicht. Der Vertragspartner erhält im Gegensatz zu der Konkursordnung nicht mehr ein solches Sonderkündigungsrecht.

III. ALTERNATIVER REGELUNGSVORSCHLAG

1 Uneingeschränktes Fortdauern der Leasingverträge bei gleichzeitiger Kündigungsmöglichkeit für den Insolvenzverwalter

Es stellt sich vor dem Hintergrund der zuvor dargestellten Rechtslage die Frage, ob bei Leasingverträgen über bewegliche Gegenstände das gewünschte Ergebnis nicht auch dadurch zu erreichen ist, dass allgemein der Bestand der Leasingverträge über die Verfahrenseröffnung hinaus angeordnet wird und gleichzeitig dem Insolvenzverwalter ein einseitiges Kündigungsrecht zugebilligt wird. Diesbezüglich sind die Vor- und Nachteile im Vergleich zu der jetzigen Behandlung von Teilen der Vertragsverhältnisse nach § 103 InsO zu überprüfen.

Zur Überwindung der aufgezeigten Schwierigkeiten im Bereich der Leasingverträge ließe sich an folgende Modifizierungen der gesetzlichen Regelung denken:

- Sämtliche Leasingverträge überdauern die Eröffnung des Insolvenzverfahrens aufgrund gesetzlicher Anordnung in § 108 Abs. 1 InsO, unabhängig von der Eigenschaft des Leasinggegenstandes als beweglicher oder unbeweglicher Gegenstand.
- Der Insolvenzverwalter erhält sowohl in der Insolvenz des Leasingnehmers als auch in der Insolvenz des Leasinggebers ein einseitiges Sonderkündigungsrecht. Der Vertragspartner des Insolvenzschuldners bekommt dagegen keine derartige Lösungsmöglichkeit.

[1068] vgl. oben § 5 II., 1.1.2.

- Übt der Insolvenzverwalter sein Sonderkündigungsrecht aus, so kann der andere Teil seine Schadensersatzansprüche wegen vorzeitiger Beendigung des Vertragsverhältnisses nur als Insolvenzforderungen gelten machen.
- Ansprüche aus der Zeit vor Verfahrenseröffnung können entsprechend der Regelung des § 108 Abs. 2 InsO bei sämtlichen Leasingverträgen nur als Insolvenzforderungen geltend gemacht werden.
- Der Wortlaut des § 110 InsO wird dahingehend geändert, dass nicht mehr unbewegliche Gegenstände oder Räume erfasst werden, sondern nur, wie bereits nach der Konkursordnung, Grundstücke oder Räume.

Bei einer derartigen Konstruktion sind die folgenden beiden Konstellationen, in Abhängigkeit von der Entscheidung des Insolvenzverwalters, denkbar:

- Möglichkeit 1: Der Insolvenzverwalter kündigt nicht, und der Leasingvertrag besteht weiterhin;
- Möglichkeit 2: Der Insolvenzverwalter beendet den Leasingvertrag durch Kündigung.

Wie nachfolgend unter Berücksichtigung der verschiedenen Fallkonstellationen aufgezeigt werden wird, können mittels dieser Konstruktion sämtliche Zielsetzungen des Gesetzgebers verwirklicht und gleichzeitig massefreundliche Ergebnisse erzielt werden. Allgemeiner Vorteil ist die einheitliche Behandlung von Leasingverträgen auf Basis einer gesetzlichen Regelung, so dass zusätzlich eine größere Rechtssicherheit geschaffen wird.

2 Keine Kündigung durch den Insolvenzverwalter

2.1 Insolvenz des Leasingnehmers

Macht der Insolvenzverwalter von dem Sonderkündigungsrecht keinen Gebrauch, so wird der Leasingvertrag zu den ursprünglich vereinbarten Bedingungen fortgesetzt. In der Insolvenz des Leasingnehmers bedeutet dies, dass der Verwalter die nach Verfahrenseröffnung fällig gewordenen Leasingraten in der ursprünglich vereinbarten Höhe aus der Masse erbringen muss. Die aufgelaufenen Ansprüche aus der Zeit vor Verfahrenseröffnung sind vom Leasinggeber entsprechend der Regelung des § 108 Abs. 2 InsO als Insolvenzforderungen geltend zu machen. Diese Regelung bleibt im Vergleich zu der jetzigen Fassung des § 108 Abs. 2 InsO unverändert, gilt allerdings auch bei Leasingverträgen über bewegliche Gegenstände.

Im Unterschied zu der derzeitig gegebenen Konstruktion über eine Erfüllungswahl des Verwalters nach § 103 InsO hat diese Lösung den Vorteil, dass die Anwendung des § 105 InsO auf Leasingverträge über bewegliche Gegenstände in der Insolvenz des Leasingnehmers, die nach der jetzigen Regelung nicht unter § 108 InsO fallen, nicht begründet werden muss. Weder bedarf es einer ausdrücklichen Begründung, ob und weshalb Leistungen aus dem Leasingvertrag teilbar seien. Noch wäre die Auseinandersetzung mit dem Einwand notwendig, dass der Gegenwert für die Gebrauchsüberlassung nur ein Bruchteil der vereinbarten Leasingrate darstelle. Die gesetzliche Regelung des § 108 Abs. 2 InsO fände unproblematisch dem Wortlaut nach Anwendung.

Damit könnte der Insolvenzverwalter den Vertrag zu den laufenden Kosten fortsetzen, ohne dass das Risiko bestünde, dass der Verwalter zu einer Erfüllungsablehnung aufgrund der vor Verfahrenseröffnung aufgelaufenen Forderungen gezwungen würde. Somit könnte der Verwalter die Entscheidung über die Fortsetzung oder Kündigung des Vertragsverhältnisses danach treffen, ob das Vertragsverhältnis unter den zukünftigen laufenden Belastungen für die Masse vorteilhaft ist. Aufgelaufene Forderungen würde die Entscheidungsfreiheit dabei nicht beeinträchtigen. Durch diesen zusätzlichen Spielraum stiegen wiederum die Chancen einer Sanierung.

Der Vertragspartner wäre auch nicht unverhältnismäßig benachteiligt, weil der Insolvenzverwalter andernfalls – nach der zur Zeit herrschenden Rechtslage, sofern die Anwendbarkeit von § 105 InsO nicht bejaht werden sollte – die Erfüllung des Vertrags ablehnen würde und damit den Vertragspartner insgesamt auf die Quote verweisen würde. Die Fortsetzung des Vertragsverhältnisses zu den ursprünglich vereinbarten Konditionen würde für den Vertragspartner keine unverhältnismäßige Benachteiligung im Verhältnis zu der nach geltendem Recht möglichen Alternative darstellen, wonach Schadenersatzansprüche für die Nichterfüllung des gesamten Vertragsverhältnisses als Insolvenzforderung geltend gemacht werden könnten.

2.2 Insolvenz des Leasinggebers

Zu beachten ist bei der Insolvenz des Leasinggebers zunächst, dass bei einem Verzicht auf die Ausübung des Kündigungsrechts durch den Insolvenzverwalter die nach Verfahrenseröffnung eingehenden Leasingraten an den Zessionar weiterzuleiten wären, weil die Vorauszession weiterhin wirksam wäre. § 91 InsO würde nicht eingreifen, da es sich bei den Leasingraten um betagte Forderungen[1069] handelt und der Leasingvertrag aufgrund gesetzlicher Anordnung nicht mehr qua Verfahrenser-

[1069] vgl. dazu oben unter § 2 III., 6.1.1.

öffnung erloschen würde. Damit wäre die Zielsetzung des Gesetzgebers, die erst nachträglich durch die Einfügung des § 108 Abs. 1 S. 2 InsO für einen Teilbereich der Leasingverträge auf kritikwürdige Weise[1070] erreicht werden konnte, vollständig gewährleistet.

Festzuhalten ist allerdings an der Einschränkung, dass die Insolvenzmasse einen bereicherungsrechtlichen Anspruch gegenüber dem Zessionar geltend machen kann, soweit aus der Masse Leistungen nach Verfahrenseröffnung erbracht werden, die über die Gebrauchsüberlassung hinausgehen. Diese Einschränkung der Position des Zessionars ist eine interessengerechte, vom gesetzgeberischen Willen getragene Einschränkung der Rechte eines gesicherten Gläubigers[1071]. Dieser Eingriff ist ebenso im Hinblick auf die Zielsetzung der Stärkung der Masse[1072] begrüßenswert. Ohne die Einschränkung käme es nämlich zu einer Besserstellung einzelner Gläubiger zu Lasten der Masse. Dies wäre eine Konsequenz, die dem Grundsatz der Befriedigung par condicio creditorum widersprechen würde und auch nicht mit einer wirtschaftlichen Gesamtbetrachtung gerechtfertigt werden könnte.

3 Kündigung durch den Insolvenzverwalter

3.1 Insolvenz des Leasingnehmers

Nimmt der Insolvenzverwalter hingegen sein Kündigungsrecht wahr, so würde die in der Insolvenzordnung in § 109 InsO angeordnete Rechtsfolge eintreten.

Der Vorteil der Möglichkeit einer einseitigen Kündigung bei sämtlichen Leasingverträgen wäre, dass der Verwalter ungünstige Verträge schnell beenden könnte, ohne dass er die Behinderung der Fortführung eines Unternehmens aufgrund der Kündigung oder zumindest der Androhung einer solchen durch den Leasinggeber befürchten müßte. Diese Unsicherheit wollte der Gesetzgeber gerade durch die Anwendung des Verwalterwahlrechts ausschließen. Allerdings ließe sich dieses Ziel genauso im Wege eines einseitigen Kündigungsrechts verwirklichen. Ist der Vertrag hingegen für die Masse vorteilhaft, so macht eine Veräußerung ohnehin keinen Sinn und diese muss somit nicht erleichtert werden.

Die gesetzliche Regelung und der hier vorgeschlagene Lösungsweg stehen sich in dieser Fallkonstellation gleichwertig gegenüber. Vorrang sollte die hier vertretene Va-

---

[1070] vgl. oben § 5 II., 1.2.

[1071] vgl. BT- Drucks. 13/ 4699, S. 6 (ausführlich § 5 II., 1.3.4), auch wenn sich der Gesetzgeber zu einer Aufspaltung der zedierten Leasingraten gezwungen sieht.

[1072] vgl. allg. Zielsetzung des Reformwerkes, bei Uhlenbruck, Das neue Insolvenzrecht, S. 231 ff..

riante nicht nur aufgrund des Vorrangs der einheitlichen Behandlung von gleichartigen Leasingverträgen erhalten, sondern auch aufgrund der übrigen Vorzüge, die dieser Lösungsansatz für die anderen Fallkonstellationen gegenüber der jetzigen gesetzlichen Lösung nach § 103 InsO aufweist.

3.2 Insolvenz des Leasinggebers

In der Insolvenz des Leasinggebers könnte der Verwalter durch das Sonderkündigungsrecht die Masse von ungünstigen Verträgen „befreien" und so den nicht mehr mit dem nachteiligen Leasingvertrag belasteten Gegenstand durch freihändige Veräußerung massegünstiger verwerten. Dies ist ein Ziel, welches der Gesetzgeber nach der jetzigen Fassung der Insolvenzordnung durch die Anwendung des Verwalterwahlrechts erreichen möchte. Vorteile der Anwendung des Verwalterwahlrechts sind aber nicht erkennbar. Durch die Kündigung des Insolvenzverwalters in der Position des Leasinggebers erhält der Leasingnehmer Schadenersatzforderungen, die er nur als Insolvenzforderungen geltend machen kann. Dieses Ergebnis stellt sich gemäß § 103 Abs. 2 InsO bereits nach der jetzigen Fassung der Insolvenzordnung für den Fall der Erfüllungsablehnung dar.

Auch im Hinblick auf die Ergänzung des § 108 Abs. 1 InsO um den Satz 2 führt die hier vorgeschlagene Lösung zu interessengerechten Ergebnissen aus Sicht des Zessionars. Zwar ordnet § 108 Abs. 1 S. 2 InsO den Fortbestand der Leasingverträge über bewegliche Gegenstände an, die refinanziert sind und bei denen das Leasinggut an den Finanzier sicherungszediert ist. Dennoch besteht für die refinanzierende Bank das Risiko, dass der Insolvenzverwalter die von der Masse geschuldeten Leistungen aus dem Leasingvertrag nicht erfüllt. Dies ist insbesondere der Fall, wenn nicht nur die Pflicht zur Gebrauchsüberlassung, sondern auch noch weitere Leistungspflichten bestehen. Dann hätte der Leasingnehmer seinerseits ein Kündigungsrecht wegen der Vertragsverletzung des Insolvenzverwalters als Leasinggebers. Der Bank bliebe somit nur die Möglichkeit, in den Leasingvertrag einzutreten und diesen zu den ursprünglichen Konditionen fortzusetzen. Diese Möglichkeit kann sie sich durch entsprechende Vertragsklauseln offenhalten[1073]. Eine solche Eintrittsklausel wäre aber ebenso bei einen Sonderkündigungsrecht des Verwalters zulässig. Der Vorteil eines solchen Sonderkündigungsrechts wäre, dass der Insolvenzverwalter nicht zu einer Vertragsverletzung genötigt würde, um den ungünstigen Vertrag durch eine provozierte Kündigung seitens des anderen Teils zu beenden. Die Position der finanzierenden Bank wäre hingegen im Vergleich mit der geltenden gesetzlichen Regelung unverändert.

[1073] vgl. dazu ausführlich § 5 II., 1.3.

4 Änderung des § 110 InsO

Mit der bereits oben vorgeschlagenen Änderung des § 110 InsO[1074] könnte die Schwierigkeiten im Bereich der Leasingverträge über Flugzeuge und Schiffe beseitigt werden. Eine Vermeidung dieser Problematik ist auch durch die hier vertretene Konstruktion eines einseitigen Kündigungsrechts nicht möglich, weil sich für den Bereich der Leasingverträge über Flugzeuge und Schiffe keine Abweichung zu der bestehenden Rechtslage ergibt. Daher ist der Ansatz zur Überwindung der Auslegungsschwierigkeiten in der (ansonsten begrüßenswerten) Beschränkung der Vorauszessionen selbst zu suchen. Hinsichtlich der Notwendigkeit einer Änderung wird im übrigen auf die obigen Ausführungen verwiesen[1075].

5 Ergebnis

Die Ausführungen belegen, dass es dem Gesetzgeber sehr wohl möglich gewesen wäre, eine massefreundlichere Rechtslage im Vergleich zu der Konkursordnung zu schaffen. Diese würde zwar die große Schwierigkeit der allgemeinen Massearmut aufgrund publizitätsloser Sicherungsrechte nicht gänzlich beseitigen. Allerdings könnte nach dem hier erarbeiteten Lösungsvorschlag eine in sich stimmige und sowohl die Interessen der Masse als auch die Interessen sämtlicher Gläubiger berücksichtigende Regelung geschaffen werden. Dies würde dazu führen, dass es einer Hinzuziehung weiterer Vorschriften, die ursprünglich nicht unmittelbar auf Leasingverträge zugeschnitten waren, nicht bedürfte.

Die hier vertretene Konstruktion, nach der Leasingverträge ohne Ausnahme die Verfahrenseröffnung überdauern und nur dem Insolvenzverwalter ein einseitiges Sonderkündigungsrecht zusteht, während der Vertragspartner keine Lösungsmöglichkeit erhält, wird sämtlichen Zielsetzungen des Gesetzgebers gerecht. Im Gegensatz zu der geltenden Regelung ist sie dennoch übersichtlich. Diese Lösung verdient daher den Vorzug gegenüber der bestehenden Rechtslage. Der Gesetzgeber sollte den Elan aufbringen und die mit der Novellierung des § 108 Abs. 1 InsO begonnene Revidierung seiner missglückten Entscheidung, die Leasingverträge über bewegliche Gegenstände dem Verwalterwahlrecht unterzuordnen, fortsetzen. Hierzu wäre erforderlich, dass zunächst sämtliche Leasingverträge über die Verfahrenseröffnung hinaus fortbestehen.

[1074] vgl. oben § 5 I., 2.2.3.

[1075] vgl. oben § 5 I., 2.2.

Bei der Beurteilung der geltenden Rechtslage darf nicht unberücksichtigt bleiben, dass die Differenzierung zwischen Leasingverträgen über bewegliche und solchen über unbewegliche Gegenstände in den beratenden Gremien der Insolvenzrechtsreform nicht vorgeschlagen oder diskutiert worden ist. Durch diese Aufteilung ergeben sich zuvor nicht berücksichtigte Schwierigkeiten, die auch durch den nachträglichen Eingriff in § 108 InsO nicht behoben werden konnten. Eine umfassende und Klarheit schaffende Novellierung der Vorschrift ist weiteren, geringfügigen Änderungen oder etwaigen Versuchen der entsprechenden Anwendung verwandter Vorschriften vorzuziehen. So würden sämtliche weitere Modifizierungen an dieser grundlegenden Fehlentscheidung des Gesetzgebers kranken, dass ein Teil der Leasingverträge dem Wahlrecht des Insolvenzverwalters nach § 103 InsO unterstellt worden ist. Hierdurch werden indes keine Vorteile für die Masse erreicht, sondern nur zusätzliche Probleme geschaffen. Diese müssten ihrerseits wieder durch die Hinzuziehung anderer Vorschriften korrigiert werden. Unter Abwägung der widerstreitenden Interessen ist daher der hier vertretene Lösungsansatz vorzugswürdig.

§ 7 ZUSAMMENFASSUNG

I. AUF DEN LEASINGVERTRAG ANWENDBARE VORSCHRIFTEN DER INSO

Nachdem herausgearbeitet werden konnte, dass der Leasingvertrag nach vorzugswürdiger Auffassung als Vertrag sui generis einzuordnen ist[1076], bedurfte es zunächst der Bestimmung der anzuwendenden Vorschriften in der Insolvenzordnung. Obwohl noch zu Beginn der Reformüberlegungen mit den Leitsätzen 2.4.1.8 und 3.3.11 des Ersten Berichts der Kommission für Insolvenzrecht[1077] eine besondere Regelung für Leasingverträge vorgesehen war, finden sich in der verabschiedeten Fassung der Insolvenzordnung keine Vorschriften, die ihrem Wortlaut nach die Behandlung von Leasingverträgen direkt regeln. Für Leasingverträge als schwebende Rechtsgeschäfte, bei denen die Leistungspflichten in synallagmatischem Verhältnis zueinander stehen, sind aber die Vorschriften der §§ 103 ff. InsO, insbesondere die Regelung des § 108 InsO anwendbar[1078]. Die zunächst verabschiedete Fassung des § 108 InsO, die dem Wortlaut nach nur für Mietverträge einschlägig ist, konnte zwar auch für Leasingverträge herangezogen werden[1079]. Die Regelung des § 108 InsO a. F. erwies sich jedoch insoweit unzureichend, als eine insolvenzfeste Gestaltung der Refinanzierung von Leasingverträgen im Wege der Forfaitierung nicht mehr möglich war[1080]. Der Gesetzgeber sah sich nicht zuletzt durch die umfangreiche Kritik in der Literatur[1081] noch vor Inkrafttreten der Insolvenzordnung zu einer Ergänzung des § 108 Abs. 1 InsO um einen Satz 2 veranlasst[1082]. Aufgrund dieser Novellierung steht aber gleichzeitig fest, dass die Vorschrift des § 108 InsO zunächst vorrangig auf Leasingverträge anwendbar ist und nur für den Fall, dass der betreffende Leasingvertrag nicht die tatbestandlichen Voraussetzungen des § 108 InsO erfüllen sollte, ein Rückgriff auf die übrigen Vorschriften der §§ 103 ff. InsO zulässig ist[1083].

[1076] vgl. oben unter § 2 III., 5.

[1077] BMJ (Hrsg.), Erster Bericht der Kommission für Insolvenzrecht, Köln 1985.

[1078] vgl. insoweit oben unter § 2 III., 6.

[1079] vgl. oben unter § 2 III., 6.3.

[1080] vgl. dazu ausführlich oben unter § 2 III., 6.2.

[1081] vgl. insb. die Kritik bei Zahn, DB 1995, S. 1597 ff. und S. 1649 ff.; ders., DB 1996, S. 1393 ff.; Obermüller/ Livonius; DB 1995, S. 27 ff.; Tintelnot ZIP 1995, S. 616 ff.

[1082] Novellierung der InsO durch Gesetz zur Änderung des AGB-Gesetzes und der Insolvenzordnung, BGBl. 1996 I, S. 1013.

[1083] Die vorzugswürdige zivilrechtliche Einstufung des Leasingvertrages als Vertrag sui generis (vgl. dazu unter § 2 III., 5) stützt dieses Ergebnis über die anwendbaren Vorschriften der Insolvenzordnung.

Die aktuelle gesetzliche Regelung ist nicht zuletzt aufgrund der nachträglichen Ergänzung des § 108 Abs. 1 Satz 2 InsO durch eine Vielzahl von Fallkonstellationen[1084] geprägt, die aus der Unterscheidung nach Art des Leasinggutes resultiert. So differenziert die Insolvenzordnung zwischen Leasingverträgen über bewegliche und unbewegliche Gegenstände. Des weiteren ergeben sich unterschiedliche Konsequenzen aus der Stellung des Insolvenzschuldners, der entweder Leasingnehmer oder Leasinggeber ist.

Da nicht alle Leasingkonstellationen unter die Regelung des § 108 InsO zu subsumieren sind und somit auch die allgemeine Vorschrift des § 103 InsO anwendbar ist, war es im Rahmen der Untersuchung zunächst erforderlich, das allgemeine Verständnis über die Wirkungen der Verfahrenseröffnung auf schwebende Verträge festzustellen. Ein solches Bedürfnis nach Klarheit über die Wirkungen der Verfahrenseröffnung besteht aber auch deshalb, weil nur unter Berücksichtigung dieses Verständnisses eine weitergehende Analyse der einzelnen Fallkonstellationen sowie die Prüfung der analogen Anwendbarkeit des § 107 InsO auf Leasingverträge möglich war. Die Regelung des § 108 InsO basiert als spezielle Regelung zu § 103 InsO auf dem gleichen Verständnis wie die allgemeine Regelung selbst. Aus den Ergebnissen über die Wirkungen der Verfahrenseröffnung auf schwebende Verträge konnte sodann der Inhalt des Wahlrechts des Insolvenzverwalters bestimmt werden.

II. ALLGEMEINE WIRKUNGEN DER VERFAHRENSERÖFFNUNG UND DAS WAHLRECHT DES INSOLVENZVERWALTERS NACH § 103 INSO

Mit der Einführung der Insolvenzordnung konnte der Meinungsstreit über den Inhalt des Wahlrechts des Insolvenzverwalters, welches unter der Konkursordnung in § 17 KO geregelt war und nunmehr in § 103 InsO festgelegt ist, nicht vollständig beendet werden. So gibt es bereits seit Verabschiedung der Insolvenzordnung wieder eine nicht unerhebliche Zahl von Stimmen in der Literatur, welche die jeweilige zur Konkursordnung vertretene Theorie auch im Rahmen der Insolvenzordnung bestätigt sehen und diese anwenden wollen[1085].

Ansatzpunkt der weiterhin bestehenden Streitigkeiten ist die Begründung des Gesetzgebers zu § 103 InsO, nach der die Regelung des § 17 KO „inhaltlich unverändert" übernommen worden sei. Der Gesetzgeber hat allerdings nicht festge-

---

[1084] vgl. dazu zunächst § 2 III. 3, sowie die Diskussion im Einzelnen unter § 5.

[1085] vgl. bspw. Jauernig, Zwangsvollstreckungs- und Insolvenzrecht, S. 322 einerseits, dagegen Pape, Kölner Schrift, 1. Aufl., S. 429; und nicht zuletzt Kreft, MünchKomm-InsO, § 103 Rn. 1 ff.; dazu insgesamt ausführlich oben § 3 II.

legt, was seiner Auffassung nach der Inhalt des § 17 KO gewesen ist[1086]. Da aber die Interpretation des § 17 KO, wie auch die des § 103 InsO, von dem Verständnis über die Wirkung der Eröffnung des Insolvenzverfahrens abhängt, war es zunächst notwendig, herauszufinden, welcher Art diese Wirkungen bei der Insolvenzordnung sind. Nach der Konkursordnung war hinsichtlich der Wirkungen der Verfahrenseröffnung sowohl die Erlöschenstheorie als auch die sogenannte „herkömmliche Auffassung" mit jeweils guten Argumenten vertretbar, wobei die (modifizierte) Erlöschenstheorie das Argument auf ihrer Seite hat, den Masseschutzgedanken besser zu verwirklichen[1087]. Insbesondere in systematischer Hinsicht gelingt es der modifizierten Erlöschenstheorie bisher vorhandene Widersprüche zu überwinden[1088]. Im Rahmen der vorliegenden Untersuchung konnte insbesondere aufgrund der historischen und teleologischen Auslegung der §§ 103 ff. InsO festgestellt werden, dass sich die Erlöschenstheorie für die Insolvenzordnung durchgesetzt hat und die Grundlage für die Anwendung der §§ 103 ff. InsO bildet[1089]. Der Gesetzgeber hat sich an dieser von der Rechtsprechung zu § 17 KO entwickelten Wirkungsweise der Verfahrenseröffnung orientiert und dieses Verständnis zur Grundlage der Regelungen der §§ 103 ff. InsO gemacht.

Nach dieser Auffassung erlöschen die gegenseitigen Leistungsansprüche aus schwebenden Verträgen mit Eröffnung des Insolvenzverfahrens. Dabei bedeutet der Begriff des „Erlöschens" nicht ein materiell-rechtlichen Untergang der Ansprüche, sonden eine Umgestaltung in haftungsrechtlicher Weise, daß die Ansprüche (zunächst) nur noch im Rahmen und zu den Bedingungen des Insolvenzverfahrens durchgesetzt werden können. Der Vertragspartner des Insolvenzschuldners erhält einen Schadenersatzanspruch, den er nach § 38 InsO als Insolvenzforderung zur Tabelle anmelden kann. Der Insolvenzverwalter hat im Rahmen des § 103 InsO die Möglichkeit, das ursprüngliche Vertragsverhältnis originär neu mit altem Inhalt aufleben zu lassen, indem er die Erfüllung des Vertrages verlangt. In diesem Fall ist die dann geschuldete Gegenleistung mit Mitteln der Masse zu erbringen. Der Anspruch des Vertragspartners auf die vertragliche Gegenleistung ist dann Masseforderung. Lehnt der Verwalter die Erfüllung des Vertrages ab, so bleibt es endgültig bei dem durch die Verfahrenseröffnung eingetretenen Zustand[1090].

Dieses Verständnis kann sich im wesentlichen auf zwei Gesichtspunkte stützen: So ist erstens der Masseschutzgedanke als zentrales Ziel der Reformbestrebung her-

---

[1086] Begr. zu § 103, abgedruckt bei Krämer, aaO. S. 228 f..
[1087] vgl. unter § 3 I.
[1088] vgl. unter § 3 II.
[1089] vgl. unter § 3 II.
[1090] vgl. unter § 3 II., 5.

ausgearbeitet worden, der noch stärker als unter der Konkursordnung im Mittelpunkt der insolvenzrechtlichen Regelungen steht. Dieser Masseschutzgedanke wird allein durch die hier vertretene modifizierte Erlöschenstheorie in angemessener Weise umgesetzt. Nur wenn der Erfüllungswahl die Wirkung beigemessen wird, dass dadurch die mit der Verfahrenseröffnung nicht mehr durchsetzbaren Ansprüche mit ihrem bisherigen Inhalt neu, im Sinne von nach Verfahrenseröffnung, entstehen und somit § 91 InsO zur Anwendung kommt, läßt sich das Ziel der Massestärkung verwirklichen. Sollten hingegen die Vorausabtretungen wirksam sein, so würde dies nicht nur eine ungerechtfertigte Schwächung der Masse zu Gunsten einzelner Gläubiger bedeuten, sondern auch dazu führen, dass das Verwalterwahlrecht in der Praxis bei Vereinbarung von Vorauszessionen nicht durchsetzbar wäre. Die Erfüllungswahl durch den Verwalter würde dann keine Vorteile für die Masse bringen, da die Leistung des Vertragspartners an den Zessionar weiterzuleiten wäre. Der Verwalter müßte als massegünstiges Verhalten stets die Erfüllungsablehnung wählen.

Zweitens läßt sich die Entscheidung zu Gunsten der hier vertretenen Auffassung mit der Ergänzung der Insolvenzordnung um den § 108 Abs. 1 Satz 2 InsO begründen. Der Gesetzgeber sah sich zu der Ergänzung veranlasst, um ein Scheitern der Vorauszession gemäß § 91 InsO im Rahmen der Refinanzierung von Leasingverträgen mittels Forfaitierung zu verhindern. Für die Anwendbarkeit des § 91 InsO ist aber nur Raum, wenn die ursprünglichen Leistungsansprüche aus dem Leasingvertrag zunächst durch die Verfahrenseröffnung erlöschen und erst durch das Erfüllungsverlangen des Insolvenzverwalters wieder neu mit altem Inhalt entstehen. Dann sind nämlich die durch die Erfüllungswahl des Verwalters entstandenen Ansprüche nach der Verfahrenseröffnung entstanden, so dass Vorauszessionen an § 91 InsO scheitern. Würden die Leistungsansprüche nicht mit Verfahrenseröffnung erlöschen, hätte es keines Eingriffes des Gesetzgebers bedurft, um eine insolvenzfeste Gestaltung der Refinanzierung im Wege der Forfaitierung zu gewährleisten. Gerade weil der Gesetzgeber aber die Ergänzung in § 108 Abs. 1 S. 2 InsO eingeführt hat, ist es überzeugend, zukünftig die Anwendung der §§ 103 ff. InsO auf Basis der modifizierten Erlöschenstheorie vorzunehmen.

III. DIE REGELUNG DES § 107 INSO UND IHRE ANWENDBARKEIT AUF LEASINGVERTRÄGE

Im Rahmen einer umfassenden Untersuchung der Behandlung von Leasingverträgen nach der Insolvenzordnung war es auch erforderlich, sich mit der Möglichkeit der (analogen) Anwendbarkeit des § 107 InsO auf bestimmte Leasingverträge auseinander zu setzen. So war es vor allem *Marotzke*[1091], der eine Gleichschaltung von Leasing und Kauf unter Eigentumsvorbehalt begründen wollte. Diese These konnte sich zunächst durch den etwas unpräzise formulierten Wortlaut des § 107 InsO stützen[1092]. Allerdings hatten auch schon die Mitglieder der Kommission für Insolvenzrecht in der Begründung des Leitsatzes 2.4.1.8 ihres Ersten Berichts auf die ähnlichen wirtschaftlichen Zielsetzungen der Vertragsparteien bei Abschluss eines Leasingvertrages und eines Kaufvertrages unter Eigentumsvorbehalt hingewiesen. Unter Berücksichtigung all dieser Gesichtspunkte war es angebracht, auch die im Vergleich zu dem alten Recht inhaltlich neue Regelung[1093] des § 107 InsO näher zu analysieren. Dabei zeigte ein näherer Blick auf den Wortlaut des § 107 InsO, dass es einer genaueren Bestimmung der tatbestandlichen Voraussetzungen und der Rechtsfolgen sowohl des § 107 Abs. 1 InsO als auch des § 107 Abs. 2 InsO bedurfte, um die eigentliche gesetzgeberische Intention umzusetzen.

Im Bezug auf das Wahlrecht des Insolvenzverwalters bei Kaufverträgen unter Vereinbarung eines Eigentumsvorbehalts konnte herausgearbeitet werden, dass durch § 107 InsO in diesem Bereich die bereits unter der Konkursordnung geforderte[1094] Verbesserung der Position des Inhabers eines Anwartschaftsrechts realisiert worden ist. Nach § 107 Abs. 1 InsO hat nunmehr der Käufer einer Ware unter Vereinbarung eines Eigentumsvorbehalts in der Insolvenz des Verkäufers die Möglichkeit, seinen Eigentumserwerb durch Zahlung der bei Verfahrenseröffnung noch offenen Kaufpreisraten zu vollenden, ohne dass der Insolvenzverwalter ihn daran hindern könnte.

Der Wortlaut des § 107 Abs. 1 InsO ist allerdings auf Tatbestandsebene sowohl zu ergänzen als auch einschränkend auszulegen. So ist dem Wortlaut nicht zu entnehmen, ob ein Anwartschaftsrecht im ursprünglichen Sinn tatsächlich tatbestandliche Voraussetzung für die Anwendbarkeit der Vorschrift ist. Indessen gewinnt die Regelung des § 107 Abs. 1 InsO an Klarheit, wenn man beachtet, dass der Gesetzgeber durch Anlehnung an den Wortlaut des § 106 InsO die Insolvenzfestigkeit des Anwartschaftsrechts des Vorbehaltskäufers in besonderem Maße sicherstellen wollte. Dementsprechend lehnt sich der Wortlaut des § 107 InsO in wesentlichen Teilen an den Wortlaut des § 106 InsO an[1095]. Es verbleibt dennoch der Eindruck, als habe der Gesetzgeber die weitergehenden Interpretationsmöglichkeiten aufgrund der unterschiedlichen Vertragstypen nicht hinreichend in seine Überlegungen einbezogen. Der Wortlaut ist daher in der Form korrigierend auszulegen, dass der Gesetzgeber ledig-

---

[1091] Marotzke, JZ 1995, S. 803 ff..

[1092] vgl. oben unter § 4 I.

[1093] vgl. hierzu unter § 4 II.

[1094] vgl. ausführlich den Meinungsstand nach der Konkursordnung unter § 4 III.

[1095] vgl. zur Entstehungsgeschichte des § 107 InsO unter § 4 IV., 1.1.

lich den Eigentumsvorbehaltskäufer in der Insolvenz des Verkäufers in seiner Position als Anwartschaftsrechtsinhaber schützen wollte, sofern der Käufer vertragstreu bleibt[1096]. Demnach muss auf der Tatbestandsebene des § 107 Abs. 1 InsO die aufschiebend bedingte dingliche Einigung der Parteien als eine Voraussetzung für die Anwendbarkeit der Norm vorliegen[1097]. Für die Besitzübertragung hingegen genügt es, wenn diese nach den Vorschriften der §§ 929 ff. BGB erfolgt ist[1098].

Aus diesen Überlegungen ergibt sich die Rechtsfolge, dass der Vorbehaltskäufer in der Insolvenz des Vorbehaltsverkäufers in seiner Position als Anwartschaftsrechtsinhaber insoweit geschützt ist, als ihm die Vollendung des Eigentumserwerbs bei eigener Vertragstreue nicht verwehrt werden kann[1099]. Der somit gewährte insolvenzrechtliche Schutz führt zwar zu einer eventuellen Schmälerung der Insolvenzmasse. Diese Beeinträchtigung ist jedoch durch die überwiegenden Interessen und das Schutzbedürfnis des Vorbehaltskäufers gerechtfertigt. Gegenüber der Regelung der Konkursordnung, die zu einer ungerechtfertigten Schlechterstellung des Vorbehaltskäufers führte, wird durch die Vorschrift des § 107 Abs. 1 InsO eine Verbesserung erzielt.

Auch der Wortlaut des § 107 Abs. 2 InsO ist interpretationsbedürftig. Für den Fall der Insolvenz des Vorbehaltskäufers ist gemäß § 107 Abs. 2 InsO, im Gegensatz zu § 107 Abs. 1 InsO, auf der Tatbestandsebene[1100] die Übertragung des unmittelbaren Besitzes zu fordern. Nicht zwingend ist hingegen das Vorliegen einer aufschiebend bedingten dinglichen Einigung.

Die Rechtsfolge des § 107 Abs. 2 InsO[1101], dass sich die Erklärungsfrist für den Insolvenzverwalter für die Ausübung seines Wahlrechts nach § 103 InsO bis nach dem Berichtstermin verlängert, ist aus Sicht der Masse zu begrüßen, da so eine Betriebsfortführung erleichtert und nicht durch Abzug notwendiger Betriebsmittel erschwert wird. Die verlängerte Frist des § 107 Abs. 2 InsO, nach der sich der Verwalter erst unverzüglich nach dem Berichtstermin zu einer Erfüllungswahl entscheiden muss, sollte als allgemeine Frist auch auf den Bereich der übrigen §§ 103 ff. InsO übertragen werden. Es sind keine besonderen Gründe ersichtlich, aus denen die verlängerte Entscheidungsfrist nur bei Kaufverträgen mit Vereinbarung eines Eigentumsvorbehalts gelten sollte[1102].

[1096] vgl. unter § 4 IV., 1.3.
[1097] vgl. unter § 4 IV., 1.2.1.
[1098] vgl. unter § 4 IV., 1.2.3.
[1099] vgl. unter § 4 IV., 1.3.
[1100] vgl. unter § 4 IV., 2.1.
[1101] vgl. unter § 4 IV., 2.2.
[1102] vgl. unter § 4 IV., 4.

Schließlich konnte festgestellt werden, dass die Regelung des § 107 InsO für den nicht erfüllten Kaufvertrag unter Vereinbarung eines Eigentumsvorbehalts als eine systematisch korrekte Ausnahme zu der grundsätzlichen Regelung des § 103 InsO über die Behandlung von schwebenden Rechtsgeschäften anzusehen ist[1103].

Unter Berücksichtigung der zuvor erzielten Ergebnisse über die notwendigen Ergänzungen und die erweiternden Auslegungen des Wortlautes des § 107 InsO ist deutlich geworden, dass eine (analoge) Anwendung des § 107 InsO auf Leasingverträgen nicht vertretbar ist[1104]. Diese Auffassung wird auch durch die herausgearbeitete Anlehnung des Wortlaut des § 107 InsO an den Wortlaut des § 106 InsO[1105] und die eindeutige Zielsetzung des Gesetzgebers gestützt[1106]. Eine Ausweitung des Anwendungsbereiches des § 107 InsO auf andere Rechtsverhältnisse durch Analogiebildung, insbesondere eine analoge Anwendung auf Leasingverträge, scheitert zudem aufgrund des Fehlens einer planwidrigen Regelungslücke. Diesbezüglich ist wieder auf die Novellierung des § 108 Abs. 1 InsO durch den ergänzten Satz 2 zu verweisen, durch die sich der Gesetzgeber entschieden hat, dass Leasingverträge unter bestimmten Voraussetzungen der speziellen Regelung des § 108 InsO unterliegen und im übrigen in den Anwendungsbereich der allgemeinen Regelung des § 103 InsO fallen[1107]. Letztlich fehlt auch die für eine analoge Anwendung des § 107 InsO auf Leasingverträge notwendige Ähnlichkeit der Vertragsarten. So erhält eine Leasingnehmer nicht einmal bei Einräumung einer Kaufoption eine gesicherte Rechtsposition, die vergleichbar wäre mit der dinglich gesicherten Position des Eigentumsvorbehaltskäufers in Form des Anwartschaftsrechts. Der Gesetzgeber beabsichtigte mit der Einführung des § 107 InsO aber ausschließlich die Sicherung einer derartig gesicherten Rechtsposition durch ein vor der Verfahrenseröffnung erworbenes Anwartschaftsrecht. Für die übrigen Vertragsarten des Leasinggeschäftes, die keine Kaufoption beinhalten, wird die fehlende Ähnlichkeit zum Eigentumsvorbehaltskaufverftrag noch offensichtlicher und eine analoge Anwendung des § 107 InsO auf solche Leasingverträge ist erst recht zu verneinen[1108].

[1103] vgl. unter § 4 IV., 5.

[1104] vgl. unter § 4 IV., 3.

[1105] vgl. unter § 4 IV., 1.3.2

[1106] vgl. die Begründung zu § 121 RegEInsO, abgedruckt bei Krämer, aaO, S. 236.

[1107] vgl. unter § 2 III., 6.3 und § 4 IV., 3.2.

[1108] vgl. unter § 4 IV., 3.2.

IV. DIE INSOLVENZRECHTLICHEN FALLKONSTELLATIONEN NACH DEN §§ 103, 108 INSO BEI LEASINGVERTRÄGEN

Die jetzige insolvenzrechtliche Behandlung von Leasingverträgen nach den §§ 103, 108 InsO ist zum einen durch die Vielzahl an Differenzierungen gekennzeichnet. Zum anderen sind für jene Leasingverträge, die unter § 103 InsO fallen, Korrekturen im Bereich der Rechtsfolgen durch einschränkende Auslegung sowie analogen Anwendung weiterer Vorschriften – insbesondere des § 105 InsO – notwendig, um ungerechtfertigte Abweichungen gegenüber den Leasingverträgen, die nach § 108 InsO zu behandeln sind, auszugleichen[1109].

Der Gesetzgeber sieht sich insoweit der Kritik ausgesetzt, als er bei der Verabschiedung der ersten Fassung der Insolvenzordnung die Konsequenzen für die Leasingverträge nicht in vollem Umfang in seine Überlegungen eingestellt hat. Anders läßt sich die nachträgliche Ergänzung des § 108 Abs. 1 S. 2 InsO nicht plausibel erklären. Die Ursache der Schwierigkeiten bei der insolvenzrechtlichen Behandlung von Leasingverträgen ist die erst mit dem Regierungsentwurf der Insolvenzordnung eingeführte unterschiedliche Behandlung von Mietverträgen über bewegliche oder über unbewegliche Mietgegenstände nach den §§ 108 ff. InsO. Diese Differenzierung ist auf Leasingverträge zu übertragen. Nach § 108 Abs. 1 InsO a.F. führte dies dazu, dass die Refinanzierung im Wege der Forfaitierung, unter Zugrundelegung der Erlöschenstheorie, nicht mehr insolvenzfest zu gestalten war[1110]. Diese Unsicherheit wurde zwar durch den nachträglich eingefügten § 108 Abs. 1 S. 2 InsO teilweise beseitigt. Dennoch ist diese Regelung selbst nicht frei von Widersprüchen und führt zu einer weiteren Aufgliederung der insolvenzrechtlichen Behandlung von Leasingverträgen.

So stellt sich bei *Leasingverträgen über unbewegliche Gegenstände* die Problematik der Refinanzierung bei Flugzeugen und Schiffen auch nach Einführung des § 108 Abs. 1 S. 2 InsO noch immer, und zwar aufgrund der zeitlichen Begrenzung der Wirksamkeit von Vorauszessionen nach § 110 InsO. Denn § 110 InsO ist aufgrund der Legaldefinition von unbeweglichen Gegenständen gemäß § 49 InsO in Verbindung mit §§ 864 Abs. 1, 870a ZPO, §§ 47, 99 LuftfzG auch bei Flugzeugen und Schiffen als Leasinggegenstand anzuwenden. Sachgerechte Lösungen in der insolvenzrechtlichen Behandlung von Leasingverträge über Flugzeuge oder Schiffe lassen sich demnach nur durch eine teleologische Reduktion des Anwendungsbereiches des § 110 InsO erzielen[1111].

1109 vgl. unter § 5 IV. zu den Problemen innerhalb der verschiedenen Fallkonstellationen.

1110 vgl. unter § 5 II., 1.1 sowie unter § 5 II., 1.2.1.

1111 vgl. unter § 5 I., 2.2.

Bei *Leasingverträgen über bewegliche Gegenstände mit Refinanzierung* des Leasingvertrages in der *Insolvenz des Leasinggebers* gilt die nachträglich eingeführte Regelung des § 108 Abs. 1 S. 2 InsO. Allerdings sind auch für diese Vertragskonstellation weiterhin Fragen offen geblieben.

Während die Zulässigkeit der Zweitfinanzierung unter gewissen einschränkenden Voraussetzungen nach der hier vertretenen Auffassung gegeben ist[1112], erscheint es fraglich, ob Nebenleistungsverpflichtungen seitens der Masse nach Verfahrenseröffnung zwar erbracht werden müssen und dennoch die Leasingrate als (teilweise) Gegenleistung für die Leistung der Masse in voller Höhe an den Zessionar weiterzuleiten ist. Nach der hier vertretenen Ansicht ist der Masse in diesen Fällen ein bereicherungsrechtlicher Anspruch aus § 812 Abs. 1 S. 1 Fall 2 BGB in Höhe der tatsächlichen Aufwendungen für Erbringung der Nebenleistungspflichten zuzusprechen. Dies ist damit zu begründen, dass der Zessionar durch eine Leistung der Masse von dem Zurückbehaltungsrecht des Leasingnehmers aus § 320 BGB befreit ist[1113].

Ferner ist auch für diese Fallgruppe der Anwendungsbereich der § 110 InsO, in den diese Leasingverträge dem Wortlaut nach aufgrund der Gleichstellung mit den Leasingverträgen über unbewegliche Gegenstände fielen, teleologisch zu reduzieren. Andernfalls ließe sich das von dem Gesetzgeber mit der Ergänzung des § 108 Abs. 1 S. 2 InsO angestrebte Ziel nicht erreichen[1114].

Bei *Leasingverträgen über bewegliche Gegenstände* in der *Insolvenz des Leasingnehmers* soll weiterhin das Wahlrecht des Insolvenzverwalters nach § 103 InsO anzuwenden sein[1115]. Dies würde bei Erfüllungswahl des Insolvenzverwalters bedeuten, dass die Masse den vollständigen Vertrag mit ihren Mitteln erfüllen müßte. Mithin wären auch die vor Verfahrenseröffnung geschuldeten Leasingraten als Masseforderungen zu begleichen, es sei denn die Vorschrift des § 105 InsO wäre anzuwenden[1116]. Die Teilbarkeit von Leasingverträgen, welche die Voraussetzung für die Anwendbarkeit des § 105 InsO wäre, ließe sich bei einer weiten Auslegung des Begriffes der Teilbarkeit von Leistungen begründen. Für die Anwendung der Vorschrift des § 105 InsO spricht zudem, dass auf diese Weise die Gleichbehandlung von Leasingverträgen über bewegliche und unbewegliche Gegenstände in der Insolvenz des Leasingnehmers gewährleistet würde. Denn in der Insolvenz des Leasingnehmers bei einem Leasingvertrag über unbewegliche Gegenstände sind

---

[1112] vgl. unter § 5 II., 1.2.3 (c).

[1113] vgl. unter § 5 II., 1.3.

[1114] vgl. unter § 5 II., 1.2.3.

[1115] Der Anwendungsbereich des § 103 InsO erstreckt sich auch auf Leasingverträge über bewegliche Gegenstände in der Insolvenz des Leasinggebers, bei denen keine Refinanzierung des Leasingvertrages erfolgt ist, vgl. oben § 2 III., 6.3.

[1116] vgl. unter § 5 II., 2.3.

nach § 108 Abs. 2 InsO Ansprüche aus der Zeit vor Verfahrenseröffnung lediglich Insolvenzforderungen. Ohne die Anwendung des § 105 InsO ließe sich die Diskrepanz zu jenen Leasingverträgen, auf die § 108 Abs. 2 InsO anwendbar ist, nicht überwinden[1117].

V. ALTERNATIVER LÖSUNGSVORSCHLAG

Auch wenn sich die nach der aktuellen Gesetzeslage bestehenden Schwierigkeiten bei der insolvenzrechtlichen Behandlung von Leasingverträgen durch eine entsprechende Auslegung der Vorschriften und unter Hinzuziehung weiterer Regelungen lösen lassen und auf diese Weise ungerechtfertigte Ergebnisse korrigiert werden können, sollte sich der Gesetzgeber zu einer weiteren Korrektur der maßgeblichen Vorschriften der Insolvenzordnung entschließen. Im Rahmen einer solchen Korrektur sollte die Hauptursache für die Kritik an der jetzigen Regelung, nämlich die Aufteilung der Leasingverträge nach beweglichem und unbeweglichem Leasinggegenstand, beseitigt werden. Insoweit wäre es vorteilhaft, in begrenztem Umfang zu der Regelung der Konkursordnung zurückzukehren, die diese Unterscheidung nicht vorsah[1118].

Um dennoch das vom Reformgeber mit der Aufteilung verfolgte Ziel zu erreichen, wonach der Vertragspartner keine Möglichkeit haben soll, die einstweilige Betriebsfortführung durch Abzug der betriebsnotwendigen Leasinggüter zu behindern, würde es ausreichen, das Fortbestehen sämtlicher Leasingverträge über die Verfahrenseröffnung hinaus anzuordnen und allein dem Insolvenzverwalter ein Kündigungsrecht zuzubilligen, während der Vertragspartner keine Möglichkeit der Lösung vom Vertrag erhält[1119].

Bei einem solchen gesetzlich angeordneten Fortbestehen der Leasingverträge als Ausnahme von der allgemeinen Wirkung der Verfahrenseröffnung wäre die Refinanzierung der Leasingverträge aus Sicht des Leasinggebers im Wege der Forfaitierung unproblematisch möglich. Denn die Leasingforderungen entstehen als betagte Forderungen im Zeitpunkt des Abschlusses des Leasingvertrages. Die Vorauszession wäre von § 91 InsO nicht beeinträchtigt. Gleichzeitig könnte der Vertragspartner des Insolvenzschuldners die einstweilige Fortführung des Betriebes nicht durch seine Kündigung beeinträchtigen, während auf Seiten des Insolvenzverwalters eine Möglichkeit zur schnellen Lösung von dem nachteiligen Vertrag gegeben ist. Diese

---

1117 vgl. unter § 5 II., 2.3.3.

1118 vgl. unter § 6 III., 1.

1119 vgl. die Konzeption unter § 6 III., 1.

Lösungsmöglichkeit hätte der Insolvenzverwalter nunmehr aber sowohl in der Insolvenz des Leasingnehmers als auch in der Insolvenz des Leasinggebers[1120].

In der Insolvenz des Leasinggebers wäre auch der finanzierende Zessionar nicht unverhältnismäßig beeinträchtigt, da er – für den Fall der Kündigung durch den Insolvenzverwalter – durch Einfügung einer entsprechenden Klausel in den Leasingvertrag das Vertragsverhältnis unmittelbar mit dem Leasingnehmer fortsetzen könnte. Im Vergleich zu der jetzigen Gesetzeslage ist die Rechtsposition des Zessionars bei Anwendung des hier vertretenen Lösungsvorschlages nicht beeinträchtigt[1121].

Schließlich bedürfte es in der Insolvenz des Leasingnehmers ohne die jetzige Aufteilung nach beweglichen und unbeweglichen Leasinggütern nicht der umfangreichen Begründung der Anwendbarkeit des § 105 InsO auf Leasingverträge über bewegliche Gegenstände, weil die Ansprüche aus der Zeit vor Verfahrenseröffnung bei sämtlichen Leasingverträgen bereits durch § 108 Abs. 2 InsO nur als Insolvenzforderungen geltend gemacht werden könnten.

Ein klarstellender Eingriff des Gesetzgebers würde sich auch bei § 110 InsO empfehlen[1122]. So sollte die Regelung des § 110 InsO lediglich für Grundstücke und Räume gelten, nicht aber für unbewegliche Gegenstände schlechthin. Die Begrenzung des Anwendungsbereiches ließe sich durch eine geringfügige Änderung des Wortlautes umsetzen. So wäre anstelle der Formulierung „eines unbeweglichen Gegenstandes oder von Räumen“ die Fassung „eines Grundstücks oder von Räumen“ einzufügen. Die jetzige Erweiterung des Anwendungsbereiches des § 110 InsO aufgrund seines Wortlautes im Vergleich zu der entsprechenden Regelung in der Konkursordnung wurde im Zusammenhang mit der Aufteilung innerhalb des § 108 InsO vorgenommen. Da jedoch diese Aufteilung rückgängig zu machen ist, kann auch die Änderung innerhalb des § 110 InsO aufgehoben werden. Damit wären nicht nur die Unsicherheiten im Bereich der Refinanzierung von Leasingverträgen über Flugzeuge und Schiffe beseitigt. Es bedürfte zudem nicht mehr der teleologischen Reduktion im Bereich der Vorschriften der §§ 108 Abs. 1 S. 2, § 110 InsO, bezüglich derjenigen Leasingverträge, die unter die Regelung des § 108 Abs. 1 S. 2 InsO fallen. Durch diese Änderung des § 110 InsO wäre ein in sich schlüssiges Normengebilde für die Behandlung von Leasingverträgen nach der Insolvenzordnung gewährleistet. Gleichzeitig würde der Zielsetzung der Insolvenzrechtsreform, namentlich die Stärkung der Position der Masse im Verfahren, entsprochen werden.

[1120] vgl. unter § 6 III., 2.

[1121] vgl. hierzu unter § 6 III., 3.2.

[1122] vgl. unter § 6 III., 4.

Insgesamt betrachtet könnten durch die im Rahmen dieser Arbeit vorgeschlagenen Änderungen die – nach der hier vertretenen Ansicht – ungerechtfertigten Eingriffe in Positionen der Gläubiger ebenso beseitigt werden, wie dies durch die Novellierung des § 108 Abs. 1 S. 2 InsO versucht worden ist. Die Position des Insolvenzverwalters wäre nach der hier vorgeschlagenen Alternativlösung im Vergleich zu der Konkursordnung und der Gesamtvollstreckungsordnung gestärkt. Die Chancen einer Fortführung des insolventen Unternehmens zur Erreichung einer zumindest teilweisen Sanierung wären insgesamt verbessert, ohne einzelne Gläubiger übermäßig zu benachteiligen.

Im Rahmen einer solchen Gesetzesänderung sollte nach Ansicht des Verfassers vorrangig ein Lösungsweg gesucht werden, der auf dem umgekehrten Ansatz der von *Jelinek* geäußerten Ansicht[1123] beruht. Nach der Auffassung von *Jelinek* ist in der umfangreichen Kritik an der Insolvenzordnung ein Gutes zu sehen, weil der Insolvenzgesetzgeber seines Erachtens nach richtig handele, wenn alle beteiligten Kreise mit dem Produkt gleichmäßig unzufrieden seien. Der Umstand der allseitigen Unzufriedenheit sei darin begründet, dass das Insolvenzrecht ein Verlustverteilungssystem sei. Wenn aber alle beteiligten Kreise gleichmäßig unzufrieden seien, zeige dies, dass die Verluste vom Gesetzgeber richtig zugewiesen seien.

Zum einen wurde in der vorliegenden Untersuchung aufgezeigt, dass nicht alle Beteiligten mit der jetzigen Regelung gleichmäßig unzufrieden sein dürften. Zum anderen dürfte es durchaus eine Auszeichnung für ein neues Gesetz darstellen, wenn nicht alle Teile gleich unzufrieden sind, sondern ein Zustand erreicht würde, in dem alle Beteiligten gleich zufrieden sind oder zumindest keinen sachlichen Grund für ihre Unzufriedenheit anbringen könnten. Die Schaffung eines Zustand der größtmöglichen allseitigen Zufriedenheit mit einer gesetzlichen Regelung sollte als Ziel bei der Einführung neuer gesetzlicher Regelungen nicht aus dem Blickfeld verloren werden.

[1123] vgl. ZZP 109, S. 492 (wiedergegeben in dem Diskussionsbericht von G. Schmalz- Brüggemann auf der Tagung der Vereinigung der Zivilprozeßlehrer in Münster am 11. April 1994).

Literaturverzeichnis

Adam, Roman Friedhelm	Die Aufrechnung gegen das Erfüllungsverlangen des Konkursverwalters, Dissertation, Gießen 1994.
Balz, Manfred	Aufgaben und Struktur des künftigen einheitlichen Insolvenzverfahrens, in: ZIP 1988, S. 273 ff.
derselbe	Die Ziele der Insolvenzordnung, in: Kölner Schrift zur Insolvenzordnung, 2. Auflage 2000, S. 1 ff.
Bartelt, Niklas	Assed- backed securities: ein Produkt für deutsche Banken, Dissertation, Koblenz 1998.
Bauknecht, Dr.	Das Anwartschaftsrecht aus der bedingten Übereignung im Konkurse, in: NJW 1956, S. 1177 ff.
Baur, Fritz	„Steckengebliebene" Insolvenzverfahren", in: Festschrift für Friedrich Weber, 1975, S. 43 ff.
Baur, Fritz/ Stürner, Rolf	Zwangsvollstreckungs-, Konkurs- und Vergleichsrecht, Band 2, (Insolvenzrecht), 12. Auflage, Heidelberg 1990.
Basedow, Jürgen	Leistungsstörungen in internationalen Leasingverträgen, in: RIW 1988, S. 1 ff.
Baumann, Jürgen	Konkurs und Vergleich, München 1981.
Bender, Hans J.	Überlebenschancen von Leasingunternehmen mittels FullService- Verträgen, in: BB 1999, Beilage 6, S. 18 ff.
Benner, Ulrich	Leasing beweglicher Anlagegüter – Betriebswirtschaftliche Aspekte einer Alternative zum Anlagenkauf, Dissertation Köln 1967, zitiert: Benner, Leasing beweglicher Anlagegüter.
Berger, Klaus Peter	Zur Wirksamkeit von Lösungsklauseln für den Konkursfall, in: ZIP 1994, S. 172 ff.
Berger, Nikolaus	Typus und Rechtsnatur des Herstellerleasing, Dissertation Hamburg/ Heidelberg 1988.
Bernard, Heinrich	Rechtsfragen des Forfaitierungsgeschäfts, Berlin 1991.
Bernstein, Rainer A.	Auswirkung der neuen höchstrichterlichen Rechtsprechung auf die Vertragsgestaltung des Mobilien- Finanzierungsleasingvertrages, in: DB 1985, S. 1877 ff.

derselbe	Der Tatbestand des Mobilien- Finanzierungsleasingvertrages und seine rechtliche Einordnung als Vertrag „Sui generis", Düsseldorf und Frankfurt 1982.
Bien, Michael	Die Insolvenzfestigkeit von Leasingverträgen nach § 108 Abs. 1 Satz 2 InsO, in: ZIP 1998, S. 1017 ff.
Binz, Fritz/ Hess, Harald	Der Konkurs der Insolvenzrechtsreform, Neuwied, Darmstadt 1987.
Bley, Erich	Anmerkung zum Urteil des Reichsgerichts vom 18. August 1937 (I 23/ 37), in: ZZP 61 (1939), S. 243 ff.
Bley, Erich/ Mohrbutter, Jürgen	Vergleichsordnung, Großkommentar, 4. neubearbeitete Auflage, Berlin New York 1979/ 1981.
Böhle- Stamschräder, Alois	Konkursrecht, 12. Auflage, München 1976.
Bordewin, Arno	Leasing im Steuerrecht, 4. Auflage, Stuttgart 2003.
Borggräfe, Joachim	Die Zwangsvollstreckung ins bewegliche Leasinggut: Finanzierungsleasing als Kreditgeschäft, Dissertation Köln 1976.
Bork, Reinhard	Einführung in das neue Insolvenzrecht, 3. Auflage, Hamburg 2002.
derselbe	Zur Dogmatik des § 17 KO, in: Festschrift für Albrecht Zeuner, Tübingen 1994, S. 297 ff.
derselbe	Anmerkung zum Urteil des BGH vom 04.05.1995, in: JZ 1996, S. 49 ff.
derselbe	Die Verbindung, Vermischung und Verarbeitung von Sicherungsgut durch den Insolvenzverwalter, in: Festschrift für Hans Friedhelm Gaul zum 70. Geburtstag: 19. November 1997, S. 71 ff.
derselbe	§ 55 Abs. 2 InsO, § 108 Abs. 2 InsO und der allgemeine Zustimmungsvorbehalt, in: ZIP 1999, S. 781 ff.
Bornholt, Karsten	Leasingnehmer und refinanzierende Bank in der Insolvenz des Leasinggebers nach der Insolvenzordnung, Dissertation Magdeburg 1998.
Bosch, Ulrich	Finanztermingeschäfte in der Insolvenz – zum Netting im Insolvenzverfahren -, in: WM 1995, S. 365 ff, 413 ff.

Braun, Eberhard	Insolvenzordnung, Kommentar, 2. Auflage, München 2004.
Breutigam, Axel/ Blersch, Jürgen/ Goetsch, Hans- W.	Insolvenzrecht, Berliner Praxiskommentare, Stand: Dezember 2004 (Heft 19), zitiert: (*Bearbeiter*), in: Berliner Kommentar..
Brox, Hans	Das Anwartschaftsrecht des Vorbehaltskäufers, in: JuS 1984, S. 657 ff.
Bruchner, Helmut/ Ott, Claus/ Wagner-Wieduwilt, Klaus	Verbraucherkreditgesetz, Kommentar, 2. Auflage, München 1994 zit.: Bruchner/Ott/Wagner, VerbrKrG.
Bruns, Alexander	Das Wahlrecht des Insolvenzverwalters und vertragliche Lösungsrecht, in: ZZP 110 (1997), S. 305 ff.
Bub, Wolf- Rüdiger/ Treier, Gerhard	Handbuch zur Geschäfts- und Wohnraummiete, 3. Auflage München 1999.
Büschgen, Hans E. (Hrsg.)	Praxishandbuch Leasing, München 1998, zitiert: (*Bearbeiter*), in: Büschgen, Praxishandbuch.
Bydlinski, Franz	Juristische Methodenlehre und Rechtsbegriff, 2. Auflage, Wien New York 1991.
Canaris, Claus- Wilhelm	Die Feststellung von Lücken im Gesetz, eine methodologische Studie über Voraussetzungen und Grenzen der richterlichen Rechtsfortbildung praeter legem, 2. Auflage, Berlin 1983.
derselbe	Finanzierungsleasing und Wandelung, in: NJW 1982, S. 305 ff.
derselbe	Interessenlage, Grundprinzipien und Rechtsnatur des Finanzierung, in: AcP 190 (1990), S. 410 ff.
derselbe	Grundprobleme des Finanzierungsleasing im Lichte des Verbraucherkreditgesetzes, in: ZIP 1993, S. 401 ff.
derselbe	Bankvertragsrecht, (Sonderausgabe der Kommentierung des Bankvertragsrechts aus Handelsgesetzbuch, Großkommentar), 4. Auflage, Berlin 1988.
Canaris, Claus- Wilhelm/ Larenz, Karl	Methodenlehre der Rechtswissenschaft, 3. Auflage, Berlin 1995.
Christen, Jörg	Mobilienleasing, Abzahlungsgesetz und Verbraucherkreditreform, Dissertation, Frankfurt a. M. 1990.

Coester- Waltjen, Dagmar	Die Grundstruktur des Leasingvertrages, in: Jura 1980, S. 123 ff.
Dauner-Lieb, Barbara/ Heipel, Thomas/ Lepa, Manfred/ Ring, Gerhard	Schuldrecht, Erläuterungen der Neuregelungen zum Verjährungsrecht, Schuldrecht, Schadensersatzrecht und Mietrecht, Bonn, 2002, zitiert: AnwKomm-BGB/ *Bearbeiter*.
Dielmann, Heinz	Recht der Kreditsicherheiten in den Vereinigten Staaten von Amerika, Berlin 1983.
Dietz, Albrecht	Die betriebswirtschaftliche Grundlagen des Leasing, in: AcP 190 (1990), S. 235 ff.
Ebenroth, Carsten Thomas	Inhaltliche Schranken in Leasing- Formularverträgen auf Grund des AGB- Gesetzes, in: DB 1978, S. 2109 ff.
Ebenroth, Carsten Thomas	Der Finanzierungs- Leasing- Vertrag als Rechtsgeschäft zwischen Miete und Kauf – BGH Betr. 1977, 395, in: JuS 1978, S. 588 ff.
Eckert, Hans- Georg	Konkursforderungen und Masseschulden bei Erfüllung und Ablehnung von Mietverhältnissen, in: ZIP 1983, S. 770 ff.
derselbe	Miete, Pacht und Leasing im neuen Insolvenzrecht, in: ZIP 1996, S. 897 ff.
derselbe	Leasingraten – Masseschulden oder Konkursforderungen ?, in: ZIP 1997, S. 2077 ff.
Eckstein, Wolfram	Leasing: Wo steht die Branche heute?, in: BB 1996, Beilage Nr. 8, S. 4 ff.
Eilenberger, Guido	HWB des Bank- und Finanzwesens, 3. Auflage, Berlin 2001.
derselbe	Bank- und finanzwirtschaftliche Aspekte der Insolvenzrechtsreform, Rostock 1996.
Emmerich, Volker	Grundprobleme des Leasing, in: JuS 1990, S. 1 ff.
Engel, Johanna	Miete, Kauf, Leasing, 2. Auflage, Bonn 1997.
dieselbe	Leasing in der anwaltlichen Praxis, Bonn 1999.

Engel, Johanna/ Völckers, Eckart — Leasing in der Insolvenz, Bonn 1999.

Engisch, Karl — Die Idee der Konkretisierung in Recht und Rechtswissenschaft unserer Zeit, 2. Auflage Heidelberg 1968.

Erkel, Günther — Insolvenzrechtliche Ergebnisse der aktuellen Rechtstatsachenforschung, in: Einhundert Jahre Konkursordnung 1877- 1977, S. 295 ff.; Köln 1977

Erman, Walter/ Westermann, Peter — BGB- Kommentar, 10. Auflage, Münster 2000, zitiert: Erman/ (Bearbeiter).

Falk, Baldhard G. — „Leasing" in den USA, in: DB 1963, S. 351 ff.

Figge, Horst — Vertragsformen und kalkulatorische Grundlagen des Leasing, in: AcP Bd. 190 (1990), S. 219 ff.

Fikentscher, Wolfgang — Schuldrecht, 9. Auflage, Berlin 1997.

Fitting, Hermann — Das Reichs-Concursrecht und Concursverfahren, 2. unveränderte Auflage, Berlin/ Leipzig 1883.

Flume, Werner — Das Rechtsverhältnis des Leasing in zivilrechtlicher und steuerrechtlicher Sicht, in: DB 1972, S. 1 ff. (Teil 1), S. 53 ff. (Teil 2), S. 105 ff. (Teil 3), S. 152 fff. (Teil 4).

Fuchs, Volker M. — Die Gewährleistungsregeln bei Leasingverträgen unter besonderer Berücksichtigung des AGB- Gesetzes, Dissertation, 1979; zitiert: Fuchs, Gewährleistungsregeln bei Leasingverträgen.

Funk, Anja — Die Sicherungsübereignung in Einzelzwangsvollstreckung und Insolvenz, Franfurt am Main 1996.

Gabele, Eduard/ Dannenberg, Jan/ Kroll, Michael — Immobilien- Leasing: Vertragsformen, Vor- und Nachteile, steuerliche Aspekte; 2. Auflage, Wiesbaden 1995.

Gabele, Eduard/ Kroll, Michael — Leasingverträge als Finanzierungsinstrument, Grundlagen, Vertragsgestaltung, Fallbeispiele, Wiesbaden 1992, zitiert: Gabele/ Kroll, Leasingverträge.

Gehring, Babett — Asset- backed securities im amerikanischen und deutschen Recht, Dissertation Köln 1997.

Gelhausen, Hans Friedrich — Die Bilanzierung von Leasingverträgen, Frankfurt a.M. 2003.

Gerhardt, Walter — Vorausabtretung und § 17 KO, in: Festschrift für Franz Merz zum 65. Geburtstag am 3. Februar 1992, S. 117 ff.

Gerhardt, Walter — Factoring plus Leasing und Konkursverfahren, in: Festschrift für Karl Heinz Schwab zum 70. Geburtstag, München 1990, S. 139 ff.

derselbe — Neuere Rechtsprechung zum Insolvenzrecht, Tübingen 1994.

derselbe — Vorausabtretung und Konkurseröffnung, , in: Gedächtnisschrift für Brigitte Knobbe-Keuk, hrsg. von Wolfgang Schoen, Bonn 1997, S. 169 ff.

Gernhuber, Joachim — Die Erfüllung und ihre Surrogate, 2. Auflage Tübingen 1994.

Gitter, Wolfgang — Gebrauchsüberlassungsverträge (Handbuch des Schuldrechts, Band 7), Tübingen 1988; zitiert: Gitter, Gebrauchsüberlassungverträge.

Gottwald, Peter/ Adolphsen, Jens — Die Rechtsstellung dinglich gesicherter Gläubiger in der Insolvenzordnung, in: Kölner Schrift zur Insolvenzordnung 2. Auflage 2000, S. 1043 ff.

Gottwald, Peter/ Braun, Eberhard (Hrsg.) — Insolvenzrechtshandbuch, 2. Auflage, München 2001, zitiert: Gottwald/ (Bearbeiter), Insolvenzrechtshdb.

Gzuk, Roland — Finanzierungsleasing als alternative Investitionsform, in: AcP 190 (1990), S. 208 ff.

Haarmeyer, Hans/ Wutzke, Wolfgang/ Förster, Karsten — Handbuch zur Insolvenzordnung InsO/ EGInsO, 3. Auflage, München 2001, zit.: Haarmeyer/ Wutzke/ Förster, Insolvenzrechtshdb.

Häsemeyer, Ludwig — Insolvenzrecht,
1. Auflage Heidelberg 1995
2. Auflage Heidelberg 1998;
3. Auflage Heidelberg 2003

derselbe — Das funktionelle Synallagma im Konkurs- und Vergleichsverfahren, in: KTS 1973, S. 2 ff.

derselbe — Die Gleichbehandlung der Konkursgläubiger , in: KTS 1982, S. 507 ff.

derselbe — Anmerkung zum Urteil des BGH v. 21.11.1991 (BGHZ 116, 156), in: JR 1992, S. 423 ff..

Hagenmüller, Karl- Friedrich/ Stoppok, Gerhard	Leasing-Handbuch für die betriebliche Praxis, 6. Auflage, Frankfurt a.M. 1992.
Hahn, C.	Die gesammelten Materialien zu den Reichs- Justizgesetzen, Vierter Band: Materialien zur Konkursordnung und dem Einführungsgesetz vom 10.02.1877, Berlin 1898.
Havermann, Hans	Leasing- eine betriebswirtschafliche, handelsrechtliche und steuerrechtliche Untersuchung, Düsseldorf 1965, zitiert: Havermann, Leasing.
Heidelberger Kommentar	Insolvenzordnung, hrsg. von Eickmann/ Flessner/ Irschinger/ Kirchhof/ Kreft/ Landfermann/ Marotzke; 3. Auflage, Heidelberg 2003, zitiert: HK- (Bearbeiter).
Heiland, Herbert	Software in der Insolvenz unter besonderer Berücksichtigung der Sicherungsrechte, in: KTS 1990, S. 183 ff.
Heilmann, Hans	Kein Gestaltungsrecht auf Ablehnung der Erfüllung nach § 17 KO, in: KTS 1985, S. 639 ff.
Heilmann, Hans/ Smid, Stefan	Grundzüge des neuen Insolvenzrechts – eine Einführung, 3. Auflage, München 1999.
Henckel, Wolfram	Vorausverfügungen und Aufrechnung bei der Miete beweglicher Sachen und bei der Rechtspacht im Konkurs des Vermieters und des Verpächters, in: Festschrift für Fritz Baur, Tübingen 1981, S. 443 ff.
derselbe	Anmerkung zum Urteil des BGH v. 30.01.1986, in: JZ 1986, S. 691 ff.
derselbe	Anmerkung zum Urteil des BGH v. 09.07.1986, in: JZ 1987, S. 360 ff.
derselbe	Gegenseitige Verträge im Konkurs und Vergleich –zum gleichnamigen Buch von Wolfgang Marotzke, in: ZZP 99, S. 419 .ff
Hess, Harald	Kommentar zur Konkursordnung, 6. Auflage, Neuwied 1998; zitiert: Hess, KO.
Hess, Harald/ Weis, Michaela/ Wienburg, Rüdiger	Kommentar zur Insolvenzordnung mit Einführungsgesetz, 2. Auflage, Heidelberg 2001; zitiert: Hess, InsO.
Hess, Harald/ Obermüller, Manfred	Die Rechtsstellung der Verfahrensbeteiligten nach der Insolvenzordnung, Heidelberg 1996.

Hess, Harald/ Weis, Michaela	Die Rechtsstellung der vorläufigen Insolvenzverwalterin/ des vorläufigen Insolvenzverwalters nach der Insolvenzordnung, in: InVo 1997, S. 141 ff.
Hilger, Norbert	Analoge Anwendung des § 44 KO beim „Durchhandeln" mit Orderlagerscheinen, in: ZIP 1989, S. 1245 ff.
Huber, Ulrich	Die Stellung des Abnehmers im Konkurs des Lieferanten beim Kauf unter Eigentumsvorbehalt, in: BB 1964, S. 731 ff.
Jaeger, Ernst	Kommentar zur Konkursordnung und den Einführungsgesetzen, 6./ 7. Auflage, Berlin und Leipzig 1931, zitiert: Jaeger, KO, 6./ 7. Aufl.
Jaeger, Ernst/ Lent, Friedrich	Kommentar zur Konkursordnung, 8. Auflage, Berlin 1973, zitiert: Jaeger/Lent, KO, 8. Aufl.
Jaeger, Ernst/ Henckel, Wolfram	Kommentar zur Konkursordnung mit Einführungsgesetzen, 9. Auflage, Berlin 1982, zitiert: Jaeger/ Henckel, KO, 9. Aufl.
Jauernig, Othmar	Zwangsvollstreckungs- und Insolvenzrecht, 19. Auflage Heidelberg 1990, 20. Auflage Heidelberg 1996, 21. Auflage Heidelberg 1999.
Kalt, Dieter	Die Vorausabtretung von Leasingraten und die Verfügung über den Leasinggegenstand beim Mobilienleasing im Lichte der Insolvenzordnung, in: BB 1996, Beilage 8, S. 10 ff.
Karpen, Hans- Ulrich	Die Verweisung als Mittel der Gesetzestechnik, Berlin 1970.
Kayser, Uwe	Die Situation des Leasing in Deutschland und Europa, in: BB 1999 Beilage 6, S. 5 ff.
Kilger, Joachim	Der Konkurs des Konkurses, in: KTS 1975, S. 142 ff.
Kilger, Joachim/ Karsten Schmidt	Insolvenzgesetze KO/ VglO/ GesO. 17. Auflage, München 1997.
Kind, Thomas	Die Bedeutung der Regelungen der InsO und des AFRG vom 24.03.97 für die Praxis der Vorfinanzierung von Insolvenzgeld, in: InVo 1998, S. 57 ff.

Klaas, Christoph	Die Risikoverteilung bei neueren Finanzierungsmethoden – Globalzession, Abzahlungskauf, Factoring, Leasing, in: NJW 1968, S. 1502 ff.
Klasmeyer, Bernd/ Elsner, Ben P./ Ringstmeier, Andreas	Ausgewählte Probleme bei der Verwertung von Mobiliarsicherheiten, in: Kölner Schrift zur Insolvenzordnung, 2. Auflage 2000, S. 1083 ff.
Koch, Ernst- Gerald	Störungen beim Finanzierungsleasing, Dissertation Berlin 1989; zitiert: E.- G. Koch, Finanzierungsleasing.
Koch, Rainer	Immobilienleasing- Ein Beitrag zur Zivilrechtsdogmatik des Leasing, Dissertation München 1989, zitiert: R. Koch, Immobilienleasing.
Krämer, Joachim	Das neue Insolvenzrecht, Gesetze- Begründungen- Materialien, Düsseldorf 1995.
Krause, Hans	Umwelt und Recht (Leasing), in: NJW 1973, S. 691 ff.
Kreft, Gerhart	Die Wende in der Rechtsprechung zu § 17 KO, in: ZIP 1997, S. 865 ff..
Kronke, Herbert	Finanzierungsleasing in rechtsvergleichender Sicht, in: AcP 190 (1990), S. 383 ff.
Krull, Helge	Zur Abwicklung schwebender Vertragsverhältnisse im künftigen Insolvenzverfahren, in: ZInsO 1998, S. 291 ff.
Kübler, Bruno M./ Prütting, Hanns (Hrsg.)	Kommentar zur Insolvenzordnung, Köln, Stand: März 2004 (19. Lieferung), zit: (Bearbeiter), in: Kübler/ Prütting, InsO.
Kübler, Bruno M. (Hrsg.)	Neuordnung des Insolvenzrechts, Köln 1989.
Kuhn, Georg/ Uhlenbruck, Wilhelm	Konkursordnung, Kommentar, 11. Auflage, München 1994.
Langhein, Gerd	Der Sonderkundenvertrag im Vergleich zur Auslegung des § 36 Abs. 2 VglO, in: ZIP 1985, S. 385 ff.
Larenz, Karl	Lehrbuch des Schuldrechts, Band 2 (Besonderer Teil), 12. Auflage München 1981
Larenz, Karl	Allgemeiner Teil des deutschen bürgerlichen Rechts, 7. Auflage München 1989.

Leenen, Detlef	Typus und Rechtsfindung, die Bedeutung der typologischen Methode für die Rechtsfindung dargestellt am Vertragsrecht im BGB, Dissertation Berlin 1971.
Leipold, Dieter	Insolvenzrecht im Umbruch, Köln Bonn Berlin München 1991.
Lieb, Manfred	Das Leitbild des Finanzierungs- Leasing im Spannungsfeld von Vertragsfreiheit und Inhaltskontrolle, in: DB 1988, S. 946 ff.
derselbe	Gewährleistung beim reinen Finanzierungsleasing, in: DB 1988, S. 2495 ff.
Livonius, Barbara	§ 108 Abs. 1 Satz 2 InsO und seine Anwendbarkeit auf Mietverträge, in: ZInsO 1998, S. 111 ff.
Lwowski, Hans-Jürgen	Erwerbsersatz durch Nutzungsverträge; Dissertation Hamburg 1967.
Marotzke, Wolfgang	Das Anwartschaftsrecht ein Beispiel sinnvoller Rechtsfortbildung, Berlin 1977.
derselbe	Gegenseitige Verträge in Konkurs und Vergleich, München 1985.
derselbe	Gegenseitige Verträge im neuen Insolvenzrecht, 2. Auflage Berlin 1998, 3. Auflage Berlin 2001.
derselbe	Das Konkurrenzverhältnis von § 17 und § 24 KO – ein Scheinproblem, in: JZ 1977, S. 553 ff.
derselbe	Der Eigentumsvorbehalt im neuen Insolvenzrecht, in: JZ 1995, S. 803 ff.
derselbe	Die dinglichen Sicherheiten im neuen Insolvenzrecht, in: ZZP 109 (1996), S. 429 ff.
derselbe	Die Behandlung der „schwebenden" Rechtsgeschäfte, in: Leipold (Hrsg.), Insolvenzrecht im Umbruch, 1991, S. 183 ff.
Maus, Guenter	Leasing im Handels- und Steuerrecht, Schriftenreihe: NWB- Ratgeber Steuerrecht, Berlin Herne 1996.
Meilicke, Heinz	„Leasing", Zivilrecht – Bilanzrecht – Steuerrecht, in: BB 1964, S. 691 ff.
Meincke, Jens Peter	Steuerbezogene Argumente in der Zivilrechtsprechung zum Finanzierungsleasing, in: AcP 190 (1990), S. 358 ff.

Michalski, Lutz/ Schmitt, Michael	Der Kfz- Leasingvertrag, Köln Bonn Berlin München 1995.
Mohrbutter, Harro	Handbuch der Insolvenzverwaltung, 7. Auflage, Köln Bonn Berlin München 1997, zitiert: Mohrbutter/ (Bearbeiter).
derselbe	Zwangsvollstreckung, Konkurs und Vergleich aus Seiten des Leasinggebers, in: ZAP 1989, S. 555 ff.
Münchener Kommentar	Bürgerliches Gesetzbuch, Band 3, 3. Auflage, München 1997, zit: MüKo/ (Bearbeiter).
Münchener Kommentar	Insolvenzordnung, Kommentar in 2 Bänden, Band 2, München 2002, zit: *Bearbeiter*, in: MünchKomm-InsO.
Mugdan, B.	Die gesamten Materialien zum Bürgerlichen Gesetzbuch, Band II (Recht der Schuldverhältnisse), Berlin 1899.
Musielak, Hans- Joachim	Die Erfüllungsablehnung des Konkursverwalters – Zur Auslegung des § 17 Abs. 1 der Konkursordnung, in: AcP 179 (1979), S. 189 ff.
Nerlich, Jörg/ Römermann, Volker	Insolvenzordnung Kommentar, München, Stand: März 2004 (7. Ergänzungslieferung); zit.: Nerlich/ Römermann/ (Bearbeiter).
Niehus, Rudolf	Zur Bilanzierung von Leasing beim Leasingnehmer, in: DB 1967, S. 1641 ff.
Niesert, Burkhard	Das Recht der Aus- und Absonderung nach der neuen Insolvenzordnung, in: InVo 1998, S. 85 ff. (Teil 1), S. 141 ff. (Teil 2).
derselbe	Anmerkung zum Urteil des BGH vom 04.05.1995, in: WiB 1995, S. 759 ff.
Obermüller, Manfred	Auswirkungen des Wahlrechts des Insolvenzverwalters auf Zessionen und Avale, in: Kölner Schrift zur Insolvenzordnung 1. Auflage 1997, S. 751 ff.
derselbe	Insolvenzrecht in der Bankpraxis, 6. Auflage, Köln 2002.
Obermüller, Manfred/ Livonius, Barbara	Auswirkungen der Insolvenzrechtsreform auf das Leasinggeschäft, in: DB 1995, S. 27 ff.

Obermüller, Manfred/ Hess, Harald	InsO, eine systematische Darstellung unter Berücksichtigung kreditwirtschaftlicher und arbeitsrechtlicher Aspekte, 3. Auflage Heidelberg 1997.
Onusseit, Dietmar	Die Umsatzsteuer – ein Dauerthema in der Insolvenz, in: KTS 1994, S. 3 ff.
Palandt, Otto	Bürgerliches Gesetzbuch, Kommentar, 61. Auflage München 2001, zitiert: Palandt/ (Bearbeiter).
Papapostolou, Nikolaos	Die Risikoverteilung beim Finanzierungsleasing über bewegliche Sachen, Dissertation München 1987.
Pape, Gerhard	Ablehnung und Erfüllung schwebender Rechtsgeschäfte durch den Insolvenzverwalter, in: Kölner Schrift zur Insolvenzordnung, 1. Auflage Köln 1997, S. 432, 2. Auflage Köln 2000, S. 531.
Pape, Gerhard	Der lange Schatten der Insolvenzordnung – Vorwirkungen eines Gesetzes, in: NJW 1997, S. 2777 ff.
Paschke, Marian	Zivil- und wettbewerbsrechtliche Probleme des Null-Leasing, in: BB 1987, S. 1193 ff.
Paulus, Christoph	Software in Vollstreckung und Insolvenz, in: ZIP 1996, S. 2 ff.
Pawlowski, Hans- Martin	Methodenlehre für Juristen, 2. Auflage Heidelberg 1991.
Plathe, Peter	Zur rechtlichen Beurteilung des Leasing- Geschäftes, in: BB 1970, S. 601 ff.
Pletzsch, Hans	Die Erfüllungsverweigerung des Konkursverwalters, Frankfurt am Main 1973.
Prinz, Alexander	Finanzierungsleasing: Leistungsstörungen auf Leasinggeberseite, Dissertation Bergisch Gladbach, Köln 1988.
Raiser, Ludwig	Dingliche Anwartschaften, Tübingen 1961.
Reeb, Hartmut	Recht der Kreditfinanzierung, München Wien 1994.
Redeker, Konrad/ Karpensteiner, Ulrich	„Über Nutzen und Notwendigkeiten, Gesetz zu begründen", in: NJW 2001, S. 2825 ff..

Reinicke, Dietrich/ Tiedtke, Klaus	Finanzierungsleasing und Sachmängelhaftung, in: BB 1982, S. 1142 ff.
Reinicke, Dietrich/ Tiedtke, Klaus	Kaufrecht, einschließlich Abzahlungsgeschäfte, AGB-Gesetz, Eigentumsvorbehalt, Factoring, finanzierter Kaufvertrag, Leasing, Pool- Vereinbarung und Produzentenhaftung, 5. Auflage Neuwied Kriftel Berlin 1992; zitiert: Reinicke/ Tiedtke, Kaufrecht.
Reuter, Dieter/ Martinek, Micharl	Ungerechtfertigte Bereicherung, (Band 4 des mehrteiligen Werkes: Handbuch des Schuldrechts in Einzeldarstellungen von J. Gernhuber), Tübingen 1983.
Ringstmeier, Andreas	Auswirkungen der Erfüllung gegenseitiger Verträge im Konkurs auf Forderungsabtretungen, Dissertation Köln 1990.
Rümker, Dietrich	Die kreditwirtschaftlichen Aspekte der neuen Insolvenzordnung, in: Leipold, Insolvenzrecht im Umbruch, 1991, S. 135 ff.
Sannwald, Rüdiger	Der Finanzierungsleasingvertrag über bewegliche Sachen mit Nichtkaufleuten, Berlin 1982, zitiert: Sannwald, Finanzierungsleasingvertrag.
Schmalz, Dieter	Methodenlehre für das juristische Studium, 3. Auflage, Baden- Baden 1992.
Schmidt Burgk, Klaus/ Ditz, Jan- Christian	Die Refinanzierung beim Leasing nach der Insolvenzrechtsreform, in: ZIP 1996, S. 1123 ff.
Schmid Burgk, Klaus/ Schölermann, Hinrich	Probleme bei der Anwendung des neuen Verbraucherkreditgesetzes auf Leasingverträge, in: BB 1991, S. 566 ff.
Schmidt Räntsch, Jürgen	Die Anknüpfung der Gläubigeranfechtung außerhalb des Konkursverfahrens, 1984.
Sehner	Anmerkung zum Urteil des BFH vom 26.01.1970 (BFHE 97, 466), in: JuS 1970, S. 362 ff.
Seifert, Peter	Rechtsfragen beim Leasing- Vertrag, in: DB 1983, Beilage 1, S. 11 ff.
derselbe	Refinanzierung von Leasingverträgen nach § 108 InsO, in: NZM 1998, S. 217 ff.
Serick, Rolf	Die Profilierung der Mobiliarsicherheiten von heute im Konkursrecht von gestern, in: Einhundert Jahre Konkursordnung 1877 – 1977, S. 271 ff.

derselbe	Verarbeitungsklauseln im Wirkungskreis des Konkursverfahrens, in: ZIP 1982, S. 507 ff.
derselbe	Eigentumsvorbehalt und Sicherungsübertragung, Monographie in 6 Bänden, Heidelberg, Band 1, 1963; Band 4, 1976; Band 5, 1982; Band 6, 1986.
Sinz, Rolf	Leasing und Factoring in der Insolvenz, in: Kölner Schrift zur Insolvenzordnung, 1. Auflage Köln 1997, S. 455 ff., 2. Auflage Köln 2000, S. 593 ff.
Derselbe	Factoring in der Insolvenz, Köln 1997.
Smid, Stefan (Hrsg.)	Insolvenzordnung mit Insolvenzvergütungsverordnung, Kohlhammer Kommentare, 2. Auflage, Stuttgart Berlin Köln 2001.
Soergel	Bürgerliches Gesetzbuch mit Einführungsgesetz und Nebengesetzen, 13. Auflage, Stuttgart 1999, zitiert: Soergel/ (Bearbeiter).
Spittler, Hans- Joachim	Leasing für die Praxis, 3. Auflage, Köln 1990.
Städtler, Arno	Die gesamtwirtschaftliche Bedeutung des Finanzierungsleasing, in: AcP 190 (1990), S. 204 ff.
derselbe	Leasing in Deutschland: Nach Zwischenhoch nun Stagnation?, in: FLF 1996, S. 8 ff.
Staudinger	Kommentar zum Bürgerlichen Gesetzbuch, 13. Auflage, Berlin 1987 ff., zitiert: Staudinger/ (Bearbeiter)
Stoll, Gerhard	Leasing: Steuerrechtliche Beurteilungsgrundsätze, 2. Auflage 1977.
Stracke, Hartmut	Das Aus- und Absonderungsrecht des Vorbehaltseigentümers im Konkurs des Vorbehaltskäufers, Dissertation, Göttingen 1972.
Stürner, Rolf	Aktuelle Probleme des Konkursrechts – zur Neubearbeitung des Jaegerschen Kommentars, in: ZZP 94 (1981), S. 263 ff.
Tacke, Helmut R.	Leasing, 3. Auflage, Stuttgart 1999.

Thomas, Frank P. — Flugzeugleasingfonds - Strukturierung, Steueroptimierung und haftungsrechtliche Risiken, in: TranspR 1997, S. 313 ff.

Tiedtke, Klaus — Schadensersatzansprüche des Leasinggebers wegen verspäteter Rückgabe der Leasingsache, in: ZIP 1989, S. 1437 ff.

Tintelnot, Albrecht — Vereinbarungen im Konkursfall: Vollwertigkeit der Vermögenshaftung und Bedingung des Konkurses, Dissertation Bielefeld 1991.

derselbe — Schuldnerverzug und Konkurs, in: ZIP 1989, S. 144 ff.

derselbe — Die gegenseitigen Verträge im neuen Insolvenzverfahren, in: ZIP 1995, S. 616 ff.

Uhlenbruck, Wilhelm — Das neue Insolvenzrecht, Insolvenzordnung und Einführungsgesetze nebst Materialien, Herne/ Berlin 1994

derselbe — Einhundert Jahre Konkursordnung, in: Einhundert Jahre Konkursordnung 1877- 1977, Köln 1977, S. 3 ff.

Uhlenbruck, Wilhelm/ Sinz, Rolf — Die Forfaitierung von Leasingforderung im Konkurs des Leasinggebers, in: WM 1989, S. 1113 ff.

Uhlenbruck, Wilhelm/ Klasmeyer, Bernd/ Kübler, Bruno M. — Einhundert Jahre Konkursordnung 1877- 1977, Festschrift des Arbeitskreises für Insolvenz- und Schiedsgerichtswesen e.V. Köln zum einhundertjährigen Bestehen der Konkursordnung vom 10. Februar 1877.

Ulmer, Peter/ Schmidt, Harry — Zur AGB –Inhaltskontrolle von Kfz- Leasingverträgen, in: DB 1983, S. 2558 ff.

Vortmann, Jürgen — Die Leasingrate als Sicherheit für Kredite an den Leasinggeber, in: WM 1988, S. 1117 ff.

Wassermann, Rudolf — Kommentar zum Bürgerlichen Gesetzbuch, Reihe Alternativkommentar, Band 1- 6, Darmstadt 1987, zitiert: BGB-Alternativkommentar/ (Bearbeiter).

Weber, Joh.-Christian/ Marx, Hans- Dieter — Leasingverträge, Planegg/ München 1986.

Weick, Günter — Die Idee des Leitbildes und die Typisierung im gegenwärtigen Vertragsrecht, in: NJW 1978, S. 11 ff.

Wellensiek, Jobst — Die Aufgaben des Insolvenzverwalters nach der Insolvenzordnung, in: Kölner Schrift zur Insolvenzordnung 2. Auflage 2000, S. 403 ff.

Westermann, Harm Peter	Vertragsfreiheit und Typengesetzlichkeit im Recht der Personengesellschaften, Berlin 1970, zitiert: Westermann, Vertragsfreiheit.
Westphalen, Friedrich Graf v.	Der Leasingvertrag, 5. Auflage Köln 1998.
Derselbe	Die neue BGH- Judikatur zum Teilamortisations- Leasingvertrag: Ergebnisse – Schlußfolgerungen, in: ZIP 1983, S. 1021 ff.
Westphalen, Friedrich Graf v.	Die Auswirkungen der Schuldrechtsreform auf die „Abtretungskonstruktion" beim Leasing, in: ZIP 2001, S. 2258 ff.
Wiester, Roland	Die Fortführungspflicht des vorläufigen Insolvenzverwalters und ihre Auswirkung auf die Vorfinanzierung des Insolvenzgeldes, in: ZInsO 1998, S. 99 ff.
Wimmer, Klaus (Hrsg.)	Frankfurter Kommentar zur Insolvenzordnung, Neuwied Kriftel Berlin 1999, zitiert: Wimmer/ (Bearbeiter).
With, de Hans	Zur Zweitfinanzierung von Leasingverträgen nach § 108 InsO, in: FLF 1998, S. 24 ff.
Wolf, Eckhard/ Eckert, Hans- Georg/ Ball, Wolfgang	Handbuch des gewerblichen Miet-, Pacht- und Leasingrecht, 8. Auflage, Köln 2000.
Zahn, Herbert	Leasingnehmer und refinanzierende Bank in der Insolvenz des Leasinggebers nach der Insolvenzordnung, in: DB 1995, S. 1597ff. (Teil 1), S. 1649 ff. (Teil 2).
derselbe	Der Leasingvertrag über Mobilien in der Insolvenz des Leasinggebers nach der Novellierung der InsO, in: DB 1996, S. 1393 ff.
Zimmermann, Walter	Konkurs, Gesamtvollstreckung, 2. Aufl. Heidelberg 1995.

Schriften zum Verfahrensrecht

Herausgegeben von Peter Gottwald und Ulrich Haas

Band 1 Matthias Rauscher: Die neue Berufung in Zivilsachen. 2002.

Band 2 Jörn-Christian Schulze: Grenzen der objektiven Schiedsfähigkeit im Rahmen des § 1030 ZPO. Eine Betrachtung des Rechts der Schiedsfähigkeit nach der Schiedsverfahrensrechtsform. 2003.

Band 3 Roman Rodloff: Das vereinfachte Verfahren zur Festsetzung von Kindesunterhalt nach §§ 654 ff. ZPO. Zugleich ein Beitrag zur Unterhaltsannexklage nach § 653 ZPO und zum vereinfachten Abänderungsverfahren nach § 656 ZPO. 2003.

Band 4 Helia-Verena Daubach: Kammer oder Einzelrichter? Ist die Kammer ein Qualitätselement des Zivilprozesses? 2003.

Band 5 Thomas Gemmeke: Beweisverwertungsverbote im arbeitsgerichtlichen Verfahren. 2003.

Band 6 Wolfgang Kreißig: Der Sportverein in Krise und Insolvenz. 2004.

Band 7 Alexander M. Krämer: Leasingverträge in der Insolvenz. 2005.

www.peterlang.de

Peter Lang · Europäischer Verlag der Wissenschaften

Thorsten Reviol

Refinanzierung von Leasingverträgen

Zur Forfaitierung von Forderungen aus Finanzierungsleasingverträgen über Mobilien an Kreditinstitute unter besonderer Berücksichtigung ausgewählter Rechtsprobleme

Frankfurt am Main, Berlin, Bern, Bruxelles, New York, Oxford, Wien, 2003.
XXXVII, 224 S.
Europäische Hochschulschriften: Reihe 2, Rechtswissenschaft. Bd. 3654
ISBN 3-631-50627-9 · br. € 45.50*

Diese Arbeit ist eine Begutachtung des Leasinggeschäftes aus der Sicht der refinanzierenden Bank. Die Leasinggesellschaften können ihre gewaltigen Investitionsvolumen nur noch durch Inanspruchnahme von Fremdkapital bewältigen. Die Refinanzierung erfolgt in der Regel über Banken zumeist im Wege des regresslosen Ankaufes der Leasingraten. Es stellt sich daher die Frage nach Bestand und Durchsetzbarkeit der zedierten Leasingforderungen. Nach der Darstellung der Art und Weise der Refinanzierung werden die typischen Störungen aufgezeigt, durch die der Leasingvertrag notleidend wird. Diese leasingtypischen Risiken sind angemessen und ausreichend im Refinanzierungsvertrag zu berücksichtigen. Denn dies berührt den Bestand der Leasingforderungen selbst und führt letztendlich zur Frage, welchen Umfang die Haftung des Leasinggebers für den Bestand der Leasingforderungen im Verhältnis zur Bank hat.

Aus dem Inhalt: Art und Weise der Refinanzierung · Leasingtypische Risiken für den Bestand der Leasingverträge · Konkurs und Insolvenz des Leasingnehmers/-gebers · Finanzierungsleasing und Verbraucherkreditgesetz · Sittenwidrigkeit von Leasingverträgen · Auswirkungen der Bestandsrisiken auf die Refinanzierung · Rechtstatsächliche Überprüfung der Refinanzierungsverträge

Frankfurt am Main · Berlin · Bern · Bruxelles · New York · Oxford · Wien
Auslieferung: Verlag Peter Lang AG
Moosstr. 1, CH-2542 Pieterlen
Telefax 00 41 (0) 32 / 376 17 27

*inklusive der in Deutschland gültigen Mehrwertsteuer
Preisänderungen vorbehalten

Homepage http://www.peterlang.de